本报告由国家自然科学基金面上项目“多中心群网化中国城市新体系的决定机制研究”（项目批准号：71774170）、中国社会科学院哲学社会科学创新工程项目“‘十四五’及未来十五年中国城市化与房地产发展趋势”支持。

智库中社 年度报告 Annual Report

ANNUAL REPORT ON CHINA'S URBAN COMPETITIVENESS (No. 19)

中国城市竞争力报告 No. 19

超大、特大城市：健康基准与理想标杆

主　　编：倪鹏飞　徐海东

副 主 编：侯庆虎　郭　靖　郭金红

特邀主编：沈建法　林祖嘉　刘成昆

中国社会科学出版社

图书在版编目（CIP）数据

中国城市竞争力报告．No.19，超大、特大城市：健康基准与理想标杆／倪鹏飞，徐海东主编．—北京：中国社会科学出版社，2021.10

（中社智库年度报告）

ISBN 978－7－5203－9277－8

Ⅰ.①中…　Ⅱ.①倪…②徐…　Ⅲ.①城市—竞争力—研究报告—中国　Ⅳ.①F299.2

中国版本图书馆CIP数据核字(2021)第213827号

出 版 人　赵剑英
策划编辑　周　佳
责任编辑　张冰洁
责任校对　刘　娟
责任印制　王　超

出　　版　中国社会科学出版社
社　　址　北京鼓楼西大街甲158号
邮　　编　100720
网　　址　http://www.csspw.cn
发 行 部　010－84083685
门 市 部　010－84029450
经　　销　新华书店及其他书店

印　　刷　北京明恒达印务有限公司
装　　订　廊坊市广阳区广增装订厂
版　　次　2021年10月第1版
印　　次　2021年10月第1次印刷

开　　本　710×1000　1/16
印　　张　32.75
插　　页　2
字　　数　516千字
定　　价　168.00元

凡购买中国社会科学出版社图书，如有质量问题请与本社营销中心联系调换
电话：010－84083683

《中国城市竞争力报告 No. 19》
编委会

主要编撰者简介

倪鹏飞 男，南开大学经济学博士。中国社会科学院城市与竞争力研究中心主任，中国社会科学院财经战略研究院院长助理、研究员、博士生导师。曾获第十一届“孙冶方经济科学奖”。主要研究领域：国家竞争力、城市竞争力、城市经济学与房地产经济学。

侯庆虎 男，南开大学数学博士，天津大学应用数学中心教授、博士生导师。主要研究领域：机械证明、城市竞争力计量。

沈建法 男，伦敦经济学院地理学博士，香港中文大学香港亚太研究所教授，亚太城市与区域发展研究计划主任。主要研究领域：城市竞争力与中国城市化。

林祖嘉 男，加州大学洛杉矶分校经济学博士，台湾政治大学经济学教授。主要研究领域：城市竞争力与房地产经济。

刘成昆 男，南开大学经济学博士，澳门科技大学商学院副教授、会计与财务金融系主任。主要研究领域：城市和区域经济、澳门经济。

蔡书凯 男，安徽工程大学副教授，中国社会科学院财经战略研究院博士后，管理学博士。主要研究领域：城乡经济发展。

刘　凯 男，中南财经政法大学、英国拉夫堡大学联合培养博士，中南财经政法大学工商管理学院硕士研究生导师。主要研究领域：区域经济。

郭　晗　男，西北大学经济管理学院副教授、经济学博士。主要研究领域：城市与经济增长。

李　冕　男，毕业于中国社会科学院研究生院，经济学博士，现供职于中国人民银行西安分行。主要研究领域：货币政策、金融市场、城市与房地产金融。

曹清峰　男，天津财经大学现代经济管理研究院讲师，经济学博士。主要研究领域：区域经济学。

马洪福　男，天津财经大学现代经济管理研究院讲师，经济学博士。主要研究领域：区域经济学。

李　博　男，天津理工大学副教授，经济学博士。主要研究领域：城市与区域经济。

程　栋　男，哈尔滨商业大学经济学院讲师，经济学博士。主要研究领域：区域经济合作与区域治理。

周晓波　男，经济学博士，现就职于中国光大集团战略规划部。主要研究领域：城市与房地产金融。

王雨飞　女，北京邮电大学经济管理学院副教授。主要研究领域：区域经济学。

张洋子　男，贝壳研究院策略分析师。主要研究领域：城市与房地产金融。

刘尚超　男，中国社会科学院研究生院经济学博士，现就职于中国指数研究院，任研究项目副总监。主要研究领域：城市基础设施与房地产企业。

杨　杰　男，经济学博士，2015 年毕业于中国社会科学院研究生院，曾于国土资源部（现自然资源部）信息中心和建信信托研究部从事研究工作，现就职于中邮人寿保险股份有限公司规划建设部，从事战略研究分析。

沈　立　男，中国社会科学院研究生院经济学博士。主要研究领域：城市经济、产业经济、房地产经济。

刘笑男　女，特华博士后科研工作站。主要研究领域：城市与房地产金融。

徐海东　男，经济学博士，现就职于中国社会科学院财经战略研究院。主要研究领域：城市与房地产金融。

郭　靖　男，中国社会科学院大学金融学博士研究生。主要研究领域：城市与房地产金融。

郭金红　女，南开大学经济学院博士研究生。主要研究领域：区域经济学。

黄徐亮　男，中国社会科学院大学金融学博士研究生。主要研究领域：城市与房地产金融。

陈博宇　男，中国社会科学院大学金融学博士研究生。主要研究领域：城市与房地产金融。

王雅琦　女，北京邮电大学经济管理学院应用经济学硕士研究生。

王云辉 男，北京邮电大学经济管理学院应用经济学硕士研究生。

赵佳涵 女，南开大学经济学院经济系硕士研究生。主要研究领域：西方经济学。

黄　进 男，现就职于中国社会科学院城市与竞争力研究中心。主要研究领域：城市经济学。

龙秋吟 女，现就职于中国社会科学院城市与竞争力研究中心，科研秘书。

中国社会科学院财经战略研究院简介

中国社会科学院财经战略研究院（National Academy of Economic Strategy，CASS）简称“财经院”，成立于1978年6月。其前身为中国社会科学院经济研究所财政金融研究组和商业研究组。初称“中国社会科学院财贸物资经济研究所”。1994年，更名为“中国社会科学院财贸经济研究所”。2003年，更名为“中国社会科学院财政与贸易经济研究所”。2011年12月29日，作为中国社会科学院实施哲学社会科学创新工程的一个重大举措，也是在创新工程后成立的首批跨学科、综合性、创新型学术思想库和新型研究机构，以财政与贸易经济研究所为基础，组建综合性、创新型国家财经战略研究机构——财经战略研究院，并从此改用现名。

著名经济学家刘明夫、张卓元、杨圣明、刘溶沧、江小涓、裴长洪、高培勇先后担任所长，现任院长是何德旭教授。

作为中国社会科学院直属的研究机构，自成立以来，财经院与祖国的改革开放事业共同成长，始终以天下为己任，奋进在时代前列。几代财经院人，不辱使命，在中国经济社会发展进程中的几乎每一个环节，都留下了自己的印记。经过40多年的努力，今天的财经院，已经发展成为拥有财政经济、贸易经济和服务经济等主干学科板块、覆盖多个经济学科领域的中国财经科学的学术重镇。

中国社会科学院城市与竞争力研究中心简介

中国社会科学院城市与竞争力研究中心（以下简称“中心”）是2010年4月26日成立的一个有关城市与竞争力的院级非实体研究中心。中心的主要任务是组织国内外各界相关研究人员，开展城市经济、城市管理、城市化、城市竞争力、房地产经济、房地产金融相关的学术研究，发表城市与房地产相关的研究论文、出版专著和研究报告；开展国内外学术交流，组织中心学者进行国际学术访问；组织国内外相关领域专家、城市市长等各界人士召开城市竞争力国际论坛以及相关学术会议；与相关单位开展合作研究、社会实践、专项调研等活动；承担国内外政府、企业、非政府组织等委托，开展相关的政策和战略咨询研究；可接受研究生实习、学者学术访问，通过举办高级研修班等多种形式的培训，培养学以致用的学术和城市管理人才。

近年来，中国社会科学院这支研究团队在城市与竞争力方面做了许多的创新探索，关于中国城市竞争力的研究获得了孙冶方经济科学奖，关于中国住房发展的研究获国家重大社科基金支持。城市竞争力报告等已成为中国社会科学院重要的学术品牌，在国内外产生了十分广泛的影响，进一步确立了中国社会科学院在这些领域的全国领先地位，也为中央及地方政府的相关决策提供了参考。中心还组织和联合全世界的城市竞争力研究专家，成立全球城市竞争力项目组，与世界银行集团及世界著名城市学者开展相关领域的高端合作，举办城市竞争力国际论坛，扩大了中国社会科学院在这些国际学术领域的话语权和影响力。

中国社会科学院竞争力模拟实验室简介

中国社会科学院竞争力模拟实验室是中国社会科学院城市与竞争力研究中心成员经过对城市与竞争力十余年的跟踪研究，建立的涵盖国家竞争力、城市竞争力、城市联系度、教育竞争力、人才竞争力、商务环境、住房发展等多个方面的大型综合模拟实验室，实验室数据库目前已经拥有数百项指标的数据，样本包括世界主要国家和地区的1000个城市（含中国300个城市），是全球有关城市与竞争力的最重要数据库之一。数据库中系统性总结了中心专家十余年的调研成果，构建了城市与竞争力案例库，是经由中心联合国内外专家悉心总结，综合中心多部著作及调研成果制作而成，包含数百个经典的城市与竞争力案例。

为保证数据权威性与准确性，模拟实验室将数据来源、数据处理方法和指数合成方法等附在数据之中，便于数据库的使用者随时查阅。

摘　要

《中国城市竞争力报告 No. 19》延续了 2020 年从城市看中国这一研究视角，提出“聚中有散：通向共同富裕之路”。发现从区域维度看“聚中有散”塑造崛起，“只聚不散”形成分化；从城市维度看“大聚小散”带动共富，“高聚低散”促进升级；从都市圈维度看，都市圈是“高聚低散”“大聚小散”“成长聚集成熟扩散”的集中体现；从长江经济带看，“有聚有散”锻造长江经济带。

2021 年本报告以全新的指标体系，在原有理论框架的基础上重新构建了综合经济竞争力和解释性指标体系、可持续竞争力和解释性指标体系，并运用大数据技术采集关键数据，突出强调了关键性指标在城市竞争力中的重要作用。

本报告的主题为“超大、特大城市：健康基准与理想标杆”，从全球发展的实践提炼超大、特大城市健康发展的主要特征、决定因素和作用机制，构建全球超大、特大城市理论标准和中国的合理区间，对照发现中国超大、特大城市存在的问题，提出迈向健康发展目标的对策建议。

在分项报告和区域报告中，本次报告主要对各城市的综合经济竞争力及分项指标、可持续竞争力及分项指标进行详细研究，对全国城市的基本现状、格局、变化、现象与规律着重进行分析。

Abstract

The Annual Report on China's Urban Competitiveness No. 19 continues the research perspective of looking at China from the city last year, and puts forward "Dispersing in the Gathering: The Road to Common Prosperity". It finds that from a regional perspective the development is shaped by "dispersing and gathering", and "only gathering but no dispersing" forms a division. From the urban dimension, "big gathering and small dispersing" drives common prosperity, and "high gathering and low dispersing" promotes upgrading. From the perspective of metropolitan area, the metropolitan area is the concentrated embodiment of "high gathering and low dispersing", "big gathering and small dispersing", "gathering in growth stage and dispersing in maturity stage". From the perspective of Yangtze River Economic Belt, "both gathering and dispersing" forge the Yangtze River Economic Belt.

This report uses a brand-new indicator system this year and reconstructs the comprehensive economic competitiveness and explanatory indicator system, sustainable competitiveness, and explanatory indicator system based on the original theoretical framework, and uses big data technology to collect key data to highlight the important role of key indicators in urban competitiveness is emphasized.

The theme of this report is "megacity and megalopolis: the ideal benchmarks". It extracts the main characteristics, determinants, and mechanisms of the healthy development of megacities from the practice of global development, and constructs the theoretical standard of global megacity and megalopolis and China's proper range. By comparing with the problems existing in China's megacities, this report puts forward some countermeasures and suggestions for China's healthy development.

In the sub-reports and regional reports, this report mainly conducts detailed research on the economic competitiveness and sub-indices, sustainable competitiveness, and sub-indices of cities, and analyzes the basic status quo, pattern, changes, phenomena, and related laws.

目　　录

第一部分　总体报告

第二部分　主题报告

第三部分　城市竞争力分项报告

第四部分　区域报告

Contents

Part Ⅰ General Report

Part Ⅱ Topic Report

Part Ⅲ Report on Classified Urban Competitiveness

Part Ⅳ Regional Report

第一部分

总体报告

第一章

中国城市竞争力2021年度排名

第一节　中国城市综合经济竞争力

表1—1　　2021年291个城市综合经济竞争力和显示性指标指数及排名

	综合经济竞争力		综合经济增量竞争力		综合经济密度竞争力	
	指数	排名	指数	排名	指数	排名
上海	1.000	1	1.000	1	0.756	5
深圳	0.975	2	0.811	3	0.829	2
香港	0.969	3	0.492	11	1.000	1
北京	0.896	4	0.967	2	0.641	16
广州	0.817	5	0.669	5	0.705	6
苏州	0.748	6	0.566	9	0.674	8
台北	0.743	7	0.283	38	0.825	4
南京	0.715	8	0.521	10	0.656	11
武汉	0.704	9	0.597	7	0.600	20
无锡	0.696	10	0.439	18	0.678	7
杭州	0.688	11	0.594	8	0.581	25
成都	0.671	12	0.633	6	0.537	34
宁波	0.659	13	0.483	13	0.606	19
佛山	0.657	14	0.392	23	0.653	12
澳门	0.655	15	0.075	246	0.827	3
长沙	0.635	16	0.454	15	0.591	23
东莞	0.629	17	0.396	22	0.615	18

续表

	综合经济竞争力		综合经济增量竞争力		综合经济密度竞争力	
	指数	排名	指数	排名	指数	排名
常州	0.625	18	0.354	25	0.633	17
厦门	0.624	19	0.321	29	0.651	14
青岛	0.619	20	0.401	21	0.600	21
郑州	0.614	21	0.487	12	0.545	30
高雄	0.605	22	0.236	55	0.673	9
珠海	0.598	23	0.242	53	0.660	10
合肥	0.597	24	0.462	14	0.537	36
南通	0.584	25	0.421	20	0.543	31
福州	0.583	26	0.435	19	0.535	37
泉州	0.582	27	0.440	17	0.531	39
重庆	0.577	28	0.724	4	0.365	93
台中	0.567	29	0.195	93	0.648	15
济南	0.567	30	0.390	24	0.539	33
扬州	0.553	31	0.319	30	0.560	29
西安	0.552	32	0.441	16	0.491	46
新竹	0.545	33	0.137	168	0.651	13
烟台	0.542	34	0.285	37	0.565	28
镇江	0.538	35	0.220	64	0.596	22
泰州	0.530	36	0.300	34	0.540	32
嘉兴	0.519	37	0.304	32	0.524	40
中山	0.505	38	0.192	96	0.570	26
台南	0.503	39	0.160	130	0.584	24
南昌	0.497	40	0.305	31	0.496	43
徐州	0.494	41	0.332	26	0.477	48
绍兴	0.494	42	0.271	41	0.510	41
芜湖	0.467	43	0.237	54	0.495	45
台州	0.463	44	0.288	36	0.461	50
舟山	0.450	45	0.131	179	0.532	38
太原	0.441	46	0.259	43	0.450	51
东营	0.440	47	0.099	216	0.537	35

续表

	综合经济竞争力		综合经济增量竞争力		综合经济密度竞争力	
	指数	排名	指数	排名	指数	排名
昆明	0.434	48	0.327	27	0.402	73
威海	0.427	49	0.158	132	0.488	47
盐城	0.427	50	0.302	33	0.407	69
唐山	0.426	51	0.227	60	0.448	52
贵阳	0.424	52	0.271	42	0.421	59
天津	0.422	53	0.000	291	0.569	27
湖州	0.419	54	0.221	63	0.442	54
淄博	0.418	55	0.122	194	0.496	42
惠州	0.416	56	0.250	48	0.422	58
莆田	0.414	57	0.203	84	0.446	53
温州	0.411	58	0.322	28	0.375	87
长春	0.404	59	0.214	71	0.427	57
宜昌	0.403	60	0.246	50	0.408	67
大连	0.402	61	0.085	235	0.496	44
鄂州	0.399	62	0.124	189	0.470	49
漳州	0.398	63	0.295	35	0.375	88
洛阳	0.396	64	0.276	39	0.382	83
潍坊	0.396	65	0.258	45	0.392	77
许昌	0.395	66	0.222	62	0.411	63
淮安	0.395	67	0.250	47	0.396	76
襄阳	0.395	68	0.272	40	0.383	81
济宁	0.395	69	0.208	79	0.419	60
廊坊	0.393	70	0.220	65	0.410	66
金华	0.376	71	0.243	52	0.375	89
焦作	0.376	72	0.191	97	0.404	72
马鞍山	0.375	73	0.175	114	0.412	61
日照	0.374	74	0.145	149	0.427	56
株洲	0.373	75	0.190	99	0.400	74
连云港	0.372	76	0.215	70	0.386	79
乌鲁木齐	0.368	77	0.209	75	0.384	80

续表

	综合经济竞争力		综合经济增量竞争力		综合经济密度竞争力	
	指数	排名	指数	排名	指数	排名
江门	0. 367	78	0. 209	74	0. 382	84
汕头	0. 366	79	0. 205	83	0. 383	82
海口	0. 365	80	0. 154	140	0. 411	64
石家庄	0. 362	81	0. 201	89	0. 380	85
岳阳	0. 360	82	0. 220	66	0. 367	92
湘潭	0. 359	83	0. 179	107	0. 389	78
南宁	0. 359	84	0. 249	49	0. 349	104
黄石	0. 356	85	0. 152	141	0. 400	75
沈阳	0. 353	86	0. 094	224	0. 428	55
宿迁	0. 349	87	0. 217	67	0. 354	99
常德	0. 346	88	0. 227	58	0. 345	111
鹰潭	0. 342	89	0. 107	206	0. 408	68
兰州	0. 342	90	0. 206	81	0. 351	103
榆林	0. 342	91	0. 245	51	0. 329	121
克拉玛依	0. 341	92	0. 096	221	0. 411	62
三明	0. 340	93	0. 201	88	0. 352	102
盘锦	0. 339	94	0. 094	223	0. 410	65
龙岩	0. 338	95	0. 205	82	0. 347	108
漯河	0. 336	96	0. 142	157	0. 380	86
新余	0. 333	97	0. 092	227	0. 404	71
宁德	0. 331	98	0. 190	98	0. 346	110
德州	0. 329	99	0. 171	122	0. 355	97
德阳	0. 327	100	0. 189	100	0. 342	112
呼和浩特	0. 327	101	0. 133	176	0. 373	90
茂名	0. 324	102	0. 211	72	0. 325	123
滨州	0. 323	103	0. 143	156	0. 362	94
银川	0. 322	104	0. 164	126	0. 349	107
临沂	0. 320	105	0. 232	56	0. 309	132
荆门	0. 318	106	0. 172	121	0. 340	114
乌海	0. 316	107	0. 049	272	0. 405	70

续表

	综合经济竞争力		综合经济增量竞争力		综合经济密度竞争力	
	指数	排名	指数	排名	指数	排名
北海	0. 316	108	0. 139	164	0. 355	98
鹤壁	0. 315	109	0. 107	207	0. 372	91
濮阳	0. 315	110	0. 148	146	0. 349	106
柳州	0. 313	111	0. 216	68	0. 309	133
玉溪	0. 312	112	0. 156	135	0. 341	113
衡阳	0. 309	113	0. 208	78	0. 308	135
自贡	0. 308	114	0. 136	170	0. 347	109
遵义	0. 306	115	0. 252	46	0. 280	158
宜宾	0. 306	116	0. 194	94	0. 312	130
铜陵	0. 306	117	0. 126	184	0. 349	105
淮北	0. 305	118	0. 115	198	0. 354	100
揭阳	0. 302	119	0. 159	131	0. 326	122
平顶山	0. 302	120	0. 175	116	0. 317	125
枣庄	0. 299	121	0. 141	159	0. 332	118
营口	0. 299	122	0. 089	232	0. 361	96
绵阳	0. 298	123	0. 209	76	0. 293	144
衢州	0. 297	124	0. 143	155	0. 329	120
三亚	0. 297	125	0. 085	236	0. 361	95
蚌埠	0. 295	126	0. 178	109	0. 307	136
郴州	0. 295	127	0. 175	113	0. 308	134
安阳	0. 292	128	0. 174	118	0. 306	138
菏泽	0. 292	129	0. 227	61	0. 275	161
肇庆	0. 292	130	0. 155	136	0. 315	126
西宁	0. 291	131	0. 126	187	0. 330	119
宝鸡	0. 290	132	0. 178	108	0. 300	141
咸阳	0. 289	133	0. 155	137	0. 312	129
秦皇岛	0. 287	134	0. 146	148	0. 314	127
泰安	0. 287	135	0. 103	211	0. 338	115
九江	0. 285	136	0. 228	57	0. 266	166
开封	0. 284	137	0. 181	105	0. 292	145

续表

	综合经济竞争力		综合经济增量竞争力		综合经济密度竞争力	
	指数	排名	指数	排名	指数	排名
新乡	0. 284	138	0. 200	91	0. 280	156
沧州	0. 283	139	0. 187	102	0. 286	150
荆州	0. 280	140	0. 193	95	0. 280	157
泸州	0. 279	141	0. 169	125	0. 291	146
萍乡	0. 277	142	0. 091	228	0. 332	116
滁州	0. 277	143	0. 211	73	0. 266	167
阳江	0. 276	144	0. 123	192	0. 313	128
攀枝花	0. 274	145	0. 102	214	0. 322	124
哈尔滨	0. 274	146	0. 149	145	0. 296	143
六盘水	0. 273	147	0. 143	154	0. 298	142
乐山	0. 270	148	0. 157	133	0. 287	149
大庆	0. 266	149	0. 030	285	0. 353	101
咸宁	0. 266	150	0. 150	143	0. 286	151
潮州	0. 266	151	0. 113	201	0. 305	139
十堰	0. 266	152	0. 175	115	0. 271	163
包头	0. 265	153	0. 064	256	0. 332	117
周口	0. 264	154	0. 216	69	0. 246	184
聊城	0. 263	155	0. 149	144	0. 282	155
湛江	0. 262	156	0. 208	80	0. 248	183
南阳	0. 261	157	0. 227	59	0. 235	194
鄂尔多斯	0. 260	158	0. 107	205	0. 301	140
赣州	0. 260	159	0. 259	44	0. 217	213
益阳	0. 258	160	0. 161	128	0. 268	164
三门峡	0. 256	161	0. 131	180	0. 283	153
衡水	0. 256	162	0. 144	151	0. 276	160
孝感	0. 256	163	0. 183	104	0. 253	174
晋城	0. 254	164	0. 128	182	0. 282	154
驻马店	0. 254	165	0. 202	87	0. 241	187
信阳	0. 254	166	0. 199	92	0. 242	186
眉山	0. 253	167	0. 134	172	0. 278	159

续表

	综合经济竞争力		综合经济增量竞争力		综合经济密度竞争力	
	指数	排名	指数	排名	指数	排名
上饶	0. 252	168	0. 200	90	0. 239	189
保定	0. 249	169	0. 177	110	0. 248	182
邯郸	0. 247	170	0. 170	123	0. 250	177
丽水	0. 246	171	0. 138	166	0. 266	165
商丘	0. 243	172	0. 208	77	0. 223	209
黄冈	0. 241	173	0. 184	103	0. 235	196
阳泉	0. 241	174	0. 083	239	0. 290	147
遂宁	0. 241	175	0. 139	162	0. 258	170
鞍山	0. 240	176	0. 052	264	0. 307	137
南充	0. 240	177	0. 188	101	0. 230	202
安庆	0. 239	178	0. 175	117	0. 236	192
南平	0. 237	179	0. 173	120	0. 235	193
防城港	0. 236	180	0. 083	240	0. 284	152
宜春	0. 236	181	0. 202	86	0. 217	212
长治	0. 235	182	0. 139	163	0. 251	176
石嘴山	0. 234	183	0. 069	252	0. 289	148
景德镇	0. 234	184	0. 098	218	0. 273	162
淮南	0. 231	185	0. 132	177	0. 250	181
广安	0. 230	186	0. 130	181	0. 250	179
内江	0. 230	187	0. 127	183	0. 251	175
宿州	0. 229	188	0. 177	111	0. 223	210
嘉峪关	0. 228	189	0. 019	288	0. 309	131
阜阳	0. 227	190	0. 202	85	0. 206	218
宣城	0. 227	191	0. 154	138	0. 232	198
渭南	0. 226	192	0. 152	142	0. 232	199
钦州	0. 226	193	0. 144	150	0. 236	191
娄底	0. 225	194	0. 143	153	0. 236	190
梧州	0. 225	195	0. 090	230	0. 265	168
邢台	0. 225	196	0. 163	127	0. 225	207
朔州	0. 222	197	0. 098	219	0. 257	171

续表

	综合经济竞争力		综合经济增量竞争力		综合经济密度竞争力	
	指数	排名	指数	排名	指数	排名
吉安	0. 220	198	0. 174	119	0. 213	214
清远	0. 219	199	0. 147	147	0. 227	205
汕尾	0. 218	200	0. 112	203	0. 245	185
韶关	0. 218	201	0. 131	178	0. 234	197
玉林	0. 217	202	0. 136	171	0. 230	203
桂林	0. 216	203	0. 140	161	0. 227	204
池州	0. 215	204	0. 095	222	0. 250	178
黄山	0. 214	205	0. 093	225	0. 250	180
大同	0. 213	206	0. 124	190	0. 232	201
锦州	0. 211	207	0. 080	243	0. 254	173
延安	0. 209	208	0. 134	173	0. 221	211
随州	0. 207	209	0. 123	191	0. 225	206
辽阳	0. 207	210	0. 066	254	0. 256	172
汉中	0. 204	211	0. 154	139	0. 203	219
永州	0. 203	212	0. 169	124	0. 194	223
资阳	0. 201	213	0. 047	275	0. 259	169
亳州	0. 199	214	0. 157	134	0. 195	222
邵阳	0. 199	215	0. 176	112	0. 184	228
达州	0. 196	216	0. 161	129	0. 189	225
运城	0. 193	217	0. 138	165	0. 198	220
曲靖	0. 191	218	0. 180	106	0. 172	236
安顺	0. 190	219	0. 115	200	0. 206	217
抚顺	0. 189	220	0. 062	257	0. 235	195
本溪	0. 187	221	0. 048	273	0. 239	188
晋中	0. 184	222	0. 140	160	0. 185	227
抚州	0. 184	223	0. 143	152	0. 183	230
吉林	0. 182	224	0. 051	267	0. 232	200
怀化	0. 181	225	0. 142	158	0. 180	231
贵港	0. 173	226	0. 133	175	0. 175	233
辽源	0. 173	227	0. 044	278	0. 224	208

续表

	综合经济竞争力		综合经济增量竞争力		综合经济密度竞争力	
	指数	排名	指数	排名	指数	排名
张家口	0. 173	228	0. 126	186	0. 178	232
六安	0. 170	229	0. 137	167	0. 169	237
云浮	0. 169	230	0. 104	210	0. 186	226
承德	0. 166	231	0. 122	193	0. 172	235
崇左	0. 160	232	0. 086	234	0. 184	229
梅州	0. 160	233	0. 120	195	0. 165	239
百色	0. 160	234	0. 126	185	0. 162	240
吕梁	0. 159	235	0. 133	174	0. 156	243
广元	0. 157	236	0. 112	202	0. 166	238
铜川	0. 157	237	0. 033	282	0. 210	215
通化	0. 157	238	0. 055	263	0. 197	221
安康	0. 155	239	0. 137	169	0. 150	245
临汾	0. 154	240	0. 125	188	0. 155	244
金昌	0. 151	241	0. 020	287	0. 209	216
河源	0. 145	242	0. 117	197	0. 148	247
雅安	0. 143	243	0. 088	233	0. 161	241
松原	0. 141	244	0. 032	283	0. 190	224
白山	0. 139	245	0. 056	262	0. 174	234
佳木斯	0. 135	246	0. 100	215	0. 145	249
贺州	0. 129	247	0. 083	238	0. 146	248
张家界	0. 127	248	0. 075	248	0. 148	246
葫芦岛	0. 127	249	0. 084	237	0. 142	250
保山	0. 125	250	0. 108	204	0. 128	258
四平	0. 120	251	0. 039	280	0. 159	242
商洛	0. 120	252	0. 104	209	0. 123	262
赤峰	0. 119	253	0. 096	220	0. 125	259
来宾	0. 118	254	0. 082	241	0. 133	256
吴忠	0. 115	255	0. 074	249	0. 133	254
丹东	0. 113	256	0. 058	258	0. 139	252
忻州	0. 111	257	0. 115	199	0. 105	268

续表

	综合经济竞争力		综合经济增量竞争力		综合经济密度竞争力	
	指数	排名	指数	排名	指数	排名
昭通	0.111	258	0.119	196	0.103	270
通辽	0.111	259	0.050	269	0.140	251
牡丹江	0.109	260	0.092	226	0.115	263
齐齐哈尔	0.108	261	0.103	212	0.108	266
绥化	0.107	262	0.106	208	0.106	267
朝阳	0.107	263	0.071	250	0.125	260
临沧	0.106	264	0.090	231	0.112	265
铁岭	0.104	265	0.042	279	0.136	253
中卫	0.098	266	0.052	266	0.124	261
阜新	0.097	267	0.038	281	0.129	257
巴中	0.093	268	0.090	229	0.096	274
巴彦淖尔	0.093	269	0.079	245	0.102	272
普洱	0.093	270	0.098	217	0.090	276
河池	0.092	271	0.102	213	0.088	277
乌兰察布	0.090	272	0.070	251	0.103	271
天水	0.090	273	0.080	244	0.098	273
丽江	0.089	274	0.050	270	0.113	264
七台河	0.085	275	0.005	290	0.133	255
庆阳	0.082	276	0.081	242	0.087	278
平凉	0.081	277	0.048	274	0.103	269
白城	0.070	278	0.046	276	0.091	275
双鸭山	0.062	279	0.052	265	0.077	280
白银	0.061	280	0.057	261	0.073	281
鸡西	0.057	281	0.057	259	0.068	283
固原	0.056	282	0.031	284	0.081	279
呼伦贝尔	0.053	283	0.075	247	0.052	286
武威	0.051	284	0.057	260	0.060	284
张掖	0.046	285	0.050	271	0.058	285
鹤岗	0.044	286	0.023	286	0.070	282
黑河	0.041	287	0.067	253	0.042	287

续表

	综合经济竞争力		综合经济增量竞争力		综合经济密度竞争力	
	指数	排名	指数	排名	指数	排名
定西	0.026	288	0.045	277	0.035	288
陇南	0.023	289	0.051	268	0.027	289
酒泉	0.007	290	0.064	255	0.000	291
伊春	0.000	291	0.018	289	0.016	290

第二节　中国城市可持续竞争力

表1—2　2021年291个城市可持续竞争力和显示性指标指数及排名

	可持续竞争力		综合人口增量竞争力		综合人口密度竞争力	
	指数	排名	指数	排名	指数	排名
香港	1.000	1	1.000	1	1.000	1
深圳	0.914	2	0.928	2	0.910	2
台北	0.860	3	0.853	4	0.877	4
上海	0.791	4	0.843	5	0.770	5
北京	0.758	5	0.882	3	0.687	6
广州	0.723	6	0.821	6	0.674	7
武汉	0.646	7	0.717	9	0.624	13
苏州	0.645	8	0.713	10	0.625	12
南京	0.645	9	0.677	12	0.651	9
厦门	0.607	10	0.567	24	0.669	8
无锡	0.604	11	0.606	21	0.636	10
杭州	0.598	12	0.725	7	0.539	24
东莞	0.593	13	0.583	23	0.634	11
成都	0.590	14	0.724	8	0.526	29
佛山	0.585	15	0.602	22	0.607	15
合肥	0.582	16	0.704	11	0.528	28
长沙	0.570	17	0.672	13	0.531	26

续表

	可持续竞争力		综合人口增量竞争力		综合人口密度竞争力	
	指数	排名	指数	排名	指数	排名
郑州	0.564	18	0.643	15	0.542	22
天津	0.560	19	0.630	17	0.546	21
青岛	0.559	20	0.627	18	0.546	20
澳门	0.551	21	0.116	264	0.907	3
宁波	0.547	22	0.612	19	0.536	25
珠海	0.546	23	0.491	36	0.624	14
高雄	0.540	24	0.540	26	0.578	17
西安	0.532	25	0.638	16	0.493	36
济南	0.530	26	0.609	20	0.511	31
常州	0.529	27	0.514	32	0.579	16
台中	0.525	28	0.521	28	0.566	19
中山	0.508	29	0.470	39	0.577	18
南通	0.487	30	0.530	27	0.498	35
福州	0.487	31	0.552	25	0.481	37
重庆	0.471	32	0.667	14	0.372	81
泉州	0.465	33	0.515	31	0.472	40
台南	0.463	34	0.437	49	0.526	30
大连	0.461	35	0.519	30	0.463	41
嘉兴	0.461	36	0.456	42	0.509	32
南昌	0.460	37	0.495	34	0.479	38
镇江	0.455	38	0.402	58	0.540	23
扬州	0.449	39	0.441	47	0.500	34
徐州	0.437	40	0.489	37	0.445	46
沈阳	0.436	41	0.499	33	0.437	52
烟台	0.431	42	0.482	38	0.441	49
太原	0.421	43	0.451	44	0.448	44
绍兴	0.417	44	0.436	51	0.452	42
泰州	0.417	45	0.399	59	0.478	39
昆明	0.414	46	0.521	29	0.383	68
贵阳	0.407	47	0.459	40	0.418	57

续表

	可持续竞争力		综合人口增量竞争力		综合人口密度竞争力	
	指数	排名	指数	排名	指数	排名
温州	0. 406	48	0. 458	41	0. 417	59
长春	0. 400	49	0. 494	35	0. 381	70
唐山	0. 400	50	0. 453	43	0. 410	61
芜湖	0. 387	51	0. 376	67	0. 446	45
台州	0. 384	52	0. 420	56	0. 408	62
石家庄	0. 379	53	0. 446	46	0. 381	71
淄博	0. 377	54	0. 372	69	0. 432	53
金华	0. 376	55	0. 440	48	0. 381	72
惠州	0. 374	56	0. 437	50	0. 380	73
湖州	0. 373	57	0. 369	72	0. 427	54
海口	0. 371	58	0. 342	88	0. 444	47
威海	0. 369	59	0. 345	84	0. 440	50
汕头	0. 368	60	0. 324	101	0. 452	43
洛阳	0. 366	61	0. 426	54	0. 375	77
马鞍山	0. 364	62	0. 370	71	0. 412	60
潍坊	0. 364	63	0. 427	53	0. 370	82
盐城	0. 362	64	0. 411	57	0. 379	74
焦作	0. 361	65	0. 323	102	0. 441	48
乌鲁木齐	0. 360	66	0. 424	55	0. 366	86
漳州	0. 358	67	0. 398	60	0. 382	69
新竹	0. 358	68	0. 196	206	0. 529	27
许昌	0. 358	69	0. 341	89	0. 423	55
廊坊	0. 353	70	0. 379	65	0. 388	67
舟山	0. 350	71	0. 210	195	0. 506	33
莆田	0. 349	72	0. 327	98	0. 418	58
淮安	0. 346	73	0. 359	74	0. 391	66
连云港	0. 345	74	0. 355	76	0. 393	65
南宁	0. 345	75	0. 446	45	0. 325	115
兰州	0. 343	76	0. 395	61	0. 359	94
湘潭	0. 338	77	0. 302	118	0. 420	56

续表

	可持续竞争力		综合人口增量竞争力		综合人口密度竞争力	
	指数	排名	指数	排名	指数	排名
济宁	0.336	78	0.378	66	0.360	92
东营	0.334	79	0.325	99	0.396	64
宜昌	0.328	80	0.384	62	0.344	102
襄阳	0.327	81	0.381	63	0.344	101
江门	0.325	82	0.350	79	0.362	90
株洲	0.319	83	0.340	90	0.360	93
新乡	0.318	84	0.348	82	0.353	98
银川	0.313	85	0.355	77	0.340	105
哈尔滨	0.313	86	0.429	52	0.285	163
宿迁	0.313	87	0.332	95	0.355	97
临沂	0.310	88	0.380	64	0.315	132
呼和浩特	0.309	89	0.370	70	0.322	119
开封	0.309	90	0.312	111	0.365	87
岳阳	0.309	91	0.343	85	0.342	103
安阳	0.306	92	0.322	103	0.352	99
蚌埠	0.303	93	0.292	127	0.368	84
德阳	0.301	94	0.283	134	0.372	79
泰安	0.299	95	0.312	110	0.348	100
日照	0.299	96	0.282	135	0.369	83
南阳	0.298	97	0.375	68	0.300	147
茂名	0.298	98	0.336	92	0.328	113
常德	0.297	99	0.342	86	0.322	118
滨州	0.296	100	0.314	109	0.341	104
德州	0.294	101	0.321	104	0.333	109
沧州	0.294	102	0.342	87	0.317	128
黄石	0.293	103	0.258	150	0.377	75
邯郸	0.292	104	0.338	91	0.317	129
衡阳	0.291	105	0.333	94	0.319	122
柳州	0.291	106	0.349	80	0.307	138
鄂州	0.291	107	0.169	228	0.438	51

续表

	可持续竞争力		综合人口增量竞争力		综合人口密度竞争力	
	指数	排名	指数	排名	指数	排名
绵阳	0. 291	108	0. 352	78	0. 304	141
漯河	0. 289	109	0. 222	186	0. 397	63
湛江	0. 287	110	0. 329	97	0. 315	133
滁州	0. 286	111	0. 317	106	0. 322	120
平顶山	0. 283	112	0. 296	120	0. 332	110
宁德	0. 282	113	0. 318	105	0. 316	130
菏泽	0. 282	114	0. 330	96	0. 307	137
咸阳	0. 278	115	0. 291	129	0. 328	114
九江	0. 276	116	0. 325	100	0. 301	146
北海	0. 275	117	0. 244	166	0. 357	96
保定	0. 274	118	0. 348	81	0. 281	168
三亚	0. 274	119	0. 217	190	0. 375	76
秦皇岛	0. 273	120	0. 276	137	0. 331	111
遵义	0. 271	121	0. 358	75	0. 267	181
宜宾	0. 270	122	0. 306	116	0. 305	140
聊城	0. 270	123	0. 294	124	0. 312	134
商丘	0. 270	124	0. 310	114	0. 301	144
枣庄	0. 269	125	0. 255	156	0. 340	106
周口	0. 267	126	0. 310	113	0. 296	151
自贡	0. 266	127	0. 225	181	0. 357	95
龙岩	0. 266	128	0. 311	112	0. 293	156
盘锦	0. 265	129	0. 200	203	0. 374	78
大庆	0. 265	130	0. 305	117	0. 296	152
孝感	0. 264	131	0. 267	143	0. 323	117
榆林	0. 263	132	0. 364	73	0. 250	201
荆州	0. 263	133	0. 294	123	0. 301	143
阜阳	0. 261	134	0. 301	119	0. 294	155
濮阳	0. 261	135	0. 246	165	0. 333	108
揭阳	0. 260	136	0. 256	154	0. 324	116
泸州	0. 259	137	0. 288	132	0. 300	149

续表

	可持续竞争力		综合人口增量竞争力		综合人口密度竞争力	
	指数	排名	指数	排名	指数	排名
西宁	0.258	138	0.260	147	0.318	125
信阳	0.258	139	0.315	108	0.278	172
鞍山	0.256	140	0.256	155	0.318	127
咸宁	0.256	141	0.269	141	0.308	136
肇庆	0.255	142	0.296	121	0.287	159
淮北	0.255	143	0.188	214	0.366	85
包头	0.254	144	0.316	107	0.270	179
鹤壁	0.253	145	0.174	224	0.372	80
衢州	0.251	146	0.253	160	0.311	135
南充	0.251	147	0.276	136	0.294	154
宜春	0.248	148	0.292	128	0.278	171
赣州	0.248	149	0.346	83	0.238	213
驻马店	0.248	150	0.292	126	0.277	174
新余	0.247	151	0.175	222	0.362	91
安庆	0.246	152	0.258	151	0.301	145
荆门	0.243	153	0.248	163	0.302	142
三明	0.242	154	0.288	131	0.271	178
郴州	0.242	155	0.294	125	0.266	184
十堰	0.240	156	0.290	130	0.267	182
宝鸡	0.239	157	0.268	142	0.280	169
营口	0.237	158	0.209	196	0.321	121
桂林	0.237	159	0.308	115	0.247	204
乐山	0.236	160	0.256	153	0.285	162
内江	0.235	161	0.208	199	0.319	124
潮州	0.235	162	0.192	210	0.330	112
娄底	0.234	163	0.244	167	0.291	158
玉溪	0.234	164	0.252	161	0.284	165
眉山	0.234	165	0.230	179	0.300	148
宿州	0.231	166	0.255	158	0.278	173
遂宁	0.230	167	0.201	202	0.316	131

续表

	可持续竞争力		综合人口增量竞争力		综合人口密度竞争力	
	指数	排名	指数	排名	指数	排名
淮南	0.230	168	0.197	205	0.318	126
黄冈	0.228	169	0.274	139	0.259	191
亳州	0.227	170	0.246	164	0.276	175
鹰潭	0.226	171	0.158	238	0.339	107
丽水	0.225	172	0.273	140	0.254	199
曲靖	0.225	173	0.295	122	0.238	214
铜陵	0.224	174	0.124	261	0.362	88
上饶	0.224	175	0.285	133	0.244	209
益阳	0.223	176	0.240	170	0.275	176
邢台	0.222	177	0.260	148	0.258	192
萍乡	0.220	178	0.174	225	0.319	123
南平	0.220	179	0.275	138	0.243	211
阳江	0.220	180	0.224	182	0.281	166
晋城	0.219	181	0.215	193	0.287	160
长治	0.218	182	0.241	169	0.266	185
宣城	0.217	183	0.231	178	0.272	177
达州	0.217	184	0.260	146	0.249	202
景德镇	0.215	185	0.181	218	0.305	139
渭南	0.214	186	0.238	172	0.262	187
衡水	0.214	187	0.227	180	0.270	180
钦州	0.214	188	0.237	173	0.261	188
广安	0.212	189	0.210	194	0.279	170
吉林	0.212	190	0.257	152	0.244	210
三门峡	0.210	191	0.203	201	0.281	167
清远	0.210	192	0.261	145	0.238	216
玉林	0.209	193	0.249	162	0.245	206
永州	0.207	194	0.264	144	0.230	223
攀枝花	0.207	195	0.172	226	0.297	150
汕尾	0.206	196	0.180	220	0.291	157
吉安	0.205	197	0.259	149	0.231	219

续表

	可持续竞争力		综合人口增量竞争力		综合人口密度竞争力	
	指数	排名	指数	排名	指数	排名
六盘水	0.204	198	0.221	187	0.257	194
晋中	0.204	199	0.242	168	0.241	212
邵阳	0.202	200	0.254	159	0.231	220
乌海	0.201	201	0.070	282	0.362	89
锦州	0.198	202	0.196	207	0.267	183
鄂尔多斯	0.196	203	0.335	93	0.161	261
随州	0.194	204	0.189	213	0.264	186
大同	0.194	205	0.216	192	0.244	208
运城	0.192	206	0.222	185	0.236	218
辽阳	0.192	207	0.142	252	0.295	153
克拉玛依	0.188	208	0.148	247	0.285	161
韶关	0.186	209	0.223	183	0.226	224
汉中	0.185	210	0.237	174	0.214	231
六安	0.185	211	0.204	200	0.238	215
延安	0.183	212	0.255	157	0.198	242
贵港	0.182	213	0.209	197	0.230	222
阳泉	0.182	214	0.135	255	0.284	164
临汾	0.182	215	0.223	184	0.220	228
抚州	0.181	216	0.218	188	0.223	226
云浮	0.179	217	0.178	221	0.247	205
吕梁	0.178	218	0.217	191	0.217	230
安顺	0.178	219	0.190	211	0.237	217
防城港	0.177	220	0.157	239	0.260	189
朔州	0.177	221	0.167	231	0.253	200
黄山	0.176	222	0.161	236	0.256	195
怀化	0.174	223	0.233	175	0.199	240
池州	0.170	224	0.148	246	0.255	197
抚顺	0.168	225	0.152	242	0.248	203
张家口	0.165	226	0.233	176	0.184	249
梧州	0.164	227	0.184	216	0.219	229

续表

	可持续竞争力		综合人口增量竞争力		综合人口密度竞争力	
	指数	排名	指数	排名	指数	排名
四平	0.164	228	0.168	230	0.230	221
保山	0.163	229	0.196	208	0.209	234
梅州	0.163	230	0.192	209	0.210	233
河源	0.162	231	0.189	212	0.212	232
承德	0.161	232	0.231	177	0.179	252
安康	0.159	233	0.199	204	0.199	241
葫芦岛	0.156	234	0.161	235	0.222	227
本溪	0.155	235	0.115	265	0.255	198
资阳	0.154	236	0.112	267	0.256	196
广元	0.149	237	0.170	227	0.204	235
石嘴山	0.148	238	0.093	275	0.259	190
百色	0.148	239	0.217	189	0.167	258
忻州	0.142	240	0.180	219	0.185	248
贺州	0.142	241	0.156	240	0.203	237
昭通	0.138	242	0.188	215	0.172	254
雅安	0.137	243	0.145	250	0.203	236
赤峰	0.135	244	0.240	171	0.130	280
丹东	0.132	245	0.147	248	0.192	244
崇左	0.131	246	0.163	233	0.180	251
商洛	0.130	247	0.151	243	0.187	247
通辽	0.128	248	0.208	198	0.141	271
张家界	0.127	249	0.127	259	0.199	239
朝阳	0.124	250	0.158	237	0.171	255
巴中	0.123	251	0.132	257	0.189	245
嘉峪关	0.122	252	0.037	287	0.258	193
阜新	0.122	253	0.118	263	0.198	243
来宾	0.121	254	0.139	253	0.181	250
齐齐哈尔	0.120	255	0.175	223	0.153	266
庆阳	0.120	256	0.166	232	0.160	262
辽源	0.114	257	0.064	284	0.224	225

续表

	可持续竞争力		综合人口增量竞争力		综合人口密度竞争力	
	指数	排名	指数	排名	指数	排名
铜川	0.113	258	0.034	289	0.245	207
铁岭	0.111	259	0.124	262	0.176	253
天水	0.111	260	0.134	256	0.168	256
绥化	0.111	261	0.152	241	0.155	265
临沧	0.111	262	0.146	249	0.158	264
河池	0.109	263	0.169	229	0.139	276
松原	0.105	264	0.125	260	0.164	260
佳木斯	0.103	265	0.144	251	0.147	269
吴忠	0.103	266	0.137	254	0.152	267
通化	0.102	267	0.070	281	0.200	238
牡丹江	0.101	268	0.148	245	0.141	272
普洱	0.100	269	0.162	234	0.129	281
平凉	0.093	270	0.097	271	0.165	259
鸡西	0.086	271	0.101	269	0.150	268
丽江	0.084	272	0.109	268	0.141	273
中卫	0.080	273	0.092	276	0.146	270
白银	0.079	274	0.099	270	0.140	275
巴彦淖尔	0.077	275	0.149	244	0.100	286
乌兰察布	0.073	276	0.127	258	0.109	284
白山	0.071	277	0.057	285	0.159	263
金昌	0.069	278	0.012	290	0.187	246
白城	0.067	279	0.086	279	0.130	279
双鸭山	0.067	280	0.079	280	0.135	278
固原	0.065	281	0.068	283	0.141	274
定西	0.063	282	0.095	274	0.118	282
武威	0.060	283	0.090	278	0.116	283
陇南	0.054	284	0.095	273	0.102	285
鹤岗	0.054	285	0.045	286	0.138	277
张掖	0.053	286	0.096	272	0.099	287
七台河	0.051	287	0.000	291	0.168	257

续表

	可持续竞争力		综合人口增量竞争力		综合人口密度竞争力	
	指数	排名	指数	排名	指数	排名
呼伦贝尔	0.046	288	0.184	217	0.023	290
黑河	0.036	289	0.091	277	0.076	289
伊春	0.019	290	0.035	288	0.088	288
酒泉	0.000	291	0.113	266	0.000	291

第二章

中国城市竞争力2021年度综述

——从城市看中国:聚中有散,通向共同富裕之路

倪鹏飞　郭　靖　郭金红

第一节　区域:“聚中有散”塑造崛起,“只聚不散”加剧分化

空间经济的演化主要由“聚集”和“扩散”两种力量决定,聚集能够带来规模报酬递增,但过度聚集又带来规模不经济;扩散能支持中心地区升级,同时让周边地区通过分享中心地区的外溢实现共同繁荣。聚集和扩散这两种力量都具有重要意义,但在不同阶段两者的地位和作用不同。发达国家工业化和城市化的规律总体上呈现出先聚集后扩散的特征,具体而言要经历先分散聚集,后集中聚集,再聚中有散的发展阶段。通过对世界范围内的实践发展和文献进行梳理,尤其是对中国40多年来城市和区域发展事实进行研判,本书发现当前中国的空间经济演化已经进入了聚中有散的发展阶段,主要表现为:大尺度聚集、小尺度扩散;高端聚集、低端扩散;成长聚集、成熟扩散。

一　东西“聚中有散”促进崛起和收敛

(一)东部人口占比扩大,高端要素继续聚集

东部人口占比从1980年的33.93%逐步上升到2020年的39.93%,

且东部的省市均为常住人口净流入地区，广东、浙江的人口增长率分处第 2 位、第 3 位，居于全国领先地位。在人均 GDP 层面，东部地区 2020 年人均 GDP 超过 13500 美元，根据 2019 年世界银行最新修正的人均收入标准，已达高收入国家水平。[①] 东部地区 GDP 占比从 1978 年的 41.17% 逐步上升到 2005 年的最高峰 59.02%，后来随着中部崛起又缓慢降低到 2020 年的 51.93%，但目前仍处于领先状态。

表 2—1　　全国分区域 10 年经济人口变化情况

	2020 年 GDP（亿元）	10 年名义增速（%）	10 年占比变化（%）	2020 年常住人口（万）	10 年名义增速（%）	10 年占比变化（%）	人均 GDP（元）	人均 GDP（美元）
全国	1015986	206.74	—	141178	5.93	—	71964.90	10431.21
东部	525752	202.28	-1.14	56372	11.37	1.95	93264.74	13518.59
中部	222246	213.82	0.72	36470	2.24	-0.93	60939.40	8833.08
西部	213292.2	228.01	1.96	38284	6.23	0.08	55713.14	8075.54
东北	51124.8	150.26	-1.89	9851	-10.05	-1.24	51898.08	7522.55

资料来源：中国社会科学院城市与竞争力指数数据库。

制造业从东部迁出、由中部承接、在西部分化。参考相关研究方法，以 2006—2016 年各省制造业数据来计算产业转移指数，从变化情况可以看出：第一，东部迁出。东部地区省份基本已经进入产业结构转型阶段，制造业不断转出，东部各省除福建、河北、山东外制造业均呈现流出态势。第二，中部承接。中部省份由于比邻东部，承接了东部地区的产业转出，除山西外，均表现出制造业的集聚。第三，西部分化。西部的内蒙古、甘肃、宁夏、云南等地，处于制造业新旧交替的阶段，部分旧产业淘汰过剩，而新兴产业的培育还未有效形成；但重庆、四川、陕西等

① 2019 年，世界银行将中高收入国家的标准修正为：人均 GNI 在 3996 美元到 12375 美元之间；将高收入国家标准修正为人均 GNI 超过了 12375 美元。GNI = GDP - 外国公民在本国生产的最终产品的价值总和 + 本国公民在国外生产的最终产品的价值总和。根据世界银行公开数据，2018 年中国的 GNI 为 13.557 万亿美元——约为同期中国 GDP 总量（13.608 万亿美元）的 99.6%，基本与 GDP 数据一致，故可认为人均 GDP 为人均 GNI 的有效近似。

西部相对发达的省份则体现出来制造业的聚集。

表 2—2　　2006—2016 年东部、中部、西部制造业变动情况

	省（市、自治区）	产业转移		省（市、自治区）	产业转移		省（市、自治区）	产业转移
西部	内蒙古	-0.041	东部	北京	-0.388	中部	山西	-0.277
西部	广西	0.338	东部	天津	-0.425	中部	安徽	0.517
西部	重庆	0.270	东部	河北	0.144	中部	江西	0.613
西部	四川	0.162	东部	上海	-0.655	中部	河南	0.607
西部	贵州	0.019	东部	江苏	-0.106	中部	湖北	0.273
西部	云南	-0.229	东部	浙江	-0.388	中部	湖南	0.280
西部	陕西	0.048	东部	福建	0.149	—	—	—
西部	甘肃	-0.269	东部	山东	0.218	—	—	—
西部	青海	0.100	东部	广东	-0.124	—	—	—
西部	宁夏	-0.093	东部	海南	-0.177	—	—	—
西部	新疆	0.038	—	—	—	—	—	—

资料来源：2007—2017 年的《中国工业统计年鉴》。

人才持续流入。从 2016 年第四季度至 2018 年第一季度的人才流入前 15 位的城市看，9 个城市位于东部，占比 60.0%。智联招聘的数据也显示，从人才流入占比看，2017—2020 年东部地区人才流入占比分别为 63.2%、60.8%、61.6%、59.6%，即六成左右的人才向东部集聚。据科技部《中国科技人才发展报告 2020》，2019 年东部十省市集中了全国 65.6% 的 R&D 人员，在人才数量前 10 位的省（市）中，东部地区独占 7 个。

人才的聚集与企业的分布密切相关，根据科技部的数据，2019 年规模以上工业企业吸纳了全国 R&D 人员的七成左右，分别是研发机构和高等学校的 7.4 倍和 5.6 倍，说明企业对 R&D 人员的集聚效应最为明显。我们以新兴产业中的代表性产业人工智能为例，根据清华大学中国科技政策研究中心发布的《中国人工智能发展报告 2018》，截至 2017 年，中国在人工智能方面的人才投入达 201281 人，其中东部省份人工智能人才投入量高达 126120 人，大约占据全国总量的 62.7%，其中北京市人才投入量累计达 27355 人，名列全国第 1，江苏省人才投入量累计达到 19293 人，排名第 2。

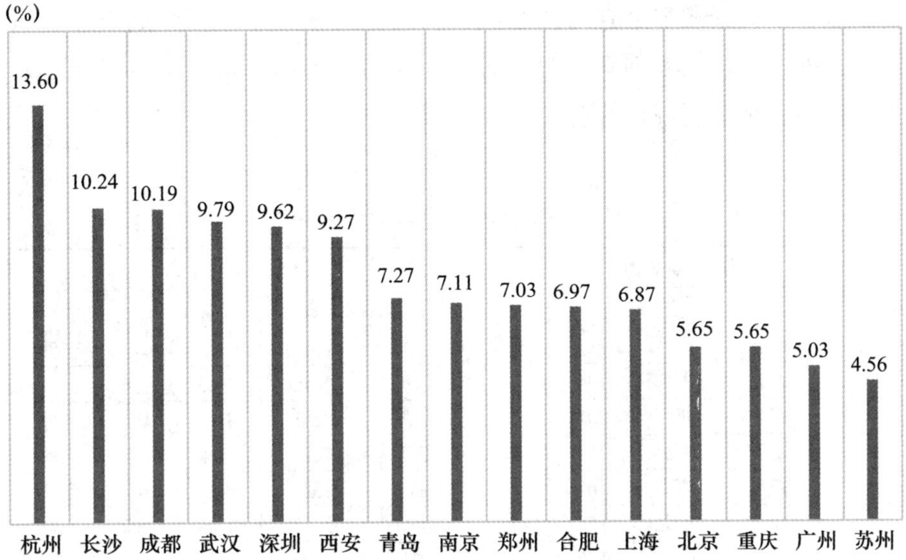

图 2—1　2016 年第四季度至 2018 年第一季度人才净流入率排名前 15 位的城市

资料来源：中国社会科学院城市与竞争力指数数据库。

（二）中部崛起态势鲜明，科创安徽引领发展

从 2006 年开始，中部 6 省 GDP 比重由降低转变为逐步上升，从 2006 年的 18.67% 逐步上升到 2020 年的 21.95%，且自 2011 年开始中部省份常住人口增长率逐步回升，2010 年常住人口同比增长 2.24%。人均 GDP 在 2020 年超过 8800 美元，处于中高收入国家水平。截至 2020 年年底，东部和中部地区以 20% 左右的面积吸引了全国 73.88% 的人口，创造了 73.62% 的 GDP，成为推动中国经济长期可持续高质量发展的基础动力。

在中部崛起中，安徽的表现尤为突出。在 2021 年中国城市综合可持续竞争力排名提升最快的 20 个城市中，中部占据 12 席，占比 60%，其中安徽独占 7 席，贡献了中部城市中的 58.33%。特别是阜阳上升 78 名，滁州上升 62 名，分列全国综合可持续竞争力排名提升最快城市和第 3 名城市。此外，亳州、马鞍山、淮南、铜陵、宿州等城市都有较快提升。省会合肥的可持续性竞争力排名全国第 16，比去年上升 6 名。在综合经济竞争力方面，排名提升最快的 20 个城市中，中部占据 11 席，其中安徽占据 4 席，滁州和阜阳分别提升了 44 名和 26 名，位居中国综合经济竞争力提升最快城市和第 2 名城市，安庆提升 19 名，提升速度并列全国第 5

名。近年来，安徽举全省之力建设科技创新攻坚力量体系，战略性新兴产业发展迅速，区域创新能力稳居全国前列，科创之路带动全省快速发展，成为引领中部崛起的新引擎。

表2—3　　2021 年中国城市竞争力提升 Top20

可持续竞争力					综合经济竞争力				
	省（自治区）	地区	排名	排名变化		省（自治区）	地区	排名	排名变化
阜阳	安徽	中部	134	78	滁州	安徽	中部	138	44
乌海	内蒙古	西北	201	77	阜阳	安徽	中部	185	26
滁州	安徽	中部	111	62	玉溪	云南	西南	107	24
内江	四川	西南	161	62	乌海	内蒙古	西北	102	22
营口	辽宁	东北	158	55	新余	江西	中部	92	20
亳州	安徽	中部	170	52	宜春	江西	中部	176	20
马鞍山	安徽	中部	62	50	四平	吉林	东北	246	20
宜宾	四川	西南	122	47	安庆	安徽	中部	173	19
鄂州	湖北	中部	107	37	漯河	河南	中部	91	16
周口	河南	中部	126	37	萍乡	江西	中部	137	16
淮南	安徽	中部	168	37	大庆	黑龙江	东北	144	16
黄冈	湖北	中部	169	35	鄂尔多斯	内蒙古	西北	153	15
曲靖	云南	西南	173	35	景德镇	江西	中部	179	15
商丘	河南	中部	124	34	鹤壁	河南	中部	104	14
铜陵	安徽	中部	174	33	宜宾	四川	西南	111	14
遵义	贵州	西南	121	32	曲靖	云南	西南	213	14
驻马店	河南	中部	150	32	宣城	安徽	中部	186	13
眉山	四川	西南	165	32	绵阳	四川	西南	118	12
宿州	安徽	中部	166	32	孝感	湖北	中部	158	12
达州	四川	西南	184	32	防城港	广西	西南	175	12

资料来源：中国社会科学院城市与竞争力指数数据库。

以 R&D 人员的分布来看，2019 年中部地区人员占比达 17.8%，排在东部之后位居全国第 2 名。2015—2019 年，中部各省份 R&D 人员年均增长率为 7.8%，增速超过全国平均水平，位居所有区域增速第 1 位。在 R&D 人员全时当量前 10 位的省份中，中部的河南、湖北和安徽分列第 7 位、第 8 位和第 9 位。

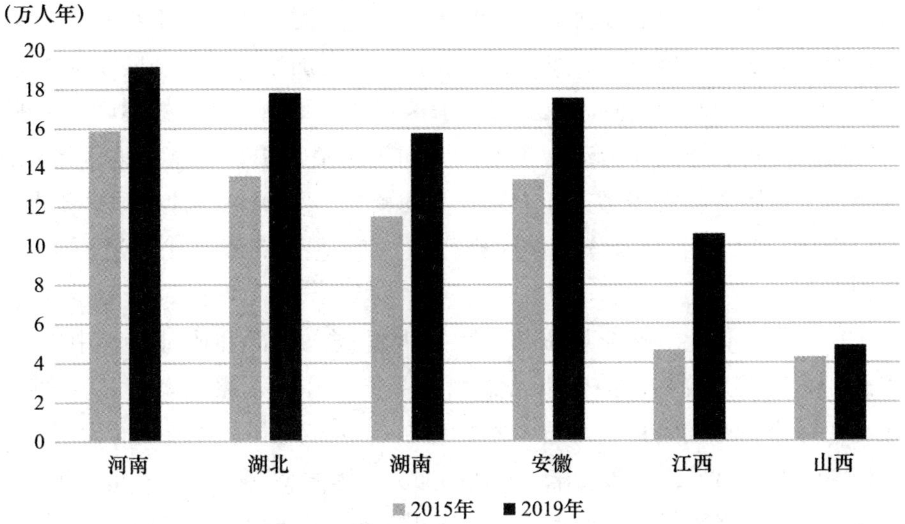

图 2—2　中部省份 2015 年和 2019 年 R&D 人才全时当量

资料来源：科技部。

（三）东中部一体共同进步，"聚中有散"成为关键

东部的领先和中部的崛起不是孤立事件，而是东中部一体的表现，是经济活动聚散规律作用下的结果。即东部在高端要素和成长型产业聚集的同时，中低端要素和成熟型产业向中部扩散。改革开放以后，东部地区借助政策倾斜、市场机制和交通优势，率先实现经济发展，并受规模报酬递增与循环累计因果效应影响，各种生产要素率先向东部地区集聚，东部崛起成为中心。然而，随着东部成本的上升，分散力开始发挥作用。近年来，随着东部地区生产要素价格上升、环境管制趋严以及产业升级要求，一些成本敏感型工业开始从东部地区转向其他地区。而中部地区由于与东部地区接壤相邻，且拥有丰富的资源要素、完备的产业体系、巨大的市场潜力和规模，可以使其全方位承接东部的各种经济活动、产业要素的转移，强化了东部的扩散效应。如东部长三角地区一开始由上海经济区及周边城市组成，随着中心城市上海的发展和升级，产业和要素扩散逐步涵盖到江苏和浙江形成新的中心，随后又扩散到安徽全省形成沪苏浙皖一体化发展。

理论研究发现，空间集聚程度最高的是技术密集型产业，其次是资本密集型产业，最低的是劳动密集型产业，不同类型制造业对于空间集疏要求的差异促使产业结构的空间变迁。核心城市更加专业化地发展技术密集型和资本密集型产业，而边缘城市则承接劳动密集型产业。核心城市土地资源紧缺促使制造业和劳动密集型产业向土地资源更加丰富的地区转移，环境压力促使劳动密集型产业向环境容量更大、资源更丰沛的地区扩散。结合2006—2016年我国分区域、分行业的制造业产值占比情况有如下发现。

第一，整体上制造业从东部迁出，大量进入中部和西部，其中以在中部的集聚最为突出，但资本密集型产业依然在东部聚集。第二，中部正在快速聚集劳动密集型与技术密集型制造业，其中上升最快的为河南、安徽和江西。第三，西部差异较大，例如劳动密集型在云南、贵州、陕西、甘肃、宁夏集聚的同时，也从广西、四川、重庆、新疆、内蒙古迁出；而资本密集型产业在陕西、甘肃、新疆、内蒙古聚集的同时，又从云南、贵州、四川、重庆迁出。第四，产业的聚散不但发生在区域间，也在区域内进行，并且表现出一种网络化、动态化的特征，即“聚中有散”。

表2—4　　2006—2016年我国不同区域制造业占比　　（单位：%）

	2006年	2012年	2016年	整体制造业10年变化	劳动密集型产业变化	资本密集型产业变化	技术密集型产业变化
东部地区	69.88	59.08	58.59	−11.29	−0.12	0.01	−0.05
东北地区	6.18	8.55	4.91	−1.27	0.27	−0.37	−0.07
中部地区	13.76	19.76	22.71	8.95	0.05	−0.17	0.18
西部地区	10.18	12.61	13.78	3.60	−0.01	−0.04	0.10

资料来源：2007—2017年的《中国工业统计年鉴》。

二　南北“只聚不散”加剧放缓和分化

（一）经济占比“南升北降”，南北经济差异扩大

以长江为界，南方[①] GDP占比从2006年的57.32%逐渐上升到2020

① 南方省（市、自治区）包含上海、江苏、浙江、安徽、福建、江西、湖北、湖南、广东、广西、海南、重庆、四川、贵州、云南、西藏，北方省（市、自治区）包含北京、天津、河北、山西、内蒙古、辽宁、吉林、黑龙江、山东、河南、陕西、甘肃、青海、宁夏、新疆，下同。

年的 64.71%，相应的，北方 GDP 占比则从 42.68% 降低到 35.29%，表明我国的经济重心不断南移。2020 年受新冠肺炎疫情影响，中国经济增速按可比价格计算下滑至 2.30%，而 GDP 增速总体上依然呈现"南高北低"的态势，除去因新冠肺炎疫情原因负增长的湖北外，南方 GDP 平均增速为 3.82%，北方 GDP 的平均增速为 2.28%，南北差异继续扩大。

从中国城市综合经济竞争力排名来看，2015—2020 年，北方城市排名平均下滑 15.75 名，南方城市排名平均上升 13.63 名，空间经济正在经历南北博弈。东向西的繁荣与北向南的衰退进行持续的较量。如果北方衰退区域继续向淮河和长江蔓延，则全国衰退和繁荣的力量、南北方版图对比将发生逆转，中国区域经济的增长、繁荣、转型和现代化将受到严峻挑战。

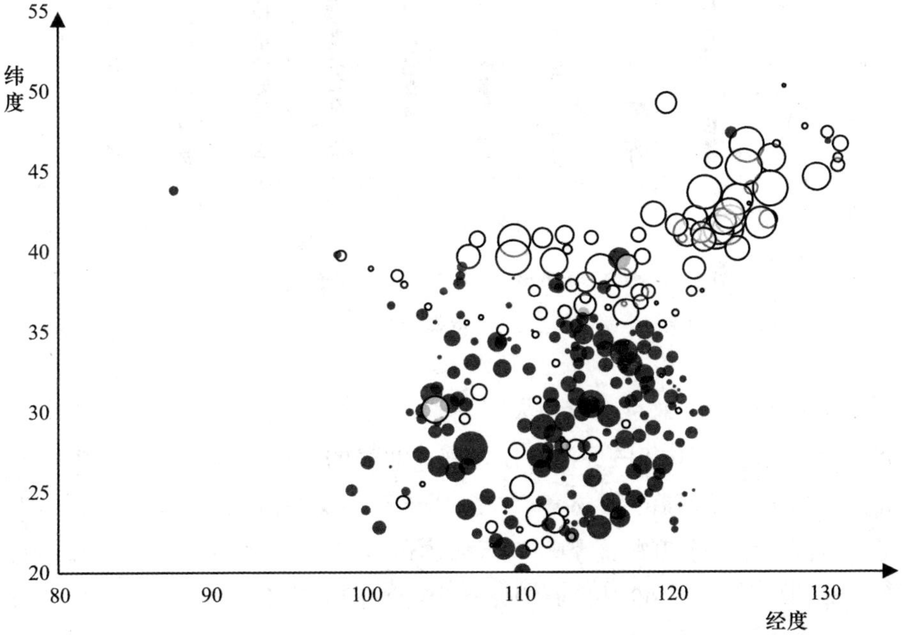

图 2—3　2015—2020 年城市综合经济竞争力排名变化

注：空心代表排名下降，实心代表排名上升，圆圈大小代表排名变化大小。

资料来源：中国社会科学院城市与竞争力指数数据库。

东北掉队和西南崛起。计算各区域经济占比的 10 年变化可以发现，北方 3 个片区，东北、环渤海和西北 GDP 占全国的比重分别下滑了

1.87%、1.69%和0.14%；而西南和东南的经济占比则各自上升了2.17%和0.71%，东北掉队和西南崛起是区域经济版图变化中对比最强烈的一对关系。历史上，西南和东北曾有过紧密的联系，西南地区工业基础的搭建得益于东北的支援。如今，东北振兴之路面临坎坷，而西南崛起成为冉冉新星。

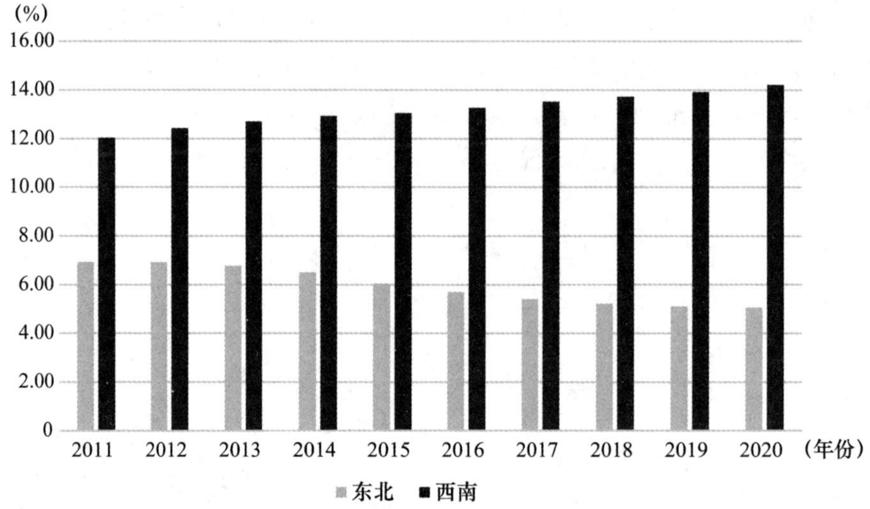

图2—4 2011—2020年西南和东北地区经济占比变化

资料来源：中国社会科学院城市与竞争力指数数据库。

环渤海地区，北京一家独大“只聚不散”。通过计算北京、天津、河北、山东在过去10年的经济占比发现，北京的占比由2011年的20.05%提升到2019年最高的22.86%，在2020年小幅回落到22.63%，整体上呈现经济集中度上升的态势。而区域内的天津和河北的经济占比却一直在下降，分别从9.46%和24.94%下滑到8.83%和22.70%。另一个北方经济重镇山东，其占比在2015年曾占据环渤海片区的47.12%，但2020年回落到45.84%，与2011年的45.56%水平接近。所以环渤海地区的经济主要表现为北京一家独大的极化效应。周边区域受虹吸效应影响，高端资源纷纷向北京聚集，这种“只聚不散”的情况不但没有发挥增长极的区域带动作用，反而加剧了分化。

西北“三升二退一不变”。西北6省表现分化，其中陕西、新疆、青

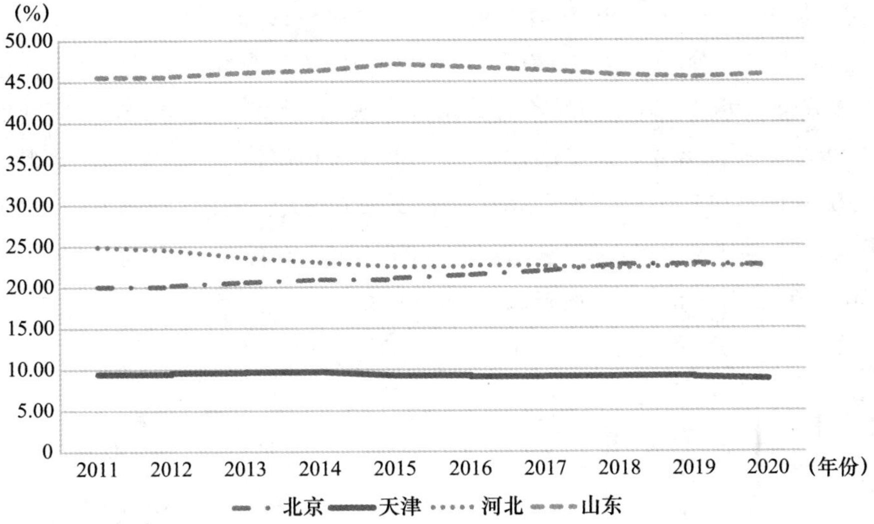

图 2—5　环渤海地区各省（市）经济占比 10 年变化趋势

资料来源：中国社会科学院城市与竞争力指数数据库。

海 3 个省区的经济占比分别提升 2. 17%、0. 83% 和 0. 33%，内蒙古和甘肃的经济占比缩小，分别降低 2. 38% 和 0. 97%，宁夏基本保持不变。

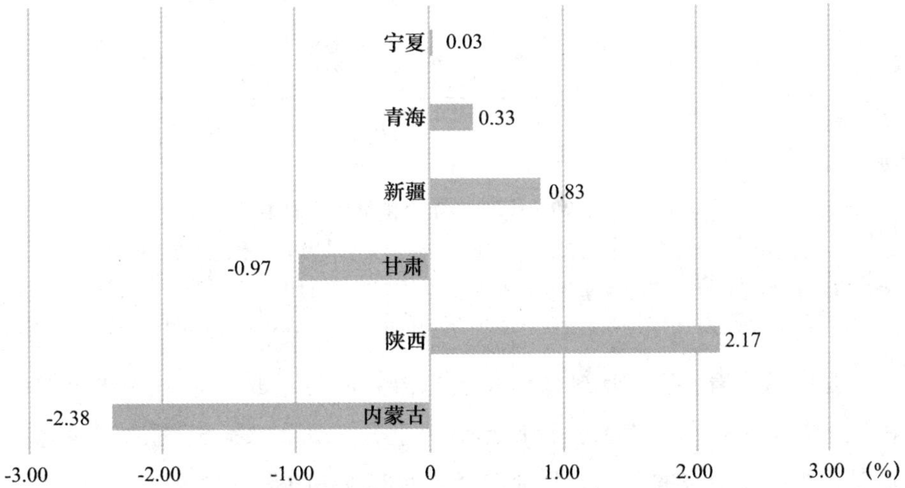

图 2—6　西北地区各省（自治区）经济占比 10 年变化

资料来源：中国社会科学院城市与竞争力指数数据库。

（二）人口流向“一路向南”，南北人口分化加剧

从人口来看，2010—2020 年 10 年间全国人口共增加 7206 万人，进一步分解，可以看到南方城市大约增加了 6500 万人，北方城市大概增加了 1100 万人，南方的人口增加量约为北方的 6 倍。① 南北方人口差距从 2010 年的 21135 万人增加到 2020 年的 23525 万人，人口差距扩大了 2390 万人；南北方人均收入差距从 2013 年的平均 723.13 元扩大到 2020 年的 2501.56 元，平均收入差距扩大 1778.43 元。

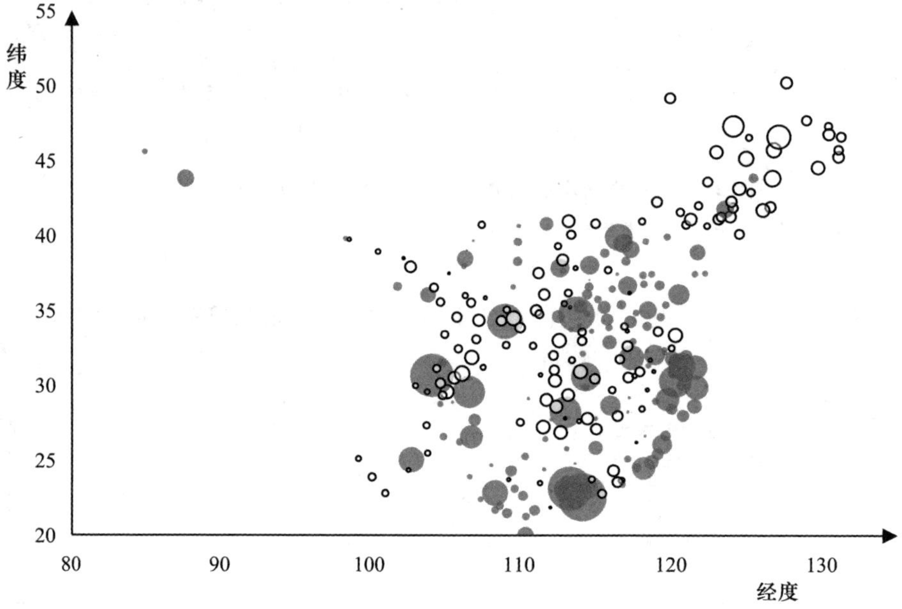

图 2—7 2010—2020 年全国城市人口变化

注：空心代表人口流出，实心代表人口流入，圆圈大小代表人口变化规模。

资料来源：第六次、第七次全国人口普查数据。

从区域来看，东南地区依然是人口流入的最主要方向，10 年间人口占比上升了 2.01%；其次是西南地区，上升了 0.27%。环渤海和西北区域基本维持了原来的比例，分别占全国的 15% 和 9% 左右，而东北地区则

① 由于现役军人数、难以确定常住人口人数以及城镇化率的影响，故城市增加的人口数量加总和总人口增加量存在统计不一致，但整体上不影响结论的方向。

由于人口大量流失，占比显著下滑。中部常住人口虽然同比正增长，但相对占比而言轻微下滑。

表 2—5　　2010—2020 年分区域人口变化　　（单位：%）

	2020 年人口全国占比	2010 年人口全国占比	比重变化
东北	6. 99	8. 18	-1. 19
东南	24. 20	22. 19	2. 01
环渤海	15. 00	14. 94	0. 06
西北	9. 03	9. 06	-0. 03
西南	18. 53	18. 26	0. 27
中部	25. 83	26. 63	-0. 80

资料来源：第六次、第七次全国人口普查数据。

从人才方面来看，“北雁南飞”。人才是城市和区域经济发展的重要战略资源，人才竞争是区域竞争的集中表现。从科技部披露的 R&D 人才数据来看，2019 年，广东 R&D 人员达 80. 3 万人年，居全国首位，是东北三省总量的 4. 3 倍；江苏和浙江的人员数量分列全国第 2 位和第 3 位，在基数庞大的基础上年均增速达到 12. 5%，远超全国平均水平。在南方人才继续聚集的同时，北方人才则出现流失，东北地区 R&D 人员连续多年下降，由 2015 年的 19. 1 万人年降至 2019 年 18. 7 万人年。齐鲁人才网 2020 年所做的一起调查也揭示了这种“北雁南飞”的现象，在这份涉及 183587 名驻鲁高校毕业生就业方向的抽样调查中，江苏和上海是驻鲁高校毕业生的重要流入方向，山东人才大量向长三角地区流入。此外，猎聘网发布的《2017 年人岗争夺战及职场流动力大数据报告》显示，在人才净流入率方面，杭州以 11. 21% 位居全国第 1 位，深圳、成都居于全国第 2 位、第 3 位，在 9 个主要城市中，仅有北京为北方城市。

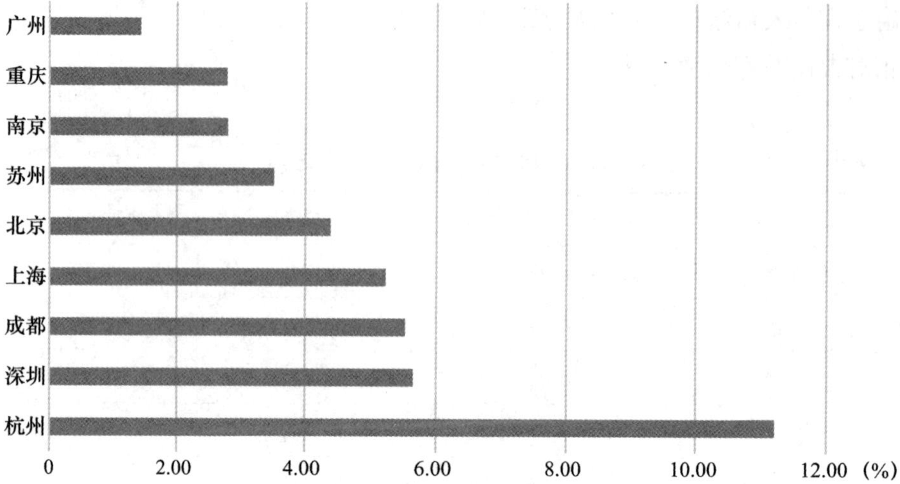

图 2—8 2017 年上半年全国主要城市人才净流入率

资料来源：猎聘网。

（三）产业上"北散南聚"，北方多地增长乏力

从工业化和城镇化发展的规律来看，一般在城镇化未完成前（未达到 70% 城镇化率），制造业仍处于聚集阶段，在城镇化基本完成后，则开始逐渐出现以制造业的迁出为代表的产业结构的转变。从南北各省（自治区、直辖市）的产业变动和城镇化发展阶段来看，2006—2016 年南方 15 个省（自治区、直辖市）中，上海、江苏、浙江、广东等 9 个发达省份均出现制造业的迁出，广西、福建、湖南、湖北、江西、安徽、贵州、四川、重庆制造业仍在聚集。北方 15 个省（自治区、直辖市）中，内蒙古、甘肃、宁夏、北京、天津、辽宁、黑龙江等 8 个省（自治区、直辖市）出现制造业的迁移，陕西、青海、新疆、河北、山东、吉林、河南 7 个省区出现聚集。南北对比来看，两边的发达省（自治区、直辖市）如南方的上海、江苏、浙江、广东和北方的北京、天津等均出现了制造业的转移，然而北方有一些城镇化还没完成的省区已经出现了制造业的转移，例如内蒙古、甘肃、宁夏、辽宁、黑龙江、山西等省份，还未达到 70% 的城镇化率，但已经出现了制造业的转移消散。通过企查查的数据，课题组发现，北方城镇化率未达 70% 的省份，其注销企业/存续企业的比例均值为 57.62%，而南方还处于城镇化加速阶段省份的这一比例均值为

51.09%。如果将内蒙古、甘肃、宁夏、辽宁、黑龙江、山西这几个省区单独拿出来看，可以发现其注销企业/存续企业的比例均值达到了74.71%。说明这些省区有大量的企业消散或转移了。市场主体数量的减少，造成其增长的乏力。

表2—6　　2006—2016年南北制造业变动情况

	省（市、自治区）	产业转移	城镇化率（%）		省（市、自治区）	产业转移	城镇化率（%）
北方	内蒙古	-0.041	69.71	南方	广西	0.338	54.41
北方	陕西	0.048	62.45	南方	重庆	0.270	69.47
北方	甘肃	-0.269	57.33	南方	四川	0.162	58.51
北方	青海	0.100	78.63	南方	贵州	0.019	61.22
北方	宁夏	-0.093	64.95	南方	云南	-0.229	53.52
北方	新疆	0.038	50.98	南方	上海	-0.655	89.30
北方	北京	-0.388	87.56	南方	江苏	-0.106	73.61
北方	天津	-0.425	84.68	南方	浙江	-0.388	72.17
北方	河北	0.144	56.91	南方	福建	0.149	68.75
北方	山东	0.218	62.20	南方	广东	-0.124	74.15
北方	辽宁	-0.511	65.12	南方	海南	-0.177	78.82
北方	吉林	0.244	61.34	南方	江西	0.613	60.67
北方	黑龙江	-0.008	55.05	南方	湖北	0.273	64.43
北方	山西	-0.277	65.55	南方	湖南	0.280	59.08
北方	河南	0.607	55.34	南方	安徽	0.517	58.33

资料来源：2007—2017年的《中国工业统计年鉴》。

第二节　城市："大聚小散"带动共富，"高聚低散"促进升级

中国是世界上国土面积第三大的国家，发展阶段、发展路径和地区差异，造就了中国经济地理的复杂性。空间经济规律不是单向的，而是多向的；不是线性的，而是轮动的；不是一元的，而是多元的。规律的复杂性造成了现象的多样化。一个城市，不但受到自身聚散之力的塑造，也会受到周边城市聚散阶段的影响；不但要考虑城市自身能级和所处的发展阶段，还要考虑所处区域的特点。

一 “大聚小散”：人口与产业全国尺度聚集，地区尺度扩散

“大聚小散”是指全国向群内的人口和经济活动大尺度聚集，与一二线城市和中心城区向周边小尺度扩散的同时发生。这种不同尺度下聚散力量的拉扯，形成要素、产业、公共产品的分布式聚集，形成多中心、多层级、网络化的经济地理格局，不仅产生扩大容量、提升能级、缩小差距、共富共赢四大直接效应，而且塑造强大的内需。

（一）“大聚”首先表现为在整体层面，人口和产业向城市的进一步聚集

本报告的统计范围内包含284个内地城市，占全国337个地级以上行政单位的84.27%。这284个城市中，10年人口共增加7225万人，高于同期全国人口增量7206万人，人口增长率为5.82%，略高于5.38%这一全国平均水平；GDP增量为542283.76亿元，增长了126.13%，占同期全国范围的GDP增量（614473亿元）的88.25%。[①] 综合经济密度达0.43亿元/平方公里，对比10年前每平方公里的产出增加了0.24亿元，增长率达131.10%。2020年，中国常住人口城镇化率已达63.89%，城市已经成为人口经济社会活动的最重要空间承接形态。

（二）“大聚”还表现为核心城市的聚集和边缘城市的收缩

人口方面，一二线城市的人口占比进一步提升。4大一线城市在过去10年间共新增人口1725万人，人口增长率整体达26.24%，其中深圳人口流入最多，高达714万人，增长69%；广州新增598万人，增长47%，北京和上海分别流入228万人和185万人，分别增长12%和8%，均显著高于全国平均水平。30个二线城市过去10年共新增人口5294万人，占全部样本城市新增人口的73.27%，成为人口的最大流入区域。其中成都人口新增582万人，成为中国第4个2000万以上人口的巨型城市；郑州、西安各增加近400万人；杭州、重庆、长沙均增加超300万人；武汉、佛山、苏州、东莞、合肥增加超200万人；合肥、宁波、厦门、青岛、南京、中山、南昌、福州、太原、济南、无锡、石家庄等均增加超100万人。2020年一二线城市共承载3.9万

---

① 2020年中国GDP为1015986亿元，人口为141178万人，人均GDP为72447元；2010年中国GDP 401513亿元，人口为133972万人，人均GDP为29970元。10年的人口增长率5.38%，GDP增长率为153.04%，人均GDP增长率为140.12%。

亿人，人口占比从 2010 年的 23.93% 上升到 2020 年的 27.68%。

经济方面，一二线城市贡献了 41.54% 的增量，人均 GDP 已达高收入国家水平。4 大一线城市 2020 年 GDP 总和 127492.53 亿元，占全国总量的 12.55%，整体增长率为 137.91%；二线城市 2020 年 GDP 总和 316702.54 亿元，占全国总量的 31.17%，10 年增量为 181342.78 亿元，整体增速为 133.97%。北京、上海过去 10 年 GDP 增量均超 2 万亿元，深圳和广州各增加了 1.76 万亿元和 1.69 万亿元。重庆和苏州率先迈入 2 万亿元时代，成都、杭州、武汉、南京、天津、宁波、青岛、无锡、长沙、郑州、佛山、济南、合肥、西安、福州均进入"万亿俱乐部"。合肥 10 年 GDP 增长 271.84%，领跑二线城市；福州、西安、重庆、厦门、成都均有 2 倍以上增长；郑州、南京、武汉、杭州、长沙、南昌、济南、常州、宁波、温州、青岛、太原、东莞、苏州、无锡均实现 1 倍以上增长。人均 GDP 方面，一线城市平均水平达 15.30 万元，综合提升 82.95%；二线城市平均水平达 10.50 万元，增长率为 87.36%。按照世界银行 2019 年最新的中高收入国家标准以及中国 GDP 和 GNI 之间的换算关系，一二线城市整体已经达到高收入国家标准。

然而，在一二线城市加速聚集的同时也应注意到，部分区域和城市已经出现了人口流失。在本书样本内的 181 个四线城市中有 114 个出现了 10 年人口负增长，占比 62.98%；四线城市过去 10 年人口共减少 1888 万人，增长率为 -3.08%；人口占比从 2010 年的 49.37% 下滑到 2020 年的 45.22%。其中绥化人口减少 166 万人，负增长 30.63%；齐齐哈尔减少 130 万人，负增长 24.21%；松原减少 63 万人。特别是东北城市人口流出尤为显著。

表 2—7　　四线城市 10 年人口负增长 Top10

	省份	区域	2020 年人口（万人）	2010 年人口（万人）	10 年人口变化量（万人）	10 年人口变化率（%）
绥化	黑龙江	东北	376	542	-166	-30.63
白山	吉林	东北	95	128	-33	-25.78

续表

	省份	区域	2020 年人口（万人）	2010 年人口（万人）	10 年人口变化量（万人）	10 年人口变化率（%）
七台河	黑龙江	东北	69	92	-23	-25.00
齐齐哈尔	黑龙江	东北	407	537	-130	-24.21
白城	吉林	东北	155	203	-48	-23.65
伊春	黑龙江	东北	88	115	-27	-23.48
黑河	黑龙江	东北	129	167	-38	-22.75
通化	吉林	东北	181	233	-52	-22.32
本溪	辽宁	东北	133	171	-38	-22.22
松原	吉林	东北	225	288	-63	-21.88

资料来源：中国社会科学院城市与竞争力指数数据库。

此外，四线城市经济占比也在下滑。虽然过去 10 年间四线城市的 GDP 总量增长了 126.04%，但经济占比从 2010 年的 31.21% 下滑到 2020 年的 27.88%。整体上来说，那些区位偏远、交通通达性差、生态环境脆弱、自然资源有限的城市，或者资源枯竭、产业结构单一、发展滞缓或主导产业衰退明显的资源枯竭型和产业衰退型城市以及一部分处于中心城市周边，在区域竞争中被边缘化、发展动力不足的中小型城市不少均出现了收缩现象。

（三）“小散”首先表现为核心城市对周边和下级城市的转移

从 4 个一线城市和它们所在的 3 个经济区 2013—2020 年经济发展数据可以看到两个显著特点：第一，一线城市及周边城市发展速度较快，居民的人均收入在绝对数值和增速上均高于核心城市水平和全国平均水平。第二，城乡收入差距收敛速度高于全国平均水平，在实现共同富裕方面走在全国前列。核心城市通过经济溢出、产业转移形成对周边地区和下级城市的辐射和带动，周边地区则通过对核心城市的产业承接和区域协同拉动自身发展。这种由经济发展规律带来的“扩散”，是实现“先富带后富”的重要路径。

表 2—8　　一线城市及周边城市经济发展情况

	2020 年 GDP（亿元）	GDP 增速（%）	2020 年人口（万人）	人口增速（%）	2020 年人均可支配收入（元）	人均收入增长率（%）	2013 年城乡收入比	2020 年城乡收入比
北京周边	31099.43	63.08	4606	4.75	36659.71	83.05	2.49	2.26
北京	36102.60	141.26	2189	11.63	69434.00	69.69	2.32	2.40
上海周边	150091.44	147.06	12187	13.92	41031.57	78.99	2.05	1.91
上海	38700.58	116.02	2487	8.04	72232.00	71.27	2.34	2.19
广深周边	36834.58	112.68	4178	26.38	33111.17	77.55	2.06	1.68
广州	25019.11	135.13	1868	47.09	68304	62.37	2.63	2.18
深圳	27670.24	174.80	1756	68.52	64878	45.29	—	—
全国平均	1015986	153.04	1411178	5.38	32189	75.79	3.03	2.56

资料来源：中国社会科学院城市与竞争力指数数据库。

（四）“大散小聚”：东北出现“区域流散和中心城市聚集”逆向变化

值得注意的是，在“大聚小散”的背景下，个别城市也出现了“大散小聚”的情况，即在人口和产业流失的区域，个别中心城市依然表现出聚集。例如东北地区在过去 10 年间流失 1101 万人，其中 2020 年辽宁人口规模为 4259 万人，较 10 年前减少了 116 万人；吉林人口规模为 2400 万人，较 10 年前减少了 340 万人；黑龙江人口规模为 3186 万人，较 10 年前减少了 645 万人，区域处于人口外迁的收缩状态。在这种区域发展背景下，东北下辖的 36 个地级以上，33 个处于人口流失状态，就连黑龙江省会哈尔滨也未能避免，只有长春、大连、沈阳 3 个城市人口出现增长，表现出区域整体“大散”背景下，人口向区域内个别高能级城市“小聚”的现象。

表 2—9　　东北三省及 4 个副省级城市 10 年人口变化情况　　（单位：万人）

	2020 年人口	2010 年人口	人口变化
黑龙江	3186	3831	-645
哈尔滨	1001	1064	-63
吉林	2400	2740	-340

续表

	2020年人口	2010年人口	人口变化
长春	907	877	30
辽宁	4259	4375	-116
大连	745	669	76
沈阳	907	811	96

资料来源：中国社会科学院城市与竞争力指数数据库。

二 “高聚低散”：高端要素集中聚集，中低要素分散聚集

“高聚低散”指的是高端要素集中聚集的同时，中低要素产业分散聚集。主要表现为：高端产业和顶尖人才向一二线城市聚集；一般制造业向三四线城市聚集；部分人才和产业受成本要素升高的影响，从一线城市流入二线城市，推动了强二线城市的迅速崛起。

（一）“高聚”体现为高端要素向一二线城市聚集

高端产业集中分布在15个一二线城市。我们根据通过查询整理国产电子品牌、集成电路设计、集成电路制造、民用航空器、汽车产业、互联网产业、显示面板产业、医药制造产业八大高端产业头部企业的总部和研发中心的地址数据，可以很清楚地看到中国的高端产业高度集中在15个大城市。包括4个一线城市北京、上海、广州、深圳和11个二线城市，成都、重庆、天津、武汉、杭州、苏州、南京、西安、郑州、合肥、东莞。从课题组收集整理的这八大高端产业中的61家头部企业的124个总部或研发中心的地理位置看，上述15个城市占据了109个，占比87.90%。

从人才流向来看，顶尖人才依然向一线城市聚集。根据BOSS直聘2020年的数据，对于大专、本科、硕士层面的人才来说，二线城市已经显示出比一线城市更强的吸引力。然而，由于公共物品、城市能级、岗位价值、工作机会等要素方面的差距仍然存在，对于以博士为代表的顶尖人才，二线城市的吸引力暂时还不如一线城市。顶尖人才依然向一线城市集中，次一级人才则向二线城市聚集。

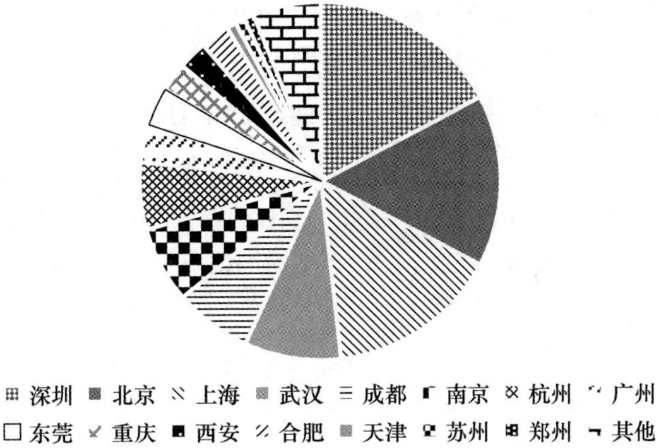

图 2—9　八大高端产业头部企业总部及研发中心分布

资料来源：中国社会科学院城市与竞争力指数数据库。

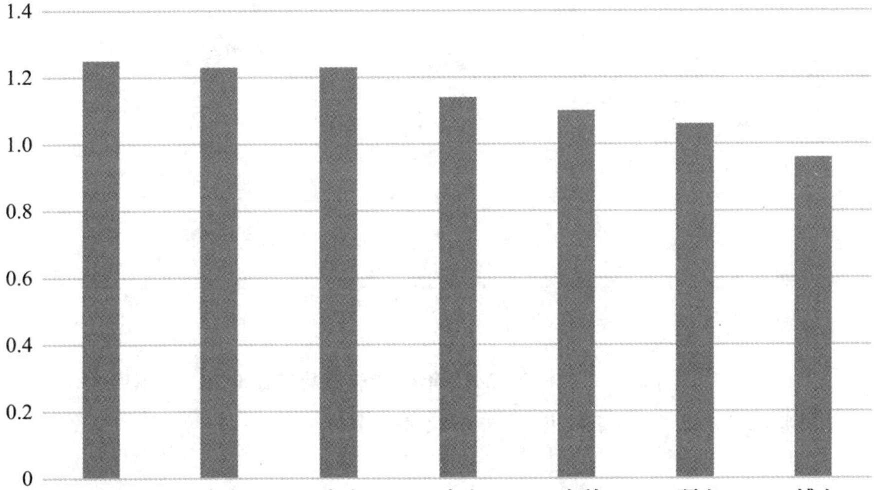

图 2—10　2020 年二线城市相对一线城市的按学历划分的人才流动比

资料来源：BOSS 直聘。

（二）“低散”体现为一般产业向三四线城市扩散

对一二线大城市来说，随着土地、劳动力等成本的提升，发展传统制造业不再具备优势，相比之下，三四线城市则可以依靠劳动力和土地资源的相对优势承接一二线城市的转移产业，发展一般制造业。从2005—2018 年全国城市的产业结构的变化来看，共有 86 个城市的制造业占比提升，其中四线城市 74 个，三线城市 10 个，三四线城市成为承接一般制造业转移的主要空间载体。

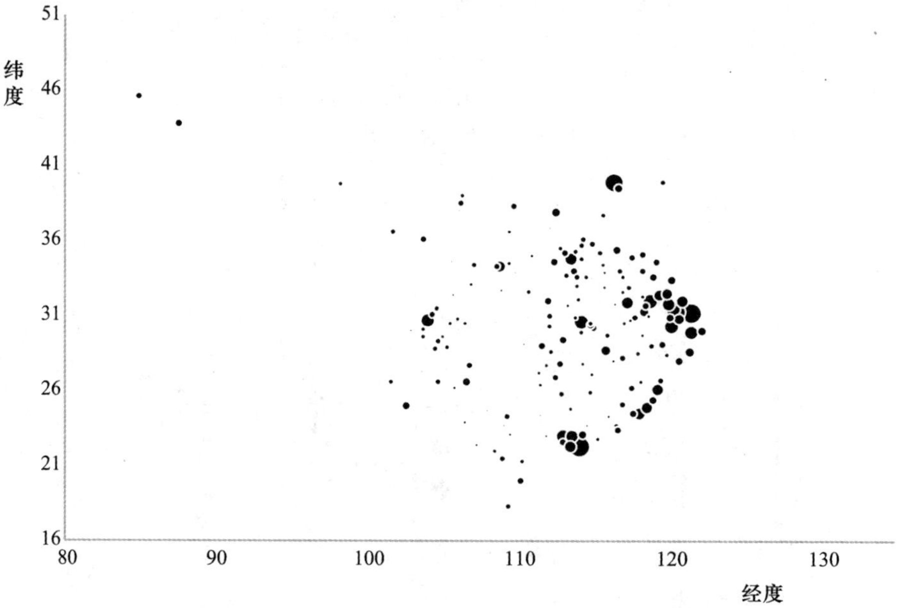

图 2—11 2005—2018 年制造业聚集城市分布

资料来源：中国社会科学院城市与竞争力指数数据库。

（三）“高聚低散”造就了强二线城市的迅速崛起

中国社会科学院财经战略研究院—联合国人类住区规划署联合发布的《全球城市竞争力报告》的数据显示，2010—2020 年，中国 30 个二线城市全球排名平均大幅提升 45.77 名。其中苏州（提升 71 名）、南京（提升 83 名）、武汉（提升 87 名）、无锡（提升 91 名）等城市在 2020—2021 年均进入全球综合经济竞争力前 100 名，武汉、西安、成都、福州、合肥、南京、常州、郑州、厦门 9 个城市 10 年间全球排名上升超过 100

名。可持续竞争力提升 40.07 名，其中，苏州（第 78 名）、南京（第 89 名）、青岛（第 94 名）等城市在 2020—2021 年均进入全球可持续竞争力前 100 名。郑州、温州、武汉、厦门、南京、常州、西安、重庆、杭州、苏州等城市排名均大幅提升。

表 2—10　　2011—2020 年二线城市综合经济竞争力提升 Top10

	10 年	2020 年	2019 年	2018 年	2017 年	2016 年	2015 年	2014 年	2013 年	2012 年	2011 年
武汉	159	87	82	82	76	68	88	124	161	207	246
西安	152	188	203	212	215	218	242	271	287	314	340
成都	142	107	102	94	89	79	104	142	175	222	249
福州	135	175	181	194	200	203	235	265	278	299	310
合肥	129	156	174	176	172	156	168	205	229	260	285
南京	121	83	77	74	71	58	75	106	140	170	204
常州	114	139	132	137	135	135	152	180	210	236	253
郑州	104	154	150	151	149	142	164	208	233	250	258
厦门	103	158	166	178	183	177	190	220	235	252	261
杭州	97	102	94	99	105	103	122	150	171	188	199

资料来源：中国社会科学院城市与竞争力指数数据库。

表 2—11　　2011—2020 年二线城市可持续竞争力提升 Top10

	10 年	2020 年	2019 年	2018 年	2017 年	2016 年	2015 年	2014 年	2013 年	2012 年	2011 年
郑州	89	165	159	164	201	221	237	225	254	147	134
温州	85	286	294	320	357	380	391	386	371	125	127
武汉	80	102	122	119	153	176	183	178	182	144	128
厦门	78	118	94	92	120	132	139	157	196	225	180
南京	66	89	83	84	99	120	118	133	155	143	139
常州	64	163	158	158	184	202	204	213	227	160	156
西安	64	197	197	194	234	245	255	251	261	197	194
重庆	61	231	284	263	296	310	320	301	292	169	124
杭州	60	127	130	114	147	171	181	169	187	175	162
苏州	59	78	58	65	82	89	96	110	137	185	172

资料来源：中国社会科学院城市与竞争力指数数据库。

强二线城市成为“人才磁场”，其背后既是人才从三四线城市向二线城市的聚集，也是一线城市的扩散。以杭州为例，根据杭州市委组织部的数据，2020 年，杭州市新引进 35 岁以下大学生 43.6 万人，人才净流入率继续保持全国第 1。而根据贝克研究院的数据，从工作和居住地来看，来杭人员中有 58% 曾在上海、北京这两大一线城市工作或生活过，如果考虑到来自广东的人员中可能有相当比例来自广州和深圳，则从一线城市迁往杭州的人口可能占比超过 60%。

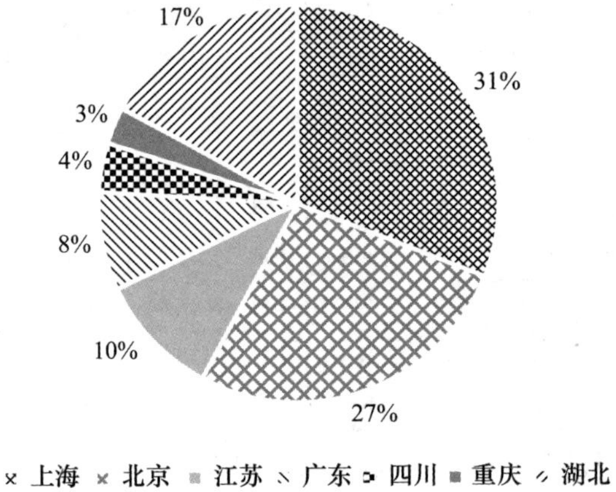

图 2—12 工作、居住地来杭租购排名

资料来源：杭州贝壳研究院。

不单是杭州，近几年伴随二线城市的迅速发展，曾经在一线城市的“漂”群体，正在向二线城市转移。根据 BOSS 直聘的数据，2018 年一季度，二线城市人才流入率为 1.07%，较 2016 年增长 3.20%。而猎聘网公布的数据也表明，在全国人才净流入率排名最高的 15 个城市中，前 4 名依次为杭州、长沙、成都和武汉，人才净流入率分别为 13.60%、10.24%、10.19%、9.79%，均为二线城市。智联招聘发布的《2018 年春季白领跳槽指数调研报告》显示，有 33.20% 的白领选择成都、杭州等“新一线城市”，超越传统一线城市的 32.70%。2020 年，二线城市的“人才磁场”作用进一步加强。根据 BOSS 直聘的数据，15 个强二线城市相对一线城市的平均人才流动比从 2017 年的 1.11 上升至 1.20，人才净流入规模较 2019 年提升 12.10%。其中，人才流入比例排名前 5 位的分别是东莞、宁波、西安、合肥和苏州。在 2021 年校招岗位中，一线城市校招岗位占比 25.00%，同比下降 4 个百分点；新一线城市校招岗位占比 37.00%，同比增长 4 个百分点，二线城市成为应届生就业吸纳的主力军。

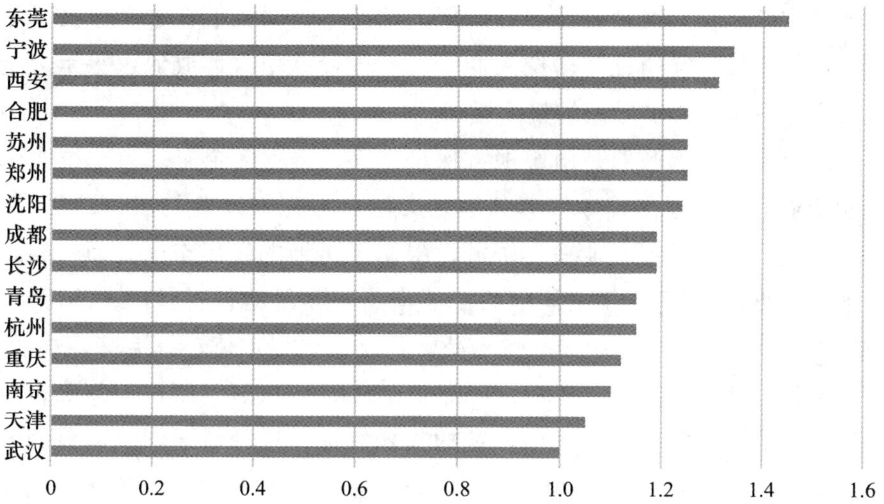

图 2—13　2020 年部分强二线城市相对一线城市的人才流动比

注：二线城市相对一线城市的人才流动比 = 从一线城市流入到二线城市的人数/从二线城市流入到一线城市的人数。

资料来源：BOSS 直聘。

(四)“高散低聚”：非市场行为下的非常规现象

地方政府的竞争常常被认为是中国高速发展的重要原因之一。然而，为追求执政周期内经济的快速增长以及所谓的“政绩”，一些地方政府忽视本地区发展基础、实际需求和承载能力，在招商过程中相互攀比，盲目追求“高大上”项目，最终导致高端资源不能按照市场化的方式合理聚集，不但造成企业“引进来，留不下”的问题，还造成地区资源的浪费、原有产业优势的弱化和大量投机行为。例如，由于中美经贸摩擦引发的芯片短缺使得芯片相关企业成为各地招商的重点。根据天眼查披露的数据，2019 年，中国新增集成电路相关企业超过 5.3 万家，增速达 33.01%。然而高歌猛进之下，却往往是“一地鸡毛”，各地仓促上马的芯片项目，多数是黯然收场。据统计，武汉弘芯半导体制造有限公司的半导体项目烂尾之后，2020 年分布于江苏、四川、湖北、贵州、陕西 5 省的 6 个百亿级半导体大项目先后停摆。

地方政府对高端资源的盲目争夺不仅体现在产业上，也越来越多的体现在科技基础设施上。有些地方绕开国家的规划和审批，采用非常规方式，在既无长远规划又无专业队伍的情况下，匆忙上马重大科技基础设施建设项目，又通过高薪挖人冲击已有建设队伍，造成低水平重复建设和无序竞争，影响国家的整体规划。

还有一些地方政府，由于地方保护主义，将辖区企业视为“税源”，干预企业的自由迁移，导致部分地区无法自然完成产业的出清或转移，一些过剩产能和僵尸企业挤占资源，限制了本地的发展空间。通过整理工业和信息化部 2010 年全国落后产能淘汰工作量的各省目标，从炼铁、炼钢、焦炭、铁合金、电石、电解铝、铜冶炼、铅冶炼、锌冶炼、水泥、平板玻璃、造纸、酒精、味精、柠檬酸、制革、印染、化纤等 20 个行业来看，落后产能的分布体现出一定的集聚特征，这种情况固然部分源于中国的区域禀赋差异，但也与地方政府过去长期习惯用以上项目、铺摊子的办法追求短期效益的做法密切相关。这些非市场化行为，造成了“高聚低散”经济规律下的“高散低聚”，即高端要素产业的分散和低端要素的聚留。

三 成长聚集和成熟扩散：成熟城市的产业升级疏解，成长城市的制造业加速聚集

中国各地发展阶段不同，城市之间也存在成熟度的差异。从国际经验来看，一般把城镇化分为三个发展阶段，即 30% 以前的起步阶段，30%—70% 的加速阶段，达到 70% 之后的成熟阶段。在城镇化的不同阶段，产业结构也体现出不同的特点。不少研究都指出过第三产业的增长与城镇化的进程密切相关。具体说来，对于城镇化率超过 70% 的成熟型城市而言，其自身产业趋于高端化和服务业化，扩散效应正在发生；而对于城镇化率还未达到 70% 的成长型城市，还在通过外引内聚来实现制造业加速集聚，以聚集力为主导。

我们以 2018 年城镇化率达 70% 和三产/二产比值等于 1 为条件，将

所有城市划分为四种类型，并通过 2005—2017 年的企业迁移数据，计算城市的聚散系数。具体计算方法为迁入企业数量/迁出企业数量，如该比值大于 1，则说明是聚集效应主导，如果比值小于 1，则说明扩散效应为主。

（一）成熟型城市呈现“先聚后散”历程

37 个城市属于“先聚后散”型，即城镇化发展进入后期，且产业结构已经升级到由第三产业占主导地位。代表型城市由上海、北京、广州、深圳等一线城市和杭州、苏州、常州、西安等部分强二线城市构成，该类型城市已经跨过了有效聚集阶段，并进入扩散阶段，聚散系数均值为 0. 892（见表 2—12）。从这些城市产业结构的变化来看，三产/二产比例持续提升是其主要特征。例如北京在 2005 年，第三产业和第二产业的占比是 2. 703，随着地租、人力成本的提升，一般制造业迁出，三产/二产比例到 2018 年已经提升到 5. 022，大约增长了 85. 79%，产业结构趋于高端化和服务业化。其他“先聚后散”型城市也有类似情况，例如上海和杭州的三产/二产比例分别从 1. 084 和 0. 859 提升到 2. 466 和 1. 983，提升了 1. 27 倍和 1. 31 倍。

表 2—12　　　　四种类型城市划分

	数量	聚散系数	代表型城市
先聚后散型（三产/二产 >1，城镇化率≥70%）	37	0. 892	上海、北京、广州、深圳、杭州
后工业化聚集型（三产/二产 >1，城镇化率 <70%）	129	1. 409	黑河、固原、双鸭山、鸡西、铜川
人散我聚型（三产/二产 <1，城镇化率≥70%）	17	1. 433	佛山、东莞、惠州、宁波、镇江
还在集聚型（三产/二产 <1，城镇化率 <70%）	95	1. 516	泉州、绍兴、芜湖、宁德、许昌

注：由于 6 个城市的产业数据不完整，故四种类型城市分类中均包含 278 个样本城市。

资料来源：中国社会科学院城市与竞争力指数数据库。

表 2—13　　　　　　　　“先聚后散”型城市

	2005 年	2013 年	2018 年	聚散系数
北京	2.703	4.032	5.022	0.500
上海	1.084	1.717	2.466	0.371
杭州	0.859	1.298	1.983	0.417
南京	0.958	1.269	1.671	0.834
深圳	0.855	1.285	1.525	0.237
天津	0.771	0.944	1.449	0.549
武汉	1.096	0.983	1.271	0.632
郑州	0.820	0.745	1.246	0.392

资料来源：中国社会科学院城市与竞争力指数数据库。

从企业迁移数据来看，以一线城市为例，从其他城市迁往一线城市的66.90%的企业属于第三产业，且以货币金融服务、保险业、房屋建筑业、专业技术服务业、商务服务业、租赁业、电信、广播电视和卫星传输服务、多式联运和运输代理业、航空运输业、互联网和相关服务等高端生产服务业为主。而迁入的企业，也多属于医疗制造、专用设备制造等技术密集型制造业。但从一线城市迁出的企业中，制造业占比高达45.21%，服务业中也主要为一些一般性生产和生活服务业。说明成长型的产业还在聚集的同时，成熟型的产业从一二线城市扩散。

（二）成长型城市处于“还在聚集”过程

95 个城市属于“还在聚集”型，即城镇化还处于 30%—70% 的加速期，且产业结构正在由以制造业为主向以服务业为主转型，代表型城市有扬州、新乡、淮南、辽阳、娄底等，该类型城市的聚散系数均值为1.516，表明其仍在快速聚集的过程中。由表 2—14 可见，从 2005—2018年，该类型城市，三产/二产比持续提升，产业结构正在转型，如扬州从2005 年的 0.624 提升到 2018 年的 0.983；淮南从 2005 年的 0.670 曾一度下滑到 2013 年的 0.527，但在 2018 年又回升到 0.915。从企业迁移数据来看，在此区间内成长型城市以迁入企业为主，聚集仍在进行。

表 2—14　　　　　　　　　“还在聚集”型城市

	2005 年	2013 年	2018 年	聚散系数
扬州	0. 624	0. 789	0. 983	2. 158
新乡	0. 623	0. 555	0. 902	1. 689
淮南	0. 670	0. 527	0. 915	1. 560
辽阳	0. 504	0. 489	0. 881	1. 231
娄底	0. 761	0. 581	0. 989	1. 179

资料来源：中国社会科学院城市与竞争力指数数据库。

（三）后工业化时代形成新的聚集特征

129 个城市属于“后工业化聚集”型，即城镇化还在加速期，但产业结构已经由服务业为主导，代表型城市有开封、湖州、汕尾、黄山、保定等，该类型城市在未达到 70% 的城镇化率之前，就已经出现了第三产业占主导地位的产业结构高级化，并且此类城市整体上依然呈现出鲜明的聚集特征，其聚散系数均值达到 1. 409。这种情况意味着城市化的演进不是主要由工业的发展推进，更多的是和第三产业共同拉动。在后工业化时代，高新技术特别是人工智能技术在现代制造业中的应用促进劳动生产率的提高，使得制造业对劳动力的吸收作用减弱，于是城镇化不得不需要更多地依靠第三产业创造就业岗位进行拉动，体现后工业化的城镇化特征。

表 2—15　　　　　　　　“后工业化聚集”型城市

	2005 年	2013 年	2018 年	聚散系数
保定	0. 503	0. 543	0. 416	2. 000
湖州	0. 547	0. 516	0. 442	2. 538
黄山	0. 363	0. 428	0. 349	2. 000
开封	0. 402	0. 447	0. 388	3. 224
汕尾	0. 404	0. 448	0. 370	2. 250

资料来源：中国社会科学院城市与竞争力指数数据库。

（四）个别城市处于“人散我聚”状态

还有个别城市属于“人散我聚”型，即城镇化已进入成熟期，但产业结构没有同步转移为第三产业占主导，代表型城市有佛山、东莞、惠州、宁波、镇江等，该类型城市城镇化已经到达了相当高的水平，但产业结构依然以制造业为主。这其中的不少城市，属于在城市群中配合中心城市承接外溢产业的。例如佛山、东莞和中山，属于大湾区制造业的主要承接地，和广州、深圳、香港、澳门配合，承接中心城市转移出来的产业。又如宁波、镇江，地处长三角都市连绵区，接受来自上海的产业外溢。在本书统计的17个“人散我聚”型城市中，有11个城市位于都市圈之中，故而，其城镇化和产业结构要放在都市圈发展中去评判。

表2—16　　“人散我聚”型城市

	2005年	2013年	2018年	聚散系数
东莞	0. 563	0. 520	0. 563	1. 377
佛山	0. 587	0. 620	0. 568	1. 354
惠州	0. 569	0. 580	0. 530	2. 625
宁波	0. 548	0. 514	0. 492	1. 643
镇江	0. 607	0. 528	0. 484	1. 333

资料来源：中国社会科学院城市与竞争力指数数据库。

第三节　都市圈：“高聚低散”“大聚小散”“成长聚集成熟扩散”的集中体现

一　都市圈的出现是“大聚小散”的表现

都市圈（城市群）对经济增长发挥着新引擎作用。目前中国城镇化率超过60%，与高收入国家城镇化率大约相差20%。城镇化一方面带来了生产效率的提升，另一方面也推动了高房价、拥堵、污染、人口老龄化等一系列问题。高质量城镇化发展需要都市圈（城市群）来实现。都市圈（城市群）建设成为推动中国城镇化进程下一步的必然选项，也是“双循环”背景下挖掘经济结构性潜能的重要抓手。都市圈（城市群）作为经济发展的龙头，也是未来人口的主要集聚地，发挥更大的集聚效应。都市圈（城市群）看起来是经济扩散的结果，但从更大的尺度看，二者是大规模的集中，小规模的扩散。

本部分通过运用各地级市间人口流动数据，采用K壳剥离方法，一步步剥离得出中国的主要都市圈，其原理为每次分解都剥离出网络系统中低于均值的城市，然后得出新的联系网络，并以新的网络为基准，重复上述过程，直至都市圈的出现。通过K壳分析方法，主要识别了全国29个都市圈，涵盖160个城市（见图2—14）。

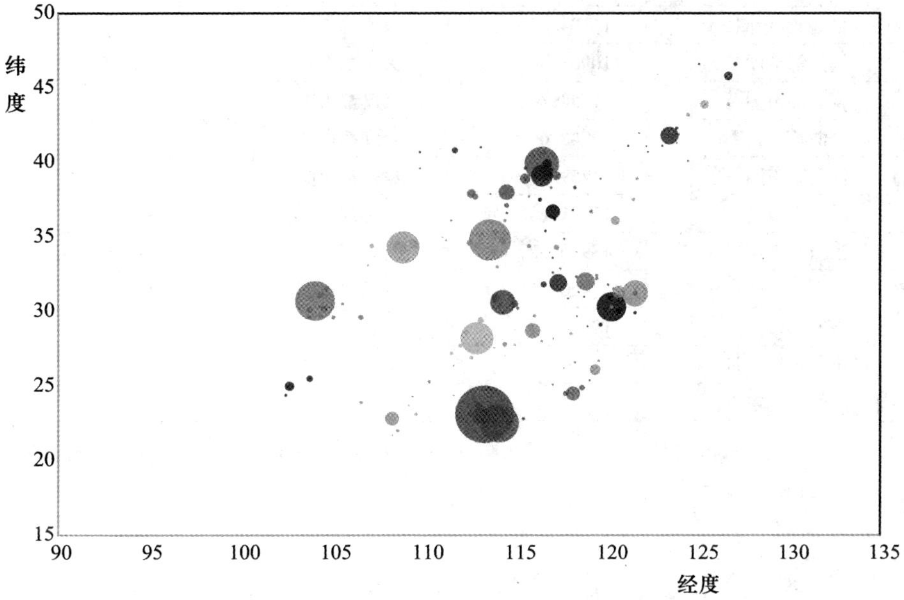

图2—14　中国29个都市圈经纬度分布

注：图中圆越大，表示人口流入越多。

（一）从全国总体来看，都市圈集聚了中国大部分的人口和经济

中国都市圈的经济总量为74.66万亿元，占全国经济总量的73.48%；中国都市圈的人口总量为8.9亿人，占全国人口的63.05%。具体来看，各个都市圈均集聚相应区域的经济和人口（见表2—17和表2—18），其中经济规模最大的3个都市圈分别为上海、广州和杭州，分别高达119700.20亿元、88432.79亿元和110903.50亿元；人口规模最大的3个都市圈分别为广州、杭州和上海，分别高达7881万人、8615万人、8022万人。

表 2—17 **各都市圈经济规模** （单位：亿元）

	2020 年经济规模		2020 年经济规模
首都都市圈	60540.63	青岛都市圈	29762.69
成渝都市圈	55237.39	厦门都市圈	26603.16
大连都市圈	10874.10	上海都市圈	119700.20
福州都市圈	30151.24	深圳都市圈	78501.61
广州都市圈	88432.79	沈阳都市圈	16961.30
桂林都市圈	8169.00	石家庄都市圈	26108.39
哈尔滨都市圈	16104.87	太原都市圈	7869.45
杭州都市圈	110903.50	天津都市圈	69437.33
合肥都市圈	41394.35	武汉都市圈	24150.38
呼和浩特都市圈	9948.66	西安都市圈	21437.88
济南都市圈	31759.63	徐州都市圈	21824.70
昆明都市圈	11751.28	长春都市圈	14464.13
南昌都市圈	18920.32	长株潭都市圈	35640.50
南京都市圈	84450.31	郑州都市圈	40181.26
南宁都市圈	13416.23	—	—
都市圈经济总量	746582.00		
都市圈经济总量占比	73.48%		

注：由于有的城市可能包含在多个都市圈中，所以都市圈所有经济加总会过多，此处都市圈经济总量以所有城市加总为准。

表 2—18 **各都市圈人口规模** （单位：万人）

	2020 年人口规模		2020 年人口规模
首都都市圈	6006	青岛都市圈	3126
成渝都市圈	7570	厦门都市圈	2492
大连都市圈	1530	上海都市圈	8022
福州都市圈	2860	深圳都市圈	6492
广州都市圈	7881	沈阳都市圈	3165
桂林都市圈	1639	石家庄都市圈	6138
哈尔滨都市圈	2791	太原都市圈	1398
杭州都市圈	8615	天津都市圈	7092
合肥都市圈	4616	武汉都市圈	2869
呼和浩特都市圈	1002	西安都市圈	3588
济南都市圈	4659	徐州都市圈	3937
昆明都市圈	1648	长春都市圈	2690

续表

	2020年人口规模		2020年人口规模
南昌都市圈	3012	长株潭都市圈	5063
南京都市圈	6173	郑州都市圈	6491
南宁都市圈	2721	—	—
都市圈人口总量	89015.58		
都市圈人口占比	63.05%		

注：由于有的城市可能包含在多个都市圈中，所以都市圈所有人口加总会过多，此处都市圈人口总量以所有城市加总为准。

（二）从都市圈内部来看，各个都市圈均呈现小尺度扩散

具体以代表性都市圈人口流动来看（见表2—19），各个都市圈内相应城市间的人口流入和流出均大致相当，呈现互相流动状态，且有的都市圈从中心城市流出的人口更多，如上海到苏州、上海到杭州、北京到廊坊、北京到保定、北京到天津等。

表2—19　　代表性都市圈各城市人口流动情况

	城市	城市	流入	流出		城市	城市	流入	流出
上海都市圈	上海	苏州	375847	431031	北京都市圈	北京	廊坊	394636	405207
	上海	杭州	120437	148790		北京	保定	305307	333242
	上海	嘉兴	91125	114701		北京	天津	260340	282972
	上海	无锡	82444	99711		北京	沧州	78256	75492
	上海	南京	64227	70619	成渝都市圈	成都	资阳	201523	235346
	上海	常州	43491	47272		成都	德阳	200091	203501
	上海	镇江	21318	24792		成都	眉山	182802	211187
武汉都市圈	武汉	孝感	253136	274367		成都	绵阳	156357	166073
	武汉	黄冈	240485	255142		成都	重庆	153278	152187
	武汉	咸宁	93521	94145		成都	乐山	111080	116870
	武汉	黄石	87260	84571		成都	内江	110356	111526
	武汉	鄂州	76437	80309		成都	遂宁	87733	90049

续表

	城市	城市	流入	流出		城市	城市	流入	流出
郑州都市圈	郑州	开封	213476	234058	广州都市圈	广州	佛山	513936	521468
	郑州	新乡	187976	186794		广州	东莞	287633	253800
	郑州	洛阳	165112	164180		广州	深圳	260862	231753
	郑州	许昌	142233	133992		广州	清远	214406	255194
	郑州	商丘	122547	105436		广州	肇庆	132479	146728
	郑州	焦作	117497	108886		广州	韶关	109471	107441
	郑州	驻马店	96688	84815		广州	中山	97555	90136
	郑州	安阳	89580	78059		广州	江门	84790	90555
	郑州	漯河	49978	46433		广州	珠海	60310	61365
	郑州	鹤壁	33030	30661		—	—	—	—
	郑州	三门峡	32335	28368		—	—	—	—

二 成长聚集与成熟扩散：东部成熟的扩散，中部成长的崛起

（一）东部地区成熟型都市圈扩散外溢

从都市圈腹地的城镇化率以及三产与二产的比重来看，都市圈可以分为四类："先聚后散"型、"后工业化集聚"型、"人散我聚"型和"还在聚集"型。从先聚后散类型来看，有13个都市圈正处于以上阶段，如首都、上海、深圳都市圈等，其城镇化率均高于60%，三产与二产比重大于1，该阶段较为成熟，一般制造业逐渐迁出，生产性服务业逐渐占据高地。以深圳都市圈为例，2005—2017年迁出224家企业，多为食品等低端产业，迁入53家以货币金融服务为主的高端产业。说明深圳等成熟都市圈正将区域内一般制造业转移给周边城市，扩散效应显现。值得注意的是，大连、长春都市圈也属于第一种类型，此类都市圈是由于东北地区人口主要以迁出为主，导致人口城镇化率高于60%，并且除重工业外东北地区旅游资源丰富，重点发展旅游业，故导致三产与二产的比重偏高，但实际上不具备高端生产性服务业的优势。第二种类型的都市圈，三产与二产的比重大于1，但其人口城镇化率小于60%，说明人口还未集聚完善，一般制造业便开始迁出，此类都市圈多是由于当地经济较为落后且目标产业与当前人才需要的产业有结构性矛盾，如昆明、南宁

等城市的高端生产性产业偏少，多注重旅游产业，缺乏市场需求的对口产业，故人口聚集动力不足。第三类与第二类是截然相反的类型，三产与二产比重小于1，城市化率却大于60%，人口较多，但高端产业不足，以福州、厦门等都市圈为例，仍是以低端制造业为主要产业，如鞋业等。

表2—20　　都市圈类型划分

	数量	代表型都市圈
先聚后散型 （三产/二产>1，城市化率≥60%）	13	首都、上海、深圳、大连、长春都市圈等
后工业化聚集型 （三产/二产>1，城市化率<60%）	6	昆明、南宁、太原、长株潭、石家庄都市圈等
人散我聚型 （三产/二产<1，城市化率≥60%）	4	福州、厦门、武汉都市圈等
还在聚集型 （三产/二产<1，城市化率<60%）	4	合肥、西安、郑州都市圈等

（二）中部都市圈崛起聚集

从第四类可以看出，三产与二产比重小于1，城镇化率小于60%，该类都市圈主要以聚集为主，经济实力日益提升。从可持续竞争力变化来看，中部地区城市的可持续竞争力主要以上升为主，中部都市圈总体可持续竞争力提升。从第六次、第七次人口普查数据来看，中部地区人口由2010年的34656万人增长到2020年的35478万人，增加了822万人。从中部地区产业来看，中共中央、国务院发布《关于新时代推动中部地区高质量发展的意见》中提到将统筹规划中部地区产业集群（基地）发展，高标准建设安徽、河南、湖北、湖南自由贸易试验区，支持先行先试，打造内陆高水平开放平台，增强城乡协调、绿色发展。中部地区是建设智能制造、新材料、新能源汽车、电子信息等产业基地，并主动融入区域重大战略，加强与京津冀协同发展、长江经济带发展、粤港澳大湾区建设、长三角一体化发展、黄河流域生态保护和高质量发展等区域重大战略，积极承接新兴产业转移，可见中部地区城市主要以聚集为主。

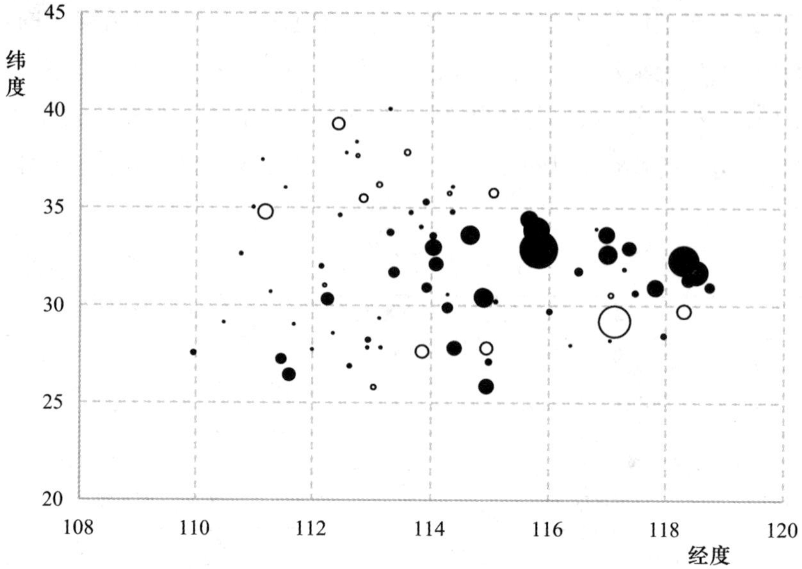

图 2—15 中部地区城市可持续竞争力变化

注：实心圈表示可持续竞争力排名上升，空心圈表示可持续竞争力排名下降。

三 高端聚集与低端扩散：成熟都市圈兼具高端聚集与低端扩散的功能

（一）头部都市圈高端服务业加速聚集，部分周边小城市承接低端制造业

通过三产与二产比重代表的城市产业结构变化来看，从 2005—2018 年，除福州和武汉都市圈的三产与二产比重低于 2005 年，其余都市圈的三产比重逐渐上升。福州与武汉都市圈的三产与二产比重降低，说明此类都市圈的制造业比重逐渐增加。从福州都市圈内部城市来看，三明、南平以及宁德的三产与二产比重逐渐降低，也意味着该类城市逐渐承接其他城市与核心城市的转移的低端制造业。同样，武汉都市圈的周边城市与福州都市圈情况类似。从三产与二产的比重变化来看，首都都市圈的比重显著提升，可见首都都市圈的高端产业正加速聚集，低端制造业正扩散退出。2005 年北京三产与二产的比重是 2.703，随着生活成本的提升，一般及低端制造业迁出，服务业继续迁入，三产与二产比重到 2018 年已经提升到 5.022，增长了 85.79%。

表2—21　　都市圈各年份三产与二产的比重

	2005年	2008年	2013年	2018年
首都都市圈	1.0691	1.2889	1.3955	2.0648
成渝都市圈	0.7972	0.6617	0.6634	1.1092
大连都市圈	0.8693	0.7682	0.8053	1.3865
福州都市圈	0.9177	0.8525	0.6980	0.8432
广州都市圈	0.9445	0.8766	1.0348	1.2697
桂林都市圈	1.0753	0.8576	0.7230	1.2780
哈尔滨都市圈	1.1574	1.0783	0.9030	1.4278
杭州都市圈	0.8046	0.8011	0.9624	1.2640
合肥都市圈	0.9714	0.8242	0.6640	1.0170
呼和浩特都市圈	0.9982	0.8749	1.0661	1.4383
济南都市圈	0.5799	0.6252	0.8068	1.1415
昆明都市圈	0.5631	0.6863	0.7481	1.1085
南昌都市圈	0.7110	0.5533	0.6002	0.9729
南京都市圈	0.7009	0.6906	0.7670	1.0217
南宁都市圈	1.0151	0.8230	0.7391	1.0487
青岛都市圈	0.5828	0.6192	0.8341	1.2135
厦门都市圈	0.7501	0.7393	0.7352	0.9266
上海都市圈	0.7159	0.8050	1.0591	1.3856
深圳都市圈	0.8644	0.8969	1.0212	1.2638
沈阳都市圈	0.8249	0.6847	0.6515	1.3247
石家庄都市圈	0.5973	0.6068	0.6746	1.2234
太原都市圈	0.7219	0.6822	0.8467	1.1854
天津都市圈	1.0188	1.1540	1.2533	1.8085
武汉都市圈	0.9326	0.8343	0.6923	0.8567
西安都市圈	0.8355	0.8088	0.7649	1.1068
徐州都市圈	0.7895	0.7048	0.6665	1.0209
长春都市圈	1.0380	0.8926	0.8752	1.6614
长株潭都市圈	0.9160	0.7317	0.6620	1.1618
郑州都市圈	0.5517	0.4920	0.5176	0.8839

（二）成熟都市圈的低端外溢与高端承接并行

本书通过2005—2017年的企业地址变动数据，计算都市圈的聚散系数。具体计算方法请参见第二部分。从表 2—22 可以看出，有 14 个都市圈聚散系数大于 1，总体由聚集效应主导，其中成渝、广州、南京、天津等都市圈主要以中心城市聚集为主，如 2005—2017 年成都迁入企业数为 353 家，迁出企业 220 家，且迁入企业多以互联网、航空、医药制造等高端生产性服务业为主，迁出企业多为纺织、食品制造等低端制造产业。沈阳、昆明等都市圈迁入企业数较少，且迁入、迁出企业数相差不大。有 15 个都市圈的企业聚散系数小于 1，其中首都、上海、深圳等成熟都市圈向外扩散低端产业数高于自身迁入企业数，以深圳为例，2005—2017 年企业迁出 224 家，多为食品等低端产业，迁入 53 家以货币金融服务为主的高端产业。但哈尔滨、南宁等都市圈受其自身经济原因影响，导致迁出企业数大于迁入企业数。

表 2—22　　2005—2017 年都市圈企业聚散系数

	迁入企业数	迁出企业数	聚散系数
首都都市圈	209	267	0. 7828
成渝都市圈	563	471	1. 1953
大连都市圈	151	116	1. 3017
福州都市圈	314	290	1. 0828
广州都市圈	728	709	1. 0268
桂林都市圈	538	446	1. 2063
哈尔滨都市圈	301	342	0. 8801
杭州都市圈	476	491	0. 9695
合肥都市圈	668	633	1. 0553
呼和浩特都市圈	86	71	1. 2113
济南都市圈	421	510	0. 8255
昆明都市圈	44	38	1. 1579
南昌都市圈	535	365	1. 4658
南京都市圈	640	609	1. 0509
南宁都市圈	1586	2192	0. 7235
青岛都市圈	139	164	0. 8476
厦门都市圈	45	85	0. 5294
上海都市圈	566	631	0. 8970

续表

	迁入企业数	迁出企业数	聚散系数
深圳都市圈	550	647	0.8501
沈阳都市圈	511	509	1.0039
石家庄都市圈	493	382	1.2906
太原都市圈	207	292	0.7089
天津都市圈	165	131	1.2595
武汉都市圈	340	384	0.8854
西安都市圈	396	444	0.8919
徐州都市圈	146	161	0.9068
长春都市圈	90	44	2.0455
长株潭都市圈	513	532	0.9643
郑州都市圈	808	1062	0.7608

（三）东北地区都市圈低端聚集，中部地区都市圈逐渐崛起，东部都市圈低端扩散

从区域划分来看，东北地区的聚散系数最高，为1.3078，主要是以集聚产业为主，但从具体的迁入企业来看，主要迁入食品制造业、农副食品加工业、核辐射加工等一般制造业，东部地区受经济发展等因素影响，当地加工成本远低于东部沿海城市，因此主要受成本影响较大的小产业主要迁移至低成本地区。从迁出企业来看，房地产、互联网服务、航空运输等产业从佳木斯、营口、铁岭等城市迁出。中部地区与东南地区的都市圈处于扩散阶段。以中部地区为例，其聚散系数0.9734，都市圈城市总体迁出企业数大于迁入企业数，从三产与二产的比重来看，中部地区由2005年的0.8007增加到2018年的1.0130，增长了26.5%左右。从迁入企业来看，虽然中部地区仍是以一般制造业为主，但互联网服务、电信、广播电视服务、航空运输、商务服务业、汽车制造业逐渐增多。东南地区都市圈的聚散系数为0.9142，说明以深圳、广州、上海等为主的都市圈正处于扩散阶段，从企业迁出行业来看，道路运输、房屋建筑、零售、石油、煤炭及其他燃料加工业等低端产业扩散明显。

表 2—23 **各区域聚散系数及三产与二产比重情况**

	聚散系数	2005 年三产与二产比重	2018 年三产与二产比重
东北	1.3078	0.9724	1.4501
东南	0.9142	0.8109	1.1244
环渤海	1.0012	0.7696	1.4903
西部	1.0612	0.8712	1.2021
中部	0.9734	0.8007	1.0130

（四）头部都市圈是高端人才的首要流入地

通过跨城求职和人才流动趋势数据可以看出，2020 年最具人才吸引力的城市 20 强主要分布在北京、上海、广州、深圳等地。从都市圈角度来看，主要分布在长三角地区的都市圈、广州—深圳都市圈、北京都市圈，此外《2021 上半年中国上市公司市值 500 强》榜单中，上海 63 家，浙江 38 家，江苏 24 家，安徽 9 家。这些企业所支撑起来的产业集群，也为长三角地区吸引了大量的高端人才。长三角地区因交通、地域及产业聚集等优势，不断吸引各个行业的优秀人才，如今已经成为人才净流入率最高的都市圈地区，而且都市圈内部的人才流动更为突出。

表 2—24 **2020 年最具人才吸引力城市 20 强**

	人才吸引力指数	排序		人才吸引力指数	排序
北京	100.0	1	武汉	53.7	11
杭州	99.2	2	无锡	53.1	12
上海	98.6	3	青岛	53.1	13
深圳	89.9	4	佛山	52.9	14
广州	87.0	5	重庆	52.6	15
南京	69.5	6	济南	52.2	16
苏州	63.1	7	厦门	51.6	17
成都	61.2	8	西安	50.9	18
宁波	59.7	9	郑州	49.0	19
长沙	55.8	10	天津	47.3	20

资料来源：引自 2020 年跨城求职数据解密人才流动趋势，笔者整理。

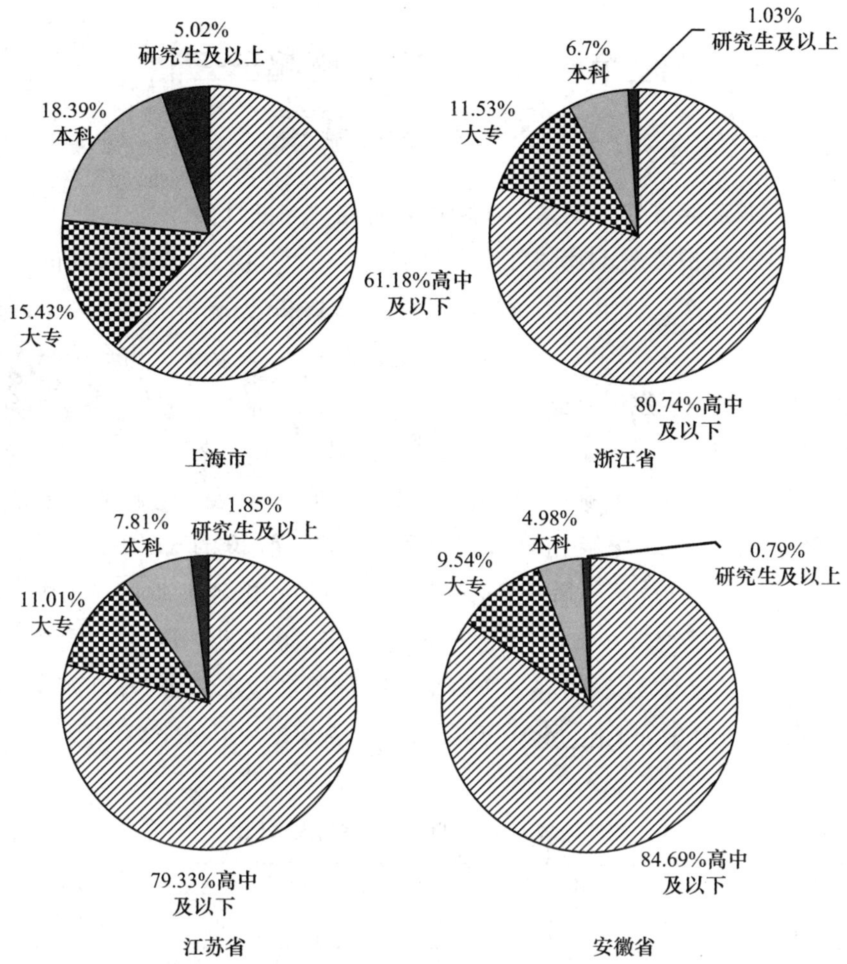

图 2—16　长三角地区主要省市人口学历占比

资料来源：太和顾问《司南大数据平台》。

长三角地区人才吸引力较大的原因主要是龙头企业和高端产业的带动力强，如阿里巴巴（中国）有限公司。从长三角都市圈主要城市的学历占比可知，上海市的研究生及以上学历的人数占比为 5.02%，其次为江苏省，占比为 1.85%，安徽省位居第 4，研究生及以上学历人数占比 0.79%，为中部崛起奠定了基石。

第四节 长江经济带：崛起于三个尺度的“聚中有散”

一 长江经济带“聚集”了中国经济的“半壁江山”

长江经济带覆盖上海、江苏、浙江、安徽、江西、湖北、湖南、重庆、四川、云南、贵州 11 个省市，面积约 205.23 万平方公里，占全国总面积的 21.4%。2020 年，长江经济带总人口约 6.06 亿人，占全国总人口的 42.92%；地区生产总值约 47.16 万亿元，占全国生产总值的 46.42%。可以说，长江经济带聚集了中国经济的“半壁江山”。

特别是在上海的带领下，长江经济带上分布着一批表现抢眼的二线城市，根据本书的研究，2021 年中国综合经济竞争力排名前 10 的城市中，有 7 个位于长江经济带（上海、苏州、南京、武汉、无锡）；排名前 20 的城市中，有 10 个位于长江经济带（再加上杭州、成都、宁波、长沙、常州）。同时，长江经济带上的核心城市还在进一步聚集，过去 10 年成都增加了 580 万人，杭州、重庆和长沙增加了超过 300 万人，苏州、武汉增加了超过 200 万人。

表 2—25　　长江流域大、中型城市经济与人口情况

	2021 年经济竞争力排名	10 年 GDP 增长率（%）	2020 年人口（万人）	10 年人口变化量（万人）	10 年人口变化率（%）
上海	1	116.02	2487	185	8.04
苏州	6	119.70	1275	228	21.78
南京	8	184.99	931	131	16.38
武汉	9	180.57	1233	254	25.94
成都	12	200.82	2094	582	38.49
无锡	10	114.05	746	109	17.11
长沙	16	164.07	1005	301	42.76
重庆	28	210.01	3205	320	11.09
杭州	11	166.23	1194	324	37.24
宁波	13	139.50	940	179	23.52
常州	18	152.45	528	69	15.03
合肥	24	271.84	937	191	25.60
南昌	40	161.15	626	122	24.21
全国平均	—	146.53	141178	7206	5.38

资料来源：中国社会科学院城市与竞争力指数数据库。

本书统计了中国社会科学院城市与竞争力指数数据库中属于长江经济带的 83 个样本城市的数据（含云南、贵州），覆盖超过 4.49 亿人口。可以发现，从综合经济竞争力表现来看，长江经济带城市过去 5 年的排名平均上升 14.01 名；从 10 年人口增长率来看，平均增长 7.49%，两项指标均表现出长江经济带显著的经济增长和人口聚集优势（见表 2—26）。

表 2—26　　长江经济带城市经济与人口情况

	2020 年人口（万人）	10 年人口增长率（%）	5 年综合经济竞争力排名差
长江经济带城市	44873	7.49	14.01
其他城市	86404	4.98	－14.01

资料来源：中国社会科学院城市与竞争力指数数据库，国家统计局。

二　核心城市"扩散"带动长江流域都市圈发展

个别核心城市的发展，不足以支撑长江经济带整体的崛起。长江经济带上最值得关注的是长江一线都市圈的崛起。我们以合肥、成都、武汉、南昌、重庆、贵阳、昆明、长沙和长三角都市连绵区这 9 个都市圈为例，10 年间人口增加 3400 万人，占全国人口增加总数的 47.18%。如果将这 9 个都市圈合并统计为长江流域都市圈的话，那么其下辖城市人口总量达 3.67 亿人，且过去 10 年人口增长率为 10.21%，在 23 个都市圈中处于上游；综合经济竞争力排名平均上升 15.67 名，在 23 个都市圈中位居顶端。这说明整体而言，长江经济带上的核心城市，扩散和带动作用日益突出，拉动周边城市共同发展，造就了长江流域都市圈的崛起，支撑长江经济带的发展。

表 2—27　　长江流域都市圈城市人口和经济情况

	2020 年人口（万人）	10 年人口增长率（%）	2020 年 GDP（万元）	10 年 GDP 增长率（%）	2020 年人均 GDP（万元）	10 年人均 GDP 变化率（%）	5 年经济竞争力排名差
贵阳都市圈	1507	18.20	8998.44	297.55	5.97	236.34	41.33
武汉都市圈	2869	7.45	24150.38	173.36	8.42	154.40	27.50

续表

	2020 年人口（万人）	10 年人口增长率（%）	2020 年 GDP（万元）	10 年 GDP 增长率（%）	2020 年人均 GDP（万元）	10 年人均 GDP 变化率（%）	5 年经济竞争力排名差
福州都市圈	1465	15.17	15282.99	223.11	10.43	180.54	27.00
合肥都市圈	3089	3.14	20651.45	217.20	6.69	207.55	25.14
郑州都市圈	4738	12.35	32953.09	143.90	6.96	117.08	17.44
长江流域都市圈	36700	10.21	350891.73	160.76	9.56	136.60	15.67
南昌都市圈	2068	2.17	14349.72	167.55	6.94	161.86	14.60
太原都市圈	1477	3.65	8194.69	112.66	5.55	105.18	13.75
厦门都市圈	1899	15.30	21088.29	196.97	11.10	157.57	13.67
昆明都市圈	1648	12.95	11751.28	203.11	7.13	168.35	12.33
长三角都市连绵区	14674	12.88	188792.02	139.99	12.87	112.62	12.32
成都都市圈	4757	9.94	32447.63	183.79	6.82	158.14	9.40
长沙都市圈	2558	9.13	23446.45	159.96	9.17	138.21	9.40
银川都市圈	499	25.06	3127.79	143.40	6.27	94.63	5.67
南宁都市圈	2157	14.61	9714.56	143.86	4.50	112.77	5.33
乌鲁木齐都市圈	405	30.23	3337.32	156.18	8.24	96.72	3.00
珠三角都市连绵区	7802	38.88	89523.93	135.41	11.47	69.51	1.11
西安都市圈	2791	8.43	17489.63	179.24	6.27	157.53	0.83
兰州都市圈	839	4.48	3825.37	144.88	4.56	134.37	0.67
重庆都市圈	3530	10.11	26304.36	206.00	7.45	177.92	—
西宁都市圈	247	11.76	1372.98	118.53	5.56	95.53	-1.00
青岛都市圈	3244	6.78	31113.37	98.76	9.59	86.14	-5.60
石家庄都市圈	2388	3.96	10437.90	79.13	4.37	72.30	-10.50
首都都市圈	6795	6.87	67202.03	97.46	9.89	84.76	-19.14
济南都市圈	3486	4.87	24484.85	78.97	7.02	70.65	-26.17
呼和浩特都市圈	516	2.99	3627.60	49.08	7.03	44.75	-31.00
大连都市圈	1197	3.55	9135.30	32.60	7.63	28.06	-36.67
长春都市圈	1550	-6.91	9047.13	43.17	5.84	53.79	-53.25
沈阳都市圈	1958	-3.02	11449.40	10.36	5.85	13.80	-64.67
哈尔滨都市圈	1880	-13.92	9387.98	11.75	4.99	29.82	-78.50
全国平均	141178	5.38	1015986.00	146.53	7.20	140.12	0

资料来源：中国城市与竞争力指数数据库，国家统计局。

三 长江经济带都市圈承载“高端群”，但以低端外溢为主

从长江经济带都市圈的聚散系数来看，该区域的都市圈主要以迁出

企业为主，尤其是上海、杭州等中心城市，受房租、地租、劳动力成本上升的影响，多数低端产业逐渐向外围扩散。以上海为例，食品制造、家具制造、房屋建筑业、石油、煤炭及其他燃料加工业等较为低端的产业逐渐转移至扬州、宣城、聊城、南通、湖州、台州等地。但昆明、南昌等都市圈虽然聚散系数大于1，但是多以承接低端外溢产业为主，以南昌都市圈为例，九江、新余、鹰潭等城市逐渐承接南昌、景德镇以及武汉、上海等城市的低端产业，尤其是食品制造、核辐射加工、零售、纺织、化学纤维制造业等。尽管低聚是长江经济带都市圈的主要表现，但是从高端集聚的角度来看，上海、江苏以及浙江等省市优先承接发展电子信息、医药、机械、轨道交通、航空航天、船舶及海洋工程装备、汽车、智能制造装备、新能源、新材料等行业，西南地区如云南等，除以上高端产业还包括当地特色产业。长江经济带承载的高端制造产业将成为驱动新经济增长的硬核发展力量。长江经济带下游沿江地区重点发展现代服务业、先进制造业和战略性新兴产业，着力建设研发集聚中心和高端制造基地；中游沿江地区需加快转型升级，引导产业集聚发展，着力打造先进制造业基地，构建具有区域特色的产业体系；上游沿江地区突出绿色发展，重点发展区域优势特色产业。

表 2—28　　长江经济带都市圈聚散系数及产值比重

	聚散系数	三产与二产比重
长江沿线都市圈	0.0686	1.1088

四　城市向农村的“扩散”造就长江流域融合发展

整体上，长江流域的城乡差距较小，城乡融合较好，体现出“既要质量、又要公平”的特点。由表 2—29 可知，长三角经济区城乡居民收入水平明显领先，中三角经济圈和成渝城市圈城乡居民收入水平相近，但中三角经济圈略高；城乡收入比长三角经济区最低（1.96），中三角经济区居中（2.03），成渝城市圈最高（2.15），但都明显小于全国平均水平（2.64）。长江一线都市圈的崛起正在带动长江经济带的隆起，即通过中心城市带动城市群、城市群带动巨型城市化地区、巨型城市化地区连成一片。

表 2—29 长江流域城乡融合发展特征

	2019 年人均 GDP（万元）	城镇化率（%）	城镇居民人均可支配收入（元）	农村居民人均可支配收入（元）	城乡收入比
长三角经济区	12. 37	68. 4	53221. 00	27172. 00	1. 96
中三角经济圈	7. 18	60. 5	37642. 00	18514. 00	2. 03
成渝经济圈	6. 46	52. 7	36765. 56	17071. 75	2. 15
全国	7. 09	60. 6	42359. 00	16021. 00	2. 64

资料来源：《长江经济带蓝皮书：长江经济带发展报告（2019—2020）》，经笔者整理。

第二部分

主题报告

第三章

超大、特大城市：健康基准与理想标杆

倪鹏飞　徐海东等*

超大、特大城市以全球0.51%的陆地面积，集聚了全球13.14%的人口，更创造了全球25.91%的GDP，国际上超大、特大城市一般以都市圈为主。高质量的城市是产城融合、职住一体、人地匹配的星云城市，是高端多样的活力城市，是聪明包容的人文城市，是安全韧性的生态城市，是便捷互联的智慧城市，是以人为本的宜居城市。本书将全球74个超大、特大城市划分为欧美发达、亚洲中等以上、拉美及俄罗斯、亚非落后和中国5个层级。从核心区、中心城市、都市圈等角度，以国家经验提炼和理论推导对中国省会及超大、特大城市规模、密度、结构、分布、发展模式、合理区间、功能疏解进行详尽的研究判断，为中国超大、特大城市的高质量发展提供方向。

第一节　全球超大、特大城市现状、历史和未来

一　欧美发达国家超大、特大城市的规模、密度、强度与功能

（一）欧美发达国家城市的现实状况及特征

1. 内部体系的现状与特征

欧美发达国家城市内部体系的多中心、多组团、多层级、隔离状、

---

* 本章由倪鹏飞、徐海东、曹清峰、马洪福、李博、魏婕、沈立、丁如曦、王雨飞、彭旭辉、郭靖、郭金红、黄徐亮、赵华、郭晓平等共同完成。

网络化的发展模式明显，总体上呈三层嵌套格局分布发展的趋势。一方面，城市内部存在多个中心，层级分明，有向三层嵌套式分布发展的趋势。第一层级为整个都市区及其组团，第二层级为中心城区、次中心及其组团，第三层级为核心圈层和微中心；另一方面，依靠绿化隔离带，对各中心进行生态隔离，以交通基础设施的环状分布为中心向外部呈放射状，并通过交通基础设施连接各个中心，在公共服务分区上，大致呈现出分布式特征。

2. 人口规模、人口密度、人口结构与空间分布的现状与特征

欧美发达国家的超大、特大城市的大都市区人口规模在 1000 万人左右，人口密度在 1000 人/平方公里左右；中心区的人口规模在 500 万人左右，人口密度在 5000 人/平方公里左右，中心城市占都市圈比重基本在 20%—30%。具体来看，洛杉矶、马德里、多伦多、芝加哥的中心区人口规模均在 300 万人左右，中心城市占都市圈比重基本在 20%—30%。从人口密度来看，都市圈人口密度在 1000 人/平方公里左右，纽约都市圈也仅为 1700 人/平方公里，中心城市的人口密度在 5000 人/平方公里左右。从居住密度来看，马德里中心居住人口密度为 28600 人/平方公里左右，纽约曼哈顿为 18800 人/平方公里左右，巴黎第一区至第七区为 18300 人/平方公里左右。从就业密度来看，纽约中心区的就业人口密度为 74900 人/平方公里，伦敦市中心为 21000 人/平方公里，巴黎市中心为 25200 人/平方公里。其中居住人口在空间分布上位于各微中心团组，以社区为单位，形成住宅微中心，并形成团组围绕在各中心周边。就业人口上，第一产业分布于远离中心的郊区，形成农业微中心。第二产业分布于工业次中心，第三产业则在核心、中心、次中心均有分布，其中第三产业占比超过 70%，而公共服务行业在第三产业中的占比超过 50%。

3. 土地规模、开发强度、用地结构与分布的现状与特征

欧美发达城市都市区总面积大多在 10000—20000 平方公里，中心城市面积则多处在 500—1500 平方公里，建成区总面积多在 2000—7000 平方公里。整体土地开发强度方面多处于 0. 15—0. 4，中心城区土地开发强度处于 0. 5—0. 7。居住用地占比较高，普遍超过 1/3，而且这一比例持续升高。工业用地占比很低，在 5% 以内，且持续下降；商业和交通用地占比稳定，

表 3—1　　欧美发达国家超大、特大城市的规模、密度与强度

（单位：万人、平方公里、人/平方公里）

	国家	都市区总人口	中心城市人口	都市区总面积	中心城市面积	都市区建成区面积	都市区总人口密度	中心城市人口密度	都市区开发强度	中心城市开发强度
多伦多	加拿大	687	273	7124	630	2334	964	4333	0.33	—
巴黎	法国	1208	1035	17174	2845	2509	703	3638	0.15	0.71
米兰	意大利	822	314	13111	182	1881	627	17276	0.14	0.64
马德里	西班牙	634	322	5336	604	1365	1188	5331	0.26	0.66
伦敦	英国	1426	898	8382	1572	1738	1701	5714	0.21	0.71
亚特兰大	美国	602	498	21694	5000	7400	277	996	0.34	—
芝加哥	美国	947	272	28120	612	7006	337	4447	0.25	0.73
休斯敦	美国	631	231	26060	1658	4390	242	1393	0.17	0.64
迈阿密	美国	592	48	20000	143	3313	296	3357	0.17	—
费城	美国	611	158	4661	369	2226	1311	4278	0.48	0.61
华盛顿特区	美国	621	70	14412	158	5500	431	4430	0.38	—
纽约	美国	2032	836	17405	1000	6661	1167	8360	0.38	—
洛杉矶	美国	1300	409	12562	1302	4590	1035	3141	0.37	—
达拉斯沃斯堡	美国	750	134	24059	993	5279	312	1349	0.22	—

开放空间和绿地用地有所提升。如 2015 年伦敦居住用地占比 36%，公园和绿地占比 25%，工业用地 1%，商业用地 9%。2014 年纽约住宅用地占比 43%，开放空间和公共设施占比超过 33%，工业用地 3.5%，交通用地 7.6%，商业用地不足 4%。欧美发达国家在功能区分布上呈隔离状、网络化、分布式分布，即以环射状的道路形成网络化的交通网，连接各功能区，再由生态隔离带分隔各功能区。

4. 经济规模、综合经济密度、产业结构与空间分布的现状与特征

首先，欧美发达国家超大、特大城市经济规模大，中心区综合经济密度高。都市区平均经济规模为 6405 亿美元，平均综合经济密度为 0.5 亿美元/平方公里；中心区平均经济规模为 5790 亿美元，平均综合经济密

度为9.37亿美元/平方公里。

其次，欧美发达国家超大、特大城市具有以输出型服务业为主导的产业结构，产业高技术、高附加值、知识密集，大多数处在产业链的上游甚至顶端。产业分布呈现“高端集聚、中低端分散”的特点。制造业多是输出型的高精尖产业以及服务本地的都市加工业。服务业具有层级特征，多是输出型科技、金融、管理咨询等先进生产性服务、分配服务（贸易物流）和高端消费服务业，且集中在城市核心区，同时在核心区和外围地区配套分布有服务于本地的生活服务和社会服务。具有外循环强，内循环优，内外有机联动，产业发展质量高的特点。

最后，欧美发达国家：全球功能和国家功能双支柱；生产性服务业是城市产业发展的战略制高点。总体来看，欧美发达国家14个样本城市中，全球顶尖或全球城市占比接近90%；从金融功能来看，2/3的城市是全球顶尖和全球金融中心，中央商务区高度聚集顶级金融机构的全球总部，并与全球其他金融中心实现不同时区、不同地域、不同市场之间的高度联动；从科技功能来看，70%以上的城市是全球顶尖和全球科技中心，研究成果在国际上处于前沿尖端地位；从教育功能来看，6个城市是全球顶尖教育中心（占比超过40%）和2个全球教育中心，拥有全球顶级教育资源和全球影响力的高等学府；从交通功能来看，超过70%的城市是全球顶尖和全球交通中心，近一半的城市拥有年吞吐量过亿级的机场；从决策功能来看，40%以上的城市是全球顶尖和全球决策中心，是跨国公司总部或洲际总部的首选之地。

（二）欧美城市的经济、社会与环境健康程度

欧美发达国家超大、特大城市社会安全指数相对较低，总体社会安全指数在0.5左右；居住成本低，大部分城市的房价收入较为合理，只有个别城市较高；社会公平指数较低，总体均值在0.7左右；通勤时间较长（平均得分0.48）；生态环境优良（平均得分0.68）；公共设施和公共服务比较完善（医疗平均得分0.85，文化平均得分0.76）；城市抗灾能力强（平均得分0.81）；经济活力高，生活质量好，生活质量指数高达150。

（三）欧美发达城市的历史演化与未来趋势

1. 内部体系的演化与未来趋势

欧美发达国家基本经历了从单中心、单层级的小城镇到单中心、双层级的大中城市，再到多中心、多组团、多层级的大都市圈。首先，早期人口不断聚集，传统城市中心内部的功能开始逐渐向城市外围转移，单层级的城市结构逐渐呈分散化布局，形成城市次中心。其次，人口再聚集，推动城市体系呈现出多中心、多组团、多层级发展趋势。

2. 人口规模、密度、结构与分布的历史演化与未来趋势

欧美发达国家人口规模基本上都经历了“升、稳、降、升”的阶段。伦敦的人口规模经历了先升后降、再升的过程，从1950年的836万人，降低到1980年的670万人，后又逐步上升；米兰的人口规模经历了先上升后稳定，又降低，再上升的状态，人口先从1950年的188万人上升到1980年的316万人，随后维持稳定并逐步下降，2000年为295万人，后逐步上升到2019年的313万人。

3. 土地规模、强度、结构与分布的历史演化与趋势

欧美发达城市建成区面积增加的比例相对较小，15年间增加幅度大多不超过50%，这些城市经济发达且趋于成熟，进一步扩张的动力有限，其中纽约和伦敦的建成区增长幅度都不超过5%。欧美发达国家在功能区分布上加入了对土地结构、功能空间分布的提炼。首先，伴随着城市内部体系的发展，早期的功能分布在呈现出单中心、外围呈环状的生态圈，再外围形成环状的各式功能区，主要为工业区和住宅区，中间由环形路网连接。其次，当前城市功能区分布呈隔离状、网络化、（环射状）分布式分布。即以环射状的道路形成网络化的交通网，连接各功能区，再由生态隔离带对各功能区进行分隔，各功能区在总体分布上呈分布式形态。

4. 经济规模、密度、结构与分布的历史演化和趋势

其一，欧美发达国家超大、特大城市经历了产业结构由制造业主导向服务业主导、产业空间分布由分散到集聚再到分散与集聚并存和多中心多层级嵌套、经济规模由小到大再到极大、综合经济密度由低到高再到极高的发展过程，而且这一过程在其国家城镇化率超过50%后出现并加速，大都市区、都市圈、城市群逐步涌现。考虑到这些国家已处在高水平发展阶段，同时智能化时代的到来，未来将形成以科技和金融为主

导的态势，全球化和信息化将更加深化，与制造业相比，服务业的发展空间将更大，且生产性服务业将得到更加深入的发展，未来经济规模和综合经济密度将保持稳步提升。

其二，欧美发达国家引领全球城市功能的两百年历程中，金融、科技与教育是主导功能。英国从19世纪中叶工业革命以后，城市的全球功能迅速提升；美国在20世纪20年代（第一次世界大战后）逐渐成为全球功能中心。欧美主要城市出现了国家中心到全球中心的跨越，并伴随着全球功能中心由欧洲向北美的转移。

二 亚洲发达国家超大、特大城市的规模、密度、强度与功能

（一）亚洲发达国家城市的现实状况及特征

1. 内部体系的现状与特征

亚洲发达国家城市内部体系的多中心、多组团、多层级、隔离状、网络化的发展模式相对明显，总体上呈三层嵌套分布发展的趋势。但与欧美国家相比，都市圈面积相对较小，人口密度较高。一方面，亚洲发达国家同欧美发达国家相似，在城市发展过程中呈多中心、多组团、多层级特征，同样有向三层嵌套分布方向发展的趋势。但都市圈面积和规模相比于欧美国家较小。东京、大阪、首尔等城市有较为明显的核心圈层的光亮强度，但光亮面积明显小于欧美发达国家超大、特大城市的核心圈层面积；另一方面，亚洲发达国家人口密度远高于欧美国家，但同时这也成为扩大城市规模和基础设施网络化发展的推动要素。

2. 人口规模、人口密度、人口结构与空间分布的现状与特征

亚洲发达国家的超大、特大城市规模分布较广，大部分城市的人口规模在1000万人左右，但首尔都市圈人口为2100万人，大阪都市圈人口1900万人，东京都市圈人口为3700万人。亚洲发达国家都市圈基本集聚了全国的资源，都市圈人口占比在20%—30%。都市圈人口主要集中在中心城市，首尔占比高达44%，曼谷占比73%，伊斯坦布尔占比59%，东京占比也将近40%，中心城市的人口密度更是高达14000人/平方公里左右。平均来看，中心城市人口占都市圈人口的25%—30%。从住宅密度来看，总体在25000人/平方公里左右，香港市区住宅密度为26300人/平方公里，东京丰岛区为22600人/平方公里。就业密度要显著高于住宅

密度和人口密度，如东京都中心的就业密度为60600人/平方公里，大阪中心区的就业密度为53300人/平方公里，首尔中心区的就业密度为88500人/平方公里。在就业与居住人口分布上，亚洲发达国家呈现出居住人口环绕各中心分布，三大产业分区分布的特征。但较之欧美发达国家，亚洲发达国家大型城市存在人口规模大的特征。其第三产业，尤其是公共服务业更为发达，第一、第二产业外迁更为彻底，第一、第二产业占比降至20%以下，并在城市内形成以公共服务业为主导的微中心团组。

表3—2　亚洲发达国家超大、特大城市的规模、密度与强度

（单位：万人、平方公里、人/平方公里）

	国家	都市区总人口	中心城市人口	都市区总面积	中心城市面积	都市区建成区	都市区总人口密度	中心城市人口密度	都市区开发强度	中心城市开发强度
台北	中国	704	275	2457	271.8	1140	2865	10118	0.46	0.47
香港	中国	752	—	1106.66	127.6	285	6795	—	0.26	—
万隆	印度尼西亚	836	251	1877	168	487	4453	14967	0.26	—
雅加达	印度尼西亚	3176	1019	6392	740	3867	4969	13767	0.60	—
东京	日本	3783	960	10404	628	3807	3636	15297	0.37	0.70
吉隆坡	马来西亚	756	179	2793	243	2162	2707	7366	0.77	—
首尔	韩国	2179	973	11704	605	2768	1862	16083	0.24	0.63
新加坡	新加坡	583	583	726	726	523	8027	8027	0.72	0.65
曼谷	泰国	1475	510	7762	1569	1226	1900	3250	0.16	0.59
伊斯坦布尔	土耳其	1700	1005	5343	1539	925	3182	6530	0.17	0.78
大阪	日本	1916	275	13033	223	3019	1470	12332	0.23	0.84

3. 土地规模、开发强度、用地结构与分布的现状与特征

亚洲发达城市的都市区总面积大多在2000—10000平方公里，中心城区面积多在300—1500平方公里，建成区总面积多在500—4000平方公

里。整体土地开发强度方面多处于0.2—0.7，中心城区开发强度在0.5—0.8。住宅用地比例最高，多数超过50%，如首尔是62.5%，东京区部高达86.6%（低容积率），在东京都内也超过55%；道路交通占比在10%左右；工业用地占比略高于欧美，如东京在2007年的工业用地达到9%，但如今已降至4.9%。与欧美发达城市相比，亚洲发达国家在功能分布上，呈多中心、多组团、多层级、隔离状、网络化（环射状）、分布式的发展趋势。亚洲城市人口密度大住宅区占地面积和商业用地占比大，工业用地水平约低5个百分点。

4. 经济规模、综合经济密度、产业结构与空间分布的现状与特征

第一，亚洲发达国家和地区超大、特大城市经济规模相对较大，中心区综合经济密度较高。都市区平均经济规模为5244亿美元，平均综合经济密度为1.1亿美元/平方公里；中心区平均经济规模为3614亿美元，平均综合经济密度为6.65亿美元/平方公里。

第二，亚洲发达国家和地区的超大、特大城市产业结构以服务业为主，产业中高技术、附加值较高，部分产业处在产业链高端。制造业多是技术密集型产业，服务业既有科技金融、高端消费服务等高层级服务业，也有本地生活服务业、分配服务（贸易物流）、社会服务等中低层服务业。外循环和内循环较强，产业发展质量较高。

第三，亚洲发达国家和地区的超大、特大城市呈现全球功能和国家功能双支柱，城市发展依托高端制造业和生产性服务业。从综合功能来看，亚洲发达国家11个样本城市中有1个全球顶尖城市（东京）和6个全球城市，既是辐射全球或洲际的功能中心又是带动国家发展的支柱；从金融功能来看，接近一半的城市是全球顶尖（3个）和全球金融中心，其中东京依托其全球领先的高端制造业成为全球顶尖金融中心；从科技功能来看，一半以上的城市是全球顶尖（2个）和全球科技中心；从教育功能来看接近1/3的城市是全球顶尖或全球教育中心；从交通功能来看，80%以上的城市是全球顶尖和全球交通中心，机场年吞吐量都在千万级；从决策功能来看，超过60%的城市是全球顶尖和全球决策中心，集聚了世界500强等跨国公司的洲际总部。

（二）亚洲发达国家城市的经济、社会与环境健康程度

亚洲发达国家超大、特大城市社会安全指数高，为0.8左右；居住成

本相对较高，房价收入比在11—20左右；社会公平指数相对较高。城市通勤压力较大（平均得分0.44）；生态环境优良（平均得分0.56）；公共设施健全；但不少城市均处于沿海和板块交界，易受自然灾害侵袭（平均得分0.63）；经济活力和生活质量较高，生活质量指数在110—160左右。

（三）亚洲发达国家城市的历史演化与未来趋势

1. 内部体系的演化与未来趋势

亚洲发达国家基本经历了从单中心、单层级的小城镇到单中心、双层级的大中城市，再到多中心、多组团、多层级大都市圈。城市内部出现部分城市功能区由城市中心向外延伸，且企业搬离传统城市中心。城市体系呈现出多中心、多组团、多层级发展趋势。但是由于其人口规模基本到顶点，市场机制作用下，人口规模在稳定后出现了一定程度的下降，也推动了城市内部体系层级更为完善。

2. 人口规模、密度、结构与分布的历史演化与未来趋势

亚洲发达国家有“升、稳”和“升、稳、降”这两种类型的发展阶段。总体而言，亚洲发达国家城市人口经历了先上升后稳定的状态，但首尔和大阪均经历了先上升后稳定，再下降又上升的阶段。如东京都市圈，其人口规模从1950年的1130万人左右上升到2010年的3690万人，此后开始趋于平稳；万隆也经历了升、稳；大阪由1950年的700万人，上升到1995年的1895万人，此后维持稳定，直至2005年降低到1876万人，后又上升到2019年的1914万人；首尔经历了快速增长到逐步稳定，再降低又上升的阶段，其人口从1950年的102万人上升到1990年的1052万人以后开始维持稳定并缓慢降低到2010年的980万人，后又上升到2020年的996万人。台北中心人口从1950年的55万人上升到1990年的275万人，后又降低到2002年的263万人，又缓慢上升到2019年的271万人。人口规模基本到顶点以后，向第二个、第三个城市转移，也反映市场机制在起作用。

3. 土地规模、强度、结构与分布的历史演化与趋势

亚洲发达国家城市建成区增加幅度较小，大多低于50%，其中大阪增幅低于10%。土地结构加入对功能空间分布的提炼，其功能区分布与演化大体上与欧美发达国家近似，由早期的单中心、环状分布，到现在

的呈隔离状、网络化（环射状）、分布式分布，但在用地面积和土地结构上，亚洲发达国家在住宅区划分上的占比低于欧美发达国家，但在公共区和交通道路上占比大于欧美发达国家，更注重基础设施建设。

4. 经济规模、密度、结构与分布的历史演化和趋势

第一，亚洲发达国家和地区在全球化浪潮和本国工业化、城市化推进过程中，其超大、特大城市经历了制造业不断升级优化与服务业发展壮大、经济规模和综合经济密度快速提升的发展阶段。未来，随着信息化的推进，其产业结构技术水平、服务业层级和水平、经济规模和综合经济密度将大幅提升。

第二，经过半个世纪的努力，亚洲发达国家实现了全球城市功能蜕变，金融、科技与决策是主导功能。第二次世界大战后在出口导向的影响下城市迅速崛起。从劳动、资金密集型制造业起步，逐渐从国家功能的中心升级为东亚、东南亚次区域的功能中心，再到洲际甚至全球功能的中心。

三 亚非中等以下国家超大、特大城市的规模、密度、强度与功能

（一）亚非中等以下国家城市的现状及特征

1. 内部体系的现状与特征

亚非中等以下国家城市内部体系呈现少中心、少层级、摊大饼、网络化（非环射状）的分布格局，三层嵌套的城市体系发展趋势表现不明显。一方面，亚非中等以下国家在城市发展上仍然呈少中心、少层级发展，城市缺少副中心，围绕单一中心进行摊大饼式的发展，未明显表现出三层嵌套的城市体系特征，同时发展缺少层级；另一方面，亚非中等以下国家未形成环绕状网络化的交通基础设施作为城市发展的基础。由于缺乏相应的交通基础设施和生态保护规划，未能依靠交通基础设施进行环状发展，未形成网络化的环状发展。

2. 人口规模、人口密度、人口结构与空间分布的现状与特征

亚非中等以下国家的超大、特大城市人口规模在2000万人左右，人口密度为8000人/平方公里；中心城市人口规模在1200万人左右，中心城市占都市圈规模比重在70%左右，中心区的人口密度在20000人/平方公里左右。具体来看，亚非中等以下国家的都市圈人口分布较广，人口规

模在1000—3000万人，都市圈人口密度在5000—8000人/平方公里；中心城市人口规模在1200万人左右，中心城市人口密度基本均超过15000人/平方公里，马尼拉、卡拉奇、孟买、加尔各答等城市人口密度均在20000人/平方公里以上，而达卡更是高达37000人/平方公里。在亚非中等以下国家，居住人口与就业人口混杂分布在城市的中心，其原因是多中心结构尚不完善，导致居住区与产业区集中分布在各中心。同时第二产业就业人口数量较多，形成以第二产业为核心的次中心。

表3—3　　亚非中等以下超大、特大城市的规模、密度与强度

（单位：万人、平方公里、人/平方公里）

	国家	都市区总人口	中心城市人口	都市区总面积	中心城市面积	都市区建成区面积	城市建成区面积	都市区总人口密度	中心城市人口密度	都市区开发强度	中心城市开发强度
达卡	孟加拉国	2128	1361	2161	365	456	198	9847	37244	0.21	0.68
金沙萨	刚果	1353	1023	9965	457	473	301	1358	22386	0.05	0.74
开罗	埃及	1937	1573	17268	1364	2010	748	1122	11536	0.12	0.68
艾哈迈达巴德	印度	765	563	1866	505	350	189	4097	11156	0.19	0.77
钦奈	印度	1027	709	1189	426	1049		8633	16638	0.88	—
德里	印度	3063	1103	3925	1484	2232	1213	7803	7436	0.57	—
海得拉巴	印度	931	681	7257	625	1273	363	1282	10896	0.18	0.63
加尔各答	印度	1495	450	1887	206	1351		7924	21820	0.72	0.62
孟买	印度	2289	1248	4355	603	944	456	5255	20694	0.22	0.75
浦那	印度	728	312	7256	331	649	270	1003	9402	0.09	0.70
苏拉特	印度	594	446	327	278	238		18178	16050	0.73	—
德黑兰	伊朗	1600	903	2235	1200	1748	542	7159	7528	0.78	0.78
巴格达	伊拉克	696	495	4555	673	693	486	1528	7353	0.15	0.73
拉各斯	尼日利亚	2100	1200	2706	907	1965	422	7761	13230	0.73	0.64
卡拉奇	巴基斯坦	1484	1279	3780	453	1044	314	3925	28212	0.28	0.77

续表

	国家	都市区总人口	中心城市人口	都市区总面积	中心城市面积	都市区建成区面积	城市建成区面积	都市区总人口密度	中心城市人口密度	都市区开发强度	中心城市开发强度
拉合尔	巴基斯坦	1102	968	1726	371	853	202	6385	26068	0.49	0.67
马尼拉	菲律宾	2574	1287	8100	619	1873	539	3178	20792	0.23	0.64
利雅得	沙特阿拉伯	730	651	1973	1300	1672	848	3700	5008	0.85	0.75
约翰尼斯堡	南非	961	578	3357	1645	1575		2863	3514	0.47	0.69
喀土穆	苏丹	527	64	22142	1014		582	238	631	0.00	0.78
河内	越南	805	396	3359	320	963		2398	12400	0.29	—
胡志明市	越南	2128	1038	10619	2090	1638	476	2004	4967	0.15	0.64

3. 土地规模、开发强度、用地结构与分布的现状与特征

亚非中等以下国家和地区城市的都市区总面积多在1000—10000平方公里，且低于5000平方公里的占大多数，中心城区面积多处在300—1500平方公里的水平，建成区总面积多在300—2000平方公里。整体土地开发强度波动比较大，多处于0.1—0.8，中心城区开发强度在0.6—0.8。居住用地比例多处于40%—55%，均值在51%左右，道路交通占比在6%—25%，均值在15.1%左右。亚非中等以下国家围绕中心城区发展，都市区面积比发达国家低50%左右，中心城区功能分区布局不合理，如缺乏基础设施建设，交通网络不发达，人口密度大，住宅区用地占比相对较高，城市功能紊乱。

4. 经济规模、综合经济密度、产业结构与空间分布的现状与特征

第一，亚非中等以下国家超大、特大城市经济规模小，综合经济密度低。都市区平均经济规模为998亿美元，平均综合经济密度为0.39亿美元/平方公里；中心区平均经济规模为609亿美元，平均综合经济密度为1.13亿美元/平方公里。

第二，亚非中等以下国家绝大多数超大、特大城市产业结构以制造业和服务业为主导，产业低技术、低附加值。制造业多为传统的劳动密

集型和资本密集型产业，如纺织、食品加工、石油化工等，处于产业链中低端。服务业多是生活服务业、分配服务（贸易物流）、社会服务以及低端生产性服务，层次和水平整体较低。

第三，亚非中等以下国家的超大、特大城市呈现以国家和区域中心为主、全球功能为辅，低端制造业和生活性服务业依然在城市占据主导地位的局面。从综合功能角度来看，亚非中等以下国家22个样本城市中没有全球顶尖或全球城市，有8个国家中心，14个区域中心，首都所在地一般为国家的政治、经济、文化、贸易、交通、科技和教育中心；从金融功能角度来看，22个样本城市中拥有唯一的全球金融中心是孟买，其余21个城市都是国家或区域金融中心；从科技功能角度来看，除孟买是国家科技中心外，其余21个城市均为区域科技中心；从教育功能角度来看，全部样本城市均为国家或区域教育中心；从交通功能角度来看，13%的城市是全球交通中心，拥有年吞吐量超过千万的机场，绝大多数城市都是国家或区域交通中心；从决策功能角度来看，孟买是唯一的全球决策中心，其余21个城市都是国家或区域决策中心。

（二）亚非中等以下国家城市的经济、社会与环境健康程度

亚非中等以下国家的超大、特大城市的社会安全指数低，房价收入比较高，在15—23；社会公平得分较低，总体在0.7左右，交通拥堵问题明显（平均得分0.47），生态环境较差（平均得分0.28），公共设施发展滞后（医疗平均得分0.63，文化平均得分0.63），城市韧性较差（平均得分0.65），生活环境较差，指数仅在60—100。

（三）亚非中等以下国家城市的历史演化与未来趋势

1. 内部体系的演化与未来趋势

亚非中等以下国家的超大、特大城市基本经历了从单中心、单层级的小城镇向单中心呈摊大饼式的发展历程。市场机制与政府调控失灵导致人口规模快速增加，政府缺乏有效的城市建设规划，城市内部体系发展受现实需求引导，呈单中心，摊大饼式的发展模式。

2. 人口规模、密度、结构与分布的历史演化与未来趋势

亚非中等以下国家的超大、特大城市人口呈指数上升状态。从缓慢增长到飞速增长，总体人口规模均从1950年的300万人左右上升到2019年的2000万人左右，如达卡的人口规模从1950年的316万人左右上升到

2019 年的 2100 万人左右，德里的人口规模从 1950 年的 137 万人左右上升到 2019 年 3029 万人左右，孟买的人口规模从 1950 年的 309 万人左右上升到 2019 年 2066 万人左右，拉各斯的人口规模从 1950 年的 32 万人左右上升到 2019 年的 1437 万人左右。人口密度也同样如此，从 1950 年的 400 人/平方公里左右飞速上升到 2019 年的 20000 人/平方公里左右。总体处于市场失灵、政府失灵、过度聚集状态。

3. 土地规模、强度、结构与分布的历史演化与趋势

亚非中等以下国家的城市建成区面积增幅大多超过 50%，部分城市甚至达到 100%，这些城市人口增长迅速，因而催生建成区土地规模进一步的扩张。亚非中等以下国家城市在功能区分布上呈摊大饼式、网络化（非环射状）分布。过去其分布主要围绕中心城区及放射状路网分布，当前发展主要表现为交通道路建设以中心城区为核心向外发散，但并未形成环射状的道路网络，交通通达性较低，交通道路规划用地占比较小。而其他功能区分布呈现出摊大饼式的发展模式，缺乏有效的规划，各功能区分布相互嵌套，发展水平落后。

4. 经济规模、密度、结构与分布的历史演化和趋势

第一，亚非中等以下国家的超大、特大城市过去主要是低端的数量化增加和扩展，二元经济导致城市人口增加，城市经济数量有所提高，但质量不高。城镇化缺乏工业化的支撑，产业更多是生活服务业和低端制造业。未来，亚非中等以下国家在融入全球化、承接全球转移产业的过程中，大都市产业结构及水平可能会有所改善，比如生产性服务业增加，经济规模和综合经济密度提升，进而跨越“低水平循环”陷阱，迈入高质量发展阶段。

第二，亚非中等以下国家的超大、特大城市是国家的政治、经济、文化中心，“一城独大”的问题让国家功能高度集中。第二次世界大战结束后，亚非中等以下国家纷纷独立，但直到 20 世纪八九十年代城市才得到快速发展，大城市聚集了大量人口，以生活性服务业、传统制造业为主，原材料出口为导向经济，这些城市在国家经济发展过程中具有主导作用。

四　拉美及俄罗斯超大、特大城市的规模、密度、强度与功能

（一）拉美中等国家城市的现状及特征

1. 内部体系的现状与特征

拉美及俄罗斯与亚非中等以下国家情况类似，但又有所不同。城市内部体系介于发达国家和落后国家之间，仍处于摊大饼的阶段。首先，拉美及俄罗斯国家城市内部体系发展滞后于发达国家。中心区占都市圈比重高，呈少中心、少层级式发展。其次，拉美及俄罗斯国家城市内部体系发展优于落后国家。部分拉美及俄罗斯国家超大、特大城市在发展中将周边城市纳入城市体系，城市化体系趋于平衡。最后，拉美及俄罗斯未形成隔离状、网络化（环射状）的发展模式，仍处于摊大饼的阶段，未表现出三层嵌套式分布特征，且未能形成环射状的网络化的交通网络。

2. 人口规模、人口密度、人口结构与空间分布的现状与特征

拉美及俄罗斯的超大、特大城市人口在1000万—2000万人，人口密度在3000—5000人/平方公里，中心城市人口密度在9000人/平方公里左右。拉美中心城市规模更为集中，中心城市占都市圈的比重在50%左右。拉美及俄罗斯在居住人口和就业人口的分布上，形成了一定的层级分布，但层级并不完善，各住宅和产业中心并未能较好分层，居住人口和就业人口仍然存在混杂的状况。

表3—4　　拉美及俄罗斯超大、特大城市的规模、密度与强度

（单位：万人、平方公里、人/平方公里）

	国家	都市区总人口	中心城市人口	都市区总面积	中心城市面积	都市区建成区面积	城市建成区面积	都市区总人口密度	中心城市人口密度	都市区开发强度	中心城市开发强度
布宜诺斯艾利斯	阿根廷	1616	1388	4758	1934	3221	1327	3396	7177	0.68	0.76
里约热内卢	巴西	1349	602	4540	1221	1912	—	2971	4930	0.42	—
圣保罗	巴西	2205	1002	7947	1493	3116	1583	2774	6711	0.39	0.81
圣地亚哥	智利	678	484	15403	614	1148	540	440	7883	0.07	—

续表

	国家	都市区总人口	中心城市人口	都市区总面积	中心城市面积	都市区建成区面积	城市建成区面积	都市区总人口密度	中心城市人口密度	都市区开发强度	中心城市开发强度
波哥大	哥伦比亚	1105	767	1775	307	584	297	6225	24984	0.33	0.80
墨西哥城	墨西哥	2100	1229	3773	1485	2386	1442	5565	8276	0.63	0.77
利马	秘鲁	1078	774	2819	800	890	—	3824	9675	0.32	—
莫斯科	俄罗斯	1256	1038	26000	2511	5891	1609	483	4134	0.23	0.62
圣彼得堡	俄罗斯	540	540	1439	1439	685	685	3753	3753	0.48	0.68

3. 土地规模、开发强度、用地结构与分布的现状与特征

拉美及俄罗斯超大、特大城市的都市区总面积大多在1500—10000平方公里，而莫斯科超过20000平方公里，中心城区面积多处在500—2000平方公里，建成区总面积多在500—3000平方公里。整体土地开发强度方面多处于0.2—0.6，中心城区开发强度在0.6—0.8。居住用地比例多处于50%—60%，均值在57%左右，道路交通占比在9%—18%，均值在14.8%。拉美及俄罗斯等中等国家在功能分区方面，呈少中心、少层级、摊大饼、网络化（非环射状）。拉美及俄罗斯等中等国家城市功能分区不合理，过度城市化形成贫民窟，土地资源未得到充分利用以及基础设施用地面积占比较小，城市公共设施供应不足。

4. 经济规模、综合经济密度、产业结构与空间分布的现状与特征

第一，拉美及俄罗斯的超大、特大城市经济规模较小，综合经济密度较低。都市区平均经济规模为2014亿美元，平均综合经济密度为0.41亿美元/平方公里；中心区平均经济规模为1946亿美元，平均综合经济密度为1.12亿美元/平方公里。

第二，拉美及俄罗斯的超大、特大城市服务业在经济中的比重较大，产业技术处在中间水平，制造业多以资本密集型、劳动密集型为主。服务业有高、中、低多个层级，但以中低层级服务业为主。

第三，功能上呈现国家中心主导、全球功能辅助，制造业和生活性服务业存在低端锁定。从综合功能角度来看，拉美及俄罗斯9个样本城

市中有2个全球城市,6个国家中心,首都一般为国家的政治、经济、文化、贸易、交通、科技和教育中心。从金融功能角度来看,没有全球金融中心,都是国家或区域金融中心;从科技功能角度来看,没有全球科技中心,国家和区域科技中心各占一半;从教育功能角度来看,圣保罗是唯一的全球教育中心,余下8个城市都是国家或区域中心;从交通功能角度来看,1/3的城市是全球交通中心,2/3的城市是国家或区域中心,少数城市拥有优越的航空和港口资源,是拉美的重要交通门户;从决策功能角度来看,有2个全球决策中心,余下7个城市都是国家或区域中心,聚集了跨国公司在拉美的总部,是国家企业的主要集聚地。

(二)拉美及俄罗斯等中等国家城市的经济、社会与环境健康程度

拉美及俄罗斯等中等国家的社会安全指数相对较低,总体在0.3—0.6左右;房价收入比在17左右;社会相对公平,有一定的交通压力(平均得分0.41);生态环境建设有待加强(平均得分0.46),公共设施水平处于中等,抗灾能力处于中等偏上(平均得分0.73),经济活力比较低。

(三)拉美及俄罗斯等中等国家城市的历史演化与未来趋势

1. 内部体系的演化与未来趋势

拉美及俄罗斯等中等国家基本经历了从单中心、单层级小城到单中心、摊大饼式的发展,再到少中心、少层级的发展。首先,早期城市体系与亚非中等以下国家相似,城市内部体系呈摊大饼式的发展。其次,后期城市体系向欧美发达国家靠拢。在规划上开始筹建卫星城,向多中心发展,但其发展较为滞后,呈现出少中心、少层级的发展态势。

2. 人口规模、密度、结构与分布的历史演化与未来趋势

拉美及俄罗斯等中等国家经历了“升、稳”阶段。拉美及俄罗斯的城市处于上升和趋于稳定的混合状态。里约热内卢的人口规模从1950年的324万人左右上升到2019年的1337万人左右。圣保罗的人口规模从1950年的230万人左右增加到2019年的2200万人左右,在市区范围内有1000万人,人口密度为7216人/平方公里。利马的人口规模从1950年的106万人左右上升到2019年的1070万人左右。墨西哥和莫斯科的人口

规模则经历了从迅速增长到趋于稳定，其中墨西哥城从336万人增长到2100万人，人口密度为9800人/平方公里，主要原因在于墨西哥建卫星城和采取了“城乡均等化”策略，遏制住了农村贫困人口盲目流向大城市的趋势，使墨西哥城的人口开始出现下降趋势，人口过度拥挤的形势得以缓解，此外还通过提高农村和郊区人口的生活水平，为他们提供医疗和就学机会，实现把人口留在农村的目的。莫斯科的人口规模从535万人增长到1247万人，后逐步趋于稳定。

3. 土地规模、强度、结构与分布的历史演化与趋势

拉美及俄罗斯等中等国家城市建成区增加幅度也大多低于50%。拉美及俄罗斯等中等国家在功能区分布发展历程与发展趋势上与亚非中等以下国家类似，均呈现摊大饼式、网络化（非环射状）分布，但在用地结构上，拉美及俄罗斯等中等国家在交通道路和公共区占比上均优于亚非中等以下国家，其基础设施相对完善。

4. 经济规模、密度、结构与分布的历史演化和趋势

第一，拉美及俄罗斯等中等国家的超大、特大城市在过去经历了产业结构由制造业主导转向制造业与一般性服务业主导、产业空间由分散向集聚、经济规模由小到大、综合经济密度由低到高的发展过程。但由于其城市化滞后于工业化，出现了收入差距较大、“贫民窟”、比较严重的“城市病”等问题。未来，如果能够实现产业（功能）结构的高级化合理化、产业层次的高水平化，经济规模和综合经济密度将会加快提升，突破“中等收入陷阱”；相反，如果产业结构和功能未能实现实质性升级优化，其经济规模和综合经济密度将维持低水平增长，甚至存在增长停滞的风险。

第二，拉美及俄罗斯等中等国家的超大、特大城市多为国家和区域的政治、经济、文化中心，但出现了被称为“拉美陷阱”的“过度城市化”现象。第二次世界大战结束后，大多数拉美国家开启了大规模城市化进程，到20世纪70年代陷入“拉美陷阱”。在经历了进口替代、出口替代等战略导向后，城市规模及人口迅速膨胀，但产业仍以低效率的传统服务业和低端采掘业为主，城市中出现了大量贫民窟和大规模的贫困群体，拉美国家的“过度城市化”对拉美的现代化进程造成了严重后果。

五　总体经验特征与比较

（一）健康程度

超大、特大城市的健康发展主要涵盖社会、环境、经济方面。社会方面主要侧重于社会安全、房价收入比、社会公平；环境方面主要侧重于交通、生态、公共设施、城市韧性；经济主要侧重于经济活力和生活质量。比较来看，欧美发达国家生活质量高、生活成本高，社会安全中等，医疗健康条件好，环境污染低，交通通达。亚洲中等以上国家生活质量较好，生活成本较高。亚非中等以下以及拉美国家生活质量较低，社会安全指数低，环境污染严重。

（二）城市特征

由于健康程度决定于城市的规模、密度、强度和功能，从实证上根据健康的程度可以大致确定超大、特大城市的规模、密度、强度和功能的健康标准和类型，欧洲超大、特大城市的规模、密度、强度和功能最符合健康的标准，亚洲发达超大、特大城市次符合健康标准，拉美超大、特大城市很不符合健康标准，亚非中等以下超大、特大城市最不符合健康标准。

第一，在各城市的现实状况及特征方面，全球超大、特大城市的大都市区面积多处在2000平方公里（25公里半径）至30000平方公里（100公里半径）之间，其中面积在5000平方公里（40公里半径）至20000平方公里（70公里半径）之间占主流。中心城区面积方面，全球大多数中心城市面积在300平方公里（10公里半径）至3000平方公里（30公里半径）之间，其中巴黎中心城区面积达到2800平方公里。从建成区总面积来看，全球大多数超大、特大城市介于500—3000平方公里，而美国的都市区大多超过3000平方公里。土地开发强度方面，国际城市显示的规律主要是中心城区开发强度较高且区间较窄，普遍在0.5—0.7；而大都市区开发强度差异较大，根据经济发展水平、交通状况和开发成熟度而异，但上限一般不超过0.5。用地结构方面，随着城市化水平的提高和人口规模的扩大，城市用地中居住用地是随之增加的，工业用地、仓储用地则是随之减少，而且随着城市化的发展，公共设施用地也随城市规模与人口的增加而增加。最后，各城市都有各自的核心城市，都具备行政、商业、贸易等功能，并且附有微中心圈层。发达国家城市呈多中心、多组团、多层级、隔离状、网络化（环射状）、分布式发展趋势。欠发达国家城市多呈少中心、少层级、摊大饼、网络化（非环射状）式发展，欠发达城市普遍存在人口拥挤，基础设施不够完善城市，城市功能区占比不均衡，城市结构布局不合理等问题。

第二，在经济规模和综合经济密度方面，中心区综合经济密度明显高于都市区。此外，欧美发达国家、亚洲发达国家的超大、特大城市在经济规模和综合经济密度上显著领先于亚非中等以下国家和拉美及俄罗斯，表现出极强的财富创造能力和高密度经济集聚能力，而且在中心区尺度上，这种差异更大。

第三，在产业结构方面，超大、特大城市的共同特征是产业结构服务化特征明显，服务业在经济中的占比普遍较高。但是，服务业内部和制造业内部的技术结构、层次水平等差异明显，欧美发达国家、亚洲发达国家和地区超大、特大城市的产业结构技术水平和层次高，以外循环和输出型服务业为主导，同时兼具内循环和本地服务业的有力支撑。而亚非中等以下国家和拉美及俄罗斯的超大、特大城市产业结构的技术水平和层次不高，服务业的外循环不强。在产业分布上，都表现为服务业向中心集聚、生产性服务业向核心集聚、制造业向外转移的特征。但明显不同的是，欧美发达国家和亚洲发达国家超大、特大城市形成了多中心、多层级、嵌套型的产业布局与发展体系。而亚非中等以下国家、拉美及俄罗斯的超大、特大城市由于诸多产业和功能向核心区的单中心、单层级集中集聚，缺乏有序疏解和嵌套，造成就业空间和经济空间的单极化和过度密集，引发和加剧交通拥堵、高房价、环境污染等“城市病”。将产业结构、产业分布与经济规模和综合经济密度对应起来看，超大、特大城市庞大的经济规模、厚实的综合经济密度总是与高附加值、高技术、高端产业以及产业和职能分工基础上形成的聚集优势对应起来。输出型、技术密集型制造业、高端生产性服务业的集聚地往往是高产出的创造地，是经济的极核区。同时，不同类型国家对比分析发现，超大、特大城市高质量的经济发展总是与产业结构的高级化、合理化和产业（功能）空间分布多中心、多层级疏密有序化密切相关。而低质量的城市经济发展与产业（功能）结构层次和水平较低、空间单极过度集聚等有关。

第四，在城市功能及全球影响方面，超大、特大城市至少是国家和区域范围内综合功能或分项功能的最高层级。欧美发达国家和亚洲发达国家城市发挥全球功能，中心区聚集全球最高端的制造业和生产性服务业，作为全球决策中心拥有世界500强跨国企业总部或洲际总部与其全球金融、科技中心地位高度匹配。亚非中等以下国家和拉美国家超大、特大城市是国家和区域的中心，产业布局以低端制造业和生活性服务业为主，并出现了本国资源过度集中带来的“一城独大”现象。

第五，在城市体系方面，欧美发达国家城市的齐普夫指数基本均在1左右，城市规模分布接近一种理想均衡状态。亚洲发达国家城市的齐普夫指数大于1，如日本为1.8，韩国为1.4，印度尼西亚为1.3，说明大城市较为突出，带动作用明显。拉美及俄罗斯城市的齐普夫指数有大有小，如俄罗斯为0.7，墨西哥为0.8，但秘鲁为2，智利为1.98，总体有大有小，不是很明确。亚非中等以下国家城市与拉美比较类似，同样有高有低，但是低的国家基本均在齐普夫指数附近，如伊朗是0.96，印度是0.88，中国是0.86等，而单中心的则显著较高，如埃及为2.7，苏丹为2.8等，多种形态规模体系存在于亚非中等以下国家，既包括高位序城市规模不突出，中小城市发育良好的国家也包括高位序大城市较为突出，中小城市发育不足的国家。总体上，欧美发达中等以下以及亚洲发达国家为多层嵌套体系，亚非中等以下以及拉美及俄罗斯则为多种形态并存的城市体系。欧美国家的城市规模分布服从齐普夫法则的比例要高于亚非等国家。

第六，在历史演化和未来趋势方面，首先，超大、特大城市的人口规模和密度总体会经历先上升后稳定，再下降，再上升的循环过程状态。在居住与就业人口分布上，超大、特大城市人口分布都会经历先混合，再分层的状态，欧美与亚洲发达国家，就业与居住人口分布依靠多中心、多层级的城市结构，分布结构优于亚非中等以下国家和拉美及俄罗斯等中等国家。欧美发达国家未来人口规模会进一步扩大，人口分布结构也会更为合理，未来的居住和就业人口在分布上会更为具有区分性，随着城市产业结构和内部结构的变化，就业人口会随产业转移，而第三产业就业人口则会分布于各个区域。其次，未来随着城镇化的推进和经济的不断发展，建成区面积还将有继续扩大的趋势，经济发达且发展成熟的城市可能会保持相对稳定，但对于快速发展中的城市来说，尤其是亚洲及非洲地区人口密集的城市，其建成区面积会继续快速增加，开发强度也会表现出增长趋势，以满足新增人口的用地和生存空间需求。总体上，考虑到智能化时代的到来，面积和密度会进一步扩大，结构更加复杂，公共用地将更加扩大，经济规模和综合经济密度将大幅提升，科技与金融是主导功能，全球化将更加深化，相比较制造业，服务业空间将更加扩大。最后，未来超大、特大城市产业结构将进一步优化，经济规模和综合经济密度将保持提升。工业化和城市化逐步深入，欧美和亚洲发达国家城市功能将转变为“科技+金融+决策”功能的新型全球城市，高端服务业的发展空间将更广阔。伴随经济全球时代变迁的城市功能提升，亚非中等以下国家个别城市可能由国家中心城市变成洲际或全球功能中心。

第二节　全球超大、特大城市理论标准和中国的合理区间

一　城市关键变量合理区间的决定因素

有关超大、特大城市的规模、密度等问题，国际上还没有形成普遍的标准，前文已经介绍各国的情况及其发展质量的高低。本节尝试从理论和标准上对其合理区间作出基本判断，从而为城市规模、密度、结构等关键变量合理标准奠定基础。

效用的最大化追求与规模报酬递增决定人类的空间聚集，但人类独处空间以及聚集的成本与风险概率决定城市的空间聚集，即城市的规模与密度是有限的。城市高质量发展及其规模与密度决定于以下五大力量与条件：第一，需求力量。效用最大化是人类持之以恒的追求，一方面，产品和服务需求，效用最大化决定着需求不断扩大化、多样化和高级化，决定着城市规模越来越大型化和高质量；另一方面，在空间、距离及环境方面，虽然聚集和独处都能带来效用和损失，两者需要权衡，空间开发能带来效用但是过度开发破坏生态系统，严重损害效用。第二，交互

力量。城市内部分工交互带来的专业化促进城市多样化和城市增长。而城市外部直至全球化也使得外部需求规模越来越大，这些都在提升城市的规模、密度和效率。因此，在人类及生态极限之下，城市功能决定合理的城市规模和密度。第三，空间力量。空间活动收益和成本的消长决定聚集和分散两种力量的博弈和消长，从而决定经济活动空间形态及其规模。第四，产出力量。技术可以改变相同时间的空间距离，也可以提升人口聚集的效率，通过影响收益与成本决定城市规模和形态变化，制度状况与管理水平影响城市的规模、密度、效率和质量。第五，外生力量。国家整体人口、土地等因素决定城市获取资源的程度，从而影响城市规模、密度与质量。

基于相关文献研究和基本常识，本书提出人类舒适生存最低需求理论，及人类对空间、距离需求和生态平衡的极限标准。第一，人口居住空间不少于30平方米，低于30平方米存在明显压抑；第二，城市范围内土地开发不能超过50%，建筑面积不超过建成区的50%，超过50%自然生态系统就有可能遭到破坏，危及生存环境，当然经验研究显示低于20%也无法带来经济效益；第三，建筑物高度即容积率也存在人类容忍的极限高度。由于地质结构不同城市之间有区别，但结合全球城市的经验，就整个城市而言，极限不超过4；第四，单次通勤时间极限不超过60分钟（有研究显示不超过45分钟）；第五，城市住房用地占城市建设用地比例无论从环境、经济还是社会角度看都是有区间要求的，经验显示在20%—50%，低于和高于这一区间将无法起到协调作用。

二　城市关键变量合理区间的推导与模拟

根据以上理论与经验基础标准，可以推导出高质量的超大、特大城市应该是都市圈形态的城市，由此模拟得出全球超大、特大城市人口、面积的最小规模、理想规模、最大规模。其关键标准如表3—5所示。

表 3—5　　城市关键变量合理区间

	类型	通勤时间（分钟）	通勤速度（千米/小时）	城市半径（千米）	总面积（平方公里）	容积率	开发强度（都市圈外围）	都市圈总体开发强度	居住用地占比（都市圈外围）	都市圈总体居住用地占比	人均住房面积（平方米）	各种因素最优状态的理想人口规模（万人）	人口密度（人/平方公里）
都市圈	容忍最大	60	45	45	6362	1.5	0.25	0.3	0.4	0.38	50	2521	3962
	理想最大	45	45	33.75	3578	1.5	0.25	0.29	0.4	0.39	50	1437	4016
	最小规模	45	30	22.5	1590	1.5	0.25	0.27	0.4	0.39	50	568	3572
中心区	容忍最大	45	20	15	707	2	0.7	—	0.25	—	30	825	11667
	理想最大	30	20	10	314	2.5	0.7	—	0.25	—	30	458	14583
	最小规模	15	20	5	79	2.5	0.7	—	0.25	—	30	115	14583

三　全球超大、特大城市发展规律的情景模拟

（一）超大、特大城市是三层嵌套的体系

未来，全球超大、特大城市发展的理想模式是多层级、多组团、多中心、间隔状、网络化的格局。呈现出三层嵌套的体系，第一层级是整个都市圈；第二层级是中心城区以及次中心城区；第三层级是内层核心、微核心圈层。

第一，全球超大、特大城市发展呈现出从单中心、单层级的小城镇到多中心、多组团、多层级大都市圈的三层嵌套体系的发展规律。根据全球超大、特大城市的现实发展情况来看，总体上来讲都在向多中心模式发展，由于各城市所在国家和地区的经济发展水平和资源禀赋不同，

导致在城市多中心发展上呈现出以下两类发展形态：一是以欧美发达国家和亚洲发达国家为主的多中心、多组团、多层级、隔离状、网络化（环射状）、分布式；二是以拉美及俄罗斯等中等国家和亚非中等以下国家为主的少中心、少层级、摊大饼、网络化（非环射状）。总体上，发达国家三层嵌套的城市发展体系城市功能、公共设施相对完备，且城市功能分区相对合理，商业、交通、住宅和公共设施面积占比相对均衡，功能布局也相对适应城市的发展。

第二，全球超大、特大城市发展的理想模式应该呈现多层级、多组团、多中心、间隔状、网络化的格局。根据对全球超大、特大城市人口要素的历史演化和未来趋势的合理预测，未来的超大、特大城市结构层级将分为三层：第一层级为整个都市区及其组团，第二层级为中心城区、次中心及其组团，第三层级为核心圈层和微中心，即三层嵌套城市发展体系的建构模式。

（二）人口的规模、密度、结构与布局

根据上文的推算，在所有外部条件均为理想条件下，中心区理想的最大人口规模为 458 万人左右，相应的人口密度为 14583 人/平方公里，超过理想人口规模则会导致负外部性；最小人口规模应在 115 万人左右，中心区可以容忍的最大人口规模为 825 万人左右。在所有外部条件均为理想条件下，都市圈理想的最大人口规模为 1437 万人，相应的人口密度为 4016 人/平方公里，同样都市圈内人口超过这一理想最大值也会产生负外部性；都市圈最小的人口规模为 568 万人左右，都市圈可以容忍的最大人口规模为 2521 万人左右。

（三）空间形态的规模、强度、结构与布局

根据前文提炼的理论与标准进行模拟，可以大体推算出超大、特大城市中心区和都市圈的空间规模、强度等规模上下限和理想形态。其中，中心区理想最大的面积为 314 平方公里左右，都市圈理想的最大面积在 3578 平方公里左右。在用地结构方面，居住用地、工商业用地、绿化用地等按照人口规模、人口密度、区块功能等以科学合理的比例分配。

（四）产业功能的规模、密度、结构、布局与影响

超大、特大城市以输出为基础的产业集合和向外输出是主导。首先，都市圈内，当地产业与功能和输出型产业与功能并存。都市圈内城市间

产业协作与功能分工持续明晰，产业规模不断扩大。在全球化、信息化和经济服务化推进过程中，输出产业进一步强化，与外部联系持续增强。其次，中心区内，输出产业和功能主导，当地产业和功能为辅助，是就业和产业的主要集聚地，就业密度和综合经济密度是都市圈的数倍。最后，核心区内，集聚最先进、最高层级的输出产业和金融科技、高端消费等功能，是就业和经济的极核区，在国家、洲际和全球范围内发挥门户枢纽作用。

总之，在都市圈、中心区和核心区，就业密度和综合经济密度依次提高，就业、产业和经济总量主要集中在中心区和核心区，中心区综合经济密度是都市圈综合经济密度的数倍。

（五）超大、特大城市外部是多层嵌套的城市体系

在城市群尺度上，城市群内部超大、特大城市与不同规模、不同类型的城市相互联系、相互作用构成的集群组织系统，综合体现城市群内各城市规模位序关系、中心城市的最优规模、城市群内部空间结构形态，形成城市体系。

在国家尺度上，国家内部不同规模、类型的城市群相互作用、相互联系形成的组织系统，综合体现城市群的规模位序关系、中心城市群的最优规模、城市群间空间结构形态，形成城市群体系。总体而言，超大、特大城市外部是多层嵌套的城市（群）体系。

随着技术、收入、城市化水平等提升，城市形态经历了从简单到复杂的演化过程，各个尺度的城市存在最优规模，无论内部还是外部，城市规模分布服从一定的规模位序法则，并与国家人口规模一起决定并形成多层嵌套的城市体系。在一定的交通技术、收入水平等条件下，城市中心区、中心城市（都市圈）、城市群都存在最优规模，城市中心区最优规模、城市最优规模、城市群最优规模与国家人口规模一起将决定一个国家的城市体系：当一个区域的人口超过中心区的最优规模时，城市内部将按照一定的规模位序法则向多中心演化，这同时决定都市区有一个最优规模；当区域人口超过都市区最优规模时，将会按照一定的规模位序出现新的都市区和城市，这将形成城市群并决定城市群也有最优规模；当国家的人口超过城市群最优人口规模时，将会出现新的城市群、都市圈和城市，并且以一定的位序法则分布。所以反过来说，在一定的交通

技术、收入水平等条件下，当一个国家的城市化人口规模确定，这个国家具有一定数量形态、一定数量中心的城市体系（城市群、多中心都市区或单中心城市）也将确定。

四　中国超大、特大城市的理想区间标准

鉴于未来15年中国城市化率将从65%提升到75%左右，中国也将进入高收入国家行列，再加上人口多土地少等国情，超大、特大城市合理的规模、密度更接近合理区间的上限。因此，中国超大、特大城市内部是一个三层嵌套的体系：根据中国人口众多、资源紧缺、产业结构不均衡的发展状况，与发达国家城市的发展模式几乎是相同的，均呈现多中心、多组团、分布式、间隔状、网络化的发展格局。

（一）层级嵌套方面

中国的超大、特大城市内部应是一个三层嵌套的体系。其理想标准遵循世界城市普遍的发展规律，和发达国家的城市几乎呈现相同的发展特点。但由于中国人口众多，资源相对缺乏、人均收入较低、产业结构较单一等，中国超大、特大城市的理想区间标准与发达国家相比，在多层级、多中心、隔离状、网络化（环射状）、分布式的三层嵌套体系合理格局标准上具有一定弹性。第一层级为整个都市圈及其组团的面积、人口、密度、强度、功能层级。第二层级为中心城区、次中心及其组团的面积、人口、密度、强度、功能层级。第三层级为核心、微心及其中心与次中心的面积、人口、密度、强度、功能层级。

各层城市之间应遵循规模位序法则，按照“整个城区—中心城区—次中心”的布局，对整个城市进行规划和建设。在各层城市之间，整个都市圈距离市中心理想最大距离不超过33公里，中心城区距离市中心理想最大距离为10公里。

（二）人口规模和密度方面

就中国超大、特大城市的规模和密度而言，总体应当与全球超大、特大城市的理想状态保持一致，但是鉴于中国人多地少，中心区的最优人口规模可以向理想的上限靠近，密度也可以向理想上限接近。总体而言，中国超大、特大城市中心区理想最大人口规模应当在500万人左右，密度为14000人/平方公里左右；若中心区人口超过500万，则应当建立

副中心。都市圈理想的最大人口规模应当在1400万人左右，密度为4000人/平方公里左右。如果低于最小规模，经济效率低，但是如果超过理想的最大人口规模，又会出现负外部性导致“城市病”等问题，因而人口规模不能超过理想的最大人口规模。

（三）空间形态的规模和强度方面

就中国超大、特大城市的空间规模和强度方面而言，总体同样要与全球的理想状态相一致，都市圈理想最大的面积为3578平方公里，开发强度在0.3左右，容积率在1.5左右，人均住房面积50平方米左右，居住用地占比40%左右；中心区理想最大的面积为314平方公里，土地开发强度0.7左右，容积率在2.5左右，人均住房面积不低于30平方米，居住用地占比25%左右。总体而言，中国超大、特大城市的空间规模和强度也不应该超过理想最大的规模和强度，同时还不能超过理想最大的建筑密度、住房用地占比等，从一篮子理想最大标准出发构建我国的健康发展标准。

（四）产业功能的规模、密度、结构、布局与影响方面

按照未来15年奔着首尔、东京等国际先进典型城市的发展目标要求，结合中国发展阶段特征与国情市情，在多个尺度上确立经济规模、综合经济密度、产业结构与分布的理想标准。

首先，城市整体应为庞大的经济规模、较高的综合经济密度。制造业占比较低，高技术、中技术和低技术制造业有层级地搭配和分布，并以中高技术制造业、都市型加工业为主。服务业占比高，包括生产服务、生活服务、社会服务与分配服务等多层次嵌套搭配。

其次，中心区应有较大的经济规模，占城市整体经济规模的50%以上；较高的综合经济密度，是全市综合经济密度的数倍。制造业占比低，以先进、顶端技术制造业为主。服务业占较高比例，主要集聚服务生产、消费等的中高层级服务业，配套生活服务和社会服务等。

再次，核心区应该是较大的经济规模，占中心区经济规模的50%以上；极高的综合经济密度，是全市乃至中心区综合经济密度的数倍。以输出型先进生产性产业、高端消费服务等为主导，是先进生产性服务业的产业链制高点的核心区。同时配套适当比例的生活服务、分配服务和社会服务等。

最后，在城市功能上应该呈现全球功能、国家功能和区域功能的梯队体系。第一层级：培育北京、上海、深圳成为综合功能的全球顶尖城市，发挥辐射全球和中国的重要作用，在金融、科技、教育、决策功能上冲击全球顶尖城市地位。第二层级：培育5—8个在金融、科技、教育、交通和决策领域的全球城市，同时也是以上功能的国家中心城市，配合全球顶尖城市发挥带动全国发展的功能。第三层级：形成若干个区域或省域中心，带动区域发展。

（五）外部多层嵌套的城市体系方面

未来中国城市体系将逐步演化为城市群、大都市圈、城市、城区、小城镇等多层嵌套的城镇体系。根据本书模拟和预测全国最优的体系为17个城市群、103个都市圈、1474个城市和城区，以及近2万个小城镇的多层次嵌套结构。

规划建设超大、特大城市体系，不能就城市论城市，而是既要考虑内部又要考虑外部，因为城市是个相互关联的体系。各层城市之间应遵循规模位序法则。一方面，在各个空间尺度上，一些中心地区扩张和崛起，意味着一些边缘地区将收缩和衰退；另一方面，在大尺度聚集的地区，同时存在小尺度扩散。尽管中国地域辽阔、国情复杂，各地情况有所差别，但总体上，呈现以下特点：中心村将逐步城镇化，边缘村将进一步萎缩；中心镇逐步城市化，边缘镇将部分衰落和消亡；中心城市将大型化，边缘城市将收缩、降级或消亡；大中心城市将大都市圈化，大中心城市依次升级；都市圈呈现大城市群化，城市群走向巨型城市地区化；中心区域将扩大化和网络化发展。总体上，全国国土空间体系将走向城市化和一体化，在此基础上，城乡基础设施一体化和公共服务均等化。

第三节　中国超大、特大城市目前存在的问题

一　存在的问题

（一）层级嵌套方面

1. 没有形成多组团。没有形成理想的“金字塔”形分布格局，而是形成了中间大、两头小的“枣弧”形分布格局，大城市和小城市的数量

规模不足，城市内部呈现“摊大饼”式分布。

2. 人均绿地不足。随着城市规模增长，人均公共绿地面积呈现“U”形趋势，小城市及中心城市的人均绿地面积都超过超大、特大城市与大城市人均绿地面积。

3. 中国超大、特大城市中居住区域过于集中和单一。统一的开发方式在节约成本的同时也造成大面积居住区过于集中；房价居高不下使开发商在小区建设的过程中忽略了与居民工作、生活配套的空间设施建设。

4. 中国超大、特大城市中功能区和预留地分布不均衡。由于城市面积过大导致功能区之间的距离较远；而且中国超大、特大城市中核心位置预留土地的开发速度过于滞后，造成了在超大、特大城市中心商业地带的土地资源占用问题。

5. 中国超大、特大城市中道路交通体系建设过于封闭和一元化，造成市内道路拥堵的原因主要是机动车数量的迅猛增加和中国超大、特大城市的道路交通体系过于封闭和保守。

6. 城市灾害后果严重。城市建筑在防火方面存在两大先天劣势：一是建筑密度大，火灾容易蔓延，不利于人员疏散；二是建筑高度过高，不利于消防救援。

（二）人口的规模、密度、结构与布局方面

第一，超大、特大城市人口规模总体上较大。上海、北京、深圳、天津、重庆等城市的城区人口已经超过1000万人，城区人口密度总体在1000—6000人/平方公里。如上海为3822人/平方公里，深圳为6521人/平方公里，成都为5629人/平方公里等。中心区的人口规模在300—1200万人。如北京中心区的居住人口在1209万人左右，成都中心区的居住人口在680万人左右，杭州中心区的居住人口在380万人左右，济南中心区的人口规模在350万人左右，南京中心区的人口规模也在650万人左右。

第二，空间人口分布不合理。中心区的空间人口分布极不合理，核心区集聚了大量的人口，个别核心区的人口密度已经超过了极限值，如北京东城区和西城区人口密度超过20000人/平方公里，成都武侯区人口密度超过14000人/平方公里，西安的新城区、碑林区、莲湖区人口密度均在20000人/平方公里以上。

（三）土地的规模、强度、结构与分布方面

首先，建成区规模偏小，开发强度相对较低。目前城市的面积大多在 2000—15000 平方公里，市辖区面积多处于 1000—8000 平方公里，均比较大。但建成区总面积多在 500—1500 平方公里，规模偏小。全市的开发强度多处于 0.1—0.2 的水平，相对较低。

其次，建设用地结构不合理，工业用地比重较高。工业用地占比均值超过 25%，随着服务业比例的提高，这种用地结构已不能适应当下的经济社会发展需要，同时也对住房用地及住房市场产生挤压和扭曲。人均绿地面积 8.29 平方米，尚未达到世界卫生组织 9 平方米的基本要求。居住用地空间失衡，居住用地面积占建成区比重不足 30%，供需矛盾突出，房价高企。

最后，城市空间结构和土地利用亟待优化。大多数超大、特大城市以单中心、单层级、单组团结构为主，“摊大饼”发展模式为主导。生态隔离带建设滞后，交通呈带状和线状特征，尚未形成网络状结构。高质量公共服务和基础设施主要集中于中心区，尚未形成合理分布式，带来生活不便。职住分离现象普遍存在，导致长距离通勤。

（四）经济的规模、密度、结构与分布方面

首先，经济规模和综合经济密度仍然相对较低。相较于亚非中等以下国家和拉美及俄罗斯，中国超大、特大城市的经济规模与密度经历了快速提升的过程。但是，与欧美发达国家以及一些亚洲中等收入以上国家和地区的同类型城市相比，仍然存在经济规模较小、密度偏低的问题。中国超大、特大城市都市圈经济规模仅为欧美发达国家的 1/3。特别是在中心区和核心区尺度上，经济规模、综合经济密度与欧美发达国家差距更加明显。

其次，产业层次较低，输出型产业发展不足。与过去相比，产业结构及技术水平显著提升，服务化特征越来越明显。但是，制造业和服务业层次比较低，顶级、高端产业缺乏，输出型生产性服务业发展不足，产业多处在价值链的中低端，高端在外。在“逆全球化”和“经济脱钩等国际背景下”，容易形成掣肘。补链、强链并迈向全球产业链的制高点，对于中国超大、特大城市既重要又迫切。

再次，产业布局待优化，分工协作与多层嵌套欠缺。产业布局尚未完全到位，功能疏解的系统性、整体性和全盘统筹性不够，一些低端产业部门仍布局在中心区，制造业还未疏解到周边。生产性服务业在各个中心、区域之间分工不明确，存在不同程度的重复建设问题，尤其是没有形成多层级嵌套的产业空间体系。

从次，缺少全球顶尖城市，全球城市数量过少。具备综合功能的全球顶尖和全球城市中，欧美和亚洲发达国家城市占据80%以上。中国只有1个全球顶尖城市（北京）和1个全球城市（上海），在顶级科技成就、金融产业、教育功能上还有改善空间。除北京和上海外，中国其他超大、特大城市都是国家或省级中心，与欧美发达国家的全球城市的数量规模相差甚远。

最后，功能层级较低，输出性功能比较弱。在决策功能上，中国超大、特大城市以跨国公司的分支机构集聚为主，不是全球或洲际总部所在地，在跨国公司高层决策上是“被动接受者”，与全球城市的联系也处在被动地位。在科技功能上，以非核心技术科技成果输出为主，很少掌握核心技术，在关键领域存在诸多技术瓶颈。科技和决策功能又直接影响城市金融和教育功能层级，直接影响未来城市各项功能的发挥，导致中国的超大、特大城市无法占据全球真正核心和主导地位。

（五）外部多层嵌套的城市体系方面

目前中国的超大、特大城市外部呈现“哑铃”形结构体系。突出表现为“一城独大”，且超大、特大城市规模均较为接近，多层嵌套的城市体系尚未形成且进展缓慢。

二 主要表现

（一）社会方面

社会安全指数较高，总体在0.8左右，在超大、特大城市中处于领先地位；房价收入比普遍偏高，基本在20以上，其中深圳、北京、上海等城市在全球处于极高水平；社会公平处于较高水平，成都、佛山、广州、杭州、南京等城市均在0.85左右。生活成本相对较低，总体指数在30—50左右，与纽约的100相比处于比较合理的阶段，但是也有上升趋势，深圳的生活成本指数为50左右，上海为51左右，武汉也在50左右，北京为47，生活成本指数已经高于亚洲中等以下国家的30左右，甚至高于拉美的40左右。此外超大、特大城市人口规模和人口密度较高，导致中国超大、特大城市的房价收入比较高，其中深圳的房价收入比高达47，北京高达42，上海为36，天津为33，广州为33，南京为26，杭州为26，青岛为22，苏州为22，济南为20，在全球均处于极高水平，首尔、新加坡、伦敦、巴黎也仅为20左右，东京为16，纽约、洛杉矶仅为10左右。虽然中国的社会安全和医疗健康指数与欧美发达国家城市大致相当，甚至高于它们，但是若不正确引导和控制生活成本的上升，会导致社会安全事件频发、社会焦虑、社会压抑、教育医疗等基础设施不堪重负等问题发生。

（二）环境方面

交通拥堵指数平均得分为0.38，低于国际城市0.44的平均水平；生态环境建设平均得分0.57，基本与亚洲发达城市水平一致；公共设施建设水平稍显滞后，其中医疗机构得分0.75，基本与国际水平持平；文化设施得分0.61，低于国际平均水平0.68；自然灾害整体风险较小，平均得分0.82，高于国际水平0.73。环境污染加重，水、电、煤、气、道路等基础设施不堪重负。中国超大、特大城市环境污染指数在80左右，这不仅显著高于欧美发达国家城市的50左右和亚洲中等以上国家城市的60左右，甚至有的城市要高于亚洲中等以下国家城市。其中沈阳环境污染指数高达91.8，西安高达93，武汉高达88，天津、北京均为85，广州、重庆、东莞、南京、上海均为75左右；同期的伦敦、纽约、洛杉矶均为60左右，首尔为47，东京44，新加坡仅为33。

（三）经济方面

经济活力指数平均得分为0.66，高于全球范围1007个样本城市的均值（0.42），其中大多数城市的经济活力指数处在0.5—0.7，深圳、北京、广州、上海分别为0.91、0.77、0.76、0.75，位居全球最具有经济活力60城的行列。但同时也存在一些经济活力相对不足的超大、特大城市，比如东北地区的沈阳、哈尔滨等。交通拥挤和堵塞问题严重，交通成本上升，生活质量相对较低。总体来看中国超大、特大城市的通勤时间在40分钟左右，但通勤距离在12公里左右，低于欧美的20公里和亚洲发达的15公里左右。如重庆的通勤时间在52分钟左右，通勤距离仅为10公里，广州、成都、西安的通勤时间为37分钟左右，但通勤距离分别为10公里、8公里、7公里左右，南京、杭州的通勤时间为40分钟左右，距离也仅为12公里，总体来看超大、特大城市的通勤时间较长，如重庆、上海、济南、北京等。生活质量相对较低，总体生活质量指数在90—120，远低于欧美的150左右，较为接近亚洲的120左右，稍微高于拉美和亚洲中等以下国家城市，除青岛、南京、杭州、成都稍微较高以外，其余城市生活质量指数较低，深圳仅为93，广州仅为101，上海也仅为89，天津仅为92，而北京的生活质量指数仅为75，同期的东京高达170，首尔为146，新加坡为156，纽约为138，伦敦为125，洛杉矶为150。

第四节 超大、特大城市的疏解措施

超大、特大城市功能疏解要遵循城市演化的客观规律，立足于大都市圈发展的更高站位，破除制约大都市圈内各类要素自由流动和高效配置的体制机制障碍，通过政府引导市场来实现超大、特大城市非核心功能的有序疏解，推动大都市圈高质量发展。为推动中国超大、特大城市健康发展，应适当降低人口密度和开发强度，提高综合经济密度，提升功能，扩大都市圈的空间面积，疏解低端功能，建设高能级的城市。

一 制定多层嵌套的大都市圈空间规划

超大、特大城市功能疏解应从全局和战略高度，制定系统性、多层嵌套的大都市圈规划。一是规划大都市圈内部多层级的城镇体系。结合地形地貌以及交通运输条件，形成以1小时通勤时间为半径的大都市圈外部圈层，在其内部嵌套多个以半小时通勤时间为半径的城市中心圈，并进一步嵌套多个以15分钟通勤时间为半径的微中心圈，形成多圈层嵌套结构。二是规划大都市圈内部多中心体系。构建“中心城区—副、次中心—微中心”的多中心大都市圈格局，避免超大、特大城市单中心、“摊大饼”式蔓延。三是规划大都市圈内部多组团的功能体系。避免超大、特大城市中心城区行政功能与经济和社会功能过分叠加，通过多组团结构，形成多中心并存、多组团分工协作的整体格局。四是规划“中心城区—副、次中心—微中心”多尺度下的生态隔离区与生态红线区，实现不同微中心通过生态带相隔离，防止城镇无序蔓延、保障生态安全。五是规划网络化的大都市圈交通体系，加强都市圈内不同中心的有机联系。六是按照多层嵌套的产业链集群体系的思路，在不同功能空间（微中心）合理规划被疏解产业及其产业链不同环节，实现与功能空间原有产业的协调发展。七是基于人口和产业可能的合理布局，在各圈层、各中心分布式地规划重大与基础公共服务设施。八是规划大都市圈外部多层嵌套的城市体系。按照齐普夫法则，将超大、特大城市嵌套进更大范围的城市体系规划中，形成城市体系内合理的分工体系。

二 建设多组团、多中心、多层级的城镇体系

按照以上规划，一是在主城区以外，加快副中心、次中心和新城建设。通过制定激励政策，促使潜在外迁市场主体和公共部门提前介入参与建设，引导产业和人口在不同中心之间有序迁移，实现产城融合与职住一体。二是改造和新建副中心、次中心和新城周边的小城镇等“微中心”。通过建设空间载体平台、特色产业服务平台等一批功能性平台，加强“微中心”与中心城区的对接合作来吸引人口和产业外迁。三是在副中心和主要次中心建设重大基础设施，围绕次中心和“微中心”开发建设新的城市组团来承接疏解功能，在组团内通过功能分区实现基础设施共享。四是加强大都市圈内生态环境的协同共治与生态隔离带建设。编制实施大都市圈生态环境管控方案，建设不同的“微中心”、功能组团间的生态隔离带，在功能疏解过程中实现生态环境质量同步提升。五是在超大、特大城市外部培育和建设多个中心城市，避免超大、特大城市“一城独大”，利用超大、特大城市功能疏解中的外溢效应加强区域协同联动发展，优化城市体系总体格局。

三 积极引导市场来推动超大、特大城市非核心功能疏解

一是提升核心能级。在城市中心区提升高端产业功能，疏解低端的功能，建立全球高能级功能，总体上提高能级，扩大容量，聚中有散。二是网络化的交通基础设施延伸先行。在核心区、近郊区、远郊区以及外围城市建设地铁、快速铁路、市郊铁路与城际铁路等轨道交通有序接驳的大都市圈交通基础设施，形成大都市圈内多层次公共交通运输网络

的全覆盖。三是超大、特大城市中心城区的优质公共服务要先行外迁。以公共服务均等化作为抓手助推超大、特大城市功能疏解，发挥优质教育、医疗等公共服务资源促进产业和人口的疏解的引领和带动作用。引入PPP等多元融资渠道，完善超大、特大城市周边新城的基础设施与公共服务供给体系。建立大都市圈内不同圈层间差异化住房土地供给与房地产调控机制，利用要素成本差异引导中心城区企业与人口的外迁，促进就业岗位和居住人口的合理布局。四是通过实施激励与约束并举的产业与财税政策推动超大、特大城市功能疏解。制定超大、特大城市功能疏解的正面与负面产业清单，在中心城区针对非核心功能产业实施更加严格的环保、土地等约束性政策，并对外迁企业给予优惠税收、补贴和信贷等激励性政策，以推力和拉力共同实现非核心功能的主动疏解。五是实施产业生态平移工程。基于产业链以及软、硬环境的完整性和系统性实现产业生态的整体平移，避免零碎拆解导致被疏解功能的衰退与中心城区核心功能竞争力的下降。

四 更大范围的公共产品优化布局

一是遵循人口及经济规律，构建全国多层嵌套的城市体系，完善以都市圈、城市群为载体的多层嵌套的全国一体的公共产品体系，并加快互联网与公共产品体系的深度融合，实现全国层面公共服务创新供给和服务资源整合，促进超大、特大城市优质公共服务资源向周边大中小型城市辐射。推动全国都市圈、城市群大中小型城市基本公共服务流转衔接，共享公共产品同城化红利。二是基于全国都市圈、城市群、省和城市以及周边城镇乡村人口和产业空间分布趋势，布局服务尺度不同、聚集密度不同的基础设施、公共服务以及公共治理体系。强化各省政府统筹公共产品与服务职能，鼓励和引导省会和超大、特大城市高端公共产品与服务资源向省域内都市圈、城市群公共产品与服务薄弱城市延伸，补齐都市圈、城市群公共产品与服务短板。三是建立跨区域的公共产品共享共建机制，重新构建公共产品体系。建立健全优势社会资源如教育、医疗等在都市圈、城市群大中小型城市的跨区域均衡配置和疏导机制，有序推进生产生活要素向新功能区流动。完善都市圈、城市群大中小型城市以政府投资为主导、社会资本参与的多元化供给，提高都市圈、城市群更高层次公共产品统筹层次与保障能力，为都市圈、城市群高质量协同发展创造良好的服务环境。

五　创新功能疏解的体制机制

创新功能疏解的体制机制，为实现都市圈、城市群高质量发展构建良好制度环境。一是政府要加强功能疏解的制度创新，基于都市圈、城市群和都市带等城市新形态，探索建立跨行政区的治理体制，并制定以中心城市、都市圈和城市群为核心的次区域空间规划。加快转变政府职能，以“放管服”改革为突破口，成立跨行政区的都市圈分层级、专业化协作管理机构。二是建立产业收益共享机制。在现代交通体系和互联网的支持下，以都市圈、城市群为地理单位，建立起合理的城市产业分工和层级体系，推进大中小型城市的产业互融和空间融合。建立超大、特大城市内各区域行政主体在产业转移、招商引资的收益共享的谈判机制，形成都市圈、城市群大中小型城市高效协同的功能体系与收益共享机制。三是建立基础设施和公共服务成本分摊机制。依据都市圈、城市群建设需求，疏解核心城市基础设施和公共服务资源，协调大都市圈、城市群大中小型城市基础设施、住宅、公共服务设施投资以及公共服务供给体系的完善。四是建立生态环保损失补偿机制。建立大都市圈、城市群大中小型城市多方认可的利益共享、损失补偿机制；并从资金补偿、产业转移、公共服务共享共建、生态联控联防等方面，构建都市圈、城市群功能输出城市与输入城市间多元化补偿机制，深化都市圈、城市群大中小型城市在利益共享、激励约束、信息共享等协调落实机制。五是创新都市圈、城市群基础设施成本分担、公共服务利益共享、生态环境损失补偿的均衡协调机制。建立都市圈、城市群多层嵌套的城镇体系协调治理模式，鼓励都市圈内部成立多种形式的协调联动城市联盟。鼓励建立大中小型城市间多层次、多形式、多区域的均衡协调机制，引导要素、产业、功能向都市圈、城市群整体扩散，提高中心城市和都市圈的综合承载力。六是借助数字技术，构建人口流动、产业疏解、要素重构的新平台，为各行政主体的利益分享、成本分摊和损失补偿提供技术支持。

第三部分

城市竞争力分项报告

第四章

中国城市综合经济竞争力报告

倪鹏飞　徐海东　黄徐亮　李　博
郭　靖　陈博宇　周晓波*

本章共涵盖六大部分，分别为中国城市综合经济竞争力总报告、中国城市当地要素竞争力报告、中国城市生活环境竞争力报告、中国城市营商软环境竞争力报告、中国城市营商硬环境竞争力报告和中国城市全球联系竞争力报告，其中中国城市综合经济竞争力总报告为本章的主体报告，其他五部分报告为分项报告（相当于解释性报告），目的是对总体综合经济竞争力进行解释，以探究综合经济竞争力总体格局的形成原因，从而使本章总体构成“1个主体+5个分项”的框架格局。

第一节　中国城市综合经济竞争力总报告

城市综合经济竞争力作为城市发展的基石，衡量着城市经济发展的实力，较高的城市综合经济竞争力表明城市具有较强的经济发展空间和经济发展活力。为了最客观、最准确地衡量城市的综合经济竞争力，我们用城市的综合经济增量和综合经济效率合成中国内地和港澳台地区291个城市的综合经济竞争力，以研判中国城市综合经济竞争力格局演变，

---

* 本章中国城市综合经济竞争力总报告由徐海东撰写，中国城市当地要素竞争力报告由黄徐亮撰写，中国城市生活环境竞争力报告由李博撰写，中国城市营商软环境竞争力报告由郭靖撰写，中国城市营商硬环境竞争力报告由陈博宇撰写，中国城市全球联系竞争力报告由周晓波撰写。

从城市视角审视中国经济发展。

研究发现：2021 年综合经济竞争力 10 强城市分别是：上海、深圳、香港、北京、广州、苏州、台北、南京、武汉、无锡。上海超过香港和深圳，居综合经济竞争力榜首，其他头部城市排名基本稳定，区域中心城市仍然引领全国；总体来看，综合经济竞争力“南高北低、南升北降”的趋势依旧延续，而“东高中西低，东降中升”的趋势开始出现；从层级角度来看，二线城市内部差异较小、竞争激烈；各省份基本均呈现综合经济竞争力上升的省份趋于收敛，综合经济竞争力下降的省份趋于发散的状态；从城市群角度来看，中部的合肥城市群、南昌城市群上升幅度最大。

一 上海超过香港、深圳，位居榜首

上海、深圳、香港处于绝对领先地位。2021 年综合经济竞争力 10 强城市分别是：上海、深圳、香港、北京、广州、苏州、台北、南京、武汉、无锡。中国综合经济竞争力 10 强格局基本稳定，中部仍然只有武汉进入 10 强，其余均为东部城市。从 20 强角度来看，广东和江苏分别有 4 个城市，综合经济竞争力依旧呈现“南强北弱”状态，20 强中仅有北京、青岛 2 个城市，在综合经济竞争力头部北方城市显著较弱，其他基本均为强二线城市或城市群的中心城市。从实际指数大小角度来看，上海、深圳、香港处于绝对领先地位且差异不大；北京、广州则处于第二层级且北京要显著高于广州；而剩下的苏州、台北、南京、武汉、无锡、杭州、成都等城市则处于第三层级，各城市间综合经济竞争力差距不大，竞争激烈，随时可能都会被其他城市超越。从综合经济增量竞争力和综合经济密度竞争力角度来看，20 强城市均处于全国领先状态。

表 4—1　　综合经济竞争力 20 强

	省（市、自治区）	综合经济竞争力		综合经济增量竞争力		综合经济密度竞争力	
		指数	排名	指数	排名	指数	排名
上海	上海	1.000	1	1.000	1	0.756	5
深圳	广东	0.975	2	0.811	3	0.829	2

续表

	省（市、自治区）	综合经济竞争力		综合经济增量竞争力		综合经济密度竞争力	
		指数	排名	指数	排名	指数	排名
香港	香港	0.969	3	0.492	11	1.000	1
北京	北京	0.896	4	0.967	2	0.641	16
广州	广东	0.817	5	0.669	5	0.705	6
苏州	江苏	0.748	6	0.566	9	0.674	8
台北	台湾	0.743	7	0.283	38	0.825	4
南京	江苏	0.715	8	0.521	10	0.656	11
武汉	湖北	0.704	9	0.597	7	0.600	20
无锡	江苏	0.696	10	0.439	18	0.678	7
杭州	浙江	0.688	11	0.594	8	0.581	25
成都	四川	0.671	12	0.633	6	0.537	34
宁波	浙江	0.659	13	0.483	13	0.606	19
佛山	广东	0.657	14	0.392	23	0.653	12
澳门	澳门	0.655	15	0.075	246	0.827	3
长沙	湖南	0.635	16	0.454	15	0.591	23
东莞	广东	0.629	17	0.396	22	0.615	18
常州	江苏	0.625	18	0.354	25	0.633	17
厦门	福建	0.624	19	0.321	29	0.651	14
青岛	山东	0.619	20	0.401	21	0.600	21

上海超越香港、深圳，居综合经济竞争力第 1 名。从综合经济竞争力 20 强角度来看，各城市的总体变化格局已经大致确定，但前 3 强城市有所变化，其中上海上升 2 名，超过香港和深圳，全国排第 1 名，而深圳则下降 1 名，全国排第 2 名，香港下降 1 名，全国排第 3 名。除此之外，北京、广州、苏州、台北、南京、武汉、无锡、杭州、成都、宁波、佛山、澳门、长沙等城市的综合经济竞争力排名相对于去年均维持不变，头部格局基本稳定。在 20 强中，仅厦门上升 3 名，东莞上升 2 名，上升幅度较大。从全国 291 个城市总体来看，排名波动幅度并不大，仅 32 个城市的排名下降在 10 名以外，仅 26 个城市的排名上升在 10 名以外，其他 233 个城市排名变化均在 10 名以内，其中 184 个城市的排名变化在 5

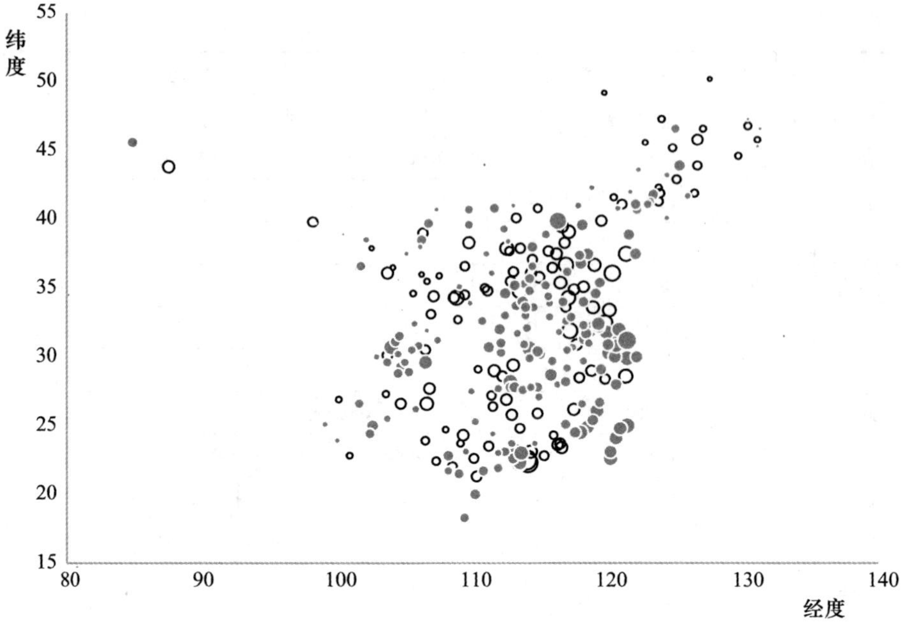

图 4—1 综合经济竞争力的经纬度分布

注：横坐标表示经度，纵坐标表示纬度，图中点越大表示城市的综合经济竞争力指数越强，实心点表示城市的综合经济竞争力排名上升，空心点表示城市的综合经济竞争力排名下降。

名以内，这同样表明总体变化格局也基本稳定。

表 4—2 综合经济竞争力前 20 名排名变化

	省（市、自治区）	2021 年综合经济竞争力		2020 年综合经济竞争力	排名变化
		指数	排名	排名	名次
上海	上海	1.0000	1	3	2
深圳	广东	0.9751	2	1	-1
香港	香港	0.9694	3	2	-1
北京	北京	0.8961	4	4	0
广州	广东	0.8166	5	5	0
苏州	江苏	0.7479	6	6	0
台北	台湾	0.7430	7	7	0
南京	江苏	0.7147	8	8	0

续表

	省（市、自治区）	2021年综合经济竞争力		2020年综合经济竞争力	排名变化
		指数	排名	排名	名次
武汉	湖北	0.7042	9	9	0
无锡	江苏	0.6965	10	10	0
杭州	浙江	0.6879	11	11	0
成都	四川	0.6713	12	12	0
宁波	浙江	0.6594	13	13	0
佛山	广东	0.6568	14	14	0
澳门	澳门	0.6552	15	15	0
长沙	湖南	0.6353	16	16	0
东莞	广东	0.6288	17	19	2
常州	江苏	0.6248	18	18	0
厦门	福建	0.6240	19	22	3
青岛	山东	0.6191	20	17	-3

中心城市的综合经济增量竞争力显著较强，各城市差异较大。总体来看，全国的综合经济竞争力的核密度曲线呈现右偏分布，表明大部分城市的综合经济竞争力水平较低，总体综合经济竞争力均值为0.3032，在291个样本城市中有118个城市的综合经济竞争力高于均值，占总体样本的40.55%，有59.45%的样本城市综合经济竞争力低于均值。从综合经济竞争力的组成角度来看，综合经济密度竞争力的总体分布格局与综合经济竞争力基本相一致；而综合经济增量竞争力更为右偏，表明只有少数城市的综合经济增量竞争力较强，具体来看，综合经济增量竞争力的变异系数高达0.7719，分化较为严重，综合经济增量竞争力头部城市数量非常少（见表4—3）。这一点从综合经济增量竞争力的经纬度分布图也可以看出（见图4—2），综合经济增量竞争力的中心分布格局则更为显著，中心城市上海、北京、深圳、广州、重庆、成都、武汉、杭州、苏州、南京的综合经济增量竞争力更大，主导作用更明显。

表4—3　　城市竞争力描述性统计

	样本量	综合经济竞争力		综合经济增量竞争力		综合经济密度竞争力	
		均值	变异系数	均值	变异系数	均值	变异系数
全国	291	0.3032	0.5813	0.1808	0.7719	0.3157	0.5282

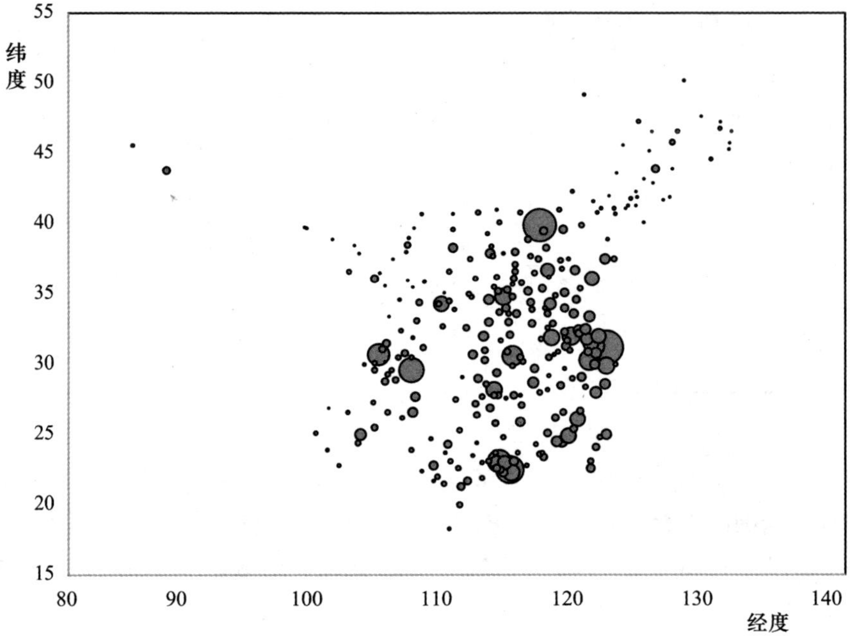

图4—2　综合经济增量竞争力的经纬度分布

注：图中圆圈越大表示综合经济增量竞争力越强。

二　“南升北降”趋势仍在延续，中部正在崛起

中部各城市间综合经济竞争力差异较小，竞争激烈。从各区域角度来看，东部城市的综合经济竞争力最强，均值为0.4409，其次为中部城市，均值为0.2938，再次为西部城市，均值为0.2152，东北区域城市综合经济竞争力最弱。从各区域内部差异角度来看，东北区域内部城市综合经济竞争力之间的差异最大，变异系数高达0.6239，西部城市内部之间的差异次之，变异系数为0.5822，中部内部城市之间的差异最小，变异系数为0.3739（见表4—4）。从综合经济增量竞争力和综合经济密度

竞争力角度来看，总体格局与综合经济竞争力相同，均是东部城市的综合经济增量竞争力和综合经济密度竞争力最大，东北城市的综合经济增量竞争力和综合经济密度竞争力最低。

表4—4　　　　各区域综合经济竞争力分布比较

	样本量	综合经济竞争力		综合经济增量竞争力		综合经济密度竞争力	
		均值	变异系数	均值	变异系数	均值	变异系数
全国	291	0.3032	0.5813	0.1808	0.7719	0.3157	0.5282
东部	93	0.4409	0.4321	0.2583	0.6765	0.4497	0.3872
中部	80	0.2938	0.3739	0.1848	0.4782	0.3015	0.3489
东北	34	0.1661	0.6239	0.0677	0.5813	0.2024	0.6034
西部	84	0.2152	0.5822	0.1369	0.8072	0.2269	0.5127
南方	161	0.3532	0.5219	0.2186	0.6766	0.3590	0.4840
北方	130	0.2413	0.5963	0.1339	0.8393	0.2621	0.5373

南升北降的趋势依然在延续。从南北区域角度来看，南方城市的综合经济竞争力排名仍然在上升，北方城市的综合经济竞争力排名仍然在下降，其中南方161个城市的排名平均上升1.35名，北方130个城市的排名平均下降1.68名。具体来看，南方城市有49个处于下降状态，有29个城市保持不变，有83个城市处于上升状态，并且上升的幅度显著高于下降的幅度；北方城市有63个处于下降状态，有12个维持不变，有55个处于上升状态，且上升的幅度要低于下降的幅度。

中部城市逐步崛起，东部城市略有下降。具体而言，东部城市略有下降，头部城市的综合经济竞争力排名维持稳定，尾部城市排名波动下降，总体东部城市排名平均下降1.42名，有35个城市的排名处于降低状态，而有39个城市的排名处于上升状态，但是下降城市的幅度较大，从而导致总体排名降低。中部城市平均上升2.25名，有25个城市处于下降状态，有46个城市处于上升状态。西部城市排名基本维持不变，仅上升0.07名，但是区域内部差异巨大，排名变异系数高达130。而东北城市综合经济竞争力仍然处于下降状态，平均下降了1.59名（见表4—5）。

表 4—5 各区域综合经济竞争力排名变化统计分析

	样本量	排名变化	变异系数	最小值	最大值
南方	161	1.3540	6.6388	−26	44
北方	130	−1.6769	5.6124	−40	22
东部	93	−1.4194	5.2747	−40	10
中部	80	2.2500	4.8204	−22	44
东北	34	−1.5882	5.6318	−19	20
西部	84	0.0714	130.8233	−29	24

三 二线城市差异较小，竞争激烈

二线城市内部差异较小，城市间竞争激烈。从城市层级角度来看，一线城市仍然处于绝对领先地位，综合经济竞争力均值高达 0.9220，其次为港澳台城市，均值为 0.6553，随后为二线城市、三线城市和四线城市，综合经济竞争力均值分别为 0.5600、0.3667 和 0.2091，总体层级格局没变。从各层级内部差异角度来看，四线城市的内部差异最大，变异系数高达 0.4286，三线城市的内部差异次之，变异系数达 0.2818，一线城市的内部差异最小，变异系数仅为 0.0899，而二线城市的内部差异不仅低于三线城市和四线城市，更是低于港澳台城市，这表明二线城市之间的竞争程度比港澳台城市还要大（见表 4—6）。这一点从前 20 强城市的综合经济竞争力指数也可以看出，南京、武汉、无锡、杭州、成都、宁波、佛山、澳门、长沙、东莞、常州、厦门、青岛等城市间的综合经济竞争力指数差异非常小。从各层级的综合经济增量竞争力和综合经济密度竞争力来看，总体与综合经济竞争力相一致；但从内部差异角度来看，二线城市综合经济增量竞争力的内部差异最大，要高于一线城市、三线城市和四线城市。

表 4—6 各层级综合经济竞争力描述性统计

	样本量	综合经济竞争力		综合经济增量竞争力		综合经济密度竞争力	
		均值	变异系数	均值	变异系数	均值	变异系数
一线城市	4	0.9220	0.0899	0.8618	0.1772	0.7328	0.1086
港澳台城市	7	0.6553	0.2427	0.2254	0.6010	0.7440	0.1959

续表

	样本量	综合经济竞争力		综合经济增量竞争力		综合经济密度竞争力	
		均值	变异系数	均值	变异系数	均值	变异系数
二线城市	30	0.5600	0.2112	0.3704	0.4752	0.5407	0.1686
三线城市	69	0.3667	0.2818	0.1977	0.4222	0.3880	0.2603
四线城市	181	0.2091	0.4286	0.1261	0.4530	0.2251	0.4239

从城市层级变化角度来看，就一线城市而言，其综合经济竞争力显著引领着全国综合经济竞争力的提升，一线城市排名平均上升了0.6名，上海、深圳、北京、广州的综合经济竞争力在全国分别排第1名、第2名、第4名、第5名，上海引领长三角地区，北京引领着京津冀地区，广州和深圳引领珠三角地区，带领中国三大城市群提升。

二线城市排名基本维持不变。从二线城市来看，综合经济竞争力排名基本维持不变，30个二线城市的排名从第6名到第86名，有8个城市的排名处于下降状态，有12个城市的排名维持不变，有10个城市的排名处于上升状态，大部分城市排名基本维持稳定，总体排名变化均在7名以内。从具体城市来看，南京、无锡、常州、苏州、杭州、宁波、福州、南昌、武汉、长沙、佛山、成都的排名均没变，而中山、太原、济南、郑州、沈阳、长春、淄博、大连、东莞的排名变化均在2名以内。

从三线城市和四线城市来看，三线城市综合经济竞争力排名有所降低，总体平均下降了2.36名，有31个城市处于下降状态且下降幅度较大。四线城市排名则基本稳定，181个城市排名平均上升0.8位（见表4—7）。

表4—7　　　　　各区域综合经济竞争力排名变化统计分析

	样本量	排名变化	变异系数	最小值	最大值
北上广深	4	0.6000	2.2361	-1	2
港澳台城市	7	1.0000	1.7889	-1	4
二线城市	30	0.1667	15.5253	-7	7
三线城市	69	-2.3623	3.8119	-40	20
四线城市	181	0.8232	12.4042	-29	44

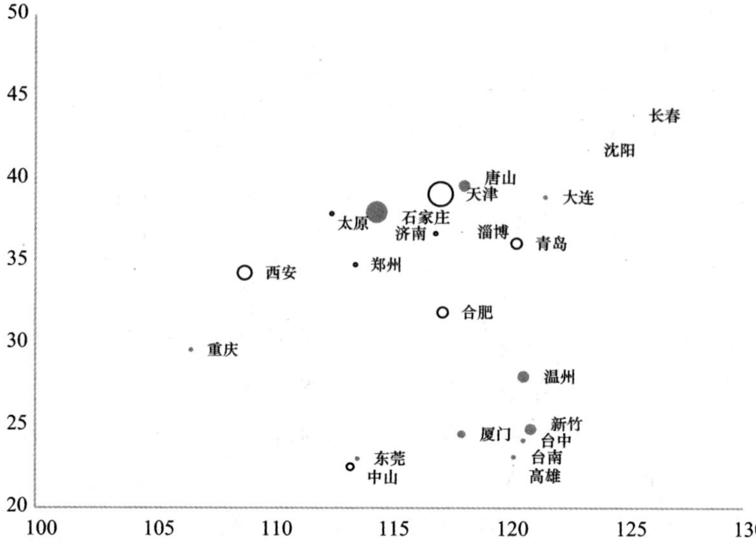

图 4—3 二线城市综合经济竞争力指数和排名变化空间分布

注：横坐标表示经度，纵坐标表示纬度，图中点越大表示城市的综合经济竞争力指数越强，实心点表示城市的综合经济竞争力排名上升，空心点表示城市的综合经济竞争力排名下降。

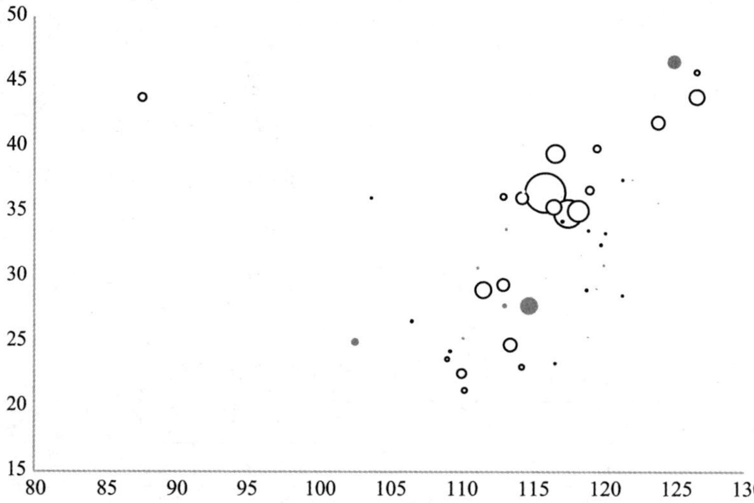

图 4—4 三线城市综合经济竞争力指数和排名变化空间分布

注：横坐标表示经度，纵坐标表示纬度，图中点越大表示城市的综合经济竞争力指数越强，实心点表示城市的综合经济竞争力排名上升，空心点表示城市的综合经济竞争力排名下降。

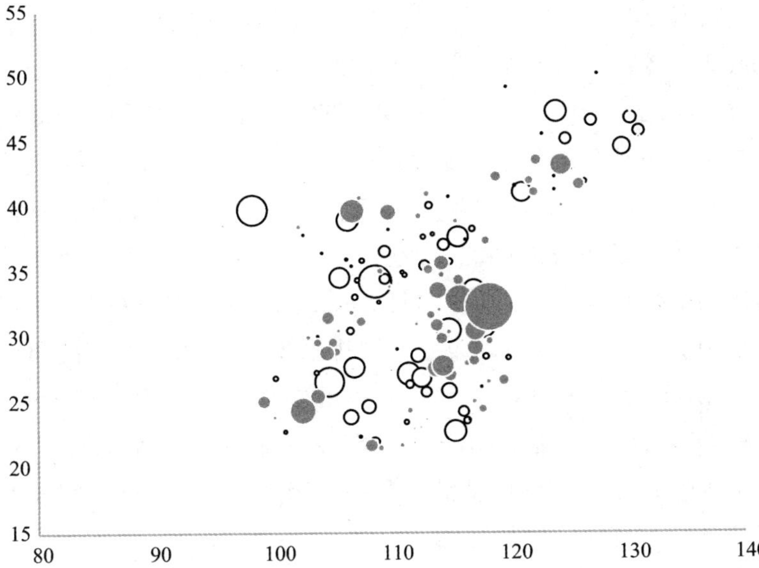

图 4—5　四线城市综合经济竞争力指数和排名变化空间分布

注：横坐标表示经度，纵坐标表示纬度，图中点越大表示城市的综合经济竞争力指数越强，实心点表示城市的综合经济竞争力排名上升，空心点表示城市的综合经济竞争力排名下降。

四　省域综合经济竞争力呈现“收敛、上升”，“发散、下降”格局

省份综合经济竞争力越强、城市间差异越小，综合经济竞争力越弱，城市间差异越大。从各省（市、自治区）角度来看（见表 4—8），由于上海、香港、北京、澳门、重庆、天津为直辖市或自治区，因此他们无论是综合经济竞争力，还是综合经济增量竞争力和综合经济密度竞争力均处于较高水平。除各直辖市以外，台湾、江苏、浙江、福建、山东、广东等省份的综合经济竞争力分别处于前列，具体来看，台湾省的综合经济竞争力在所有省份内最强，均值为 0. 593；其次为江苏省，13 个城市的平均综合经济竞争力指数为 0. 540，变异系数约为 0. 244，省份内部城市的差异与浙江、福建、山东和广东等省份相比最低，表明江苏内部城市综合经济竞争力水平均较高，特别是苏州、南京、无锡、常州、南通、扬州、镇江、泰州、徐州等城市的排名均在全国前 50 名以内；浙江、福建、山东的情况则较为类似，头部城市排名相对较强，尾部城市则排名中等；但广东的总体情况则有所不同，深圳、广州、佛山、东莞、珠海、中山等城市的排名分别为第 2 名、第 5 名、第 14 名、第 17 名、第 23 名、

第38名，而汕尾、韶关、云浮、梅州、河源等城市的综合经济竞争力排名则均在200名以外。各省综合经济竞争力排名较低的分别为内蒙古、吉林、宁夏、黑龙江、甘肃，并且这些省份的内部城市差异巨大，仅有各省份的中心城市或省会城市综合经济竞争力较强，如呼和浩特、昆明、哈尔滨、贵阳、南宁、兰州等城市的综合经济竞争力均较强。而省份综合经济竞争力处于中等的湖北、河南、湖南、安徽、江西、河北、四川等城市则是中心城市较强，而省内其他城市同样也不弱，在291个城市中排名处于中上地位。如安徽的合肥全国排第24名，省内的芜湖和马鞍山也分别排第43名和第73名；河南的郑州全国排第21名，省内的洛阳、许昌、焦作和漯河分别排第64名、第66名、第72名和第96名；湖南的长沙全国排第16名，省内的株洲、岳阳、湘潭、常德等城市则分别排第75名、第82名、第83名和第88名。

表4—8　　各省（市、自治区）综合经济竞争力

	样本量	综合经济竞争力		综合经济增量竞争力		综合经济密度竞争力	
		均值	变异系数	均值	变异系数	均值	变异系数
上海	1	1	—	1	—	0.756	—
香港	1	0.969	—	0.492	—	1	—
北京	1	0.896	—	0.967	—	0.641	—
澳门	1	0.655	—	0.075	—	0.827	—
台湾	5	0.593	0.155143	0.202	0.292079	0.676	0.133136
重庆	1	0.577	—	0.724	—	0.365	—
江苏	13	0.540	0.244444	0.343	0.332362	0.531	0.218456
浙江	11	0.457	0.293217	0.285	0.505263	0.455	0.237363
福建	9	0.427	0.318501	0.274	0.383212	0.424	0.301887
天津	1	0.422	—	0	—	0.569	—
山东	16	0.393	0.26972	0.20200	0.460396	0.420	0.252381
广东	21	0.390	0.582051	0.241	0.771784	0.393	0.503817
新疆	2	0.355	0.053521	0.153	0.522876	0.397	0.047859
湖北	12	0.341	0.387097	0.214	0.598131	0.346	0.323699
海南	2	0.331	0.145015	0.12	0.408333	0.386	0.090674
河南	17	0.320	0.281250	0.205	0.404878	0.324	0.262346

续表

	样本量	综合经济竞争力		综合经济增量竞争力		综合经济密度竞争力	
		均值	变异系数	均值	变异系数	均值	变异系数
湖南	13	0.298	0.429530	0.194	0.448454	0.301	0.401993
贵州	4	0.298	0.325503	0.195	0.40000	0.301	0.295681
青海	1	0.291	—	0.126	—	0.330	—
安徽	16	0.286	0.388112	0.177	0.485876	0.296	0.361486
江西	11	0.284	0.299296	0.173	0.421965	0.295	0.342373
河北	11	0.279	0.301075	0.171	0.204678	0.290	0.313793
四川	18	0.262	0.454198	0.167	0.742515	0.270	0.348148
陕西	10	0.254	0.492126	0.173	0.624277	0.257	0.412451
山西	11	0.219	0.388128	0.135	0.333333	0.233	0.399142
辽宁	14	0.212	0.481132	0.069	0.275362	0.261	0.475096
广西	14	0.210	0.376190	0.129	0.387597	0.224	0.361607
云南	8	0.183	0.688525	0.141	0.602837	0.183	0.655738
内蒙古	9	0.182	0.593407	0.080	0.337500	0.215	0.632558
吉林	8	0.173	0.572254	0.067	0.895522	0.212	0.457547
宁夏	5	0.165	0.666667	0.078	0.653846	0.195	0.600000
黑龙江	12	0.107	0.794393	0.067	0.656716	0.127	0.787402
甘肃	12	0.099	0.989899	0.065	0.738462	0.117	0.957265

安徽、江西综合经济竞争力排名大幅上升。综合经济竞争力排名降低的省（市、自治区）有贵州、湖南、山东、陕西、黑龙江、甘肃、河北、宁夏、新疆、山西、广东、广西、吉林、辽宁，其中贵州的降幅最大，平均排名降低11.5名；湖南、山东、陕西的降低幅度较为接近，分别降低了6.5名、6.2名和5.5名；而广东、广西、吉林和辽宁等省份的平均排名也在降低，但降幅相对较低，其中广东平均下降1.86名，广西平均下降1.64名，吉林平均下降0.25名，辽宁平均下降0.21名。从上升幅度角度来看，海南、浙江、台湾、湖北、河南、福建、四川、云南、安徽、内蒙古、江西等省份的排名总体处于上升状态，其中安徽、内蒙古、江西的平均排名上升幅度最大，安徽的平均排名上升7.1名，内蒙古的平均排名上升7.6名，江西的平均排名上升7.6名，值得注意的是安徽

和江西作为东部城市像西部城市扩散的接口，已经逐步开始承接长三角和珠三角的经济、产业和人口，实现提升。此外，我们还发现江苏的综合经济竞争力排名维持不变。

表 4—9　　各省（市、自治区）综合经济竞争力排名变化

	样本量	排名变化	排名变异系数	2021 年变异系数	2020 年变异系数	变异系数变化
台湾	5	1.8000	0.8239	0.1551	0.1693	-0.0141
江苏	13	0.0000	—	0.2444	0.2463	-0.0019
浙江	11	0.8180	3.3619	0.2932	0.2917	0.0015
福建	9	3.7780	0.9884	0.3185	0.3134	0.0051
山东	16	-6.1880	-2.1311	0.2697	0.2500	0.0197
广东	21	-1.8570	-3.1917	0.5821	0.5761	0.0059
新疆	2	-3.0000	-2.3570	0.0535	0.0937	-0.0401
湖北	12	2.2500	3.7431	0.3871	0.3894	-0.0023
海南	2	0.5000	1.4140	0.1450	0.1360	0.0091
河南	17	3.6470	1.8972	0.2813	0.2785	0.0028
贵州	4	-11.5000	-1.0942	0.3255	0.3070	0.0185
湖南	13	-6.4620	-1.3247	0.4295	0.4097	0.0199
安徽	16	7.0630	2.2077	0.3881	0.4143	-0.0262
江西	11	7.6360	1.3875	0.2993	0.3069	-0.0076
河北	11	-3.7270	-2.3456	0.3011	0.2982	0.0028
四川	18	4.2780	1.1914	0.4542	0.4595	-0.0053
陕西	10	-5.5000	-1.7549	0.4921	0.4886	0.0035
山西	11	-2.0000	-2.1795	0.3881	0.3850	0.0032
辽宁	14	-0.2140	-32.8458	0.4811	0.4676	0.0135
广西	14	-1.6430	-4.4827	0.3762	0.3364	0.0398
云南	8	6.6250	1.5328	0.6885	0.6534	0.0351
内蒙古	9	7.5560	1.0016	0.5934	0.6171	-0.0237
吉林	8	-0.2500	-44.8360	0.5723	0.5810	-0.0088
宁夏	5	-3.4000	-2.6109	0.6667	0.6494	0.0172
黑龙江	12	-4.0830	-2.3387	0.7944	0.7373	0.0571
甘肃	12	-4.0000	-2.2688	0.9899	0.9533	0.0366

从省（市、自治区）内部来看，浙江、河北、河南、山西、陕西、福建、广东、海南、辽宁、宁夏、贵州、山东、湖南、云南、甘肃、广西、黑龙江等省份的综合经济竞争力排名处于分化状态，有 17 个省份内部综合经济竞争力排名在扩大，其中云南、甘肃、广西和黑龙江等省份的分化程度最大，一般而言资源向省内中心城市集聚，导致省内中心城市综合经济竞争力增强，而省内其他城市综合经济竞争力上升并不显著。新疆、安徽、内蒙古、台湾、吉林、江西、四川、湖北、江苏等省份的综合经济竞争力处于收敛状态，而这些省份的综合经济竞争力基本均处于上升状态，这表明这些省份基本实现均衡同步发展。

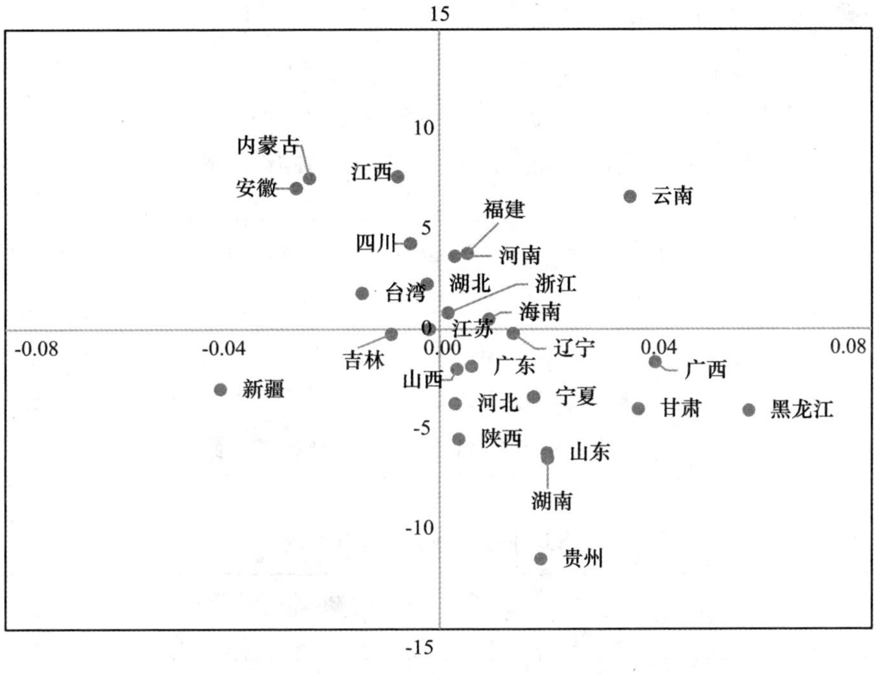

图 4—6　各省（市、自治区）排名和变异系数变化

注：横坐标表示变异系数相对于 1 年前的差异，反映省内部是处于分化还是处于收敛。大于 0 表示变异系数扩大，即省（市、自治区）内部城市综合经济竞争力差异扩大，处于分化状态；小于 0 则处于收敛状态。纵坐标表示综合经济竞争力排名变化，大于 0 表示综合经济竞争力排名上升，小于 0 表示综合经济竞争力排名降低。

五 成熟城市群开始扩散，成长城市群稳步提升

从城市群指数角度来看，综合经济竞争力排名前5的城市群分别为长三角城市群、珠三角城市群、海峡西岸城市群、山东半岛城市群、武汉城市群和京津冀城市群，相对而言长三角城市群的综合经济竞争力要显著高于其他几个城市群，城市群内部城市差异也较低；而珠三角城市群和京津冀城市群内部差异较大，分化严重。从综合经济竞争力水平较低的城市群角度来看，关中平原城市群、辽中南城市群、北部湾城市群和晋中城市群的综合经济竞争力水平较低，综合经济竞争力均值仅为0. 2556、0. 2437、0. 2136和0. 2110，相应的综合经济增量竞争力和综合经济密度竞争力也较低（见表4—10）。

成熟城市群已经由聚集开始转向扩散。具体来看，长三角城市群中的上海、苏州、杭州、南京等城市已经逐步引导周边城市提升，珠三角城市群的深圳、广州和东莞也是如此，这些中心城市的综合经济竞争力排名基本维持不变，而周边城市的综合经济竞争力大部分处于上升状态。而成长中的城市群不仅综合经济竞争力水平较低，城市群内部各城市之间的差距也较大，如合肥城市群、关中平原城市群、辽中南城市群、北部湾城市群、晋中城市群等城市的平均综合经济竞争力均处于较低水平，并且城市群内部变异系数均相对较高。从各城市群综合经济增量竞争力和综合经济密度竞争力角度来看，其总体趋势与综合经济竞争力基本一致。

表4—10　　各城市群综合经济竞争力

	样本量	综合经济竞争力		综合经济增量竞争力		综合经济密度竞争力	
		均值	变异系数	均值	变异系数	均值	变异系数
长三角城市群	23	0. 5329	0. 3154	0. 361783	0. 506711	0. 510391	0. 25175
珠三角城市群	20	0. 4560	0. 5658	0. 260000	0. 761500	0. 468000	0. 525600
海峡西岸城市群	8	0. 4384	0. 3230	0. 282750	0. 384122	0. 433250	0. 308726
山东半岛城市群	14	0. 3912	0. 2895	0. 213429	0. 438398	0. 410857	0. 263225
武汉城市群	11	0. 3477	0. 3929	0. 217818	0. 614753	0. 352727	0. 324643
京津冀城市群	12	0. 3415	0. 5757	0. 225333	1. 069936	0. 340250	0. 445260
长沙城市群	9	0. 3404	0. 3740	0. 217556	0. 426333	0. 343111	0. 343351

续表

	样本量	综合经济竞争力		综合经济增量竞争力		综合经济密度竞争力	
		均值	变异系数	均值	变异系数	均值	变异系数
中原城市群	14	0. 3254	0. 3023	0. 221429	0. 372328	0. 321714	0. 286431
成渝城市群	16	0. 2998	0. 4561	0. 219250	0. 849985	0. 289938	0. 293850
南昌城市群	6	0. 2790	0. 4012	0. 208667	0. 264989	0. 269000	0. 426049
合肥城市群	8	0. 2734	0. 4956	0. 202500	0. 530156	0. 265375	0. 441692
关中平原城市群	8	0. 2556	0. 5214	0. 181875	0. 587508	0. 254000	0. 455742
辽中南城市群	7	0. 2437	0. 4169	0. 068714	0. 270795	0. 301714	0. 405932
北部湾城市群	11	0. 2136	0. 3999	0. 141182	0. 358683	0. 222546	0. 388623
晋中城市群	7	0. 2110	0. 5137	0. 149857	0. 326738	0. 214286	0. 528274

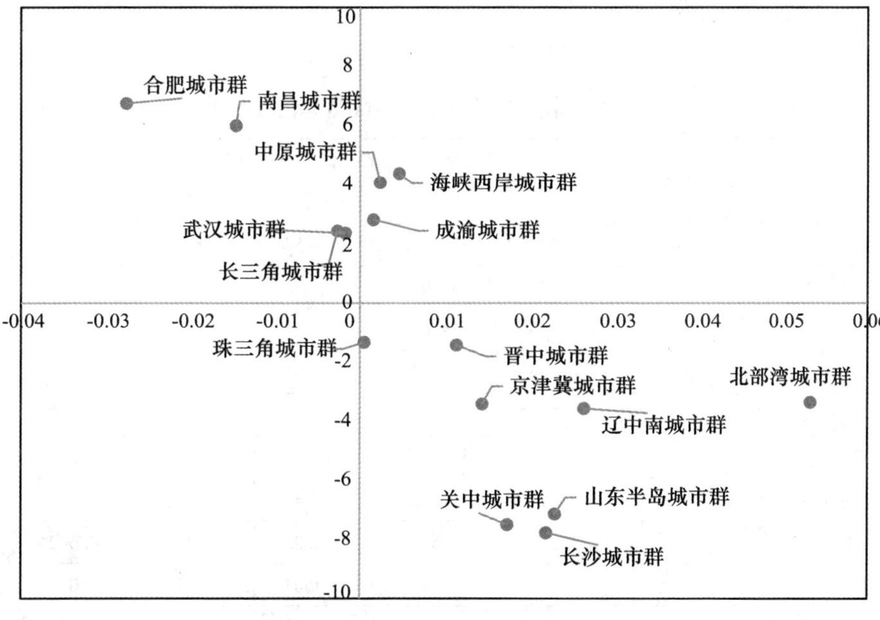

图 4—7　各城市群综合经济竞争力排名及变异系数差异变化

从城市群排名变化角度来看，总体综合经济竞争力排名上升的城市群有合肥城市群、南昌城市群、中原城市群、海峡西岸城市群、武汉城市群、成渝城市群和长三角城市群；综合经济竞争力排名总体降低的城市群有珠三角城市群、晋中城市群、京津冀城市群、辽中南城市群、北部湾城市群、关中平原城市群、山东半岛城市群和长沙城市群。

成长的城市群稳步提升。具体来看，中部成长的城市群，如合肥城市群、南昌城市群、中原城市群、武汉城市群的综合经济竞争力排名均处于上升状态，各城市总体排名分别上升了6.75名、6名、4.07名、2.36名，各城市群内城市综合经济竞争力大幅提升，特别是城市群内非中心城市的综合经济竞争力。此外，各城市群内部差异也在逐渐降低，其中合肥城市群的变异系数降低0.0276，南昌城市群的变异系数下降0.0147，武汉城市群的变异系数下降0.0017。而山东半岛城市群、关中平原城市群、长沙城市群的平均下降幅度最大，其中山东半岛城市群平均下降7.14名，关中平原城市群平均下降7.5名，长沙城市群平均下降7.78名。此外，总体来看8个下降城市群的内部差异均处于扩大状态，变异系数均在上升。

表4—11　　　　各城市综合经济竞争力排名变化

	样本量	排名变化	排名变异系数	2021年变异系数	2020年变异系数	变异系数变化
长三角城市群	23	2.4348	3.8105	0.3154	0.3181	-0.0027
海峡西岸城市群	8	4.3750	0.8006	0.3230	0.3184	0.0046
珠三角城市群	20	-1.2500	-4.6349	0.5658	0.5655	0.0003
山东半岛城市群	14	-7.1429	-1.9437	0.2895	0.2666	0.0229
武汉城市群	11	2.3636	3.7330	0.3929	0.3947	-0.0017
京津冀城市群	12	-3.4167	-2.4597	0.5757	0.5613	0.0144
长沙城市群	9	-7.7778	-1.2345	0.3740	0.3521	0.0219
中原城市群	14	4.0714	1.5578	0.3023	0.3000	0.0024
成渝城市群	16	2.8125	2.7147	0.4561	0.4545	0.0016
南昌城市群	6	6.0000	1.4870	0.4012	0.4159	-0.0147
合肥城市群	8	6.7500	2.0247	0.4956	0.5233	-0.0276
关中平原城市群	8	-7.5000	-1.2888	0.5214	0.5041	0.0174
辽中南城市群	7	-3.5714	-2.2275	0.4169	0.3906	0.0263
北部湾城市群	11	-3.3636	-1.9325	0.3999	0.3468	0.0532
晋中城市群	7	-1.4286	-2.1710	0.5137	0.5023	0.0114

第二节　中国城市当地要素竞争力报告

当地要素作为影响城市综合经济竞争力的关键因素，其涵盖城市的方方面面，而最重要的当属资本、创新和人才，本部分用间接市场融资便利度、直接市场融资便利度、学术论文指数、专利申请指数、青年人才比例指数、劳动力总数六项指标以期最直接、最准确衡量中国内地和港澳台地区291个城市当地要素竞争力，相关数据来自世界银行、全球上市公司、Web of Science、WIPO、EIU等数据库。

表4—12　　　　当地要素竞争力指标体系

	二级指标	指标内容	数据来源
当地要素竞争力	间接市场融资便利度	营商环境报告之金融可得性指标经城市修正	世界银行、网络爬虫数据
	直接市场融资便利度	交易所交易额数据及全球上市公司数据计算	网站查取
	学术论文指数	发表论文数量	Web of Science 网站根据城市查取
	专利申请指数	专利申请数量	WIPO 网站根据城市查取
	青年人才比例指数	青年（16—45岁）人口占比经人均GDP调整	经济学人智库（EIU）全球城市数据库
	劳动力指数	劳动人口（15—59岁）总数	经济学人智库（EIU）全球城市数据库

研究结果发现：当地要素竞争力排名前10的城市分别为深圳、上海、香港、北京、广州、台北、南京、成都、武汉、杭州，中心城市当地要素竞争力绝对领先；整体呈现“区域中部崛起，层级高低分化”的格局；省份集聚效应显著呈现“高端聚集，低端扩散”的格局；从城市群角度来看，城市群当地要素竞争力与变异系数存在一定的负相关关系，但就其格局而言又有所不同，当地要素竞争力分布体系决定了城市群的总体当地要素竞争力和差异格局；青年人才比例是决定当地要素竞争力

差异的关键变量。

一　中心城市当地要素竞争力绝对领先

当地要素竞争力排名前10的城市分别为深圳、上海、香港、北京、广州、台北、南京、成都、武汉、杭州，有4个城市属于直辖市或自治区（包含台北），有7个城市属于东南沿海区域（包含香港、台北），环渤海区域、中部区域和西南区域各有1个城市进入前10名。此外，10强城市中，长三角城市群、珠三角城市群各占3个城市。从当地要素竞争力全国分布来看（见图4—8），城市群、都市圈格局已经确定，特别是中心城市北京、天津、青岛、济南、西安、上海、南京、杭州、合肥、武汉、长沙、成都、重庆、大连、香港、深圳、广州等城市引领都市圈、城市群格局主导全国当地要素竞争力分布。

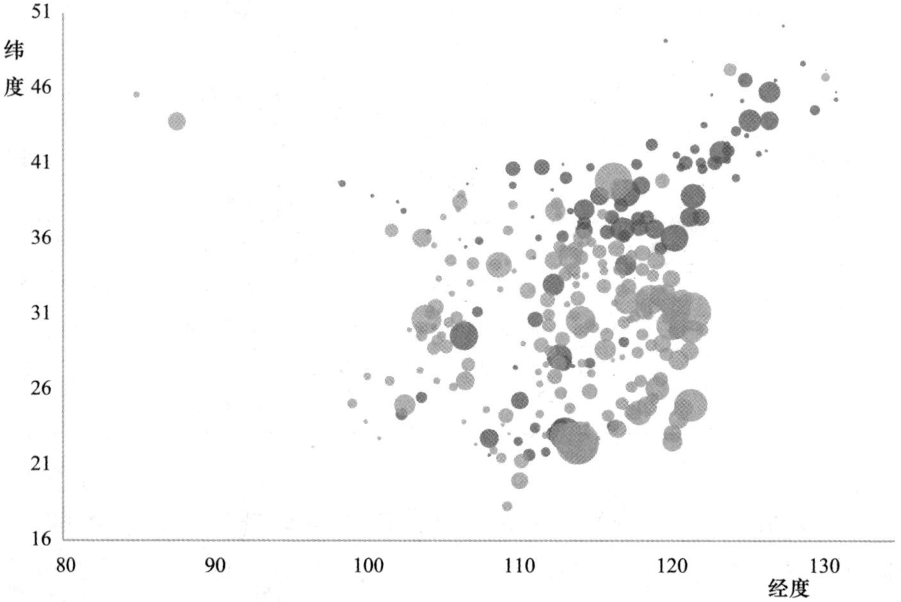

图4—8　当地要素竞争力全国分布

注：图中圆圈越大表示当地要素竞争力越强。

表 4—13　　当地要素竞争力 10 强

	城市	省（市、自治区）	当地要素竞争力	所属区域	所属城市群
第 1 名	深圳	广东	1.000	东南	珠三角
第 2 名	上海	上海	0.913	东南	长三角
第 3 名	香港	香港	0.852	港澳台	珠三角
第 4 名	北京	北京	0.851	环渤海	京津冀
第 5 名	广州	广东	0.759	东南	珠三角
第 6 名	台北	台湾	0.755	港澳台	—
第 7 名	南京	江苏	0.689	东南	长三角
第 8 名	成都	四川	0.688	西南	成渝
第 9 名	武汉	湖北	0.687	中部	武汉
第 10 名	杭州	浙江	0.680	东南	长三角

二　当地要素竞争力呈现“区域中部崛起，层级高低分化”的格局

从区域角度来看，当地要素竞争力从强到弱的排序分别为东部、中部、西部、东北，当地要素竞争力分别为 0.418、0.280、0.224 和 0.222，这一点从 100 强城市构成来看更为显著，在 100 强城市中有 59 个城市属于东部，23 个城市属于中部，5 个城市属于东北，13 个城市属于西部，相对而言，东部有 63.44% 的城市在 100 强内，其中一大半城市在东南区域，中部有 25% 的城市在 100 强内，东北有 20.59% 的城市在 100 强内，西部仅有 16.67% 的城市在 100 强内。相较于 2020 年，东部的百强城市数量保持不变，东北百强城市减少 1 个，西部百强城市减少 2 个，而中部地区的百强城市增加了 3 个，增加了 15%。区域内部差异从大到小排序分别为东北、西部、中部和东部，东北的当地要素竞争力差异最大，大连、长春、沈阳等城市处于全国 30 强以内，而黑河、白山、七台河、鹤岗、双鸭山等城市全国排名倒数，区域内差异巨大；西部同样也是如此，成都、重庆、西安均在全国 20 强以内，而尾部城市也基本处于倒数。从城市层级来看，一二线城市的当地要素竞争力要大幅领先于三四线城市，并且三四线城市当地要素竞争力较为接近，当地要素竞争力分别为 0.366 和 0.211，从变异系数角度来看，四线城市内部各城市间当地要素竞争力差异最大，与去年相比，一二线城市的要素竞争力均值均有提高，而变异系数均有下降；三四线城市的竞争力均值基本不变且变

异系数有所增加。当地要素总体呈现“中部崛起，高端聚集”的格局。

表4—14　　　　各区域当地要素竞争力

	样本量	均值	变异系数	最小值	最大值
东部	93	0.418	0.395	1.000	0.130
中部	80	0.280	0.439	0.687	0.085
东北	34	0.222	0.674	0.569	0.000
西部	84	0.224	0.610	0.688	0.015
一线城市	6	0.855	0.109	1.000	0.755
二线城市	35	0.543	0.168	0.689	0.343
三线城市	69	0.366	0.223	0.527	0.090
四线城市	181	0.211	0.442	0.505	0.000
南方	161	0.332	0.514	1.000	0.030
北方	130	0.263	0.581	0.851	0.000

注：在统计分析时，东部、南方均包含香港、澳门、台湾地区，一线城市包含北京、上海、广州、深圳、香港和台北，二线城市包含澳门、台中、新竹、台南、高雄等。

三　省份呈现“高竞争力差异小，低竞争力差异大”的格局

从各省的当地要素竞争力和变异系数角度来看，省份的综合当地要素竞争力与省内差异存在显著的负相关关系，当地要素竞争力越强、省内差异越小。而所有省份主要集聚为三个集合，分别为高当地要素竞争力—低差异、中当地要素竞争力—中差异、低当地要素竞争力—高差异。详细而言，台湾、江苏、浙江、山东、广东、福建、河北等省份集聚为一体，处于高竞争力—低差异状态，湖北、河南、贵州、海南、湖南、辽宁、安徽、江西、山西等省份集聚为一体，处于中竞争力—中差异状态，特别是河南、辽宁、湖南、贵州等省份基本集聚为一点。四川、吉林、陕西、云南、广西、新疆、内蒙古、甘肃、黑龙江、宁夏等省份集聚为一体，处于低竞争力—高差异状态。值得注意的是，广东不属于这三个集合之内，属于高当地要素竞争力—高差异，这是由其省内城市当地要素竞争力决定的，广东省内当地要素竞争力最高的为深圳，全国排名第1，当地要素竞争力数值为1，省内当地要素竞争力最低的为汕尾，

全国排第253名，当地要素竞争力数值为0.130，省内差异巨大。从各省（市、自治区）当地要素竞争力最大值和最小值的变化区间也可以看出（见图4—9），高竞争力—低差异省份的当地要素竞争力最大值、最小值区间差异较小且数值较高，而低竞争力—高差异省份的当地要素竞争力最大值、最小值的区间和数值波动性较大。

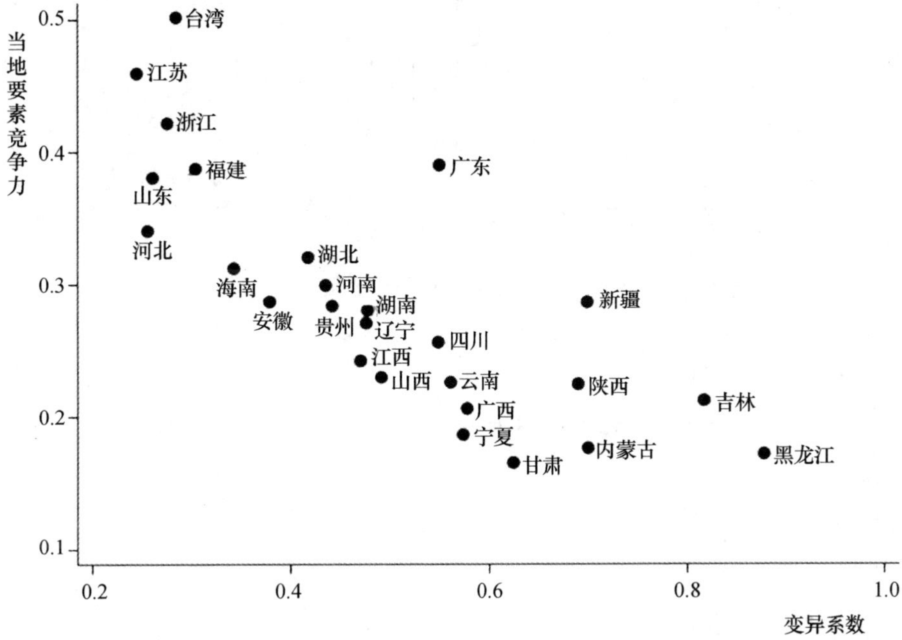

图4—9　各省（自治区）当地要素竞争力与变异系数散点图

注：散点图中未包含上海、北京、香港、天津、重庆、澳门、青海等。

四　城市群内部当地要素竞争力分布格局决定其总体水平和差异

从城市群角度来看，城市群当地要素竞争力与变异系数存在一定的负相关关系，但就其格局而言又有所不同，当地要素竞争力分布体系决定了城市群的总体当地要素竞争力和差异格局。首先，山东半岛城市群、京津冀城市群和珠三角城市群的总体当地要素竞争力较为接近，但是城市群内部差异巨大，其原因在于山东半岛城市群总体属于扁平化均衡格局，京津冀城市群属于双中心扁平化格局，珠三角城市群则属于头部多中心扁平化、尾部差异化格局。其次，郑州城市群表现为显著聚集状态，

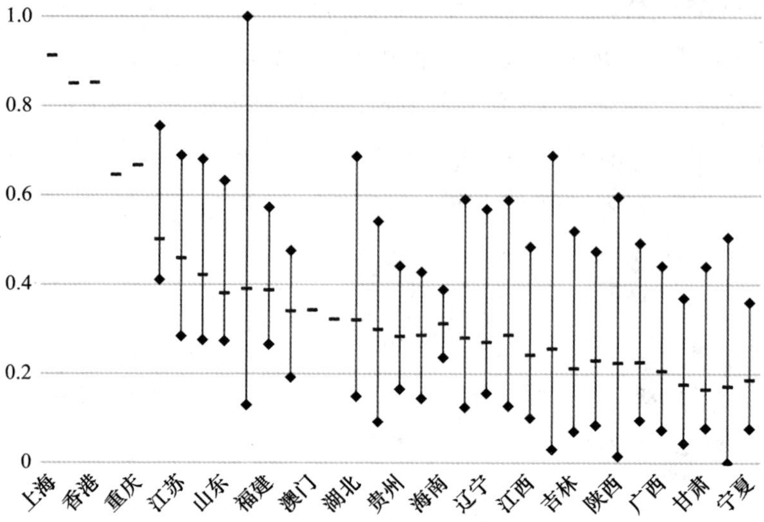

图 4—10 各省（市、自治区）当地要素竞争力区间范围

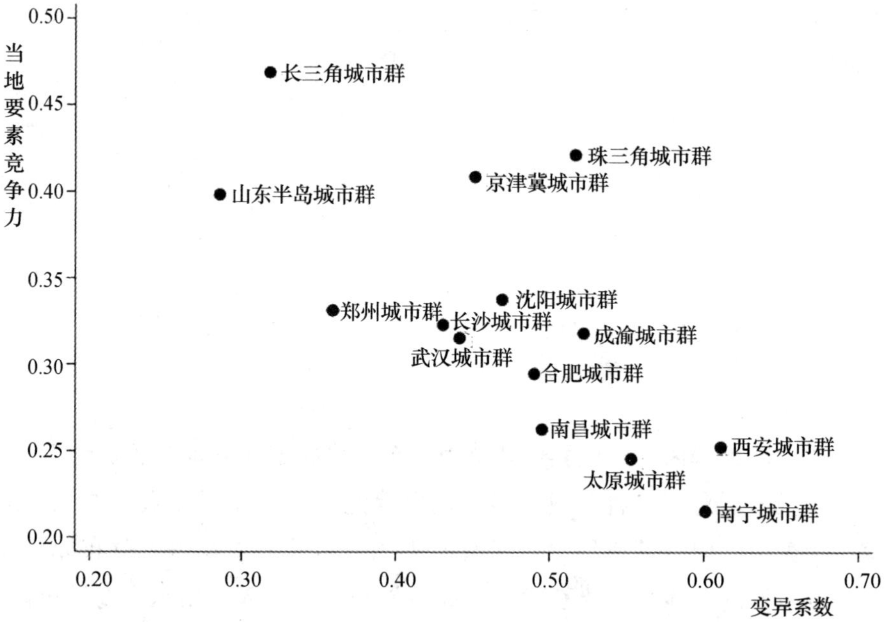

图 4—11 各城市群当地要素竞争力与变异系数散点图

注：此处城市群并不是国家行政规划划定的城市群或城市，而是根据各城市间人口迁移数据，采用 K 壳分析方法计算得出，表达实际上城市间的人口联系。

城市群内城市当地要素竞争力差异不大，不同的是长三角城市群为强强集聚，郑州城市群为弱弱集聚。再次，沈阳城市群、长沙城市群、武汉城市群、合肥城市群则表现为单中心或双中心扁平化格局。最后，南昌城市群、太原城市群、西安城市群、成渝城市群和南宁城市群则为显著的单中心或双中差异化格局，从而导致总体城市群内当地要素竞争力差异较大。

表4—15　　各城市群当地要素竞争力首位度

	首位除第2位	首位除第3位	首位除第4位	首位除第5位	首位除第6位
京津冀城市群	1.317	1.787	2.002	2.058	2.134
南宁城市群	1.105	1.285	1.839	2.123	2.267
南昌城市群	1.584	1.731	2.343	2.485	4.683
合肥城市群	1.688	1.773	1.877	2.075	2.969
太原城市群	1.639	1.701	2.519	3.035	5.525
山东半岛城市群	1.146	1.408	1.613	1.694	1.879
成渝城市群	1.032	1.780	2.190	2.274	2.281
武汉城市群	1.918	1.921	2.013	2.155	2.429
沈阳城市群	1.089	1.702	1.769	1.981	3.283
珠三角城市群	1.173	1.317	1.661	1.734	1.889
西安城市群	2.027	2.037	2.455	3.443	3.906
郑州城市群	1.074	1.277	1.294	1.442	1.601
长三角城市群	1.325	1.342	1.469	1.668	1.690
长沙城市群	1.579	1.683	1.716	1.722	2.194

五　青年人才比例是决定当地要素竞争力差异的关键变量

从当地要素竞争力的构成要素角度来看，间接市场融资便利度、直接市场融资便利度、学术论文指数、专利申请指数、青年人才比例指数、劳动力总数指数的总体均值分别为0.204、0.288、0.367、0.330、0.129、0.516，学术论文指数和劳动力总数指数总体较高，而青年人才比例指数最低。从变异系数角度来看，间接市场融资便利度、直接市场融资便利度、学术论文指数、专利申请指数、青年人才比例指数、劳动力总数指数的变异系数分别为 0. 710、0. 614、0. 573、0. 579、1. 035、0. 316，与总体均值相对应，青年人才比例指数的分化最为严重，而劳动力总数指数的差异最低。这表明相对而言，各城市的劳动力总数指数、学术论文指数等指标较为接近，而影响城市当地要素竞争力差异的关键在于青年人才比例指数。

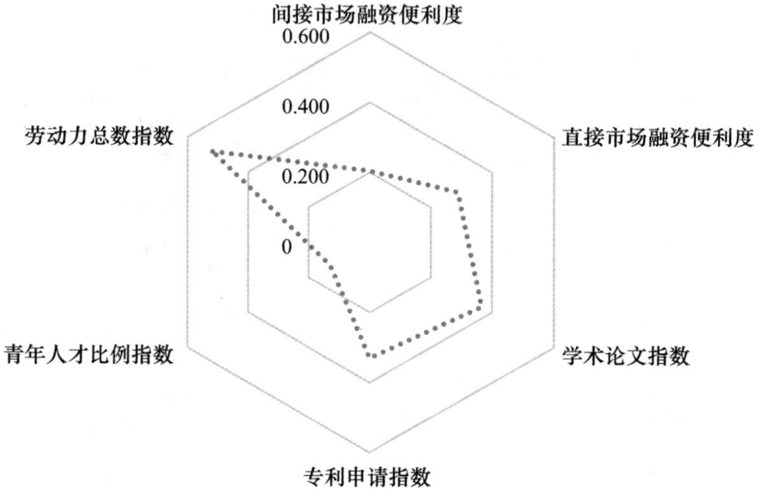

图 4—12 当地要素竞争力分项指标

六 中国城市当地要素竞争力

表 4—16 2021 年 291 个城市当地要素竞争力指数及排名

	省（市、自治区）	指数	排名		省（市、自治区）	指数	排名
深圳	广东	1. 000	1	安庆	安徽	0. 284	147
上海	上海	0. 913	2	泰安	山东	0. 284	148
香港	香港	0. 852	3	荆门	湖北	0. 283	149
北京	北京	0. 851	4	玉溪	云南	0. 283	150
广州	广东	0. 759	5	黄山	安徽	0. 282	151
台北	台湾	0. 755	6	黄石	湖北	0. 281	152

续表

	省（市、自治区）	指数	排名		省（市、自治区）	指数	排名
南京	江苏	0.689	7	梅州	广东	0.281	153
成都	四川	0.688	8	上饶	江西	0.280	154
武汉	湖北	0.687	9	滁州	安徽	0.280	155
杭州	浙江	0.680	10	长治	山西	0.279	156
重庆	重庆	0.667	11	淮北	安徽	0.279	157
天津	天津	0.646	12	天水	甘肃	0.277	158
青岛	山东	0.632	13	赤峰	内蒙古	0.277	159
苏州	江苏	0.621	14	衢州	浙江	0.276	160
东莞	广东	0.602	15	枣庄	山东	0.274	161
西安	陕西	0.596	16	益阳	湖南	0.269	162
长沙	湖南	0.591	17	铜陵	安徽	0.266	163
合肥	安徽	0.589	18	三明	福建	0.266	164
佛山	广东	0.577	19	揭阳	广东	0.263	165
厦门	福建	0.573	20	乐山	四川	0.260	166
大连	辽宁	0.569	21	曲靖	云南	0.259	167
济南	山东	0.552	22	韶关	广东	0.257	168
福州	福建	0.550	23	自贡	四川	0.255	169
宁波	浙江	0.547	24	承德	河北	0.255	170
郑州	河南	0.542	25	潮州	广东	0.251	171
无锡	江苏	0.540	26	达州	四川	0.251	172
中山	广东	0.529	27	新余	江西	0.251	173
珠海	广东	0.527	28	运城	山西	0.251	174
沈阳	辽宁	0.522	29	孝感	湖北	0.249	175
长春	吉林	0.520	30	遂宁	四川	0.248	176
哈尔滨	黑龙江	0.505	31	梧州	广西	0.244	177
南阳	河南	0.505	32	延安	陕西	0.243	178
常州	江苏	0.495	33	北海	广西	0.240	179
昆明	云南	0.493	34	景德镇	江西	0.240	180
徐州	江苏	0.487	35	四平	吉林	0.240	181
南昌	江西	0.485	36	衡水	河北	0.239	182

续表

	省（市、自治区）	指数	排名		省（市、自治区）	指数	排名
南通	江苏	0.480	37	牡丹江	黑龙江	0.238	183
泉州	福建	0.477	38	三亚	海南	0.237	184
石家庄	河北	0.476	39	盘锦	辽宁	0.234	185
太原	山西	0.475	40	黄冈	湖北	0.233	186
温州	浙江	0.471	41	攀枝花	四川	0.232	187
高雄	台湾	0.457	42	保山	云南	0.231	188
烟台	山东	0.453	43	营口	辽宁	0.229	189
台中	台湾	0.453	44	宣城	安徽	0.228	190
潍坊	山东	0.449	45	内江	四川	0.218	191
镇江	江苏	0.446	46	阳江	广东	0.216	192
南宁	广西	0.442	47	濮阳	河南	0.216	193
贵阳	贵州	0.442	48	阜新	辽宁	0.216	194
兰州	甘肃	0.441	49	榆林	陕西	0.214	195
嘉兴	浙江	0.437	50	商丘	河南	0.213	196
吉林	吉林	0.435	51	鄂州	湖北	0.213	197
惠州	广东	0.432	52	玉林	广西	0.208	198
新竹	台湾	0.432	53	宜春	江西	0.207	199
乌鲁木齐	新疆	0.428	54	佳木斯	黑龙江	0.206	200
保定	河北	0.425	55	安顺	贵州	0.203	201
安阳	河南	0.424	56	石嘴山	宁夏	0.202	202
洛阳	河南	0.419	57	葫芦岛	辽宁	0.201	203
芜湖	安徽	0.417	58	亳州	安徽	0.198	204
扬州	江苏	0.416	59	贺州	广西	0.198	205
唐山	河北	0.413	60	吉安	江西	0.195	206
连云港	江苏	0.412	61	钦州	广西	0.195	207
金华	浙江	0.412	62	庆阳	甘肃	0.194	208
绍兴	浙江	0.412	63	丹东	辽宁	0.193	209
台州	浙江	0.412	64	张家口	河北	0.192	210
台南	台湾	0.411	65	晋中	山西	0.188	211
汕头	广东	0.411	66	本溪	辽宁	0.187	212

续表

	省（市、自治区）	指数	排名		省（市、自治区）	指数	排名
威海	山东	0.401	67	池州	安徽	0.185	213
桂林	广西	0.400	68	丽江	云南	0.177	214
邯郸	河北	0.399	69	漯河	河南	0.176	215
盐城	江苏	0.397	70	鄂尔多斯	内蒙古	0.176	216
漳州	福建	0.393	71	辽阳	辽宁	0.173	217
泰州	江苏	0.392	72	汉中	陕西	0.173	218
淄博	山东	0.392	73	驻马店	河南	0.173	219
海口	海南	0.388	74	河池	广西	0.172	220
绵阳	四川	0.387	75	朝阳	辽宁	0.169	221
湖州	浙江	0.383	76	昭通	云南	0.168	222
十堰	湖北	0.378	77	云浮	广东	0.167	223
廊坊	河北	0.376	78	六盘水	贵州	0.166	224
新乡	河南	0.376	79	周口	河南	0.165	225
株洲	湖南	0.374	80	永州	湖南	0.164	226
济宁	山东	0.373	81	六安	安徽	0.163	227
江门	广东	0.372	82	酒泉	甘肃	0.163	228
呼和浩特	内蒙古	0.369	83	中卫	宁夏	0.161	229
临沂	山东	0.368	84	通辽	内蒙古	0.160	230
银川	宁夏	0.360	85	邵阳	湖南	0.158	231
襄阳	湖北	0.358	86	河源	广东	0.156	232
宜昌	湖北	0.357	87	临汾	山西	0.156	233
赣州	江西	0.357	88	铁岭	辽宁	0.156	234
衡阳	湖南	0.353	89	娄底	湖南	0.153	235
常德	湖南	0.351	90	渭南	陕西	0.153	236
蚌埠	安徽	0.349	91	阳泉	山西	0.151	237
岳阳	湖南	0.344	92	陇南	甘肃	0.151	238
柳州	广西	0.344	93	随州	湖北	0.149	239
湘潭	湖南	0.343	94	资阳	四川	0.148	240
宁德	福建	0.343	95	安康	陕西	0.147	241
澳门	澳门	0.343	96	广元	四川	0.146	242

续表

	省（市、自治区）	指数	排名		省（市、自治区）	指数	排名
咸宁	湖北	0.341	97	克拉玛依	新疆	0.145	243
秦皇岛	河北	0.339	98	定西	甘肃	0.145	244
开封	河南	0.338	99	鹤壁	河南	0.144	245
湛江	广东	0.337	100	通化	吉林	0.143	246
大庆	黑龙江	0.337	101	鹰潭	江西	0.143	247
包头	内蒙古	0.337	102	武威	甘肃	0.143	248
聊城	山东	0.336	103	白银	甘肃	0.138	249
信阳	河南	0.335	104	伊春	黑龙江	0.137	250
鞍山	辽宁	0.334	105	吴忠	宁夏	0.134	251
阜阳	安徽	0.332	106	张家界	湖南	0.131	252
许昌	河南	0.331	107	汕尾	广东	0.130	253
肇庆	广东	0.329	108	宿州	安徽	0.128	254
遵义	贵州	0.325	109	怀化	湖南	0.125	255
沧州	河北	0.323	110	雅安	四川	0.123	256
德州	山东	0.323	111	商洛	陕西	0.121	257
焦作	河南	0.322	112	百色	广西	0.118	258
西宁	青海	0.322	113	辽源	吉林	0.118	259
锦州	辽宁	0.322	114	鸡西	黑龙江	0.109	260
东营	山东	0.321	115	临沧	云南	0.106	261
菏泽	山东	0.321	116	抚州	江西	0.104	262
泸州	四川	0.321	117	萍乡	江西	0.101	263
滨州	山东	0.320	118	广安	四川	0.100	264
平顶山	河南	0.319	119	松原	吉林	0.100	265
荆州	湖北	0.319	120	呼伦贝尔	内蒙古	0.097	266
丽水	浙江	0.318	121	普洱	云南	0.095	267
宜宾	四川	0.314	122	三门峡	河南	0.092	268
宿迁	江苏	0.314	123	张掖	甘肃	0.091	269
淮南	安徽	0.314	124	来宾	广西	0.090	270
邢台	河北	0.311	125	绥化	黑龙江	0.088	271
九江	江西	0.306	126	吕梁	山西	0.086	272

续表

	省（市、自治区）	指数	排名		省（市、自治区）	指数	排名
清远	广东	0.304	127	崇左	广西	0.085	273
莆田	福建	0.304	128	朔州	山西	0.085	274
南充	四川	0.303	129	平凉	甘肃	0.084	275
德阳	四川	0.302	130	金昌	甘肃	0.083	276
齐齐哈尔	黑龙江	0.302	131	防城港	广西	0.083	277
马鞍山	安徽	0.299	132	嘉峪关	甘肃	0.078	278
宝鸡	陕西	0.294	133	固原	宁夏	0.076	279
舟山	浙江	0.294	134	白城	吉林	0.073	280
咸阳	陕西	0.293	135	贵港	广西	0.073	281
龙岩	福建	0.293	136	白山	吉林	0.070	282
日照	山东	0.292	137	乌兰察布	内蒙古	0.069	283
茂名	广东	0.292	138	黑河	黑龙江	0.069	284
眉山	四川	0.291	139	乌海	内蒙古	0.060	285
郴州	湖南	0.290	140	七台河	黑龙江	0.054	286
忻州	山西	0.290	141	巴彦淖尔	内蒙古	0.044	287
南平	福建	0.288	142	巴中	四川	0.030	288
抚顺	辽宁	0.287	143	鹤岗	黑龙江	0.019	289
大同	山西	0.286	144	铜川	陕西	0.015	290
晋城	山西	0.286	145	双鸭山	黑龙江	0.000	291
淮安	江苏	0.284	146	—	—	—	—

第三节　中国城市生活环境竞争力报告

城市竞争力是指一个城市能够生产和销售比其他城市更好的产品的能力，提高城市竞争力的主要目的是提高城市居民的生活水平。百姓安居乐业是居民生活水平提升的关键，因此城市生活环境是评价城市竞争力的重要维度。本报告参考2020年版生活环境竞争力指标体系，将数据更新至2021年的数据，从涵盖城市的历史文化、医疗健康机构、气候舒适度、环境优良度、市民消费水平、居住成本、健体休闲设施和文化设施 8 个方面进行评价。数据来源主要是权威统计机构、国际性研究机构和网络爬虫数据，数据样本涵盖全国 291 个城市，详情参见表 4—17。

表 4—17　　生活环境竞争力指标体系

	二级指标	指标内容	数据来源
生活环境竞争力	历史文化指数	博物馆数量	地图爬虫数据
	医疗健康机构指数	人均医疗机构数量经过全民健康覆盖（UHC）指数修正	地图爬虫数据 网站查取
	气候舒适度指数	气温、降水、灾害天气、能见度四项指标打分合成计算	全球环境信息统计数据库
	环境优良度指数	PM2.5、人均 CO_2 排放量、人均 SO_2 排放量三项指标合成计算并经人均 GDP 修正	全球环境信息统计数据库
	市民消费水平指数	人均可支配收入经基尼系数修正	经济学人智库（EIU）全球城市数据库 网络爬虫数据
	居住指数	房价收入比逆向处理	Numbeo 网站
	健体休闲设施指数	高尔夫球场数量	地图爬虫数据
	文化设施指数	图书馆数量除以城市面积	地图爬虫数据

资料来源：中国社会科学院城市与竞争力指数数据库。

研究发现：中国城市生活环境竞争力整体呈现“金字塔状”的三角形结构，中国有一半以上的城市生活环境水平低于平均水平。区域上南北差距正在减小，东部仍旧持续领先，城市生活环境竞争力区域差异格局依旧明显。在省级行政区维度，沪、港、台、渝、京领衔全国。大中城市与小城市在城市生活环境竞争力各方面呈现的差距正在缩小。在我国加快推动高质量发展背景下，我国城市正在加强区域间合作，缩小地区差异，加快形成合作共赢的区域发展模式。

一　中国城市生活环境竞争力整体呈现“金字塔状”的三角形结构

中国城市生活环境竞争力整体呈现“金字塔状”的三角形结构。指标总体平均得分0.397，有164个城市的生活环境水平低于平均水平，占总样本城市的56.36%，共有43个城市的生活环境得分高于0.6，变异系数0.487，中等分化程度在削减。从其核密度图（见图4—13）可以看出，其核密度图呈现可观测的右偏分布，且集聚程度较高，大部分城市集聚在3.5—4.5，呈现一种“金字塔状”的三角形结构。

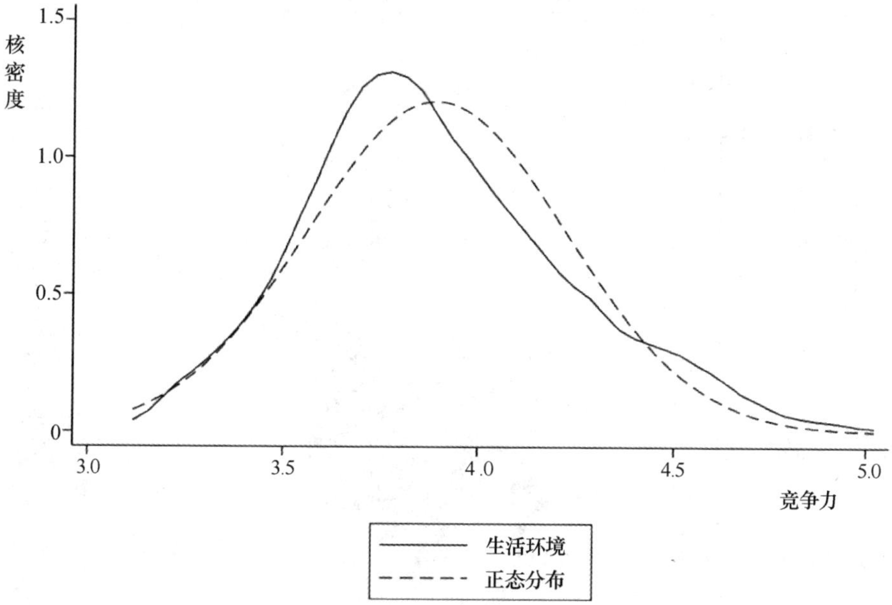

图4—13　城市生活环境核密度图

注：kernel = epanechnikov，bandwidth = 0.0958。

资料来源：笔者自制。

二　南北差距正在减小，东部仍旧持续领先，城市生活环境竞争力区域差异格局依旧明显

南北差距正在减小，东部仍旧持续领先，城市生活环境竞争力区域差异格局依旧明显。首先，从城市生活环境竞争力经纬度分布

（图4—14）可以看出，中国城市的生活环境依旧存在较为明显的“东部领先”的区域特点，但相较于2020年，南北差距在缩减。其次，南方整体领先于北方，进一步观察（见表4—18），可以发现东部地区一枝独秀，均值为0.547，显著领先于全国，西部、中部和东北地区均低于全国平均水平，其中，东北地区的得分仅为0.267且内部分化程度最严重。最后，从头部城市的分布来看（见图4—15），排名前10的城市分别为台北、上海、广州、香港、台南、高雄、昆明、深圳、东莞和苏州，除了位于西南的昆明，其他城市全部位于东部地区。

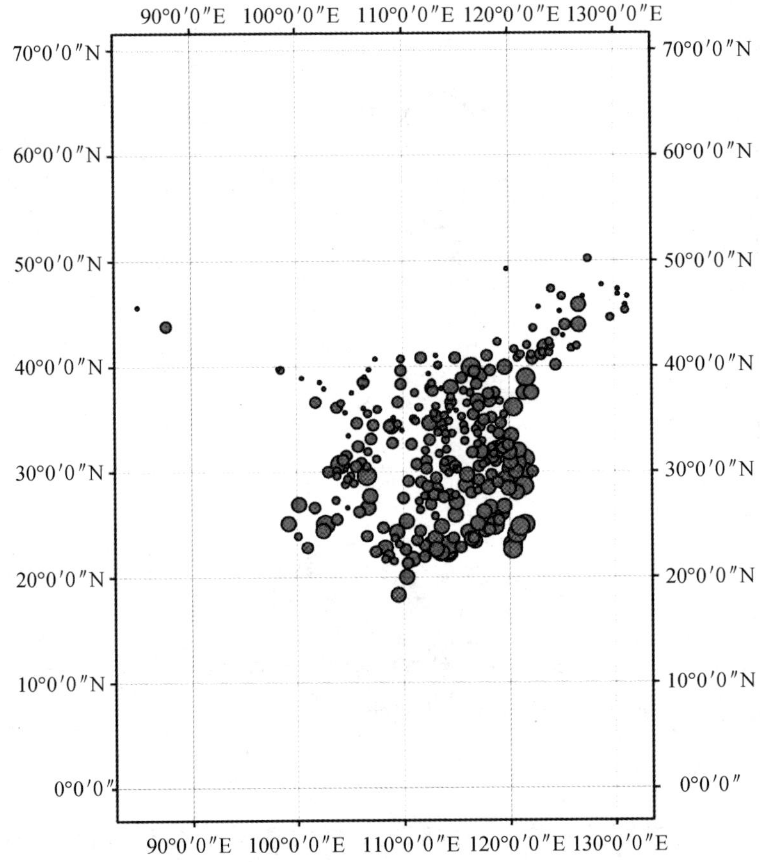

图4—14 生活环境竞争力经纬度分布

资料来源：笔者自制。

表 4—18　　分区域生活环境水平指数统计描述

	生活环境均值	生活环境变异系数
东部	0. 547	0. 319
西部	0. 330	0. 527
中部	0. 347	0. 382
东北	0. 267	0. 611
全国	0. 397	0. 487

资料来源：中国社会科学院城市与竞争力指数数据库。

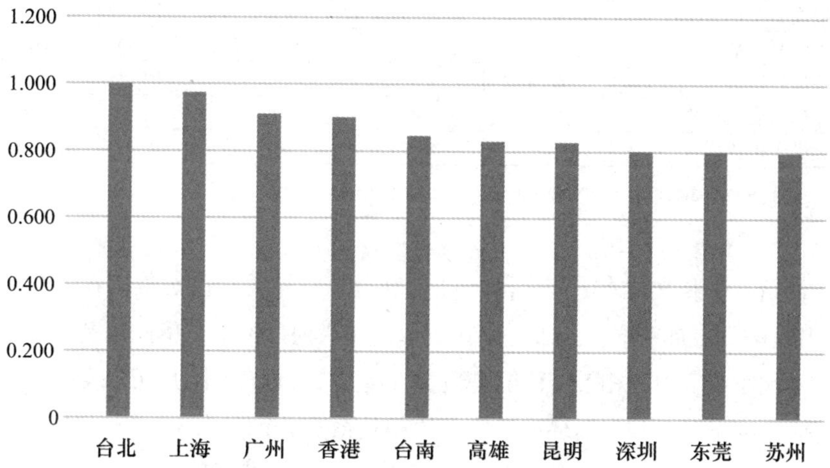

图 4—15　生活环境竞争力 Top10

资料来源：中国社会科学院城市与竞争力指数数据库。

三　省级行政区维度，沪港台渝京，领衔全国

省级行政区维度，沪、港、台、渝、京，领衔全国。从省级维度上来看，上海、香港、台湾、重庆、北京占据中国前 5，分别代表了中国发展最领先的片区。从 8 个分项指标来看，历史文化方面，北京稳居第 1，上海随后，其次是天津、重庆和香港；医疗健康机构方面，重庆、天津和香港紧随上海和北京之后；气候舒适度方面，前 5 名均属南方省份；环境优良度方面，海南省位居第 5，前四名分别是香港、澳门、上海和台湾；市民消费水平方面，台湾领跑全国，随后是澳门、上海、北京和香港；居住指数方面，由西部人口稀少的省份贵州和宁夏占据第 1 和第 2，山西、湖南和四川在房价控制方面一直表现突出，分别占据第 3、第 4 和第 5；健体休闲设施

方面；文化设施方面，依旧是北京、香港、上海、台湾和重庆领跑全国。

表4—19　　省级行政区生活环境及分项指标 Top 5 排名

	省级行政区				
	1	2	3	4	5
生活环境整体排名	上海	香港	台湾	重庆	北京
历史文化指数排名	北京	上海	天津	重庆	香港
医疗健康机构指数排名	上海	北京	重庆	天津	香港
气候舒适度指数排名	澳门	香港	广东	云南	福建
环境优良度指数排名	香港	澳门	上海	台湾	海南
市民消费水平指数排名	台湾	澳门	上海	北京	香港
居住指数排名	贵州	宁夏	山西	湖南	四川
健体休闲设施指数排名	北京	上海	香港	海南	台湾
文化设施指数排名	北京	香港	上海	台湾	重庆

资料来源：中国社会科学院城市与竞争力指数数据库。

消费水平和文化水平与生活环境竞争力高度相关，住房价格在各方面的“挤出效用”更加明显。如表4—20所示，在八项指标中，市民消费水平指数与生活环境竞争力的相关度依旧是最高，达到1.606；其次是历史文化指数和环境优良度指数，与生活环境竞争力的相关系数分别是1.547和1.355。居住指数与生活环境竞争力和其各分项指标之间均呈现不同程度的负向关系，这表明住房价格对城市生活环境各方面的“挤出效用”依旧明显。

表4—20　　八项指标与生活环境竞争力的回归结果

	生活环境竞争力	历史文化指数	医疗健康机构指数	气候舒适度指数	环境优良度指数	市民消费水平指数	居住指数	健体休闲设施指数	文化设施指数
生活环境竞争力	1								
历史文化指数	1.547***	1							

续表

	生活环境竞争力	历史文化指数	医疗健康机构指数	气候舒适度指数	环境优良度指数	市民消费水平指数	居住指数	健体休闲设施指数	文化设施指数
医疗健康机构指数	1.235***	0.654***	1						
气候舒适度指数	0.952***	0.074	0.116**	1					
环境优良度指数	1.355***	0.268***	-0.1475	0.569***	1				
市民消费水平指数	1.606***	0.617***	0.351***	0.261***	0.249***	1			
居住指数	-1.199***	-0.605***	-0.397***	-0.223***	-0.389***	-0.569***	1		
健体休闲设施指数	1.165***	0.468***	0.308***	0.155***	0.172***	0.453***	-0.407***	1	
文化设施指数	1.313***	0.597***	0.447***	0.094*	0.172***	0.519***	-0.483***	0.837***	1

注：*** $p<0.01$，** $p<0.05$，* $p<0.1$。

资料来源：中国社会科学院城市与竞争力指数数据库。

四　大中城市与小城市在城市生活环境竞争力各方面呈现的差距在缩小

大中城市与小城市在城市生活环境竞争力各方面呈现的差距在缩小。雷达图可以直观反映出各项指标在城市生活环境方面的发展情况。从图4—16可以看出，中国的大中城市的市民消费水平较高，文化旅游业在城市发展中发挥的推动作用越来越突出。另外，大中城市在健体休闲设施、文化设施以及医疗健康机构方面的优势也较为明显，但其气候舒适程度和环境污染程度短板相对明显，尤其是房价持续居高不下，造成居民居住成本短板十分明显。因此，我国大中城市应坚持经济、生态与社会协调发展，进一步加强污染治理与环境保护力度，加大房价调控力度，提升城市生活环境竞争力水平。

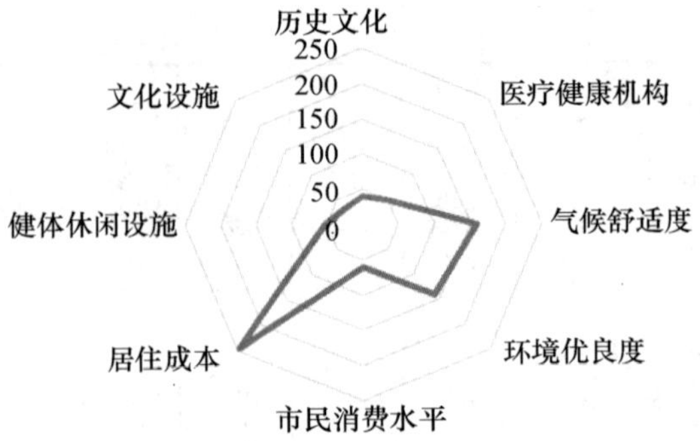

图4—16 35个大中城市生活环境分项平均排名均值雷达图

资料来源：中国社会科学院城市与竞争力指数数据库。

除大中城市，我国也有部分三四线城市在城市生活环境竞争力总体排名与各分项指标排名中均表现出不俗的成绩。由表4—21可看出，从生活环境整体指标看，昆明和金华双双跻身前20，而泉州、台州和嘉兴也都位列前30。其中昆明在文化设施指数方面位居全国前列；而金华则在历史文化、医疗健康机构和市民消费水平方面表现亮眼。同时我们发现，台州、嘉兴、吉林也是在多个方面靠前。三四线城市在气候舒适度、居住成本方面拥有优势，多个城市位居国内前5与前10。

表4—21 2021年部分三线、四线城市竞争力亮点指标

	城市
生活环境整体排名	昆明（7），金华（20），泉州（24），台州（26），嘉兴（28）
历史文化指数排名	哈尔滨（21），烟台（26），金华（27），吉林（27），南通（29）
医疗健康机构指数排名	宝鸡（13），金华（14），台州（15），洛阳（16），南充（17）
气候舒适度指数排名	普洱（1），三亚（2），临沧（3），河源（4），梅州（5）
环境优良度指数排名	呼伦贝尔（7），丽江（8），攀枝花（10），珠海（13），克拉玛依（15）
市民消费水平指数排名	舟山（10），嘉兴（12），绍兴（13），台州（19），金华（20）
居住指数排名	辽源（1），安阳（2），郴州（3），漯河（4），雅安（5）
健体休闲设施指数排名	三亚（9），威海（10），烟台（12），海口（14），昆明（15）
文化设施指数排名	吉林（14），哈尔滨（23），昆明（24），南宁（32），贵阳（33）

五　中国城市生活环境竞争力

表4—22　　2021年291个城市生活环境竞争力指数及排名

	省（市、自治区）	指数	排名		省（市、自治区）	指数	排名
台北	台湾	1.000	1	邯郸	河北	0.368	147
上海	上海	0.974	2	六安	安徽	0.366	148
广州	广东	0.910	3	枣庄	山东	0.363	149
香港	香港	0.901	4	南阳	河南	0.363	150
台南	台湾	0.846	5	焦作	河南	0.362	151
高雄	台湾	0.830	6	萍乡	江西	0.361	152
昆明	云南	0.828	7	益阳	湖南	0.361	153
深圳	广东	0.802	8	延安	陕西	0.359	154
东莞	广东	0.801	9	十堰	湖北	0.357	155
苏州	江苏	0.798	10	德阳	四川	0.356	156
台中	台湾	0.793	11	崇左	广西	0.354	157
杭州	浙江	0.784	12	安康	陕西	0.353	158
新竹	台湾	0.783	13	鄂尔多斯	内蒙古	0.351	159
成都	四川	0.781	14	遂宁	四川	0.349	160
佛山	广东	0.777	15	黄冈	湖北	0.348	161
重庆	重庆	0.769	16	沧州	河北	0.346	162
北京	北京	0.742	17	安顺	贵州	0.346	163
宁波	浙江	0.733	18	岳阳	湖南	0.345	164
中山	广东	0.732	19	天水	甘肃	0.341	165
金华	浙江	0.732	20	连云港	江苏	0.341	166
南京	江苏	0.730	21	雅安	四川	0.341	167
大连	辽宁	0.725	22	西宁	青海	0.340	168
长沙	湖南	0.723	23	贺州	广西	0.337	169
泉州	福建	0.710	24	滨州	山东	0.336	170
无锡	江苏	0.703	25	泰安	山东	0.335	171
台州	浙江	0.699	26	日照	山东	0.333	172
武汉	湖北	0.696	27	渭南	陕西	0.331	173
嘉兴	浙江	0.690	28	临汾	山西	0.329	174

续表

	省（市、自治区）	指数	排名		省（市、自治区）	指数	排名
青岛	山东	0.683	29	泸州	四川	0.328	175
惠州	广东	0.674	30	北海	广西	0.326	176
南昌	江西	0.665	31	铜陵	安徽	0.326	177
温州	浙江	0.660	32	信阳	河南	0.326	178
绍兴	浙江	0.660	33	黄石	湖北	0.324	179
西安	陕西	0.655	34	眉山	四川	0.321	180
澳门	澳门	0.649	35	吕梁	山西	0.316	181
吉林	吉林	0.625	36	葫芦岛	辽宁	0.315	182
肇庆	广东	0.624	37	广安	四川	0.313	183
烟台	山东	0.624	38	宜宾	四川	0.309	184
郑州	河南	0.620	39	防城港	广西	0.307	185
湖州	浙江	0.613	40	马鞍山	安徽	0.305	186
贵阳	贵州	0.610	41	晋城	山西	0.305	187
赣州	江西	0.609	42	襄阳	湖北	0.304	188
桂林	广西	0.609	43	乐山	四川	0.303	189
南宁	广西	0.593	44	来宾	广西	0.303	190
汕头	广东	0.589	45	长治	山西	0.301	191
珠海	广东	0.588	46	赤峰	内蒙古	0.300	192
柳州	广西	0.588	47	鹰潭	江西	0.297	193
沈阳	辽宁	0.585	48	蚌埠	安徽	0.294	194
梅州	广东	0.579	49	包头	内蒙古	0.292	195
上饶	江西	0.575	50	宿迁	江苏	0.291	196
漳州	福建	0.572	51	锦州	辽宁	0.290	197
九江	江西	0.571	52	邵阳	湖南	0.287	198
威海	山东	0.569	53	邢台	河北	0.286	199
龙岩	福建	0.566	54	忻州	山西	0.286	200
清远	广东	0.560	55	阜阳	安徽	0.285	201
南通	江苏	0.559	56	昭通	云南	0.285	202
福州	福建	0.558	57	德州	山东	0.284	203
常州	江苏	0.556	58	达州	四川	0.283	204

续表

	省（市、自治区）	指数	排名		省（市、自治区）	指数	排名
吉安	江西	0.555	59	运城	山西	0.282	205
遵义	贵州	0.554	60	娄底	湖南	0.282	206
扬州	江苏	0.551	61	巴中	四川	0.281	207
洛阳	河南	0.547	62	平凉	甘肃	0.281	208
江门	广东	0.547	63	菏泽	山东	0.280	209
韶关	广东	0.545	64	孝感	湖北	0.279	210
丽江	云南	0.543	65	滁州	安徽	0.278	211
石家庄	河北	0.535	66	随州	湖北	0.278	212
海口	海南	0.535	67	临沧	云南	0.278	213
南平	福建	0.535	68	新余	江西	0.277	214
玉溪	云南	0.533	69	潍坊	山东	0.276	215
淄博	山东	0.533	70	周口	河南	0.275	216
秦皇岛	河北	0.529	71	三门峡	河南	0.269	217
济南	山东	0.528	72	淮南	安徽	0.267	218
天津	天津	0.527	73	朝阳	辽宁	0.267	219
合肥	安徽	0.526	74	郴州	湖南	0.267	220
茂名	广东	0.523	75	许昌	河南	0.266	221
保山	云南	0.511	76	永州	湖南	0.263	222
三明	福建	0.510	77	大庆	黑龙江	0.258	223
丽水	浙江	0.508	78	盘锦	辽宁	0.257	224
哈尔滨	黑龙江	0.505	79	开封	河南	0.255	225
宁德	福建	0.494	80	辽阳	辽宁	0.254	226
三亚	海南	0.487	81	池州	安徽	0.253	227
盐城	江苏	0.487	82	新乡	河南	0.251	228
揭阳	广东	0.484	83	平顶山	河南	0.251	229
济宁	山东	0.482	84	牡丹江	黑龙江	0.247	230
舟山	浙江	0.479	85	本溪	辽宁	0.245	231
榆林	陕西	0.475	86	咸宁	湖北	0.245	232
镇江	江苏	0.475	87	抚顺	辽宁	0.242	233
黄山	安徽	0.474	88	酒泉	甘肃	0.240	234

续表

	省（市、自治区）	指数	排名		省（市、自治区）	指数	排名
银川	宁夏	0.469	89	驻马店	河南	0.239	235
泰州	江苏	0.467	90	通化	吉林	0.238	236
唐山	河北	0.467	91	通辽	内蒙古	0.237	237
宜昌	湖北	0.465	92	内江	四川	0.233	238
太原	山西	0.464	93	自贡	四川	0.232	239
抚州	江西	0.461	94	黑河	黑龙江	0.231	240
曲靖	云南	0.456	95	衡水	河北	0.230	241
兰州	甘肃	0.454	96	大同	山西	0.227	242
潮州	广东	0.450	97	齐齐哈尔	黑龙江	0.226	243
安庆	安徽	0.450	98	聊城	山东	0.224	244
衡阳	湖南	0.449	99	漯河	河南	0.220	245
常德	湖南	0.448	100	白银	甘肃	0.217	246
徐州	江苏	0.447	101	商丘	河南	0.216	247
宝鸡	陕西	0.445	102	白山	吉林	0.213	248
临沂	山东	0.444	103	淮北	安徽	0.212	249
南充	四川	0.442	104	贵港	广西	0.209	250
云浮	广东	0.441	105	庆阳	甘肃	0.208	251
衢州	浙江	0.441	106	铁岭	辽宁	0.205	252
景德镇	江西	0.441	107	宿州	安徽	0.203	253
宣城	安徽	0.436	108	安阳	河南	0.201	254
宜春	江西	0.435	109	鸡西	黑龙江	0.198	255
普洱	云南	0.434	110	四平	吉林	0.192	256
淮安	江苏	0.430	111	亳州	安徽	0.190	257
长春	吉林	0.430	112	阜新	辽宁	0.188	258
营口	辽宁	0.424	113	白城	吉林	0.185	259
张家口	河北	0.423	114	铜川	陕西	0.176	260
厦门	福建	0.420	115	朔州	山西	0.174	261
玉林	广西	0.420	116	濮阳	河南	0.174	262
河源	广东	0.417	117	陇南	甘肃	0.173	263
丹东	辽宁	0.413	118	克拉玛依	新疆	0.172	264

续表

	省（市、自治区）	指数	排名		省（市、自治区）	指数	排名
百色	广西	0.412	119	鄂州	湖北	0.170	265
钦州	广西	0.410	120	资阳	四川	0.164	266
河池	广西	0.407	121	固原	宁夏	0.162	267
株洲	湖南	0.400	122	佳木斯	黑龙江	0.160	268
呼和浩特	内蒙古	0.399	123	嘉峪关	甘肃	0.136	269
梧州	广西	0.399	124	张掖	甘肃	0.130	270
晋中	山西	0.398	125	巴彦淖尔	内蒙古	0.118	271
张家界	湖南	0.397	126	辽源	吉林	0.113	272
汉中	陕西	0.397	127	金昌	甘肃	0.111	273
廊坊	河北	0.396	128	七台河	黑龙江	0.106	274
芜湖	安徽	0.394	129	松原	吉林	0.094	275
怀化	湖南	0.393	130	定西	甘肃	0.092	276
咸阳	陕西	0.392	131	呼伦贝尔	内蒙古	0.089	277
湛江	广东	0.392	132	六盘水	贵州	0.088	278
攀枝花	四川	0.391	133	双鸭山	黑龙江	0.086	279
阳江	广东	0.389	134	武威	甘肃	0.084	280
鞍山	辽宁	0.388	135	绥化	黑龙江	0.083	281
荆门	湖北	0.388	136	商洛	陕西	0.083	282
莆田	福建	0.384	137	乌兰察布	内蒙古	0.081	283
保定	河北	0.381	138	鹤壁	河南	0.072	284
汕尾	广东	0.379	139	乌海	内蒙古	0.065	285
湘潭	湖南	0.376	140	阳泉	山西	0.051	286
东营	山东	0.375	141	伊春	黑龙江	0.048	287
乌鲁木齐	新疆	0.375	142	鹤岗	黑龙江	0.040	288
绵阳	四川	0.374	143	中卫	宁夏	0.020	289
广元	四川	0.372	144	吴忠	宁夏	0.013	290
承德	河北	0.371	145	石嘴山	宁夏	0.000	291
荆州	湖北	0.371	146	—	—	—	—

第四节 中国城市营商硬环境竞争力报告

本书以交通便捷度、电力充沛度、网络信息传输速度、航运便利度、机场设施指数、自然灾害指数六个指标总体合成中国城市营商硬环境，详细数据含义及来源如表4—23所示。根据《中国城市竞争力报告No. 18》，中国城市营商硬环境为顶级城市稳定，次顶级城市竞争激烈，全国营商硬环境整体上小范围空间集聚与大范围分化并存。

表4—23 营商硬环境指标体系

营商硬环境	交通便捷度	Numbeo交通数据经城市交通话题舆情爬虫数据调整	Numbeo网站 网络爬虫数据
	电力充沛度	夜间灯光数据提取计算	夜间灯光地图
	信息传输速度	网速提取计算	网络爬虫
	航运便利度	与100大港的距离	网站查取计算
	机场设施指数	机场基础设施综合评分	World Airport数据库
	自然灾害指数	根据6种自然灾害的历史数据计算得出	哥伦比亚大学 世界银行

一 中国城市营商硬环境

中国城市营商硬环境整体分析：整体呈现橄榄型分布，机场设施指数和网络信息传输速度空间差异性较大，且机场设施指数呈现环状分布；2021年，中国不同层级城市间的城市硬环境的层级分布明显；发达地区的分化增加，次发达地区呈现收敛的趋势；分项指标中的区域机场设施指数和自然灾害指数出现断崖式下跌。

在291个样本城市中，有254个城市的营商硬环境指数处于0.1—0.6，占样本总数的87.29%。同时，根据图4—17营商硬环境核密度曲线可以看出，中国城市营商硬环境是右偏的，且绝大多数的城市营商硬环境指数集中在0.1—0.6。

然而，与中国城市营商硬环境呈橄榄型分布不完全相同的是，中国营商硬环境的各分项指标出现了差异性变化，详见图4—18。

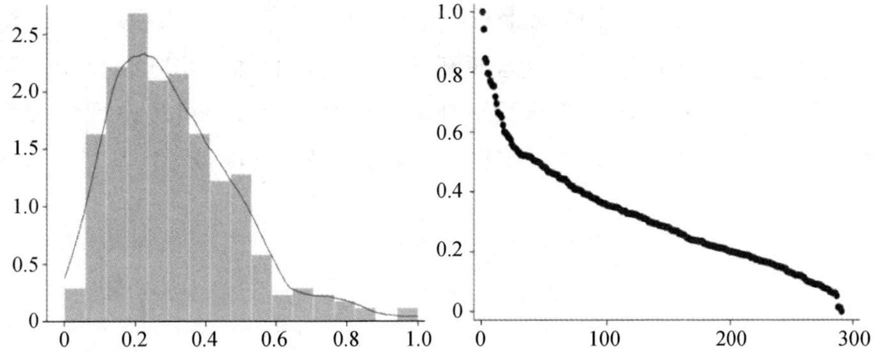

图 4—17　中国城市营商硬环境核密度图（左）和分布图（右）

资料来源：中国社会科学院城市与竞争力指数数据库。

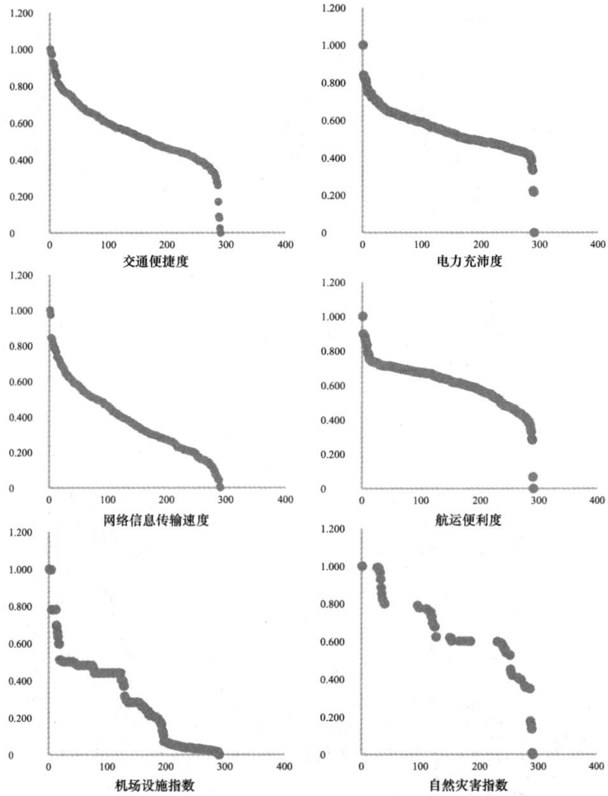

图 4—18　中国营商硬环境分项指标分布图

资料来源：中国社会科学院城市与竞争力指数数据库。

由图4—18可知，中国营商硬环境分项指标中，交通便捷度、电力充沛度、网络信息传输速度、航运便利度四个指标总体上呈连续分布，但是机场设施指数和自然灾害指数呈现出层级分布，其中机场设施指数主要集中在0.02—0.51；自然灾害指数主要集中在0.54—0.80。

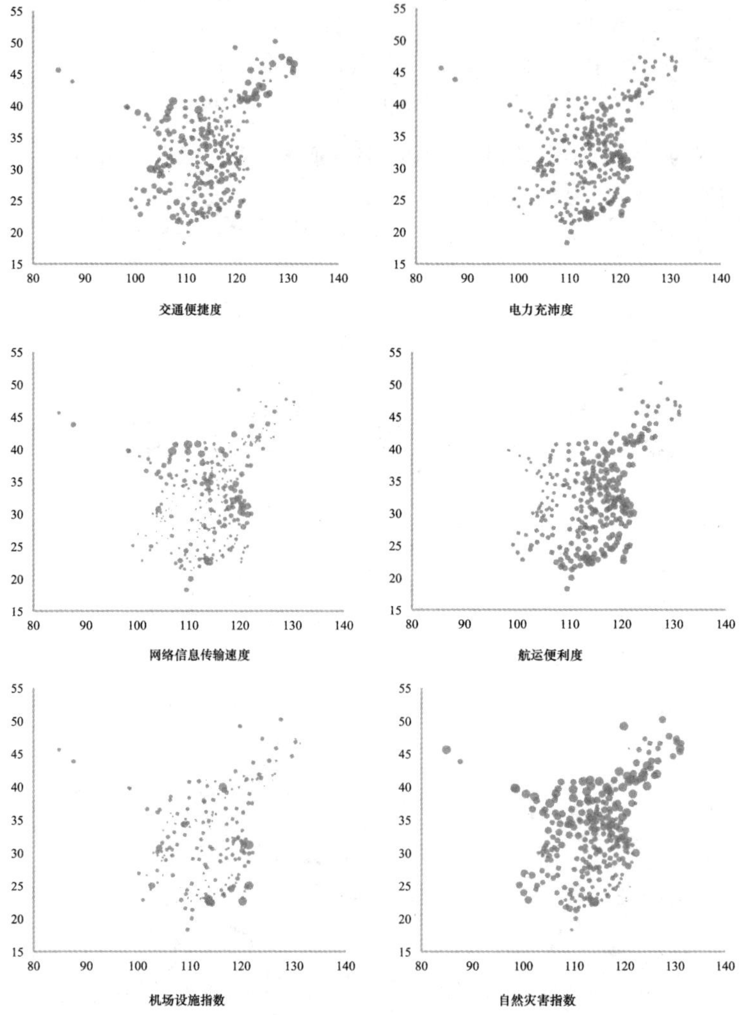

图4—19 中国营商硬环境分项指标空间分布图

注：横坐标表示经度，纵坐标表示纬度。

资料来源：中国社会科学院城市与竞争力指数数据库。

由图4—19可知，东南沿海地区的城市在航运便利度以及电力充沛度方面有着较大的优势，城市间空间差异较小，并具有一定的集聚规模，而相比之下，中西部地区的分布较为分散。从网络信息传输速度的指标来看，优势区域主要分布在沿海地区以及北部地区。与之不同的是，机场设施指数环形分布较为明显，中部区域的指数普遍低于沿海地区。

二　发达区域分化明显，次发达区域快速收敛，集聚与扩散并存

中国291个样本城市根据其区位情况，被分为东北、东南、环渤海、西北、西南和中部6个区域。表4—24给出了中国营商硬环境分项指标的统计性描述。

表4—24　　中国营商硬环境分项指标的统计性描述（分区域）

	统计量	交通便捷度	电力充沛度	网络信息传输速度	航运便利度	机场设施指数	自然灾害指数
东北	均值	0.671	0.503	0.266	0.609	0.237	0.814
	变异系数	0.270	0.141	0.553	0.164	0.791	0.153
东南	均值	0.469	0.632	0.476	0.722	0.402	0.555
	变异系数	0.311	0.169	0.381	0.092	0.546	0.312
环渤海	均值	0.419	0.596	0.353	0.693	0.265	0.742
	变异系数	0.261	0.094	0.493	0.074	0.941	0.238
西北	均值	0.592	0.477	0.498	0.442	0.318	0.839
	变异系数	0.264	0.243	0.368	0.293	0.646	0.154
西南	均值	0.577	0.502	0.307	0.539	0.315	0.601
	变异系数	0.242	0.164	0.543	0.179	0.622	0.203
中部	均值	0.561	0.535	0.375	0.611	0.197	0.660
	变异系数	0.227	0.129	0.493	0.074	0.948	0.147

资料来源：中国社会科学院城市与竞争力指数数据库。

由表4—24可知就中国营商硬环境的分项指标而言，对于交通便捷度指标，东北地区、西北地区、西南地区以及中部地区的均值远高于东南地区和环渤海地区，在6个区域中，东北地区地区的均值远高于其他地区；对于网络信息传输速度来说，东南地区和西北地区的均值远高于其

他地区；从航运便利度来说，受限于地理位置因素，西北和西南地区的指数均值远低于其他地区；在6个地区的自然灾害指数均值中，东北和西北的均值处于第一梯队，环渤海地区处于第二梯队，剩余地区为第三梯队。对于电力充沛度和机场设施指数来说，6个区域的差异性不强。

为了更加直观地看出中国营商硬环境的空间分布，图4—20给出了综观分区域营商硬环境的空间分布图。

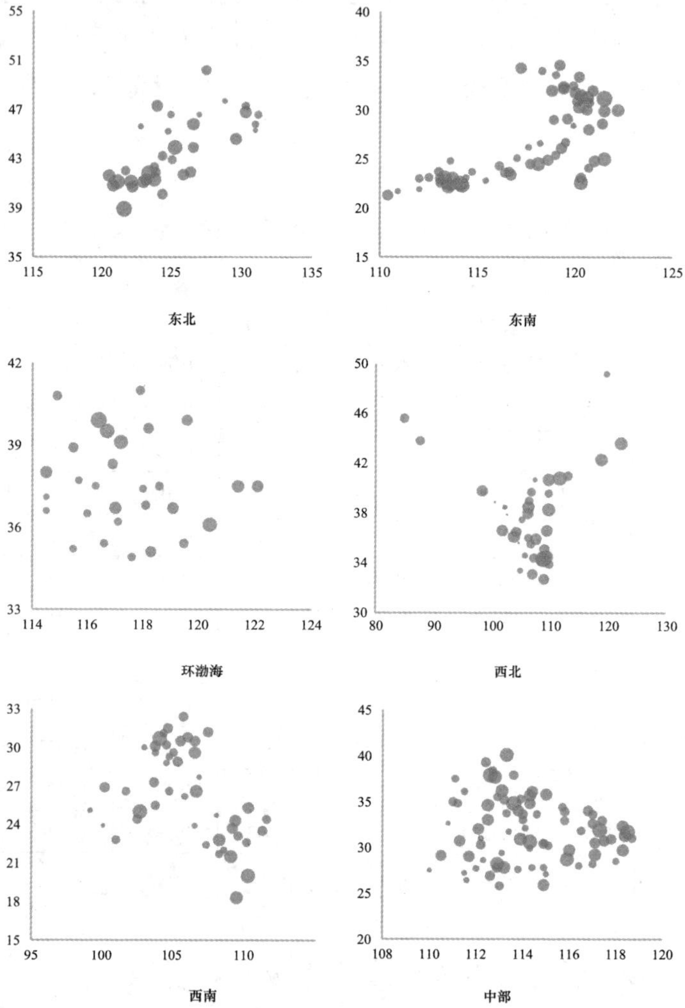

图4—20 中国分区域营商硬环境空间分布图

注：横坐标表示经度，纵坐标表示纬度。

资料来源：中国社会科学院城市与竞争力指数数据库。

由图4—20可知，中国营商硬环境在空间上集聚与扩散并存。具体而言，环渤海区域、东南沿海区域和西南地区的较发达区域分化明显，但是东北地区、西北地区和中部地区空间差异正在缩小，具有快速收敛的趋势。

三　发达地区空中运输优势不容小觑，省内差异全面缩小

受大中型城市人口密度高、交通拥堵等因素的影响，中国发达地区城市的交通便捷度分项整体低于部分欠发达地区（主要集中在西北及西南地区），但是欠发达地区的机场设施水平以及航运便利度与发达地区相比仍有较大差距。表4—25中给出了中国营商硬环境各分项指标的描述性统计。

表4—25　　中国城市营商硬环境各分项指标

	统计量	交通便捷度	电力充沛度	网络信息传输速度	航运便利度	机场设施指数	自然灾害指数
安徽	平均值	0.552	0.571	0.408	0.679	0.183	0.644
	变异系数	0.244	0.130	0.348	0.033	0.997	0.121
福建	平均值	0.479	0.571	0.313	0.718	0.401	0.442
	变异系数	0.419	0.240	0.432	0.045	0.476	0.224
甘肃	平均值	0.590	0.451	0.435	0.382	0.235	0.835
	变异系数	0.200	0.201	0.194	0.153	0.820	0.167
广东	平均值	0.506	0.627	0.386	0.716	0.377	0.490
	变异系数	0.311	0.188	0.371	0.080	0.629	0.303
广西	平均值	0.579	0.478	0.380	0.648	0.245	0.565
	变异系数	0.220	0.092	0.349	0.039	0.769	0.180
贵州	平均值	0.630	0.536	0.238	0.547	0.187	0.619
	变异系数	0.202	0.111	0.756	0.034	1.119	0.017
河北	平均值	0.429	0.562	0.325	0.680	0.265	0.765
	变异系数	0.117	0.104	0.328	0.048	0.757	0.250
河南	平均值	0.567	0.574	0.485	0.594	0.188	0.687
	变异系数	0.189	0.093	0.307	0.043	0.865	0.124

续表

	统计量	交通便捷度	电力充沛度	网络信息传输速度	航运便利度	机场设施指数	自然灾害指数
黑龙江	平均值	0.649	0.454	0.209	0.492	0.246	0.753
	变异系数	0.277	0.114	0.705	0.080	0.878	0.151
湖北	平均值	0.539	0.518	0.187	0.579	0.208	0.618
	变异系数	0.208	0.155	0.857	0.059	0.996	0.082
湖南	平均值	0.523	0.491	0.260	0.582	0.212	0.601
	变异系数	0.170	0.109	0.541	0.055	0.939	0
吉林	平均值	0.672	0.493	0.227	0.613	0.186	0.804
	变异系数	0.332	0.105	0.721	0.040	0.952	0.180
江苏	平均值	0.441	0.665	0.627	0.708	0.387	0.729
	变异系数	0.109	0.093	0.177	0.028	0.558	0.166
江西	平均值	0.603	0.493	0.405	0.619	0.191	0.601
	变异系数	0.214	0.098	0.370	0.034	1.107	0
辽宁	平均值	0.690	0.551	0.337	0.707	0.258	0.871
	变异系数	0.243	0.120	0.335	0.043	0.678	0.114
内蒙古	平均值	0.673	0.420	0.710	0.565	0.292	0.896
	变异系数	0.271	0.420	0.310	0.125	0.800	0.138
宁夏	平均值	0.661	0.523	0.538	0.458	0.224	0.812
	变异系数	0.318	0.134	0.162	0.032	0.924	0.230
山东	平均值	0.443	0.604	0.324	0.693	0.205	0.705
	变异系数	0.232	0.045	0.507	0.077	1.046	0.233
山西	平均值	0.592	0.534	0.467	0.598	0.213	0.816
	变异系数	0.324	0.090	0.412	0.053	0.996	0.134
陕西	平均值	0.514	0.503	0.353	0.486	0.444	0.819
	变异系数	0.232	0.153	0.257	0.074	0.358	0.075
四川	平均值	0.619	0.517	0.233	0.442	0.357	0.585
	变异系数	0.217	0.128	0.646	0.067	0.470	0.200
云南	平均值	0.543	0.435	0.276	0.534	0.341	0.726
	变异系数	0.162	0.244	0.474	0.066	0.730	0.167
浙江	平均值	0.461	0.634	0.579	0.728	0.412	0.566
	变异系数	0.237	0.116	0.226	0.119	0.379	0.317

资料来源：中国社会科学院城市与竞争力指数数据库。

由表4—25可以看出，中国省级营商硬环境的主要特点为：发达地区如长三角、京津冀等地区陆上交通便捷指数普遍低于欠发达地区，但是其空中运输优势较为明显。受限于地理环境及区位情况的先天条件，内陆地区的航运便利度普遍较低，不难看出，机场设施水平在区域经济发展的过程中（尤其是对于欠发达的内陆地区）显得尤为重要。

就空间差异而言，省际的电力充沛度和网络信息传输速度空间差异相对较小，但是航运便利度和机场设施指数之间的空间差异相对较大，同时相邻省份如辽宁、吉林和河北之间的差异相对较小，进而在全国层面上表现出空间收敛的趋势。

四　一线城市全面领跑，低层级营商硬环境加速分化

不同层级的城市间营商硬环境的差异较大，各层级间的区别较为明显，一线城市在绝大多数指数上遥遥领先。表4—26给出了中国不同层级间城市营商硬环境的描述性统计。

表4—26　　中国不同层级的城市营商硬环境描述性统计

	统计量	交通便捷度	电力充沛度	网络信息传输速度	航运便利度	机场设施指数	自然灾害指数	营商硬环境
一线城市	平均值	0.280	0.779	0.582	0.837	0.890	0.635	0.862
	变异系数	0.608	0.071	0.456	0.132	0.133	0.584	0.106
二线城市	平均值	0.401	0.694	0.542	0.686	0.528	0.597	0.552
	变异系数	0.332	0.112	0.322	0.148	0.315	0.387	0.219
三线城市	平均值	0.488	0.589	0.430	0.637	0.341	0.652	0.370
	变异系数	0.250	0.118	0.406	0.207	0.561	0.263	0.352
四线城市	平均值	0.609	0.497	0.326	0.576	0.210	0.694	0.224
	变异系数	0.227	0.157	0.522	0.177	0.839	0.236	0.487

资料来源：中国社会科学院城市与竞争力指数数据库。

由表4—26可知，一线城市从营商硬环境综合指标来看，与其他层级城市有着较大的优势，且各层级城市间的阶梯性较为明显。同时，随着城市层级的降低，城市间的差异性加速增加。

分项来看，除交通便捷度和自然灾害指数两项指标外，其余四项指标的均值与二线城市拉开了较大差距。具体情况如下。

1. 交通便捷度均值随着城市层级的下降，呈现出了上升趋势，且分级极为明显。同时，随着城市层级的升高，城市间的差异性加速增加，一线城市的变异系数高达 0.608。

2. 电力充沛度方面，各层级之间的指标均值呈阶梯状；且处于同等级内的城市间差异性较小。

3. 随着我国网络信息基础设施水平的提升，一二线城市间的网络信息传输速度指标均值差距不大，并与三四线城市逐步拉大了差距。同级城市间处于较大水平，差异性最大的为二线城市，变异系数为 0.322。

4. 对于航运便利度来说，一线城市的均值处于“独一档”，而二三线城市差异不大，四线城市较为落后，同级城市间差异性存在。

5. 机场设施方面，一线城市的均值呈现出压倒性优势，也是与其他层级城市差距最大的指标项。同时，随着城市层级的降低，城市间的差异性加速增加。

6. 对于自然灾害指数来说，各层级城市间的区别不大。同时，随着城市层级的升高，城市间的差异性加速增加，一线城市的变异系数高达 0.584。

五　长三角与珠三角城市群保持领先，与京津冀城市群的差距逐渐拉开，海峡西岸城市群继续稳步提升

2021 年中国城市群营商硬环境继续延续去年的趋势。

1. 以长三角和珠三角为首的世界级城市群在多项指标上均处于领先或绝对垄断地位。其中，长三角的电力充沛度、网络信息传输速度、航运便利度均排名第一，其余指标也处于领先位置。而珠三角的多项指标也处于国内领先位置。

2. 而作为另一个世界级城市圈的京津冀城市群，除在自然灾害指数、航运便利度两个维度处于领先位置外，其余指标多为中等偏上水平，相比之下与其他两个世界级城市群差距明显。

3. 以福建的城市为主体的海峡西岸城市群继续保持其 2020 年的势头，向着世界级城市群奋力追赶，依托着其区位优势，其航运便利度指

数与长三角城市群并列第一，且变异系数低于长三角城市群。

表4—27　　各城市圈营商硬环境核心要素描述性统计

	统计量	交通便捷度	电力充沛度	网络信息传输速度	航运便利度	机场设施指数	自然灾害指数	营商硬环境
京津冀	平均值	0.386	0.587	0.398	0.693	0.344	0.768	0.407
	变异系数	0.306	0.139	0.480	0.077	0.841	0.238	0.541
珠三角	平均值	0.481	0.637	0.405	0.721	0.364	0.487	0.418
	变异系数	0.325	0.193	0.360	0.084	0.700	0.297	0.563
长三角	平均值	0.431	0.662	0.606	0.722	0.432	0.640	0.505
	变异系数	0.257	0.105	0.199	0.105	0.499	0.256	0.313
中原	平均值	0.546	0.575	0.483	0.596	0.174	0.687	0.259
	变异系数	0.196	0.093	0.334	0.035	1.013	0.129	0.438
成渝	平均值	0.565	0.538	0.264	0.446	0.360	0.569	0.248
	变异系数	0.301	0.124	0.651	0.065	0.482	0.193	0.515
山东半岛	平均值	0.433	0.604	0.330	0.691	0.229	0.681	0.343
	变异系数	0.244	0.047	0.532	0.079	0.955	0.230	0.445
南昌城市群	平均值	0.543	0.490	0.370	0.618	0.181	0.601	0.212
	变异系数	0.142	0.134	0.483	0.035	1.247	0.000	0.716
武汉城市群	平均值	0.521	0.526	0.190	0.584	0.225	0.603	0.233
	变异系数	0.188	0.151	0.882	0.053	0.921	0.012	0.579
长沙城市群	平均值	0.526	0.509	0.256	0.578	0.232	0.601	0.223
	变异系数	0.185	0.109	0.610	0.036	0.891	0.000	0.611
合肥城市群	平均值	0.526	0.577	0.324	0.668	0.123	0.657	0.258
	变异系数	0.239	0.100	0.360	0.025	1.381	0.134	0.429
海峡西岸	平均值	0.457	0.592	0.326	0.722	0.424	0.422	0.412
	变异系数	0.443	0.218	0.423	0.043	0.448	0.199	0.448
北部湾	平均值	0.554	0.481	0.399	0.641	0.262	0.557	0.250
	变异系数	0.230	0.099	0.332	0.039	0.780	0.206	0.532
辽中南	平均值	0.640	0.566	0.336	0.706	0.304	0.857	0.404
	变异系数	0.218	0.093	0.416	0.053	0.611	0.114	0.369
关中平原	平均值	0.470	0.508	0.322	0.477	0.460	0.800	0.341
	变异系数	0.148	0.170	0.199	0.066	0.375	0.000	0.426

续表

	统计量	交通便捷度	电力充沛度	网络信息传输速度	航运便利度	机场设施指数	自然灾害指数	营商硬环境
晋中	平均值	0.581	0.534	0.396	0.588	0.254	0.772	0.288
	变异系数	0.249	0.116	0.434	0.054	0.871	0.100	0.564

资料来源：中国社会科学院城市与竞争力指数数据库。

六 核心要素分析：机场设施指数和网络信息传输速度决定城市发展水平，电力充沛度和航运便利度空间差异性不大

中国城市营商硬环境的差异性主要体现在机场设施指数和网络信息传输速度方面。在中国城市营商硬环境的各分项指标中，机场设施指数和网络信息传输速度的变异系数高达0.764和0.499，成为城市营商硬环境空间差异的重要因素。因此，网络信息传输速度和机场设施在决定城市未来的发展方面将起到至关重要的作用。

同时，随着我国经济社会的高速发展，电力充沛度和航运便利度的变异系数在六项指标中较低，分别为0.195和0.198。其均值分别为0.548和0.609，相对较高。说明我国各城市的两项指标发展较好，且空间差异性较小。

表4—28 中国城市营商硬环境核心要素描述性统计

	交通便捷度	电力充沛度	网络信息传输速度	航运便利度	机场设施指数	自然灾害指数
平均值	0.549	0.548	0.382	0.609	0.294	0.671
变异系数	0.289	0.195	0.499	0.198	0.764	0.272

资料来源：中国社会科学院城市与竞争力指数数据库。

七 中国城市营商硬环境竞争力

表4—29 2021年291个城市营商硬环境竞争力指数及排名

	省（市、自治区）	指数	排名		省（市、自治区）	指数	排名
上海	上海	1	1	泸州	四川	0.284	147
深圳	广东	0.942	2	绵阳	四川	0.282	148

续表

	省（市、自治区）	指数	排名		省（市、自治区）	指数	排名
香港	香港	0.844	3	池州	安徽	0.281	149
北京	北京	0.833	4	淄博	山东	0.281	150
广州	广东	0.795	5	安康	陕西	0.277	151
高雄	台湾	0.794	6	白银	甘肃	0.273	152
厦门	福建	0.770	7	昭通	云南	0.271	153
台北	台湾	0.760	8	吉林	吉林	0.271	154
澳门	澳门	0.753	9	淮北	安徽	0.270	155
东莞	广东	0.753	10	宿迁	江苏	0.269	156
苏州	江苏	0.718	11	汉中	陕西	0.269	157
廊坊	河北	0.695	12	丹东	辽宁	0.261	158
无锡	江苏	0.665	13	梧州	广西	0.261	159
青岛	山东	0.660	14	铜陵	安徽	0.259	160
舟山	浙江	0.657	15	铜川	陕西	0.257	161
天津	天津	0.649	16	东营	山东	0.256	162
西安	陕西	0.623	17	淮安	江苏	0.253	163
杭州	浙江	0.601	18	湘潭	湖南	0.248	164
宁波	浙江	0.599	19	广元	四川	0.246	165
成都	四川	0.593	20	衡阳	湖南	0.244	166
昆明	云南	0.583	21	蚌埠	安徽	0.242	167
南京	江苏	0.582	22	玉溪	云南	0.240	168
大连	辽宁	0.575	23	龙岩	福建	0.239	169
中山	广东	0.559	24	淮南	安徽	0.238	170
沈阳	辽宁	0.552	25	鄂州	湖北	0.238	171
常州	江苏	0.548	26	河源	广东	0.237	172
新竹	台湾	0.545	27	抚顺	辽宁	0.236	173
海口	海南	0.539	28	朔州	山西	0.235	174
郑州	河南	0.531	29	漯河	河南	0.235	175
珠海	广东	0.530	30	枣庄	山东	0.235	176
太原	山西	0.523	31	曲靖	云南	0.234	177
马鞍山	安徽	0.523	32	荆州	湖北	0.227	178
烟台	山东	0.521	33	济宁	山东	0.227	179

续表

	省（市、自治区）	指数	排名		省（市、自治区）	指数	排名
扬州	江苏	0. 521	34	黑河	黑龙江	0. 226	180
徐州	江苏	0. 521	35	韶关	广东	0. 224	181
汕头	广东	0. 519	36	资阳	四川	0. 223	182
锦州	辽宁	0. 517	37	聊城	山东	0. 221	183
合肥	安徽	0. 517	38	焦作	河南	0. 220	184
镇江	江苏	0. 516	39	贵港	广西	0. 220	185
温州	浙江	0. 512	40	泰安	山东	0. 219	186
南通	江苏	0. 506	41	克拉玛依	新疆	0. 217	187
武汉	湖北	0. 504	42	贺州	广西	0. 216	188
福州	福建	0. 502	43	乌兰察布	内蒙古	0. 214	189
石家庄	河北	0. 500	44	滨州	山东	0. 214	190
济南	山东	0. 499	45	亳州	安徽	0. 213	191
佛山	广东	0. 497	46	四平	吉林	0. 212	192
连云港	江苏	0. 494	47	阳泉	山西	0. 211	193
呼和浩特	内蒙古	0. 487	48	乌鲁木齐	新疆	0. 211	194
盐城	江苏	0. 483	49	铁岭	辽宁	0. 209	195
长春	吉林	0. 483	50	宿州	安徽	0. 208	196
泉州	福建	0. 481	51	内江	四川	0. 205	197
绍兴	浙江	0. 475	52	菏泽	山东	0. 202	198
台州	浙江	0. 467	53	德州	山东	0. 202	199
本溪	辽宁	0. 466	54	普洱	云南	0. 200	200
金华	浙江	0. 464	55	玉林	广西	0. 200	201
湛江	广东	0. 462	56	阜新	辽宁	0. 199	202
潍坊	山东	0. 460	57	三门峡	河南	0. 199	203
大同	山西	0. 459	58	攀枝花	四川	0. 197	204
威海	山东	0. 459	59	运城	山西	0. 196	205
南昌	江西	0. 456	60	宝鸡	陕西	0. 195	206
咸阳	陕西	0. 456	61	惠州	广东	0. 195	207
漳州	福建	0. 445	62	郴州	湖南	0. 193	208
长沙	湖南	0. 444	63	德阳	四川	0. 192	209

续表

	省（市、自治区）	指数	排名		省（市、自治区）	指数	排名
晋中	山西	0.442	64	三明	福建	0.190	210
三亚	海南	0.442	65	商洛	陕西	0.190	211
台南	台湾	0.442	66	乌海	内蒙古	0.189	212
江门	广东	0.441	67	阜阳	安徽	0.189	213
盘锦	辽宁	0.435	68	新乡	河南	0.188	214
北海	广西	0.431	69	衡水	河北	0.187	215
贵阳	贵州	0.425	70	六盘水	贵州	0.185	216
揭阳	广东	0.420	71	商丘	河南	0.180	217
嘉兴	浙江	0.418	72	宣城	安徽	0.180	218
潮州	广东	0.417	73	石嘴山	宁夏	0.179	219
榆林	陕西	0.409	74	辽源	吉林	0.178	220
南宁	广西	0.408	75	驻马店	河南	0.175	221
湖州	浙江	0.407	76	忻州	山西	0.174	222
临沂	山东	0.407	77	南平	福建	0.173	223
秦皇岛	河北	0.405	78	固原	宁夏	0.170	224
长治	山西	0.405	79	六安	安徽	0.170	225
通辽	内蒙古	0.401	80	平凉	甘肃	0.169	226
洛阳	河南	0.394	81	汕尾	广东	0.167	227
芜湖	安徽	0.393	82	防城港	广西	0.167	228
孝感	湖北	0.391	83	邯郸	河北	0.166	229
赤峰	内蒙古	0.391	84	黄石	湖北	0.164	230
衢州	浙江	0.390	85	鄂尔多斯	内蒙古	0.164	231
重庆	重庆	0.389	86	鹤岗	黑龙江	0.163	232
唐山	河北	0.383	87	晋城	山西	0.161	233
株洲	湖南	0.381	88	平顶山	河南	0.159	234
包头	内蒙古	0.379	89	周口	河南	0.157	235
渭南	陕西	0.377	90	鹰潭	江西	0.156	236
景德镇	江西	0.376	91	自贡	四川	0.153	237
鞍山	辽宁	0.375	92	茂名	广东	0.153	238
柳州	广西	0.368	93	崇左	广西	0.151	239

续表

	省（市、自治区）	指数	排名		省（市、自治区）	指数	排名
鹤壁	河南	0. 366	94	乐山	四川	0. 151	240
银川	宁夏	0. 366	95	吕梁	山西	0. 149	241
沧州	河北	0. 362	96	双鸭山	黑龙江	0. 148	242
辽阳	辽宁	0. 362	97	阳江	广东	0. 147	243
桂林	广西	0. 361	98	丽水	浙江	0. 144	244
兰州	甘肃	0. 360	99	邢台	河北	0. 144	245
滁州	安徽	0. 355	100	萍乡	江西	0. 134	246
哈尔滨	黑龙江	0. 354	101	抚州	江西	0. 133	247
黄山	安徽	0. 353	102	新余	江西	0. 132	248
葫芦岛	辽宁	0. 352	103	钦州	广西	0. 130	249
宁德	福建	0. 351	104	临汾	山西	0. 129	250
朝阳	辽宁	0. 350	105	七台河	黑龙江	0. 128	251
梅州	广东	0. 348	106	安顺	贵州	0. 124	252
保定	河北	0. 348	107	大庆	黑龙江	0. 122	253
清远	广东	0. 348	108	宜春	江西	0. 122	254
九江	江西	0. 346	109	黄冈	湖北	0. 122	255
延安	陕西	0. 344	110	上饶	江西	0. 121	256
濮阳	河南	0. 339	111	咸宁	湖北	0. 121	257
泰州	江苏	0. 336	112	信阳	河南	0. 118	258
莆田	福建	0. 336	113	宜宾	四川	0. 115	259
赣州	江西	0. 335	114	娄底	湖南	0. 114	260
西宁	青海	0. 335	115	中卫	宁夏	0. 107	261
佳木斯	黑龙江	0. 328	116	雅安	四川	0. 103	262
安阳	河南	0. 327	117	松原	吉林	0. 101	263
庆阳	甘肃	0. 327	118	岳阳	湖南	0. 099	264
南阳	河南	0. 326	119	呼伦贝尔	内蒙古	0. 098	265
牡丹江	黑龙江	0. 326	120	天水	甘肃	0. 097	266
张家口	河北	0. 326	121	酒泉	甘肃	0. 095	267
来宾	广西	0. 324	122	随州	湖北	0. 092	268
台中	台湾	0. 323	123	吉安	江西	0. 091	269

续表

	省（市、自治区）	指数	排名		省（市、自治区）	指数	排名
眉山	四川	0. 323	124	永州	湖南	0. 09	270
营口	辽宁	0. 321	125	益阳	湖南	0. 09	271
齐齐哈尔	黑龙江	0. 318	126	百色	广西	0. 089	272
襄阳	湖北	0. 317	127	陇南	甘肃	0. 089	273
嘉峪关	甘肃	0. 316	128	荆门	湖北	0. 085	274
开封	河南	0. 313	129	白城	吉林	0. 084	275
肇庆	广东	0. 311	130	遵义	贵州	0. 079	276
常德	湖南	0. 311	131	保山	云南	0. 078	277
吴忠	宁夏	0. 308	132	邵阳	湖南	0. 077	278
许昌	河南	0. 306	133	伊春	黑龙江	0. 075	279
通化	吉林	0. 299	134	绥化	黑龙江	0. 073	280
宜昌	湖北	0. 298	135	金昌	甘肃	0. 067	281
遂宁	四川	0. 297	136	河池	广西	0. 065	282
日照	山东	0. 297	137	巴彦淖尔	内蒙古	0. 062	283
白山	吉林	0. 295	138	鸡西	黑龙江	0. 061	284
广安	四川	0. 294	139	十堰	湖北	0. 061	285
承德	河北	0. 294	140	怀化	湖南	0. 061	286
张家界	湖南	0. 293	141	临沧	云南	0. 052	287
安庆	安徽	0. 289	142	张掖	甘肃	0. 014	288
南充	四川	0. 287	143	定西	甘肃	0. 014	289
达州	四川	0. 287	144	武威	甘肃	0. 011	290
丽江	云南	0. 286	145	巴中	四川	0	291
云浮	广东	0. 285	146	—	—	—	—

第五节　中国城市营商软环境竞争力报告

营商环境是企业投资兴业的土壤，也是城市竞争力的重要指标，其内核在于为企业的生产、运营和开展商业活动提供优良的制度环境和硬件条件。相对于基础设施等“硬环境”，一地的治安、政务、法制、市场与人文环境等，是发展的“软环境”。本报告的营商软环境指标，从社会安全指数、市场化指数、开放度指数、产权保护指数、大学指数以及经商便利度指数六个方面衡量一个城市的营商软环境建设，具体指标体系及数据来源如表4—30所示。

表4—30　　　　中国城市营商软环境指标体系

营商软环境	社会安全指数	犯罪率数据	Numbeo 网站
	市场化指数	经济自由度指数经航线数及人均 GDP 修正	各城市人民检察院工作报告 经济自由度报告 网站查取计算 经济学人智库（EIU）全球城市数据库
	开放度指数	星巴克、麦当劳、沃尔玛数量计算	地图爬虫数据
	产权保护指数	国际产权保护报告经城市产权关键词修正	国际产权保护报告 城市关键词爬虫
	大学指数	各城市最好大学排名分类打分并经城市大学数量调整	Webometrics 网站查取 地图爬虫数据
	经商便利度指数	世界银行营商环境指数经航线数调整	世界银行 网站查取计算

中国城市营商软环境的评估结果表明：近年来各级政府在优化营商环境方面的努力取得突出成效，中国城市整体营商软环境明显提升，但区域差距依然显著，东部地区领跑全国，西南上升，东北掉队；西部环境明显优化的同时北方正大幅改善；从分项指标来看，各分项具有明显的差异，表现相对较弱的社会安全与市场化基本维持去年的水平，而开放度、经商便利度、大学和产权保护四个方面则均有显著进步，六个分项中“四进两稳”拉动营商软环境整体水平的大幅上升；从城市群维度来看，城市群城市的营商软环境依然显著高于非城市群城市，但城市群之间水平存在差异，且面临非城市群城市的快速追赶。

一　整体快速提升下区域差异依然显著

近年来，从中央到地方，各级政府均高度重视营商环境建设工作，习近平总书记多次指出要“以优化营商环境为基础，全面深化改革”，强调“营商环境只有更好，没有最好”。在此背景下，2021 年度中国城市营商软环境相较于 2019 年和 2020 年继续提高，全国均值水平从 2019 年的 0.245，上升到 2020 年的 0.324 和 2021 年的 0.347。从整体格局来看，东部地区城市营商软环境领跑全国，西南上升，东北掉队。2021 年营商软环境 20 强城市为：北京、香港、上海、台北、杭州、深圳、广州、南京、武汉、天津、西安、成都、青岛、济南、长沙、重庆、厦门、大连、合肥、珠海（见表 4—31）。从区域分布看，东部地区城市占据 13 席，中部和西部地区城市各占据 3 席，东北地区占据 1 席。从数量变化上看，重庆上升 6 名为西部城市争得一席，沈阳跌出前 20，东北仅余大连一城。同时，南部城市营商软环境高于北部城市，在前 20 名城市中，南部地区城市占据 14 席，南北差距明显。

表 4—31　　营商软环境 20 强城市分布

	城市	省份	指数	2021 年排名
环渤海	北京	北京	1.000	1
港澳台	香港	香港	0.999	2
东南	上海	上海	0.940	3
港澳台	台北	台湾	0.925	4
东南	杭州	浙江	0.847	5
东南	深圳	广东	0.835	6
东南	广州	广东	0.822	7
东南	南京	江苏	0.791	8
中部	武汉	湖北	0.780	9
环渤海	天津	天津	0.755	10
西北	西安	陕西	0.754	11
西南	成都	四川	0.753	12
环渤海	青岛	山东	0.734	13
环渤海	济南	山东	0.732	14
中部	长沙	湖南	0.731	15
西南	重庆	重庆	0.730	16
东南	厦门	福建	0.720	17

续表

	城市	省份	指数	2021 年排名
东北	大连	辽宁	0.703	18
中部	合肥	安徽	0.681	19
东南	珠海	广东	0.677	20

资料来源：本报告研究整理。

二 西部明显优化同时北方正大幅改善

分区域来看，东部城市占据全国百强的“半壁江山”，占比高达56%，南方城市的均值大于北方城市，表明营商软环境的“东西、南北”的双向差距依然显著（见表4—32）。从营商软环境的均值和变异系数来看，仅有东部城市的均值高于全国城市平均水平0.347，中部、西部和东北城市均低于全国平均水平，且东部和中部城市的变异系数较大，城市间差异显著，而东北地区城市营商软环境的均值水平最低且变异系数最小，一定意义上表明东北进入普遍的低水平状态，亟须优化改善。对比2019年的数据来看，西部的提升最为明显，提升了65.46%，营商软环境正在优化，其次是中部，随后是东北和东部。从南北来看，北方城市的营商软环境大幅提升46.71%，快于南方，情况正在改善。

表4—32　　中国城市营商软环境的区域分布

	样本	均值	变异系数	2019—2021 年均值变化（%）	最优城市	排名
东部	93	0.456	2.282	28.72	北京	1
中部	80	0.315	2.471	50.25	武汉	9
西部	84	0.289	1.967	65.46	西安	11
东北	34	0.274	1.644	33.64	大连	18
北方	161	0.311	1.909	46.71	北京	1
南方	130	0.377	2.022	38.72	香港	2
全国	291	0.347	1.940	41.81	北京	1

资料来源：本报告研究整理。

从省级层面来看，四个直辖市及港澳台地区营商软环境的水平靠前，紧随而来的是江苏、海南、浙江、福建、广东、山东等东部沿海地区。值得注意的是，青海在过去2年营商软环境迅速提升，从2019年的0.170提升到了2021年的0.404，成为前15名中唯一的西部省份，此外，海南、澳门、贵州等省份的提升也较为显著；同时，香港和台湾均出现不同程度的下滑，其中台湾从0.773下滑到0.665，下降了14.04%，香港则由2019年的全国第1名滑落至第2名（见图4—21）。

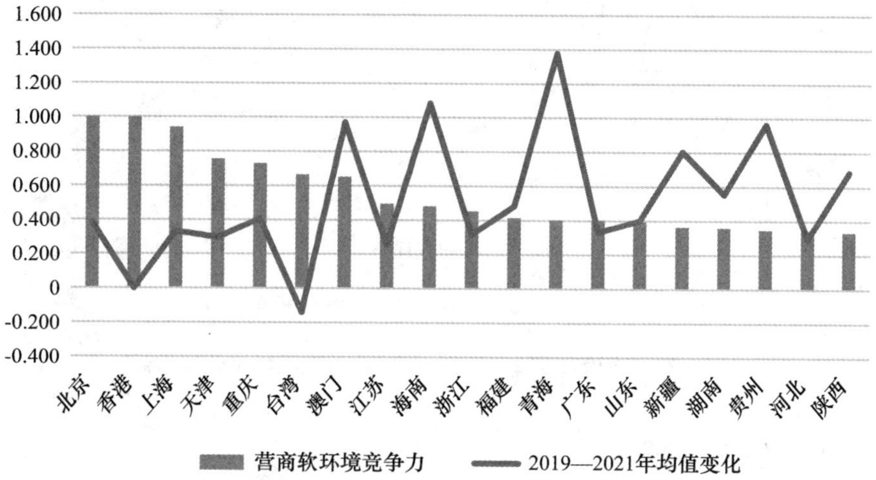

图4—21　2021年中国省级营商软环境Top 20及3年均值变化

三　六大分项“四进两稳”拉动整体提升

从营商软环境的分项指标来看，各个分项因素具有明显的差异。图4—22基于雷达图展示了2020年和2021年中国城市营商软环境在社会安全、市场化、开放度、产权保护、大学指数以及经商便利度六个分项维度上的平均得分。在上述六个维度中，得分最高的是开放度和经商便利度，其平均得分为0.965和0.957，大学指数和产权保护方面也较为出色，而市场化和社会安全则相对较弱。从两年对比来看，表现相对较弱的社会安全与市场化基本维持在2020年的水平，而其他四个方面则均出现大小不一的进步。六大分项中“四进两稳”拉动营商软环境整体水平的大幅上升。

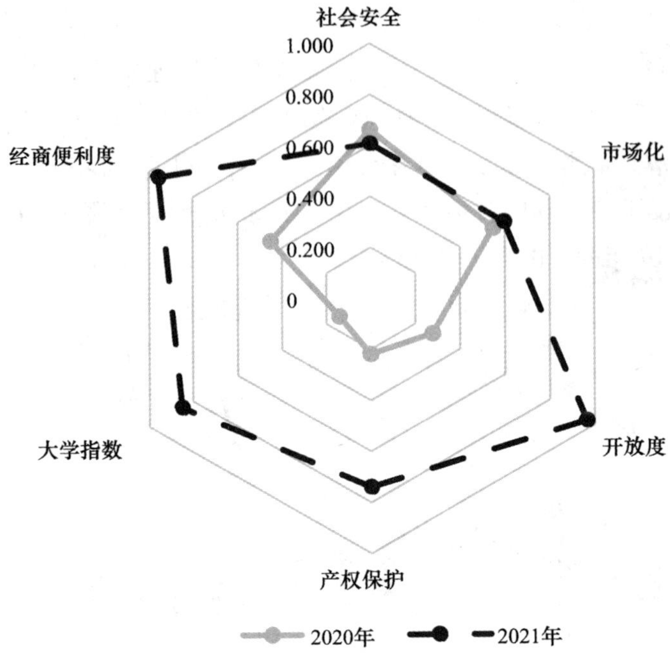

图4—22 2020年和2021年中国城市营商软环境分项指标

四 城市群领先但面临其他城市快速追赶

城市群，是城市发展到成熟阶段的最高空间组织形式，是在特定地域范围内，以1个以上特大城市为核心，由3个以上大城市为构成单元，依托发达的交通通信等基础设施网络所形成的空间组织紧凑、经济联系紧密，并最终实现高度同城化和高度一体化的城市群体。城市群是新型城镇化的主体形态，是支撑全国经济增长、促进区域协调发展、参与国际竞争合作的重要平台。

在本报告的样本城市范围内，包括沈阳城市群、成渝城市群、合肥城市群、京津冀城市群、南昌城市群、南宁城市群、山东半岛城市群、太原城市群、武汉城市群、西安城市群、长三角城市群、长沙城市群、郑州城市群、珠三角城市群14个城市群，共计159个城市。从表4—33可以发现：第一，整体来说，城市群城市的营商软环境显著高于非城市群城市，在2021年，城市群城市的营商软环境均值为0.378，而非城市群城市的这一数据只有0.311。第二，城市群之间水平存在差异，例如长三角城市群内23个城市的营商软环境均值高达0.510，而南宁城市群则仅有0.270，不但远低于城市群平均水平，还低于非城市群城市。第三，从3年变化来看，虽然城市群城市和非城市群城市在营商软环境上都有提高，但从相对增速和绝对增量水平来看，非城市群城市的增长均快于城市群城市。

表4—33　2021年城市群与非城市群城市营商软环境均值与变异系数

	样本	2021年营商软环境竞争力	变异系数	3年变化绝对值	3年变化百分比（%）
沈阳城市群	7	0.380	1.816	0.089	30.72
成渝城市群	14	0.353	2.014	0.135	62.10
合肥城市群	8	0.297	1.738	0.088	42.05
京津冀城市群	12	0.428	1.785	0.102	31.31
南昌城市群	6	0.318	2.415	0.100	45.60
南宁城市群	11	0.270	1.909	0.093	52.88
山东半岛城市群	10	0.386	1.954	0.091	30.67
太原城市群	6	0.336	2.898	0.155	85.76
武汉城市群	11	0.316	1.804	0.081	34.18
西安城市群	8	0.344	1.954	0.122	55.30
长三角城市群	23	0.510	2.776	0.111	27.84
长沙城市群	8	0.407	2.626	0.137	50.68
郑州城市群	14	0.311	2.551	0.088	39.47
珠三角城市群	21	0.413	2.294	0.102	32.75
城市群城市	159	0.378	2.068	0.106	38.77
非城市群城市	132	0.311	1.849	0.099	46.50

资料来源：本报告研究整理。

在营商软环境的分项指标上，图4—23给出了城市群城市和非城市群城市在社会安全、市场化、开放度、产权保护、大学指数以及经商便利度六项营商软环境指标方面的均值对比。从图4—23可知在城市营商软环境各分项指标中，基本遵循城市群城市得分 > 全国平均 > 非城市群城市的关系，三者在图形上呈现出一种包围形态。具体来说，在社会安全、市场化、产权保护方面非城市群城市与城市群城市水平接近，差距主要体现在开放度、大学指数和经商便利度方面。

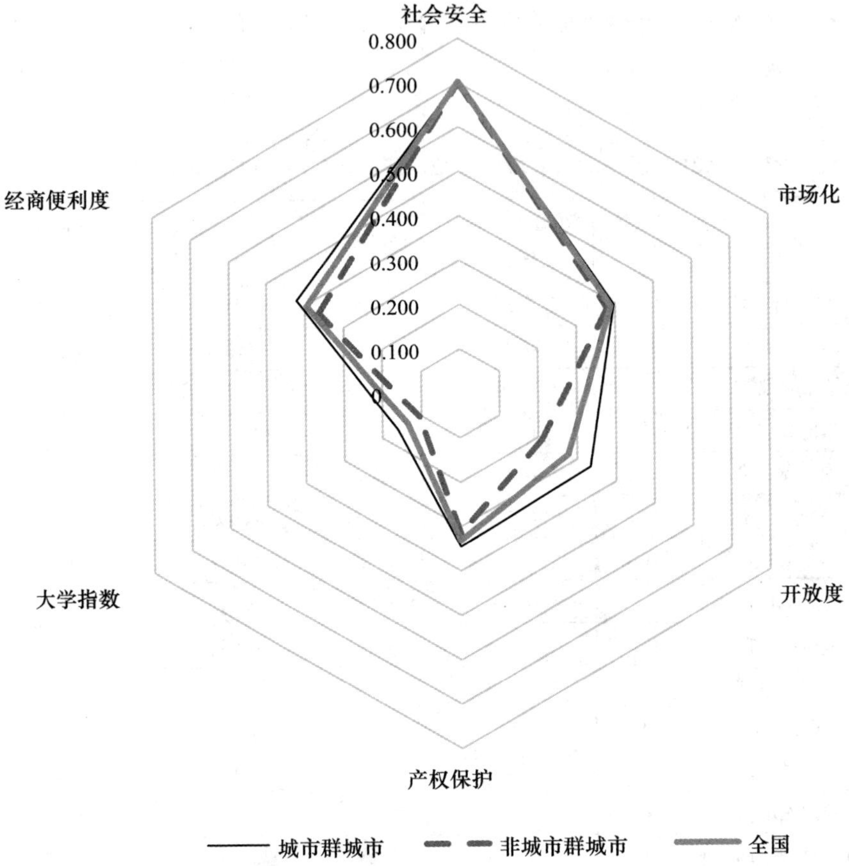

图4—23 城市群城市与非城市群城市营商软环境分项指标对比

五 中国城市营商软环境竞争力

表4—34 2021年291个城市营商软环境竞争力指数及排名

	省（市、自治区）	指数	排名		省（市、自治区）	指数	排名
北京	北京	1.000	1	自贡	四川	0.294	147
香港	香港	0.999	2	张家口	河北	0.293	148

续表

	省（市、自治区）	指数	排名		省（市、自治区）	指数	排名
上海	上海	0.940	3	三明	福建	0.293	149
台北	台湾	0.925	4	阳江	广东	0.292	150
杭州	浙江	0.847	5	鹤壁	河南	0.291	151
深圳	广东	0.835	6	莆田	福建	0.289	152
广州	广东	0.822	7	长治	山西	0.283	153
南京	江苏	0.791	8	九江	江西	0.283	154
武汉	湖北	0.780	9	曲靖	云南	0.283	155
天津	天津	0.755	10	乐山	四川	0.282	156
西安	陕西	0.754	11	台州	浙江	0.281	157
成都	四川	0.753	12	广元	四川	0.279	158
青岛	山东	0.734	13	蚌埠	安徽	0.279	159
济南	山东	0.732	14	龙岩	福建	0.279	160
长沙	湖南	0.731	15	南平	福建	0.279	161
重庆	重庆	0.730	16	鞍山	辽宁	0.278	162
厦门	福建	0.720	17	雅安	四川	0.277	163
大连	辽宁	0.703	18	德阳	四川	0.277	164
合肥	安徽	0.681	19	焦作	河南	0.276	165
珠海	广东	0.677	20	本溪	辽宁	0.276	166
高雄	台湾	0.664	21	锦州	辽宁	0.276	167
郑州	河南	0.663	22	荆州	湖北	0.274	168
哈尔滨	黑龙江	0.662	23	益阳	湖南	0.271	169
苏州	江苏	0.660	24	保山	云南	0.269	170
澳门	澳门	0.652	25	德州	山东	0.268	171
沈阳	辽宁	0.644	26	白山	吉林	0.267	172
宁波	浙江	0.641	27	通辽	内蒙古	0.267	173
无锡	江苏	0.633	28	新乡	河南	0.263	174
昆明	云南	0.627	29	许昌	河南	0.262	175
台中	台湾	0.617	30	中卫	宁夏	0.261	176
福州	福建	0.615	31	赤峰	内蒙古	0.261	177
长春	吉林	0.610	32	铜陵	安徽	0.261	178

续表

	省（市、自治区）	指数	排名		省（市、自治区）	指数	排名
常州	江苏	0.584	33	上饶	江西	0.258	179
新竹	台湾	0.583	34	淮南	安徽	0.258	180
扬州	江苏	0.576	35	齐齐哈尔	黑龙江	0.257	181
南昌	江西	0.573	36	黄冈	湖北	0.257	182
泉州	福建	0.572	37	乌海	内蒙古	0.257	183
太原	山西	0.565	38	鄂州	湖北	0.256	184
南宁	广西	0.562	39	汉中	陕西	0.256	185
烟台	山东	0.549	40	梧州	广西	0.255	186
威海	山东	0.544	41	邢台	河北	0.254	187
温州	浙江	0.538	42	怀化	湖南	0.253	188
南通	江苏	0.536	43	渭南	陕西	0.252	189
台南	台湾	0.535	44	娄底	湖南	0.252	190
贵阳	贵州	0.535	45	牡丹江	黑龙江	0.252	191
呼和浩特	内蒙古	0.526	46	六盘水	贵州	0.250	192
兰州	甘肃	0.521	47	宁德	福建	0.250	193
东莞	广东	0.518	48	三门峡	河南	0.249	194
绍兴	浙江	0.511	49	丹东	辽宁	0.247	195
海口	海南	0.510	50	平顶山	河南	0.246	196
石家庄	河北	0.508	51	内江	四川	0.245	197
徐州	江苏	0.504	52	周口	河南	0.243	198
宜昌	湖北	0.496	53	巴中	四川	0.243	199
吉林	吉林	0.495	54	钦州	广西	0.240	200
佛山	广东	0.493	55	咸宁	湖北	0.239	201
廊坊	河北	0.490	56	云浮	广东	0.239	202
湘潭	湖南	0.483	57	宣城	安徽	0.238	203
桂林	广西	0.481	58	忻州	山西	0.237	204
汕头	广东	0.479	59	北海	广西	0.236	205
惠州	广东	0.464	60	茂名	广东	0.236	206
三亚	海南	0.455	61	商洛	陕西	0.234	207
盐城	江苏	0.454	62	松原	吉林	0.234	208

续表

	省（市、自治区）	指数	排名		省（市、自治区）	指数	排名
漳州	福建	0.449	63	漯河	河南	0.234	209
绵阳	四川	0.446	64	襄阳	湖北	0.233	210
株洲	湖南	0.442	65	丽水	浙江	0.233	211
马鞍山	安徽	0.439	66	汕尾	广东	0.232	212
鄂尔多斯	内蒙古	0.434	67	安康	陕西	0.232	213
东营	山东	0.434	68	铜川	陕西	0.231	214
湛江	广东	0.431	69	河源	广东	0.231	215
乌鲁木齐	新疆	0.430	70	郴州	湖南	0.231	216
镇江	江苏	0.426	71	营口	辽宁	0.229	217
洛阳	河南	0.425	72	眉山	四川	0.228	218
包头	内蒙古	0.425	73	昭通	云南	0.228	219
嘉兴	浙江	0.423	74	白银	甘肃	0.225	220
遵义	贵州	0.416	75	萍乡	江西	0.225	221
咸阳	陕西	0.412	76	庆阳	甘肃	0.225	222
连云港	江苏	0.412	77	阳泉	山西	0.224	223
舟山	浙江	0.410	78	黄石	湖北	0.224	224
唐山	河北	0.408	79	遂宁	四川	0.223	225
泰安	山东	0.407	80	六安	安徽	0.222	226
西宁	青海	0.404	81	滨州	山东	0.220	227
中山	广东	0.401	82	辽阳	辽宁	0.219	228
衡阳	湖南	0.400	83	宿迁	江苏	0.216	229
十堰	湖北	0.398	84	晋城	山西	0.214	230
银川	宁夏	0.397	85	广安	四川	0.214	231
岳阳	湖南	0.395	86	濮阳	河南	0.214	232
湖州	浙江	0.393	87	聊城	山东	0.214	233
潍坊	山东	0.391	88	商丘	河南	0.213	234
临沂	山东	0.390	89	巴彦淖尔	内蒙古	0.212	235
柳州	广西	0.386	90	承德	河北	0.207	236
秦皇岛	河北	0.384	91	葫芦岛	辽宁	0.206	237
盘锦	辽宁	0.384	92	佳木斯	黑龙江	0.205	238

续表

	省（市、自治区）	指数	排名		省（市、自治区）	指数	排名
常德	湖南	0.383	93	玉林	广西	0.205	239
滁州	安徽	0.382	94	资阳	四川	0.204	240
保定	河北	0.382	95	嘉峪关	甘肃	0.199	241
南阳	河南	0.378	96	荆门	湖北	0.198	242
大同	山西	0.377	97	鸡西	黑龙江	0.197	243
芜湖	安徽	0.375	98	阜新	辽宁	0.195	244
泸州	四川	0.372	99	随州	湖北	0.194	245
金华	浙江	0.370	100	定西	甘肃	0.194	246
大庆	黑龙江	0.368	101	张掖	甘肃	0.194	247
江门	广东	0.368	102	菏泽	山东	0.193	248
抚顺	辽宁	0.364	103	石嘴山	宁夏	0.193	249
黄山	安徽	0.364	104	枣庄	山东	0.193	250
衢州	浙江	0.355	105	抚州	江西	0.190	251
邯郸	河北	0.354	106	贵港	广西	0.189	252
济宁	山东	0.354	107	防城港	广西	0.188	253
淄博	山东	0.353	108	金昌	甘肃	0.188	254
丽江	云南	0.349	109	通化	吉林	0.188	255
榆林	陕西	0.348	110	朔州	山西	0.187	256
宜宾	四川	0.347	111	永州	湖南	0.187	257
南充	四川	0.346	112	黑河	黑龙江	0.187	258
运城	山西	0.345	113	绥化	黑龙江	0.184	259
肇庆	广东	0.345	114	安顺	贵州	0.184	260
赣州	江西	0.342	115	天水	甘肃	0.184	261
泰州	江苏	0.340	116	朝阳	辽宁	0.184	262
日照	山东	0.339	117	鹰潭	江西	0.181	263
信阳	河南	0.335	118	百色	广西	0.178	264
清远	广东	0.335	119	铁岭	辽宁	0.177	265
张家界	湖南	0.333	120	梅州	广东	0.175	266
开封	河南	0.329	121	河池	广西	0.171	267
安庆	安徽	0.329	122	固原	宁夏	0.171	268

续表

	省（市、自治区）	指数	排名		省（市、自治区）	指数	排名
孝感	湖北	0.323	123	吴忠	宁夏	0.169	269
攀枝花	四川	0.322	124	驻马店	河南	0.167	270
安阳	河南	0.321	125	四平	吉林	0.166	271
阜阳	安徽	0.319	126	衡水	河北	0.165	272
呼伦贝尔	内蒙古	0.319	127	崇左	广西	0.164	273
沧州	河北	0.316	128	新余	江西	0.163	274
晋中	山西	0.314	129	辽源	吉林	0.153	275
淮安	江苏	0.314	130	来宾	广西	0.153	276
延安	陕西	0.314	131	白城	吉林	0.148	277
临汾	山西	0.314	132	酒泉	甘肃	0.146	278
池州	安徽	0.311	133	亳州	安徽	0.143	279
玉溪	云南	0.307	134	宿州	安徽	0.142	280
景德镇	江西	0.306	135	伊春	黑龙江	0.140	281
潮州	广东	0.304	136	武威	甘肃	0.139	282
吉安	江西	0.303	137	乌兰察布	内蒙古	0.138	283
揭阳	广东	0.302	138	贺州	广西	0.131	284
吕梁	山西	0.302	139	七台河	黑龙江	0.103	285
宜春	江西	0.300	140	临沧	云南	0.101	286
宝鸡	陕西	0.297	141	鹤岗	黑龙江	0.069	287
韶关	广东	0.296	142	双鸭山	黑龙江	0.046	288
克拉玛依	新疆	0.296	143	平凉	甘肃	0.036	289
淮北	安徽	0.295	144	陇南	甘肃	0.030	290
邵阳	湖南	0.294	145	普洱	云南	0.000	291
达州	四川	0.294	146	—	—	—	—

第六节　中国城市全球联系竞争力报告

伴随着经济全球化的不断加深，中国与世界的联系越来越紧密。城市作为一国经济发展的空间形态和人口聚集中心，承担着作为国际交流交往交换的重要载体的使命。本课题组使用291个中国城市的相关数据，通过航空联系度、网络热度、科研人员联系度、金融企业联系度、科技企业联系度和航运联系度这六大二级指标来计算出各城市的全球联系指数，并从区域、省域和城市群等方面展开多维度分析。

研究发现：从总体格局来看，头部城市在全球联系方面综合表现卓越；从区域角度来看，全球联系指数呈现总体"越落后、越分化"的特点；从省域角度来看，东部沿海地区全球联系指数高、分化小；从城市群角度来看，长三角城市群全球联系整体表现优异，是我国全球联系城市群的标杆；从层级角度来看，一线城市间、二线城市间全球联系分化较小。

课题组认为全球联系较弱的城市应进一步加强与外部区域在资金、信息、人才等方面的合作，强化资源要素的国际交流交往交换，逐步提升城市的全球联系。同时对于全球联系较强的城市应进一步巩固自身优势，打造全球联系的城市标杆和引领者，借助全球联系优势赋能城市更高质量发展。

一 从总体格局来看，头部城市在全球联系方面综合表现卓越

在全球联系方面，中国前10名城市发展较为强劲，平均值高达0.860。特别是上海、香港、北京和深圳，遥遥领先于其他城市。总体看，除了北京、天津和大连，其他全球联系头部城市基本处于东部沿海地区，中部和西部城市全球联系程度仍有待提升。

表4—35 2021年中国城市全球联系10强

	全球联系指数	排名		全球联系指数	排名
上海	1.000	1	天津	0.827	6
香港	0.950	2	杭州	0.814	7
北京	0.901	3	厦门	0.791	8
深圳	0.891	4	南京	0.790	9
广州	0.857	5	大连	0.778	10

资料来源：中国社会科学院城市与竞争力指数数据库。

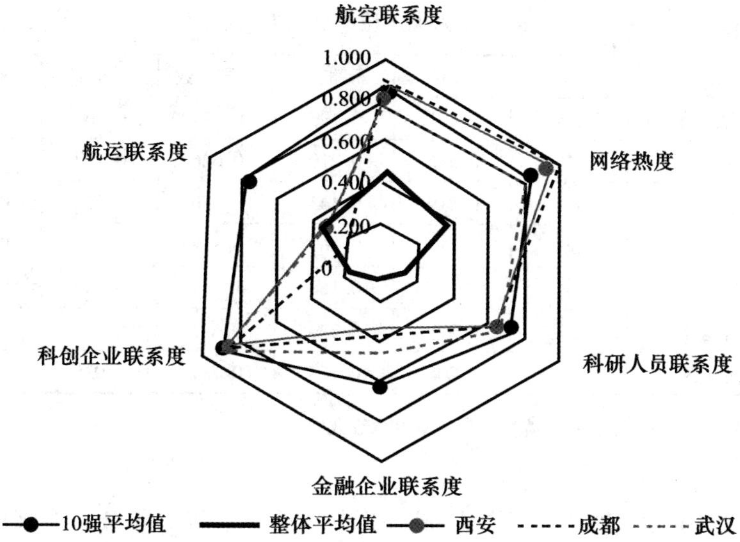

图4—24　西安、成都、武汉及10强城市整体全球联系三级指标

资料来源：中国社会科学院城市与竞争力指数数据库。

通过表4—35可以看出10强城市在各项分项指标中都处于领先地位，在航空联系度、网络热度、科研人员联系度等分项方面几乎不存在短板。中西部的武汉、西安、成都，在航运联系度、金融企业联系度方面还存在劣势，在科创企业联系度、航空联系度、科研人员联系度方面存在一定的优势。

二　从区域角度来看，东北和西北地区全球联系指数低、分化大

从中国六大区域的全球联系指数分布来看（见表4—36），东南地区和环渤海地区的全球联系指数较高，其中东北和西北地区城市的全球联系指数较低。从六大区域全球联系的空间分布差异程度的变异系数来看，西北和东北地区的变异系数较大，东南地区的变异系数最小。总体来看，全球联系水平越低的区域变异系数越大、分化越严重。特别是西北、西南和东北地区的变异系数高于全国的变异系数，说明这三个地区的全球联系差异大于全国水平。

表 4—36　　2021 年六大区域全球联系指数

	城市数目	均值	标准差	变异系数	最小值	最大值
全国（除港澳台）	284	0.251	0.193	0.770	0.000	1.000
环渤海地区	29	0.335	0.210	0.626	0.130	0.901
中部地区	80	0.219	0.143	0.650	0.073	0.732
西北地区	39	0.194	0.167	0.857	0.039	0.757
东北地区	34	0.173	0.185	1.071	0.000	0.778
东南地区	55	0.379	0.224	0.591	0.141	1.000
西南地区	47	0.208	0.164	0.789	0.035	0.740

资料来源：中国社会科学院城市与竞争力指数数据库。

同中国经济发展“南强北弱”态势一样，当前中国城市全球联系程度也存在着“南强北弱”的特点。从全球联系的平均值来看（见表 4—37），南方的平均值（0.274）略高于北方的平均值（0.224），从南北地区全球联系的变异系数看，南方城市之间的差距也略小于北方城市。同时，南方在全球联系排名靠前的城市明显多于北方。

表 4—37　　2021 年南北地区全球联系统计（除港澳台）

	区域	城市数目	均值	变异系数	排名前 10 城市数量	排名前 20 城市数量	排名前 30 城市数量
2021 年	北方	130	0.224	0.826	3	6	10
	南方	154	0.274	0.721	6	13	17

资料来源：中国社会科学院城市与竞争力指数数据库。

三　从省域角度来看，东部沿海地区全球联系指数高、分化小

从省域角度来看，东北和西部的一些省域全球联系相对偏低且省域内差别比较大。从表 4—38 可知有 13 个省（市、自治区）全球联系指数的平均值超过了全国全球联系的平均值，其中除了重庆、海南、新疆、青海，其他省域城市均位于中国的东部地区。同时，绝大部分省份全球联系指数的变异系数小于全国全球联系指数的变异系数。其中，云南、吉林、甘肃、黑龙江这四个省域城市呈现出了全球联系均值较低，而且

省域内变异系数较大的特点，说明这些省份在全球联系方面发展整体较弱，同时省域内城市分化严重。

表 4—38　　2021 年各省（市、自治区）城市全球联系排名统计

	省（市、自治区）	城市数目	全球联系均值	变异系数		省（市、自治区）	城市数目	全球联系均值	变异系数
第 1 名	上海	1	1.000	—	第 17 名	河南	17	0.231	0.629
第 2 名	北京	1	0.901	—	第 18 名	陕西	10	0.241	0.786
第 3 名	天津	1	0.827	—	第 19 名	宁夏	5	0.184	0.869
第 4 名	重庆	1	0.713	—	第 20 名	贵州	4	0.242	0.712
第 5 名	青海	1	0.398	—	第 21 名	湖南	13	0.233	0.631
第 6 名	浙江	11	0.403	0.523	第 22 名	云南	8	0.170	1.042
第 7 名	江苏	13	0.421	0.457	第 23 名	江西	11	0.203	0.719
第 8 名	海南	2	0.413	0.411	第 24 名	内蒙古	9	0.194	0.682
第 9 名	福建	9	0.350	0.655	第 25 名	吉林	8	0.154	1.145
第 10 名	广东	21	0.323	0.662	第 26 名	广西	14	0.198	0.576
第 11 名	山东	16	0.316	0.558	第 27 名	山西	11	0.185	0.704
第 12 名	河北	11	0.267	0.453	第 28 名	四川	18	0.175	0.831
第 13 名	湖北	12	0.221	0.767	第 29 名	黑龙江	12	0.119	1.371
第 14 名	新疆	2	0.311	0.945	第 30 名	甘肃	13	0.124	1.229
第 15 名	辽宁	14	0.229	0.885		全国	284	0.251	0.770
第 16 名	安徽	16	0.229	0.602		—	—	—	—

资料来源：中国社会科学院城市与竞争力指数数据库。

从整体分布来看，中国城市全球联系的核密度曲线出现明显的右偏特征，这表明大部分城市的全球联系水平均处于相对较低水平，只有极个别城市的全球联系处于较高水平，这同样也表明了中国城市全球联系指数差异比较突出。

四　从城市群角度来看，长三角城市群全球联系整体表现优异

如图 4—25 所示，从全国较为完善的 15 个城市群来看，全球联系平

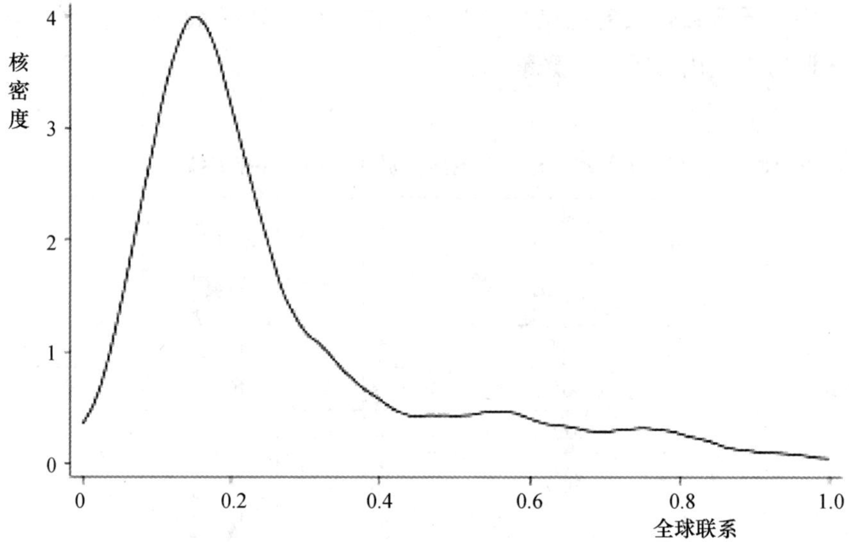

图 4—25 2021 年全球联系指数核密度分布

资料来源：中国社会科学院城市与竞争力指数数据库。

均值较高的为长三角城市群、海峡西岸城市群、京津冀城市群、珠三角城市群、山东半岛城市群，全球联系平均值较低的是晋中城市群、成渝

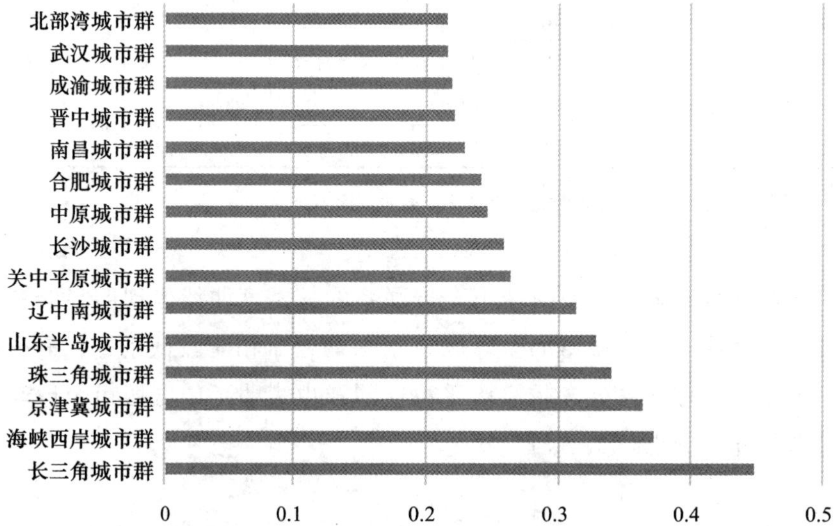

图 4—26 2021 年中国城市群全球联系平均值

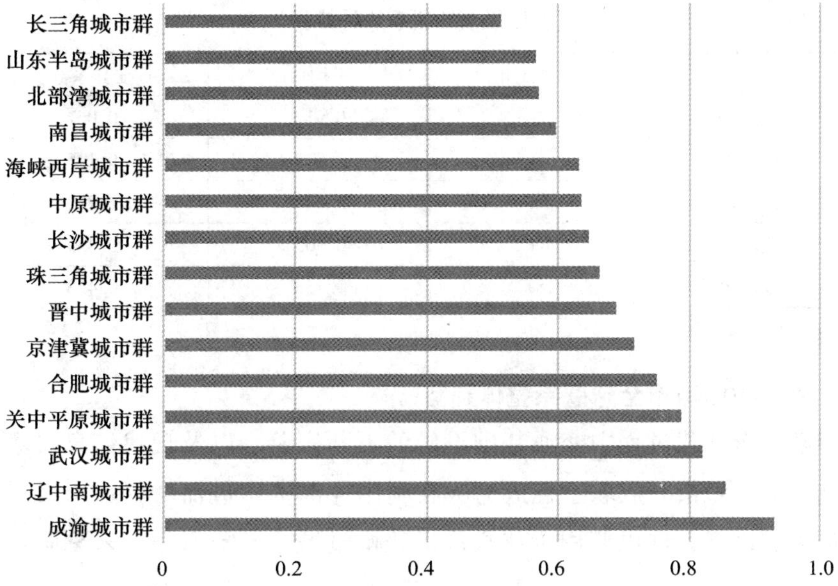

图 4—27　2021 年中国城市群全球联系变异系数

城市群、武汉城市群、北部湾城市群，总体看东部地区城市群全球联系程度较高；全球联系分化较小的城市群为长三角城市群、山东半岛城市群、北部湾城市群，全球联系分化较大的城市群为武汉城市群、辽中南城市群、成渝城市群。综合来看，全球联系平均程度高、内部城市分化小的城市群标杆是长三角城市群，山东半岛城市群全球联系平均程度较高且分化较小，京津冀城市群和珠三角城市群尽管全球联系平均程度高，但城市群内部存在较大的不均衡。

五　从层级角度来看，一线城市间、二线城市间全球联系分化较小

从层级角度来看（见表 4—39），一线城市和二线城市之间全球联系的差距较小，说明一线城市之间、二线城市之间在全球联系方面较为接近；三线城市之间、四线城市之间的差距较大，内部城市在全球联系方面分化较大。一线城市中上海、香港、北京领先优势明显，同时城市之间差距较小。

表4—39 各层级全球联系统计分析

	样本城市	平均值	变异系数
北上广深	4	0.912	0.067
一线城市	6	0.872	0.145
二线城市	35	0.604	0.202
三线城市	69	0.305	0.435
四线城市	181	0.153	0.423

六 中国城市全球联系整体趋势

随着全球化过程中交通基础设施的不断完善，以及现代信息技术的快速发展，城市开放联系性成为吸收利用外部资源进而增强城市发展活力的重要因素。这里使用全球联系指数衡量城市开放联系，来刻画城市开放联系与城市经济活力竞争力之间存在的关系。就全球联系指数而言，上海、香港、北京、深圳、广州等这些全球联系头部城市，其经济活力竞争力同样也处于较强的地位。观察全球联系指数与经济活力竞争力之间的散点图发现，两者之间存在较强的正向相关性，这也反映了一个城市的全球联系能力越强，其经济活力竞争力也相应越强。

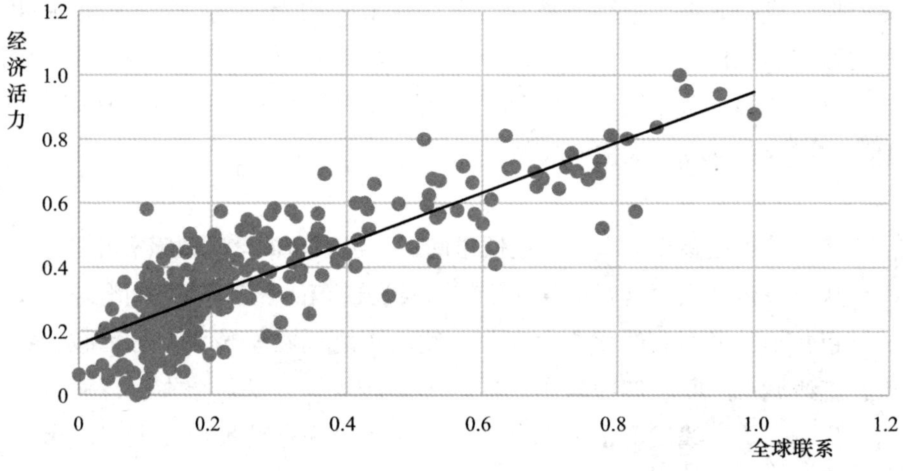

图4—28 全球联系竞争力与城市经济活力竞争力散点拟合图

资料来源：中国社会科学院城市与竞争力指数数据库。

基于上述分析，课题组认为全球联系较弱的城市应进一步加强与外部区域在资金、信息、人才等方面的合作，强化资源要素的国际交往交流交换，逐步提升城市的全球联系，通过密切的对外联系往来吸引各类优势资源集聚，塑造契合城市未来发展的比较优势，进而推动经济活力竞争力的提升。同时，全球联系较强的城市应进一步巩固自身优势，打造全球联系城市标杆和引领者，借助全球联系优势赋能城市更高质量发展，努力辐射更多区域，带动周边经济腹地发展。

七 中国城市全球联系竞争力

表 4—40　　2021 年 291 个城市全球联系竞争力指数及排名

	省（市、自治区）	指数	排名		省（市、自治区）	指数	排名
上海	上海	1.000	1	防城港	广西	0.184	147
香港	香港	0.950	2	商丘	河南	0.184	148
北京	北京	0.901	3	阳江	广东	0.183	149
深圳	广东	0.891	4	三门峡	河南	0.182	150
广州	广东	0.857	5	南平	福建	0.181	151
天津	天津	0.827	6	韶关	广东	0.181	152
杭州	浙江	0.814	7	菏泽	山东	0.180	153
厦门	福建	0.791	8	辽阳	辽宁	0.180	154
南京	江苏	0.790	9	荆州	湖北	0.180	155
大连	辽宁	0.778	10	汉中	陕西	0.179	156
苏州	江苏	0.774	11	吉安	江西	0.179	157
青岛	山东	0.772	12	临汾	山西	0.178	158
西安	陕西	0.757	13	德州	山东	0.178	159
成都	四川	0.740	14	大同	山西	0.178	160
武汉	湖北	0.732	15	营口	辽宁	0.177	161
宁波	浙江	0.724	16	蚌埠	安徽	0.176	162
重庆	重庆	0.713	17	三明	福建	0.176	163
合肥	安徽	0.689	18	开封	河南	0.174	164
福州	福建	0.680	19	达州	四川	0.172	165
郑州	河南	0.678	20	钦州	广西	0.171	166

续表

	省（市、自治区）	指数	排名		省（市、自治区）	指数	排名
长沙	湖南	0.647	21	呼伦贝尔	内蒙古	0.169	167
澳门	澳门	0.639	22	安康	陕西	0.169	168
台北	台湾	0.635	23	张家口	河北	0.167	169
哈尔滨	黑龙江	0.619	24	抚顺	辽宁	0.167	170
沈阳	辽宁	0.615	25	榆林	陕西	0.167	171
南昌	江西	0.613	26	渭南	陕西	0.165	172
兰州	甘肃	0.600	27	平顶山	河南	0.165	173
温州	浙江	0.588	28	云浮	广东	0.164	174
昆明	云南	0.585	29	吉林	吉林	0.163	175
长春	吉林	0.585	30	鹤壁	河南	0.161	176
无锡	江苏	0.571	31	攀枝花	四川	0.161	177
太原	山西	0.563	32	赤峰	内蒙古	0.161	178
济南	山东	0.537	33	梧州	广西	0.160	179
烟台	山东	0.536	34	宿迁	江苏	0.159	180
海口	海南	0.532	35	玉林	广西	0.159	181
石家庄	河北	0.529	36	怀化	湖南	0.158	182
东莞	广东	0.527	37	丹东	辽宁	0.158	183
高雄	台湾	0.521	38	长治	山西	0.156	184
乌鲁木齐	新疆	0.518	39	邵阳	湖南	0.155	185
珠海	广东	0.514	40	商洛	陕西	0.153	186
南宁	广西	0.511	41	忻州	山西	0.153	187
洛阳	河南	0.497	42	随州	湖北	0.152	188
呼和浩特	内蒙古	0.478	43	铜陵	安徽	0.150	189
贵阳	贵州	0.476	44	鞍山	辽宁	0.149	190
济宁	山东	0.462	45	齐齐哈尔	黑龙江	0.149	191
常州	江苏	0.440	46	宝鸡	陕西	0.148	192
银川	宁夏	0.432	47	郴州	湖南	0.148	193
新竹	台湾	0.430	48	吕梁	山西	0.147	194
南通	江苏	0.426	49	周口	河南	0.147	195
徐州	江苏	0.416	50	漯河	河南	0.147	196

续表

	省（市、自治区）	指数	排名		省（市、自治区）	指数	排名
扬州	江苏	0.413	51	滨州	山东	0.145	197
唐山	河北	0.413	52	九江	江西	0.144	198
西宁	青海	0.398	53	焦作	河南	0.143	199
中山	广东	0.386	54	茂名	广东	0.142	200
台南	台湾	0.386	55	晋中	山西	0.142	201
株洲	湖南	0.378	56	梅州	广东	0.141	202
泉州	福建	0.368	57	枣庄	山东	0.140	203
镇江	江苏	0.366	58	玉溪	云南	0.139	204
桂林	广西	0.364	59	六盘水	贵州	0.138	205
嘉兴	浙江	0.358	60	百色	广西	0.137	206
绍兴	浙江	0.358	61	葫芦岛	辽宁	0.137	207
汕头	广东	0.354	62	通辽	内蒙古	0.137	208
惠州	广东	0.353	63	崇左	广西	0.136	209
淄博	山东	0.346	64	广元	四川	0.135	210
包头	内蒙古	0.333	65	濮阳	河南	0.134	211
临沂	山东	0.332	66	巴中	四川	0.133	212
连云港	江苏	0.330	67	黄冈	湖北	0.133	213
黄山	安徽	0.328	68	铜川	陕西	0.132	214
舟山	浙江	0.326	69	邢台	河北	0.132	215
咸阳	陕西	0.321	70	衡水	河北	0.130	216
漳州	福建	0.318	71	黄石	湖北	0.129	217
湛江	广东	0.316	72	晋城	山西	0.129	218
台州	浙江	0.313	73	咸宁	湖北	0.129	219
湖州	浙江	0.309	74	鄂州	湖北	0.127	220
保定	河北	0.303	75	贵港	广西	0.127	221
承德	河北	0.294	76	贺州	广西	0.126	222
张家界	湖南	0.294	77	抚州	江西	0.126	223
秦皇岛	河北	0.293	78	驻马店	河南	0.126	224
三亚	海南	0.293	79	益阳	湖南	0.125	225
佛山	广东	0.288	80	大庆	黑龙江	0.124	226

续表

	省（市、自治区）	指数	排名		省（市、自治区）	指数	排名
淮安	江苏	0.286	81	曲靖	云南	0.124	227
宿州	安徽	0.283	82	广安	四川	0.123	228
盐城	江苏	0.281	83	荆门	湖北	0.123	229
南阳	河南	0.280	84	娄底	湖南	0.123	230
十堰	湖北	0.279	85	朝阳	辽宁	0.121	231
江门	广东	0.278	86	鹰潭	江西	0.121	232
湘潭	湖南	0.275	87	天水	甘肃	0.121	233
信阳	河南	0.270	88	本溪	辽宁	0.120	234
北海	广西	0.266	89	德阳	四川	0.118	235
威海	山东	0.266	90	眉山	四川	0.116	236
潍坊	山东	0.265	91	自贡	四川	0.115	237
宜昌	湖北	0.263	92	庆阳	甘肃	0.114	238
台中	台湾	0.263	93	资阳	四川	0.114	239
滁州	安徽	0.263	94	淮南	安徽	0.114	240
遵义	贵州	0.262	95	内江	四川	0.113	241
日照	山东	0.260	96	乐山	四川	0.112	242
中卫	宁夏	0.256	97	永州	湖南	0.111	243
马鞍山	安徽	0.254	98	昭通	云南	0.111	244
衡阳	湖南	0.251	99	来宾	广西	0.111	245
安阳	河南	0.249	100	牡丹江	黑龙江	0.110	246
廊坊	河北	0.245	101	萍乡	江西	0.110	247
赣州	江西	0.238	102	吴忠	宁夏	0.108	248
阜阳	安徽	0.237	103	雅安	四川	0.107	249
衢州	浙江	0.231	104	保山	云南	0.107	250
景德镇	江西	0.224	105	亳州	安徽	0.106	251
邯郸	河北	0.223	106	阜新	辽宁	0.105	252
莆田	福建	0.221	107	铁岭	辽宁	0.103	253
丽江	云南	0.220	108	六安	安徽	0.103	254
聊城	山东	0.219	109	克拉玛依	新疆	0.103	255
金华	浙江	0.218	110	佳木斯	黑龙江	0.102	256

续表

	省（市、自治区）	指数	排名		省（市、自治区）	指数	排名
襄阳	湖北	0.217	111	白银	甘肃	0.102	257
柳州	广西	0.217	112	乌海	内蒙古	0.102	258
宁德	福建	0.216	113	定西	甘肃	0.102	259
延安	陕西	0.215	114	河池	广西	0.102	260
泰安	山东	0.214	115	阳泉	山西	0.101	261
鄂尔多斯	内蒙古	0.214	116	松原	吉林	0.099	262
泰州	江苏	0.214	117	遂宁	四川	0.097	263
潮州	广东	0.211	118	嘉峪关	甘肃	0.095	264
运城	山西	0.210	119	安顺	贵州	0.091	265
揭阳	广东	0.210	120	张掖	甘肃	0.091	266
肇庆	广东	0.210	121	巴彦淖尔	内蒙古	0.089	267
上饶	江西	0.208	122	四平	吉林	0.088	268
清远	广东	0.205	123	通化	吉林	0.084	269
绵阳	四川	0.205	124	朔州	山西	0.080	270
东营	山东	0.204	125	白城	吉林	0.075	271
芜湖	安徽	0.204	126	鸡西	黑龙江	0.074	272
沧州	河北	0.203	127	绥化	黑龙江	0.073	273
盘锦	辽宁	0.202	128	固原	宁夏	0.073	274
龙岩	福建	0.202	129	新余	江西	0.073	275
宜宾	四川	0.201	130	辽源	吉林	0.072	276
安庆	安徽	0.200	131	金昌	甘肃	0.070	277
南充	四川	0.199	132	白山	吉林	0.068	278
锦州	辽宁	0.197	133	乌兰察布	内蒙古	0.068	279
新乡	河南	0.196	134	武威	甘肃	0.062	280
宜春	江西	0.194	135	伊春	黑龙江	0.061	281
池州	安徽	0.193	136	黑河	黑龙江	0.058	282
孝感	湖北	0.190	137	石嘴山	宁夏	0.052	283
泸州	四川	0.190	138	陇南	甘肃	0.046	284
汕尾	广东	0.189	139	平凉	甘肃	0.046	285
丽水	浙江	0.188	140	临沧	云南	0.041	286

续表

	省（市、自治区）	指数	排名		省（市、自治区）	指数	排名
许昌	河南	0.187	141	酒泉	甘肃	0.039	287
河源	广东	0.187	142	鹤岗	黑龙江	0.036	288
岳阳	湖南	0.186	143	普洱	云南	0.035	289
淮北	安徽	0.186	144	七台河	黑龙江	0.022	290
常德	湖南	0.185	145	双鸭山	黑龙江	0.000	291
宣城	安徽	0.185	146	—	—	—	—

第 五 章

中国城市可持续竞争力报告

倪鹏飞　郭金红　王雨飞　曹清峰
赵佳涵　沈　立*

第一节　中国城市可持续竞争力报告

本章共涵盖六大部分，分别为中国城市可持续竞争力报告、中国城市经济活力竞争力报告、中国城市环境韧性报告、中国城市社会和谐报告、中国城市科技创新报告以及中国城市全球联系报告构成。其中中国城市可持续竞争力报告为本章的主体报告，其他五部分报告为分项报告（相当于解释性报告），总体构成“1 个主体 +5 个分项”框架格局。其中可持续显示性指标包括综合人口增量竞争力和综合人口密度竞争力，解释性指标包括经济活力、环境韧性、社会和谐、科技创新以及全球联系。样本为中国 291 个城市，其中指标、数据来源见表 5—1。

表 5—1　　可持续竞争力显示性指标体系

	具体指标	数据来源
综合人口增量竞争力	综合人口年增长指数	全球人口栅格分布 Landscan 数据库
综合人口密度竞争力	地均综合人口指数	全球人口栅格分布 Landscan 数据库

* 本章中国城市可持续竞争力报告由郭金红撰写，中国城市经济活力竞争力报告由王雨飞撰写，中国城市环境韧性竞争力报告由曹清峰撰写，中国城市社会和谐竞争力报告由赵佳涵撰写，中国城市科技创新竞争力报告由沈立撰写。

一 可持续竞争力总体格局分析

从中国城市可持续竞争力总体来看，中部城市迅速崛起，头部发达城市可持续竞争力格局逐步稳定。从中国各区域可持续竞争力来看，中部地区优势凸显，东部及港澳台地区仍然为城市竞争力的主要领导者。东北及西部地区可持续竞争力偏低。从各省份可持续竞争力来看，各省呈"越强越收敛、越弱越分化"的一核驱动、多核驱动格局。从各城市群可持续竞争力来看，均衡式发展总体强于单点发展。从各层级可持续竞争力来看，一线、二线、三线、四线城市格局趋于稳定，四线城市综合人口增量竞争力分化严峻。从可持续竞争力核心指标综合人口密度竞争力来看，南升北降格局已定。

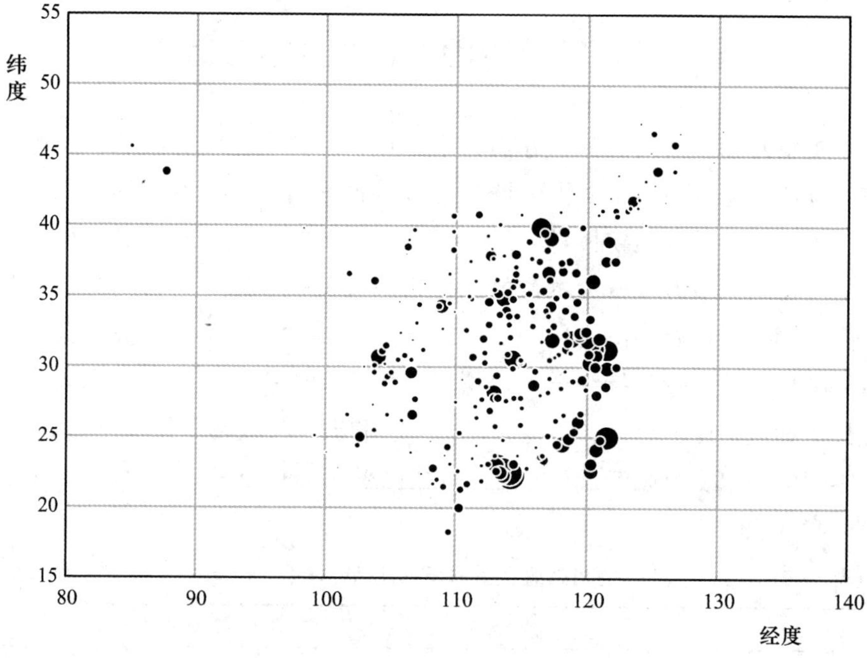

图 5—1 2021 年中国城市可持续竞争力经纬度分布

（一）中部地区城市迅速崛起

香港、深圳、台北、上海、北京以及广州位列中国城市可持续竞争力前 6 名，并且排名变化保持不变。从前 20 名分布来看，东南地区占据

10 席，港澳台地区占据 2 席，环渤海地区占据 3 席，西南地区占据 1 席，中部地区 4 席，总体覆盖北京、福建、广东、湖北、江苏、上海、香港等 13 个省（市、行政区），发达城市可持续竞争力格局稳定。从其分项角度来看，2021 年全球城市可持续竞争力前 20 名的综合人口密度竞争力总体也较强；香港、深圳、台北以及上海的综合人口密度竞争力分别位列中国前 5 名；综合人口增量竞争力总体比较强，均在全国前 25 名，香港、深圳以及北京位列综合人口增量竞争力的前 3 名。从城市归属的地区来看，中部地区的城市可持续竞争力上升速度较快，长沙、郑州以及合肥分别上升 9、7、6 名。从全国城市可持续竞争力分布角度来看（见图 5—1），可持续竞争力较强的城市主要分布在京津冀城市群、山东半岛城市群、长三角城市群、珠三角城市群、成渝城市群以及中部的中心城市，特别是中心城市引领周边城市形成的大都市圈格局，如北京及周边城市、青岛及周边城市、郑州及周边城市、西安及周边城市、武汉及周边城市、长沙及周边城市等成为主导中国城市可持续竞争力的中坚力量。

表 5—2　　　2021 年中国城市可持续竞争力前 20 名及其变化

	省（市、自治区）	地区	可持续竞争力		综合人口密度竞争力		综合人口增量竞争力	
			排名	排名变化	排名	排名变化	排名	排名变化
香港	香港	港澳台	1	0	1	0	1	0
深圳	广东	东南	2	0	2	0	2	0
台北	台湾	港澳台	3	0	4	-1	4	1
上海	上海	东南	4	0	5	0	5	-1
北京	北京	环渤海	5	0	6	1	3	0
广州	广东	东南	6	0	7	-1	6	1
武汉	湖北	中部	7	3	13	3	9	3
苏州	江苏	东南	8	-1	12	0	10	-4
南京	江苏	东南	9	-1	9	0	12	-1
厦门	福建	东南	10	4	8	0	24	0
无锡	江苏	东南	11	0	10	0	21	-3
杭州	浙江	东南	12	5	24	1	7	2
东莞	广东	东南	13	2	11	0	23	0
成都	四川	西南	14	6	29	1	8	5
佛山	广东	东南	15	1	15	0	22	-3

续表

	省（市、自治区）	地区	可持续竞争力		综合人口密度竞争力		综合人口增量竞争力	
			排名	排名变化	排名	排名变化	排名	排名变化
合肥	安徽	中部	16	6	28	0	11	6
长沙	湖南	中部	17	9	26	3	13	8
郑州	河南	中部	18	7	22	5	15	7
天津	天津	环渤海	19	-6	21	1	17	-7
青岛	山东	环渤海	20	-11	20	-3	18	-10

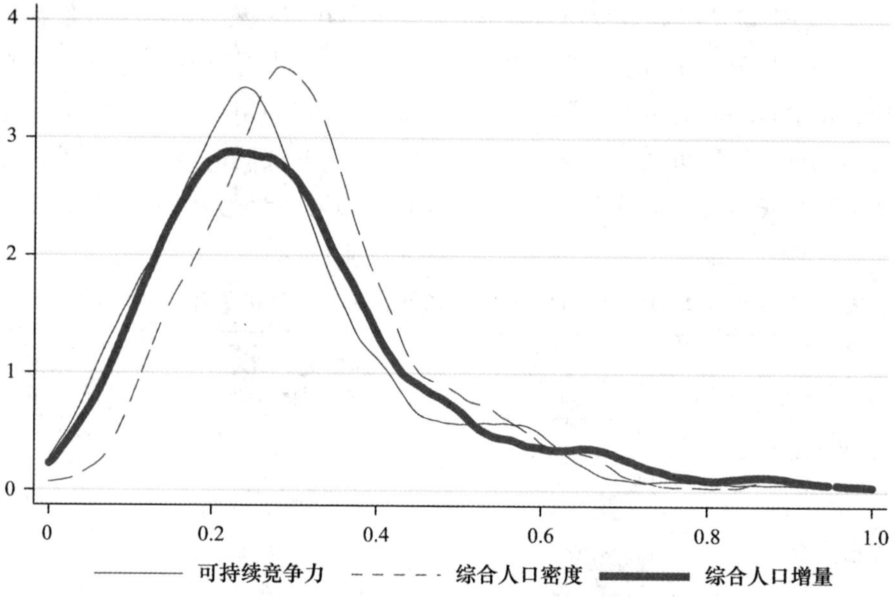

图5—2 可持续竞争力核密度曲线

（二）综合人口增量竞争力是导致可持续竞争力差异的主要原因

总体来看，全国的综合人口密度竞争力曲线呈现右偏分布，表明大部分城市的综合人口密度竞争力水平较低，全国综合人口密度竞争力的均值为0.3226，有117个城市的综合人口密度竞争力超过全国水平；从综合人口增量竞争力来看，全国综合人口增量竞争力的均值为0.2978，有119个城市的综合人口增量竞争力超过全国水平。从头部综合人口增量竞争力来看，仅有4个城市的综合人口增量竞争力高于0.85，仅有14个城市的综合人口增量竞争力高于0.65，仅有32个城市的综合人口增量竞争力高于0.5，综合人口增量竞争力的头部城市数量较少。综合人口密度竞争力高于0.85的城市有3个，仅有9个城市的综合人口增量竞争力高于0.65，有33个城市的综合人口增量竞争力高于0.5，综合人口密度竞争力的头部城市竞争力水平较综合人口增量竞争力低，从综合人口密度竞争力与综合人口增量竞争力的经纬度分布图（图5—3、图5—4）来看，综合人口增量竞争力的总体分布格局较综合人口密度竞争力显著，中心城市上海、北京、深圳、广州、重庆、成都、武汉、杭州、苏州、南京的综合经济增量竞争力更大，主导作用更明显。

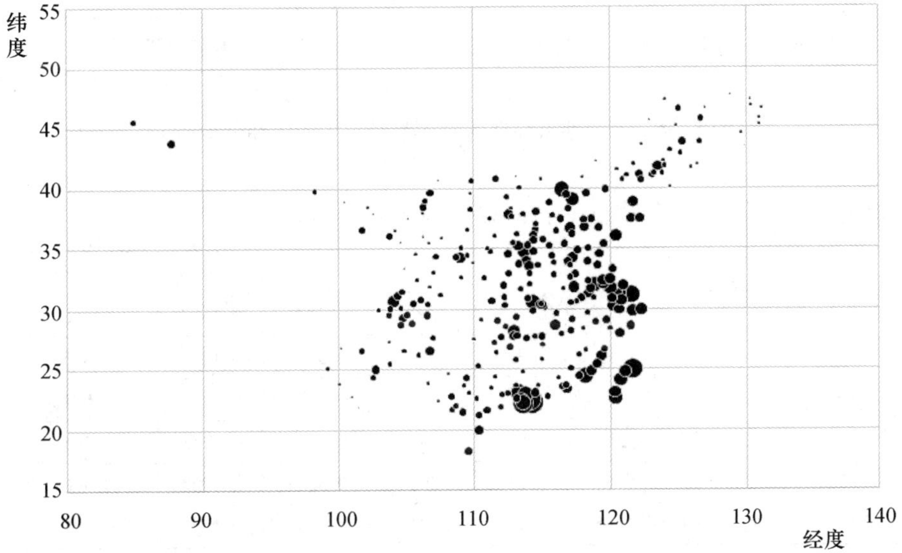

图5—3　中国城市综合人口密度竞争力的经纬度分布

（三）可持续竞争力总体水平有所提升

2021年全国城市可持续竞争力总体均值为0.2777，比2020年增加0.0179；变异系数为0.5662，比2020年下降0.0032。与此同时，尽管综合人口密度竞争力和综合人口增量竞争力的均值较2020年偏低，但综合人口密度竞争力和综合人口增量竞争力的变异系数均有所下降，可以看出城市间差距有所减小。

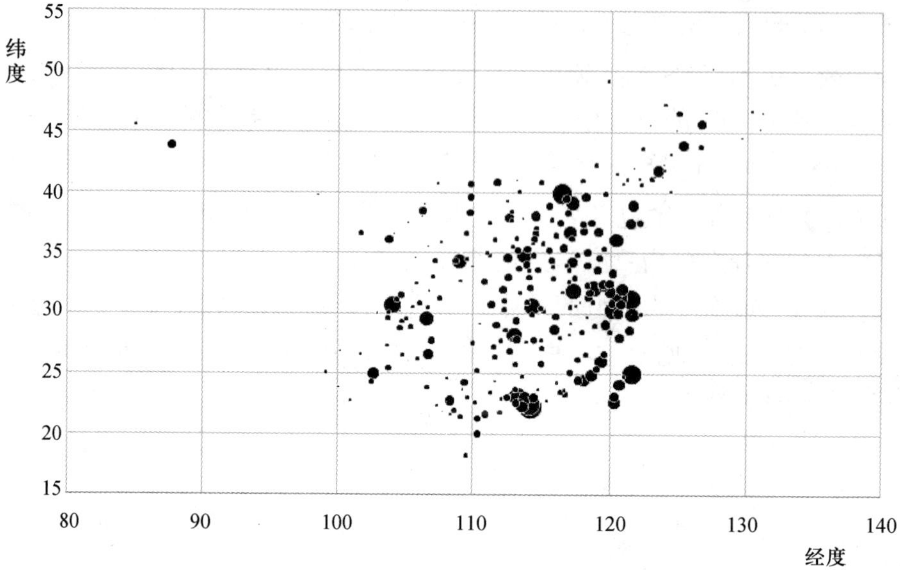

图 5—4 中国城市综合人口增量竞争力的经纬度分布

表 5—3　　2021 年可持续竞争力统计分析

	变量	样本量	均值	标准差	变异系数
2021 年可持续竞争力	可持续竞争力	291	0. 2777	0. 1572	0. 5662
	综合人口密度竞争力	291	0. 3226	0. 1470	0. 4555
	综合人口增量竞争力	291	0. 2978	0. 1700	0. 5710
2020 年可持续竞争力	可持续竞争力	291	0. 2598	0. 1555	0. 5984
	综合人口密度竞争力	291	0. 3265	0. 1522	0. 4661
	综合人口增量竞争力	291	0. 3536	0. 1363	0. 3857

从图 5—5 可以看出当前中国城市可持续竞争力的总体格局呈现“东中同升，南升北降”的特点。具体而言，北方的 130 个城市中有 78 个城市的可持续竞争力排名处于下降状态，占 60%，有 41 个城市的可持续竞争力处于上升状态，占 31. 54%。大部分城市的可持续竞争力均处于下降状态，尤其是东北地区。78 个可持续竞争力下降城市的排名平均降幅高达 19 名，可持续竞争力指数均值为 0. 220，而 41 个可持续竞争力上升城市的排名平均上升仅为 12 名，可持续竞争力指数均值为 0. 243，两者形成差异，这也导致总体而言北方城市的可持续竞争力降低。从南方城市

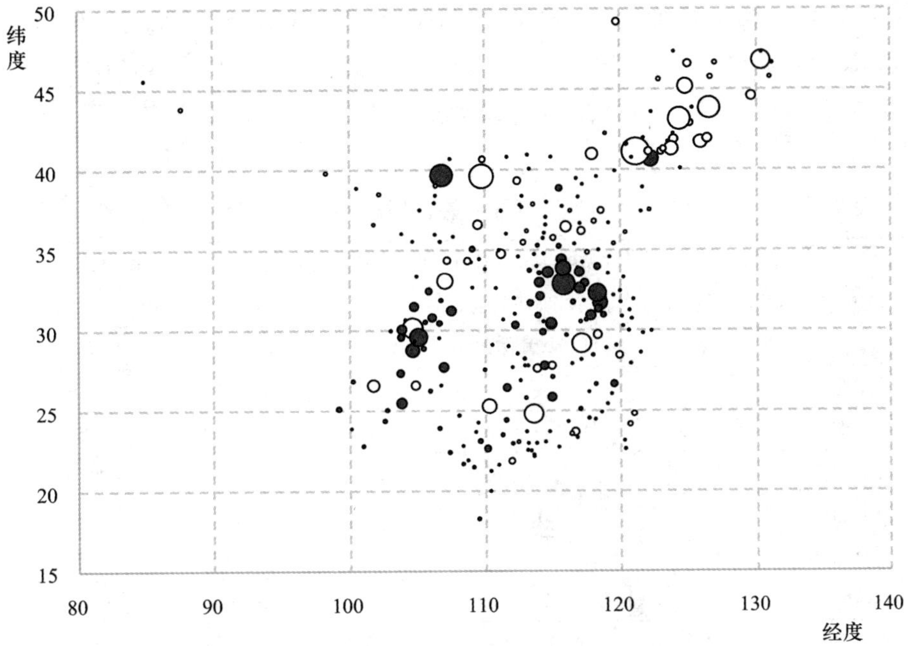

图 5—5　2020—2021 年中国城市可持续竞争力排名变化空间分布

注：横坐标表示经度，纵坐标表示纬度，图中点越大表示城市的可持续竞争力变化越大，实心表示城市的可持续竞争力排名上升，空心点表示城市的可持续竞争力排名下降。

来看，在 161 个南方城市中，仅有 41 个城市的可持续竞争力排名处于下降状态，有 112 个城市的可持续竞争力排名处于上升状态，占比达 69.56%。此外，无论是可持续竞争力水平还是可持续竞争力排名变化幅度，南方城市内部的上升幅度均要高于北方城市，其中南方城市平均上升 14 名，可持续竞争力指数均值为 0.287，南方城市平均下降 15 名，可持续竞争力指数均值为 0.329。

二　可持续竞争力区域格局与变化分析

（一）中部地区优势凸显

从各个地区来看，东南地区 2020 年可持续竞争力前 100 名城市数量处于领先地位，共有 38 个城市处于前 100 名，其次为中部地区，共有 22 个城市处于前 100 名，再次为环渤海地区，共有 17 个城市处于前 100 名；随后为西南、西北以及东北地区。从排名上升幅度来看，中部地区前 100

名城市较2020年增加3个，可见中部地区可持续竞争力迅速崛起；环渤海地区的可持续竞争力上升城市数量较2020年减少4个，平均下降6名；东部地区可持续竞争力前100名的城市数量没有变化，但平均下降6.5名。

表5—4　　2021年各地区可持续竞争力城市数量及变化

	2021年可持续竞争力前100名城市数量	2020—2021年可持续竞争力前100名城市数量	2021年可持续竞争力前100名城市排名变化统计分析		
			均值	标准差	变异系数
东北	4	4	-6.5	7.0475	-1.0842
东南	38	36	1.7368	4.9630	2.8574
港澳台	7	7	-7	7.3711	-1.0530
环渤海	17	21	-6	9.0416	-1.5070
西北	5	6	-4	6.7230	-1.6007
西南	7	7	5.7143	3.9461	0.6905
中部	22	19	7.8182	12.2616	1.5683

（二）港澳台地区表现突出

从各地区角度来看，港澳台可持续竞争力明显高于其他地区，为0.6139，其次为东南和环渤海地区。东北、西北地区的可持续竞争力水平整体偏低，其中东北地区的大连、沈阳在全国排第35、第41名，但竞争力较差的城市七台河、黑河、伊春地区排名分别为第287、第289和第290名，地区内城市发展水平差异巨大；同样西北地区的西安、乌鲁木齐排名较高，大多西北地区的可持续竞争力均在200名以外。从综合人口密度竞争力与综合人口增量竞争力的变异系数来看，综合人口增量竞争力的区域内城市分化更为严峻。

表5—5　　2021年各地区可持续竞争力统计分析

	样本量	可持续竞争力		综合人口密度竞争力		综合人口增量竞争力	
		均值	变异系数	均值	变异系数	均值	变异系数
东北	34	0.1639	0.6748	0.2236	0.4241	0.1771	0.7441
东南	55	0.4016	0.4172	0.4370	0.3529	0.4207	0.4205
港澳台	7	0.6139	0.3734	0.7119	0.2899	0.5233	0.6127

续表

	样本量	可持续竞争力		综合人口密度竞争力		综合人口增量竞争力	
		均值	变异系数	均值	变异系数	均值	变异系数
环渤海	29	0. 3436	0. 3692	0. 3693	0. 2902	0. 3827	0. 3821
西北	39	0. 1640	0. 6689	0. 2091	0. 4969	0. 1969	0. 6683
西南	47	0. 2288	0. 4426	0. 2715	0. 3105	0. 2574	0. 5022
中部	80	0. 2716	0. 3549	0. 3206	0. 2639	0. 2872	0. 4124
全国	291	0. 2777	0. 5662	0. 3226	0. 4555	0. 2978	0. 5710

（三）东北可持续竞争力仍在降低

从表5—4、表5—5以及图5—6可以看出，可持续竞争力排名降低的地区有东北、港澳台、环渤海、西北和东南地区，东北降幅最大，从上升幅度来看，仅有中部和西南地区。

从地区内部角度来看，大多地区的变异系数差为负，分化减少。总体而言，东北和港澳台地区处于第二象限，即处于分化加剧、可持续竞争力降低状态；西北、环渤海、东南地区处于第三象限，即差异收敛，可持续竞争力降低，处于“收敛、下降”状态。而中部和西南地区则处于差异缩小、排名上升状态。

表5—6　　2020年各地区可持续竞争力统计分析

	样本量	可持续竞争力		综合人口密度竞争力		综合人口增量竞争力	
		均值	变异系数	均值	变异系数	均值	变异系数
东北	34	0. 1797	0. 6106	0. 2442	0. 4173	0. 2924	0. 3524
东南	55	0. 3800	0. 4407	0. 4447	0. 3630	0. 4486	0. 3224
港澳台	7	0. 6279	0. 3330	0. 7320	0. 2333	0. 5950	0. 4162
环渤海	29	0. 3382	0. 3820	0. 3902	0. 2906	0. 4307	0. 2898
西北	39	0. 1528	0. 7230	0. 2121	0. 5096	0. 2798	0. 4144
西南	47	0. 1963	0. 5020	0. 2656	0. 3481	0. 3018	0. 3219
中部	80	0. 2401	0. 3783	0. 3134	0. 2847	0. 3310	0. 2598
全国	291	0. 2598	0. 5984	0. 3265	0. 4660	0. 3536	0. 3857

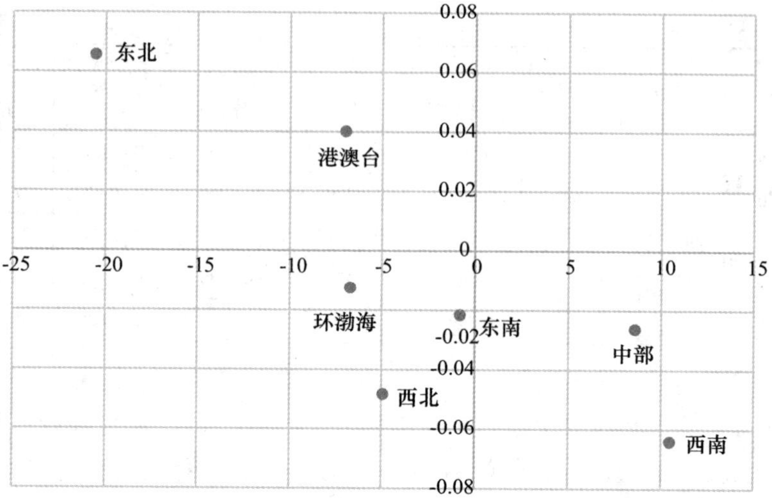

图 5—6 各地区可持续竞争力变化

注：横坐标表示变异系数相对于 5 年前的差异，反映地区内部是处于分化还是处于收敛。大于 0 表示变异系数扩大，即地区内部城市可持续竞争力差异扩大，处于分化状态；小于 0 则处于收敛状态。纵坐标表示可持续竞争力排名变化，大于 0 表示可持续竞争力排名上升，小于 0 表示可持续竞争力排名降低。

（四）双中心城市引导东北地区城市格局

东北地区 10 强城市，辽宁占据 6 席，吉林占据 2 席，黑龙江占据 2 席。从城市来看，大连、沈阳和长春位列东北前 3 强，中国前 50 强。此外东北地区城市不论可持续竞争力、综合人口密度竞争力还是综合人口增量竞争力总体处于下降状态，尤其是锦州，其综合人口密度竞争力和综合人口增量竞争力分别下降 76 名和 94 名。

表 5—7 东北地区前 10 名城市可持续竞争力排名及变化

	城市	省份	可持续竞争力		综合人口密度竞争力		综合人口增量竞争力	
			排名	排名变化	排名	排名变化	排名	排名变化
第 1 名	大连	辽宁	35	-6	41	-9	30	-5
第 2 名	沈阳	辽宁	41	1	52	-3	33	0
第 3 名	长春	吉林	49	-5	70	-15	35	-6
第 4 名	哈尔滨	黑龙江	86	-16	163	-28	52	-15

续表

	城市	省份	可持续竞争力		综合人口密度竞争力		综合人口增量竞争力	
			排名	排名变化	排名	排名变化	排名	排名变化
第5名	盘锦	辽宁	129	-26	78	-5	203	-36
第6名	大庆	黑龙江	130	-26	152	-22	117	-34
第7名	鞍山	辽宁	140	-23	127	-8	155	-33
第8名	营口	辽宁	158	55	121	30	196	69
第9名	吉林	吉林	190	-75	210	-63	152	-70
第10名	锦州	辽宁	202	-96	183	-76	207	-94

（五）东南地区可持续竞争力优势凸显

东南地区可持续竞争力10强分别为深圳、上海、广州、苏州、南京等城市，分别来自广东、上海、江苏、福建和浙江，其中有4个城市来自广东，3个城市来自江苏，其余省份各1位。从排名变化来看，东南地区10强城市总体变化幅度不大；此外，综合人口密度竞争力以及综合人口增量竞争力均处于中国领先地位。

表5—8　　　东南地区前10名城市可持续竞争力排名及变化

	城市	省（市、自治区）	可持续竞争力		综合人口密度竞争力		综合人口增量竞争力	
			排名	排名变化	排名	排名变化	排名	排名变化
第1名	深圳	广东	2	0	2	0	2	0
第2名	上海	上海	4	0	5	0	5	-1
第3名	广州	广东	6	0	7	-1	6	1
第4名	苏州	江苏	8	-1	12	0	10	-4
第5名	南京	江苏	9	-1	9	0	12	-1
第6名	厦门	福建	10	4	8	0	24	0
第7名	无锡	江苏	11	0	10	0	21	-3
第8名	杭州	浙江	12	5	24	1	7	2
第9名	东莞	广东	13	2	11	0	23	0
第10名	佛山	广东	15	1	15	0	22	-3

（六）综合人口增量竞争力是澳门提高可持续竞争力的关键

港澳台地区城市竞争力排名分别为香港、台北、台中、澳门、高雄等城市，总体来看，港澳台地区城市可持续竞争力在中国处于较强地位，尤其是香港，排名第1位，其余城市总体均在70强以内。此外，港澳台地区城市综合人口密度竞争力与综合人口增量竞争力总体呈降低趋势。

表5—9　　港澳台地区可持续竞争力排名及变化

	城市	省（特别行政区）	可持续竞争力		综合人口密度竞争力		综合人口增量竞争力	
			排名	排名变化	排名	排名变化	排名	排名变化
第1名	香港	香港	1	0	1	0	1	0
第2名	台北	台湾	3	0	4	-1	4	1
第3名	澳门	澳门	21	-2	3	1	264	-110
第4名	高雄	台湾	24	-6	17	2	26	-6
第5名	台中	台湾	28	-16	19	-5	28	-13
第6名	台南	台湾	34	-7	30	-9	49	-18
第7名	新竹	台湾	68	-18	27	-4	206	-61

（七）环渤海地区总体略有下降

环渤海地区全球城市竞争力10强分别是北京、天津、青岛、济南等城市，其中山东省包含6个城市。从可持续竞争力的排名变化来看，天津、青岛、淄博、威海、潍坊均有不同程度的下降，其中，淄博的综合人口密度竞争力与综合人口增量竞争力下降幅度均较大。

表5—10　　环渤海地区前10名城市可持续竞争力排名及变化

	城市	省（市）	可持续竞争力		综合人口密度竞争力		综合人口增量竞争力	
			排名	排名变化	排名	排名变化	排名	排名变化
第1名	北京	北京	5	0	6	1	3	0
第2名	天津	天津	19	-6	21	1	17	-7
第3名	青岛	山东	20	-11	20	-3	18	-10
第4名	济南	山东	26	6	31	8	20	8
第5名	烟台	山东	42	1	49	-2	38	-3

续表

	城市	省（市）	可持续竞争力		综合人口密度竞争力		综合人口增量竞争力	
			排名	排名变化	排名	排名变化	排名	排名变化
第6名	唐山	河北	50	1	61	-3	43	4
第7名	石家庄	河北	53	2	71	-4	46	3
第8名	淄博	山东	54	-16	53	-16	69	-19
第9名	威海	山东	59	-11	50	-8	84	-21
第10名	潍坊	山东	63	-5	82	-12	53	-2

（八）西北地区可持续竞争力优势不足

西北地区城市可持续竞争力10强分别是西安、乌鲁木齐、兰州、银川、呼和浩特等，分布在25—160名之间。西北地区总体城市可持续竞争力偏低，其最强的城市西安仅排第25名，总体上，综合人口增量竞争力要高于综合人口密度竞争力，但仍以降低为主。

表5—11　　西北地区前10名城市可持续竞争力排名及变化

	城市	省（市、自治区）	可持续竞争力		综合人口密度竞争力		综合人口增量竞争力	
			排名	排名变化	排名	排名变化	排名	排名变化
第1名	西安	陕西	25	5	36	-3	16	10
第2名	乌鲁木齐	新疆	66	-13	86	-18	55	-14
第3名	兰州	甘肃	76	-5	94	-7	61	1
第4名	银川	宁夏	85	-1	105	-9	77	-2
第5名	呼和浩特	内蒙古	89	-7	119	-10	70	-3
第6名	咸阳	陕西	115	-23	114	-17	129	-33
第7名	榆林	陕西	132	0	201	3	73	5
第8名	西宁	青海	138	-10	125	0	147	-9
第9名	包头	内蒙古	144	-21	179	3	107	-30
第10名	宝鸡	陕西	157	-24	169	-7	142	-31

（九）成渝引领西南地区

西南地区城市可持续竞争力10强分别是成都、重庆、昆明、贵阳、海口、南宁等，分布在第10至第120名。省会城市优势明显，成渝两地引领西南地区。广西整体上竞争力较弱，其最强城市南宁仅排中国第75名。此外，西南地区各城市间综合人口密度竞争力以及综合人口增量竞争力分化严峻。

表5—12 西南地区前10名城市可持续竞争力排名及变化

	城市	省（市、自治区）	可持续竞争力		综合人口密度竞争力		综合人口增量竞争力	
			排名	排名变化	排名	排名变化	排名	排名变化
第1名	成都	四川	14	6	29	1	8	5
第2名	重庆	重庆	32	4	81	5	14	0
第3名	昆明	云南	46	13	68	13	29	17
第4名	贵阳	贵州	47	7	57	-3	40	16
第5名	海口	海南	58	4	47	-1	88	16
第6名	南宁	广西	75	6	115	5	45	14
第7名	德阳	四川	94	0	79	1	134	-10
第8名	柳州	广西	106	1	138	-6	80	11
第9名	绵阳	四川	108	30	141	16	78	42
第10名	北海	广西	117	10	96	-3	166	37

（十）中部地区崛起

中部地区城市综合经济竞争力前10强分别是武汉、合肥、长沙、郑州、南昌、太原等，分布在第7至第70名，总体可持续竞争力较强。中部地区省会城市经济可持续力优势明显，此外综合人口密度竞争力、综合人口增量竞争力总体也较强，总体呈上升趋势。

表5—13 中部地区前10名城市可持续竞争力排名及变化

	城市	省份	可持续竞争力		综合人口密度竞争力		综合人口增量竞争力	
			排名	排名变化	排名	排名变化	排名	排名变化
第1名	武汉	湖北	7	3	13	3	9	3
第2名	合肥	安徽	16	6	28	0	11	6
第3名	长沙	湖南	17	9	26	3	13	8
第4名	郑州	河南	18	7	22	5	15	7

续表

	城市	省份	可持续竞争力		综合人口密度竞争力		综合人口增量竞争力	
			排名	排名变化	排名	排名变化	排名	排名变化
第5名	南昌	江西	37	0	38	0	34	4
第6名	太原	山西	43	2	44	0	44	4
第7名	芜湖	安徽	51	26	45	17	67	43
第8名	洛阳	河南	61	6	77	5	54	3
第9名	马鞍山	安徽	62	50	60	23	71	95
第10名	焦作	河南	65	0	48	4	102	-10

三　各省（市、自治区）可持续竞争力格局及变化分析

（一）各省（市、自治区）基本呈现单中心、双中心格局

从各省（市、自治区）的可持续竞争力的格局来看，河北、福建、浙江的总体城市格局较为接近，均表现为扁平双中心格局，省内的廊坊和唐山、厦门和福州、杭州和宁波的可持续竞争力均较为接近；江苏、山东、广西的总体格局较为接近，均表现为扁平化多中心格局，不同的是江苏和山东的城市为强强状态，广西的城市为弱弱状态；宁夏、甘肃、云南表现为典型的双中心格局，除了两个中心城市以外，其他城市的可持续竞争力均较弱；河南、陕西、湖南、山西、湖北、吉林、四川则表现为一定的单中心格局，特别是湖北和四川，其首位除第2位城市的可持续竞争力分别为1.968和1.959。

表5—14　　各省（市、自治区）可持续竞争力格局

	首位除第2位	首位除第3位	首位除第4位	首位除第5位	首位除第6位
河北	1.055	1.132	1.360	1.368	1.457
福建	1.247	1.307	1.695	1.741	2.151
浙江	1.094	1.298	1.434	1.473	1.560
江苏	1.000	1.068	1.220	1.325	1.417
黑龙江	1.181	2.597	2.817	3.030	3.089
广西	1.185	1.256	1.457	1.614	1.652
山东	1.055	1.230	1.144	1.020	1.016

续表

	首位除第 2 位	首位除第 3 位	首位除第 4 位	首位除第 5 位	首位除第 6 位
内蒙古	1.218	1.543	1.576	2.294	2.432
辽宁	1.057	1.738	1.802	1.943	2.324
广东	1.264	1.541	1.561	1.672	1.798
台湾	1.593	1.639	1.859	2.404	—
贵州	1.504	1.993	2.290	—	—
安徽	1.504	1.600	1.925	2.038	2.229
宁夏	2.118	3.048	3.940	4.804	—
甘肃	2.805	2.852	3.090	3.708	4.373
云南	1.768	1.837	2.530	3.006	3.736
江西	1.666	1.855	1.857	1.861	2.039
河南	1.541	1.563	1.577	1.775	1.825
陕西	1.916	2.022	2.231	2.485	2.855
湖南	1.685	1.786	1.843	1.919	1.956
山西	1.921	1.931	2.070	2.175	2.198
湖北	1.968	1.974	2.204	2.223	2.445
吉林	1.889	2.438	3.498	3.824	3.913
四川	1.959	2.032	2.185	2.217	2.277

注：未列出青海、新疆、海南、西藏的城市和北京、天津、上海、重庆、澳门、香港。

（二）从省域视角看，大部分省呈现“越强越收敛、越弱越分化”状态

从各省（市、自治区）角度来看，香港、上海、北京等地的可持续竞争力显著较高。除此之外，台湾、澳门、天津的可持续竞争力分别处于前列，江苏 13 个城市的平均可持续竞争力指数为 0.4642，变异系数为 0.2444，表明江苏内部城市可持续竞争力水平均较高，特别是苏州、南京、无锡排在全国前 15 名，省内竞争力较低的淮安、连云港、宿迁在全国排名分别为第 73、74、87 名。从广东省来看，深圳、广州在全国排第 2、6 名，但竞争力较差的城市云浮、河源、梅州分别排第 217、230、231 名，拉低了广东整体可持续竞争力排名。排名较低的为云南、黑龙江、内蒙古、甘肃、宁夏等省份。从省内可持续竞争力差异角度来看，大部

分省份可持续竞争力越强，省内差异越小，可持续竞争力越弱，省内差异越大。澳门的综合人口增量竞争力存在严重短板，使其自身可持续竞争力明显下降。此外，东三省的综合人口增量竞争力均出现明显的短板，并且省域内促使的综合人口增量竞争力分化严峻。

表5—15　　2021年各省（市、自治区）可持续竞争力统计分析

	样本量	可持续竞争力		综合人口密度竞争力		综合人口增量竞争力	
		均值	变异系数	均值	变异系数	均值	变异系数
香港	1	1.0000	—	1.0000	—	1.0000	—
广东	21	0.3618	0.5713	0.4052	0.4720	0.3743	0.5636
台湾	5	0.5492	0.3422	0.6152	0.2407	0.5094	0.4631
上海	1	0.7910	—	0.8430	—	0.0770	—
北京	1	0.7580	—	0.6870	—	0.8820	—
江苏	13	0.4642	0.2444	0.4977	0.2069	0.4791	0.2583
山东	16	0.3512	0.2491	0.3851	0.1845	0.3783	0.2879
湖北	12	0.2978	0.3911	0.3459	0.2932	0.3117	0.4565
天津	1	0.5600	—	0.5460	—	0.6300	—
福建	9	0.3640	0.3590	0.3939	0.3409	0.3946	0.3000
浙江	11	0.3989	0.2766	0.4309	0.2125	0.4229	0.3581
澳门	1	0.5510	—	0.9070	—	0.1160	—
四川	18	0.2423	0.4167	0.2975	0.2529	0.2528	0.5296
安徽	16	0.2715	0.3780	0.3308	0.2394	0.2733	0.5000
河南	17	0.3070	0.2568	0.3540	0.1966	0.3211	0.3225
湖南	13	0.2718	0.4006	0.3065	0.3056	0.3068	0.4088
辽宁	14	0.2152	0.5135	0.2812	0.3310	0.2140	0.6122
陕西	10	0.2296	0.5192	0.2656	0.3422	0.2675	0.5869
重庆	1	0.4710	—	0.3720	—	0.6670	—
江西	11	0.2500	0.2965	0.3017	0.2478	0.2644	0.3807
吉林	8	0.1544	0.7144	0.2165	0.3572	0.1651	0.9025

续表

	样本量	可持续竞争力		综合人口密度竞争力		综合人口增量竞争力	
		均值	变异系数	均值	变异系数	均值	变异系数
山西	11	0. 2099	0. 3487	0. 2619	0. 2616	0. 2281	0. 3542
河北	11	0. 2752	0. 2925	0. 3015	0. 2549	0. 3212	0. 2573
新疆	2	0. 2740	0. 4439	0. 3255	0. 1760	0. 2860	0. 6824
贵州	4	0. 2650	0. 3866	0. 2948	0. 2820	0. 3070	0. 4068
云南	8	0. 1836	0. 5895	0. 2143	0. 4004	0. 2336	0. 5570
海南	2	0. 3225	0. 2127	0. 4095	0. 1191	0. 2795	0. 3162
黑龙江	12	0. 1105	0. 8106	0. 1610	0. 4113	0. 1420	0. 8478
甘肃	12	0. 0973	0. 8698	0. 1560	0. 5688	0. 1191	0. 8016
广西	14	0. 1961	0. 3576	0. 2372	0. 2633	0. 2305	0. 3758
内蒙古	9	0. 1577	0. 5631	0. 1798	0. 6277	0. 2221	0. 4584
宁夏	5	0. 1418	0. 7102	0. 2076	0. 4274	0. 1490	0. 7907
青海	1	0. 2580	—	0. 3180	—	0. 2600	—

（三）大部分省内城市差异处于收敛状态

从表5—15、表5—16以及图5—7可以看出，可持续竞争力排名降低的省（市、自治区）有吉林、黑龙江、辽宁、陕西、台湾、新疆、山东、广东、内蒙古、山西、河北、江西、浙江、甘肃等，其中吉林、黑龙江、辽宁的降低幅度最大，浙江、甘肃降幅较小，仅降1名左右，从上升幅度角度来看，四川、湖北、云南、安徽上升幅度较大。

从省份内部角度来看，大多省份的变异系数差为负，省份内部的可持续竞争力水平差异均在缩小，但如陕西、河北、黑龙江、台湾、吉林等省还处于分化状态，省份内部可持续竞争力差异在扩大。总体而言，吉林、台湾、陕西等省域处于第二象限，即处于分化加剧，可持续竞争力降低状态；辽宁、山东、新疆、广东、山西、内蒙古、浙江等省域处于第三象限，即差异收敛，可持续竞争力降低，处于“收敛、下降”状态。而其他省均处于第四象限，可持续竞争力增强，省内差异降低，处于“收敛、上升”状态，表现为城市可持续竞争力大幅提升，并且尾部城市提升幅度更大。

表 5—16　　2020 年各省（市、自治区）可持续竞争力统计分析

	样本量	可持续竞争力		综合人口密度竞争力		综合人口增量竞争力	
		均值	变异系数	均值	变异系数	均值	变异系数
香港	1	1.0000	—	1.0000	—	1.0000	—
广东	21	0.3473	0.5835	0.4169	0.4893	0.4179	0.3869
台湾	5	0.5684	0.2789	0.6540	0.1841	0.5702	0.3061
上海	1	0.7650	—	0.7650	—	0.8190	—
北京	1	0.7270	—	0.6770	—	0.8450	—
江苏	13	0.4416	0.2860	0.5068	0.2221	0.4957	0.2403
山东	16	0.3518	0.2667	0.4153	0.1981	0.4284	0.2178
湖北	12	0.2588	0.4465	0.3378	0.3201	0.3390	0.3503
天津	1	0.5830	—	0.5810	—	0.6800	—
福建	9	0.3241	0.3993	0.3872	0.3468	0.4069	0.2459
浙江	11	0.3804	0.2874	0.4421	0.2017	0.4522	0.2754
澳门	1	0.5530	—	0.8540	—	0.3140	—
四川	18	0.2076	0.4634	0.2897	0.2855	0.2960	0.3274
安徽	16	0.2218	0.4242	0.3083	0.2750	0.3023	0.3112
河南	17	0.2741	0.2753	0.3495	0.2045	0.3547	0.2093
湖南	13	0.2437	0.4226	0.3024	0.3272	0.3505	0.2531
辽宁	14	0.2159	0.5324	0.2946	0.3527	0.3059	0.3504
陕西	10	0.2174	0.5127	0.2723	0.3552	0.3345	0.3335
重庆	1	0.4350	—	0.3740	—	0.6340	—
江西	11	0.2305	0.3120	0.3010	0.2892	0.3266	0.2057
吉林	8	0.1980	0.3651	0.2635	0.2867	0.3089	0.1904
山西	11	0.1989	0.3836	0.2657	0.2967	0.2134	0.3297
河北	11	0.2607	0.2848	0.3104	0.2488	0.3737	0.1609
新疆	2	0.2765	0.4987	0.3380	0.2510	0.3730	0.4436
贵州	4	0.2365	0.3893	0.3033	0.2889	0.3360	0.2446
云南	8	0.1414	0.7242	0.1918	0.4783	0.2806	0.3301
海南	2	0.2920	0.2470	0.4180	0.1319	0.3110	0.2456

续表

	样本量	可持续竞争力		综合人口密度竞争力		综合人口增量竞争力	
		均值	变异系数	均值	变异系数	均值	变异系数
黑龙江	12	0.1252	0.7517	0.1750	0.4196	0.2690	0.3822
甘肃	12	0.0843	1.0010	0.1548	0.6258	0.2139	0.3320
广西	14	0.1709	0.4234	0.2364	0.2918	0.2864	0.2476
内蒙古	9	0.1483	0.6266	0.1828	0.5491	0.3046	0.4701
宁夏	5	0.1286	0.8188	0.2092	0.4862	0.2366	0.3965
青海	1	0.2440	—	0.3220	—	0.3290	—

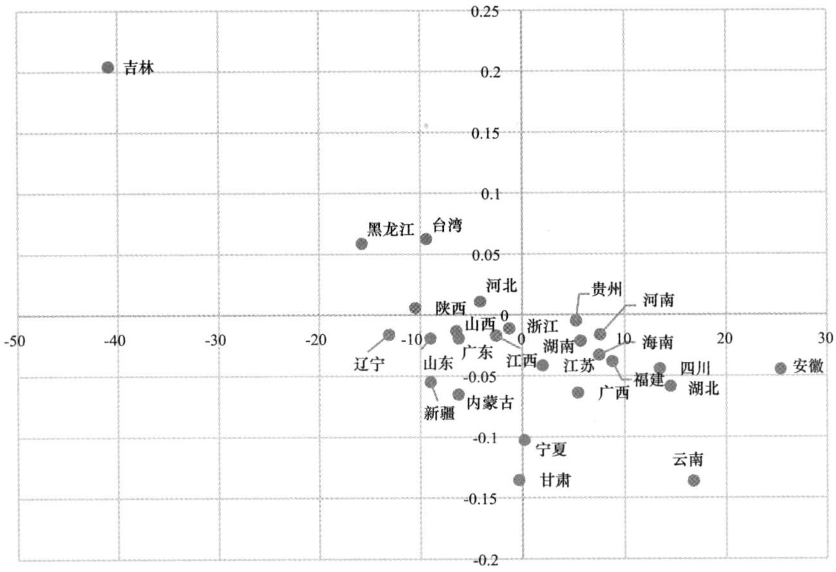

图 5—7 各省（市、自治区）可持续竞争力指数变化格局

注：横坐标表示变异系数相对于2020年之前的差异，反映省（市、自治区）内部是处于分化还是处于收敛状态。大于0表示变异系数扩大，即省（市、自治区）内部城市可持续竞争力差异扩大，处于分化状态；小于0则处于收敛状态。纵坐标表示可持续竞争力排名变化，大于0表示可持续竞争力排名上升，小于0表示可持续竞争力排名降低。

四　可持续竞争力城市群格局及变化分析

（一）均衡式发展促使山东半岛城市群总体可持续竞争力较强

从城市群角度来看，可持续竞争力排名前5的城市群分别为长三角城市群、珠三角城市群、山东半岛城市群、京津冀城市群和中原城市群，相对而言长三角城市群的可持续竞争力要显著高于其他几个城市群，分化程度也相对较低，并且长三角城市群、珠三角城市群、山东半岛城市群分处三个等级，京津冀城市群、中原城市群、长株潭城市群以及武汉城市群的可持续竞争力较为接近，差距不大。从可持续竞争力水平较低的城市群角度来看，辽中南城市群、北部湾城市群和太原城市群、关中平原城市群的综合经济竞争力水平较低，总体可持续竞争力水平仅为0.2604、0.2054、0.2242、0.2396，相应的综合人口增量竞争力和综合人口密度竞争力也较低。总体而言，城市群可持续竞争力已经由中心城市引导转向为城市群内其他城市集体引导，如京津冀城市群中的北京、武汉城市群中的武汉、中原城市群中的郑州、成渝城市群中的成都，其综合经济竞争力均处于较强状态，但是总体可持续竞争力要弱于山东半岛城市群，其关键在于山东半岛城市群中城市处于同步均衡发展，总体要强于其他城市群的单点发展。从其分项角度来看，绝大多数城市群的综合人口密度竞争力均值高于综合人口增量竞争力，但各城市群内综合人口增量竞争力分化程度较大。

表5—17　　　2021年各城市群城市可持续竞争力统计分析

	样本量	可持续竞争力		综合人口密度竞争力		综合人口增量竞争力	
		均值	变异系数	均值	变异系数	均值	变异系数
成渝城市群	14	0.2775	0.4279	0.3185	0.2383	0.3032	0.5858
合肥城市群	8	0.2832	0.4430	0.3250	0.2773	0.3071	0.5358
京津冀城市群	12	0.3393	0.5104	0.3515	0.4173	0.3973	0.4840
环鄱阳湖城市群	6	0.2658	0.3787	0.2926	0.3277	0.3122	0.3093
北部湾城市群	11	0.2054	0.3720	0.2399	0.2906	0.2482	0.3630
山东半岛城市群	10	0.3606	0.2860	0.3860	0.2154	0.3984	0.3071
辽中南城市群	7	0.2604	0.5217	0.3148	0.3268	0.2696	0.6278
太原城市群	6	0.2242	0.4461	0.2630	0.3590	0.2590	0.3735

续表

	样本量	可持续竞争力		综合人口密度竞争力		综合人口增量竞争力	
		均值	变异系数	均值	变异系数	均值	变异系数
武汉城市群	11	0.3032	0.3982	0.3530	0.2923	0.3137	0.4745
关中平原城市群	8	0.2396	0.5279	0.2702	0.3794	0.2846	0.5239
长三角城市群	23	0.4599	0.2847	0.4848	0.2370	0.4869	0.3018
长株潭城市群	8	0.3116	0.3706	0.3464	0.2710	0.3419	0.4108
中原城市群	14	0.3209	0.2482	0.3594	0.2057	0.3451	0.2811
珠三角城市群	23	0.4038	0.5828	0.4536	0.5309	0.4032	0.5944

（二）中部各城市群可持续竞争力上升

从表5—18、表5—19以及图5—8可以看出，中部城市群的可持续竞争力排名普遍上升，其中合肥城市群上升幅度最大。关中平原城市群、辽中南城市群、山东半岛城市群、珠三角城市群、京津冀城市群、晋中城市群的可持续竞争力是下降的。

从城市群内部角度来看，大多城市群变异系数的差为负，处于收敛状态。总体而言，辽中南和关中平原城市群处于第二象限，即处于分化加剧，可持续竞争力降低状态，一般而言由于资源向城市群内中心城市集聚，导致城市群内中心城市可持续竞争力增强，而城市群内其他周边城市综合可持续竞争力上升并不显著；山东半岛城市群、珠三角城市群、京津冀城市群、晋中城市群处于第三象限，即差异收敛，可持续竞争力降低，处于“收敛、下降”状态，表现为省内头部城市可持续竞争力降低，尾部城市可持续竞争力有升有降。除此之外，大多数城市群均处于差异缩小，排名上升状态。

表5—18　　　2020年各城市群城市可持续竞争力统计分析

	样本量	可持续竞争力		综合人口密度竞争力		综合人口增量竞争力	
		均值	变异系数	均值	变异系数	均值	变异系数
成渝城市群	14	0.2407	0.4706	0.3112	0.2653	0.3345	0.4023
合肥城市群	8	0.2319	0.5422	0.3012	0.3561	0.3291	0.3674
京津冀城市群	12	0.3264	0.5255	0.3612	0.4054	0.4413	0.3717

续表

	样本量	可持续竞争力		综合人口密度竞争力		综合人口增量竞争力	
		均值	变异系数	均值	变异系数	均值	变异系数
环鄱阳湖城市群	6	0.2343	0.4250	0.2814	0.3753	0.3564	0.1795
北部湾城市群	11	0.1810	0.4341	0.2408	0.3168	0.3007	0.2451
山东半岛城市群	10	0.3608	0.3079	0.4146	0.2363	0.4460	0.2307
辽中南城市群	7	0.2723	0.4891	0.3406	0.3290	0.3615	0.3583
太原城市群	6	0.2104	0.4749	0.2649	0.3914	0.3294	0.2218
武汉城市群	11	0.2630	0.4565	0.3446	0.3203	0.3392	0.3670
关中平原城市群	8	0.2336	0.4772	0.2835	0.3725	0.3526	0.2697
长三角城市群	23	0.4362	0.3218	0.4917	0.2496	0.5023	0.2681
长株潭城市群	8	0.2823	0.3825	0.3422	0.3007	0.3787	0.2482
中原城市群	14	0.2829	0.2841	0.3525	0.2197	0.3681	0.2025
珠三角城市群	23	0.3881	0.6088	0.4607	0.5310	0.4459	0.4345

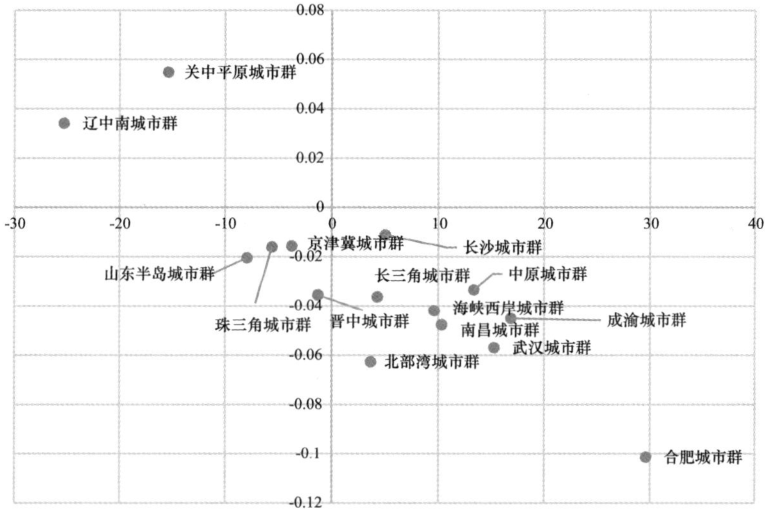

图5—8　各城市群可持续竞争力排名及差异变化

五　可持续竞争力各层级格局与变化分析

（一）一二三四线城市呈阶梯式发展格局

从层级角度来看依旧呈现“一二三四”状态，一线、二线、三线、四线城市的可持续竞争力分别为 0. 8410、0. 5180、0. 3291 和 0. 1929，一线城市的可持续竞争力要大幅高于二线、三线、四线城市，二线城市要显著高于三线、四线城市。就一线城市而言，其可持续竞争力显著引领着全国可持续竞争力的提升。香港、深圳、台北、上海、北京、广州的可持续竞争力在全国排前 6 位，北京引领着京津冀地区，上海引领着长三角地区，深圳和广州引领珠三角地区，特别是珠三角地区还有香港特别行政区，导致珠三角地区竞争非常激烈。从二线、三线城市来看其可持续竞争力、综合人口密度竞争力及综合人口增量竞争力均值较一线城市低，但二线城市较三线城市发展较均衡。四线城市可持续竞争力、综合人口密度竞争力及综合人口增量竞争力均值较一线城市相差 4 倍左右，可持续竞争力水平较低，且综合人口密度竞争力及综合人口增量竞争力分化差异严峻。

表 5—19　　　　2021 年各层级城市可持续竞争力统计分析

	样本量	可持续竞争力		综合人口密度竞争力		综合人口增量竞争力	
		均值	变异系数	均值	变异系数	均值	变异系数
一线城市	6	0. 8410	0. 1239	0. 8197	0. 1593	0. 8878	0. 0746
二线城市	35	0. 5180	0. 1606	0. 5345	0. 1933	0. 5500	0. 2499
三线城市	69	0. 3291	0. 2421	0. 3692	0. 2182	0. 3502	0. 2573
四线城市	181	0. 1929	0. 3937	0. 2474	0. 3226	0. 2096	0. 3988

注：本书把香港、台北、广州、深圳、北京、上海当作一线城市，澳门、台中、新竹、台南、高雄统一当作二线城市。

（二）各层级可持续竞争力均有所提升，但四线城市综合人口增量竞争力分化严峻

从表 5—19、表 5—20 以及图 5—9 可以看出，一二线城市总体发展较好，内部城市发展较为均衡。三四线城市综合人口增量竞争力的变异系数较大，说明城市间发展差异明显，尤其是四线城市，综合人口增量竞争力呈现越低越分化的局势。从可持续竞争力变化来看，一线、二线城市位居头部且变化较小，总体格局稳定。四线城市虽然整体可持续竞

争力水平有所提高，但其综合人口增量竞争力呈下降趋势，且变异系数变大，内部城市差距逐渐加大。

表5—20　　2020—2021年各层级城市可持续竞争力统计分析

	样本量	可持续竞争力		综合人口密度竞争力		综合人口增量竞争力	
		均值	变异系数	均值	变异系数	均值	变异系数
一线城市	6	0. 8155	0. 1438	0. 8258	0. 1591	0. 8457	0. 1053
二线城市	35	0. 5067	0. 1609	0. 5572	0. 1793	0. 5623	0. 1680
三线城市	69	0. 3116	0. 2339	0. 3793	0. 2097	0. 3924	0. 1740
四线城市	181	0. 1739	0. 3947	0. 2453	0. 3209	0. 2822	0. 2256

注：一线城市包括香港和台北。

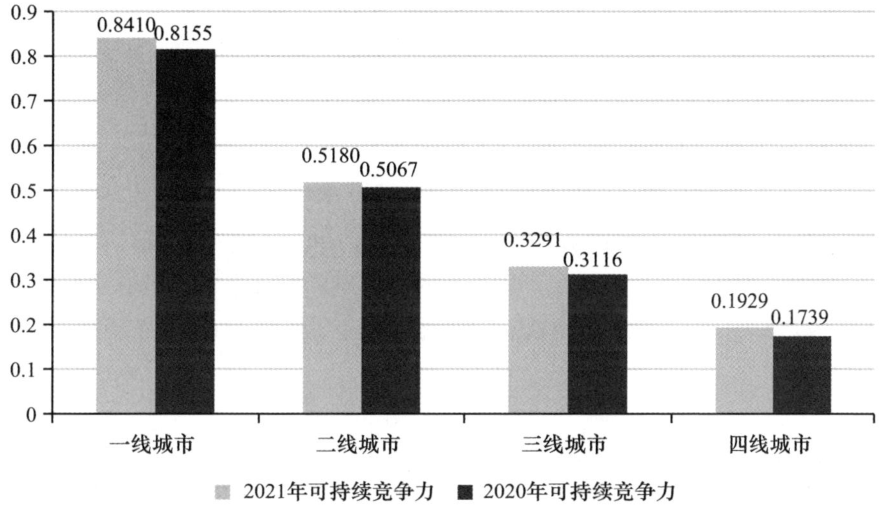

图5—9　各层级城市可持续竞争力变化

六　可持续竞争力核心指标分析

从图5—10可以看出当前中国综合人口密度竞争力的总体格局为“南升北降”。具体而言，北方的130个城市中有80个城市的综合人口密度竞争力排名处于下降状态，占61. 54%，有44个城市的可持续竞争力处于上升状态，占33. 85%。大部分城市的综合人口密度竞争力均处于下降状态，尤其是东北地区城市。从南方城市来看，在 161 个南方城市中，仅有 41 个城市的综合人口密度竞争力排名处于下降状态，占 25.47%，有 105 个城市的综合人口密度竞争力排名处于上升状态，占比达 65.22%。从综合人口密度竞争力排名变化幅度来看，南方城市内部的上升城市均要高于北方城市。

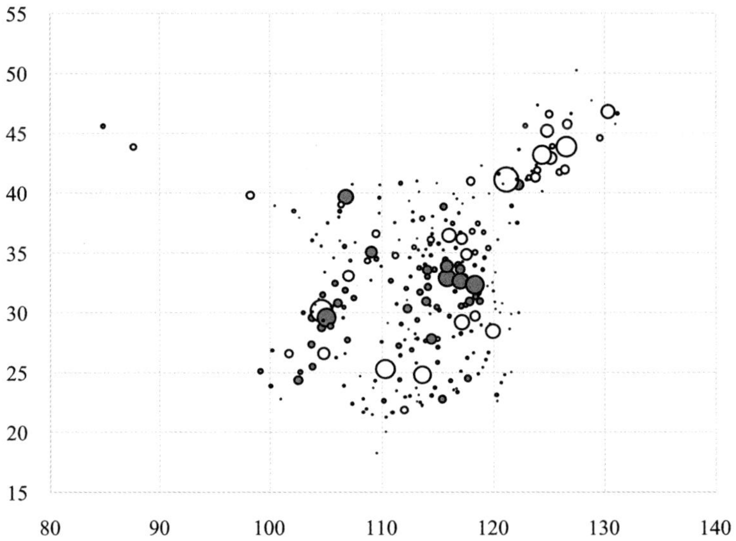

图 5—10 中国城市综合人口密度竞争力排名变化空间分布

注：横坐标表示经度，纵坐标表示纬度，图中点越大表示城市的综合人口密度竞争力变化越大，实心圈表示城市的综合人口密度竞争力排名上升，空心圈表示城市的综合人口密度竞争力排名下降。

表 5—21 综合人口密度竞争力统计分析

	变量	样本量	均值	标准差	变异系数
2021 年综合人口密度竞争力	南部城市	161	0.3635	0.1558	0.4286
	北部城市	130	0.2720	0.1174	0.4315
	全国	291	0.3226	0.1470	0.4555
2020 年综合人口密度竞争力	南部城市	161	0.3620	0.1642	0.4536
	北部城市	130	0.2528	0.1228	0.4347
	全国	291	0.3265	0.1522	0.4661

从图5—11至图5—14分别可以看出，仅西南和中部地区的综合人口密度竞争力均有不同程度的提升，其余地区的综合人口密度竞争力有不同程度的下降趋势，其中，东北和港澳台地区的综合人口密度竞争力较大。从省域来看，大部分省份的综合人口密度竞争力均有不同程度的降低，但整体降幅不大。其中澳门的综合人口密度竞争力上升较快。从城市群来看，合肥城市群、长株潭城市群以及中原城市群的综合人口密度

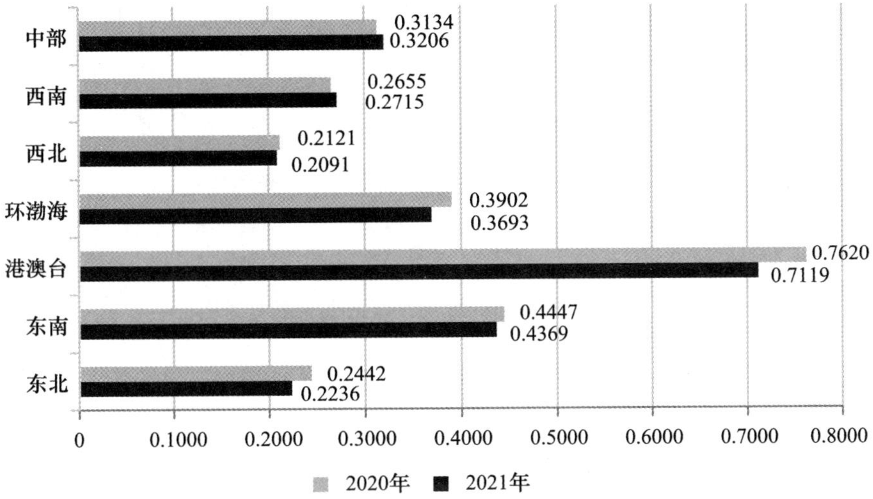

图5—11　各区域综合人口密度竞争力变化

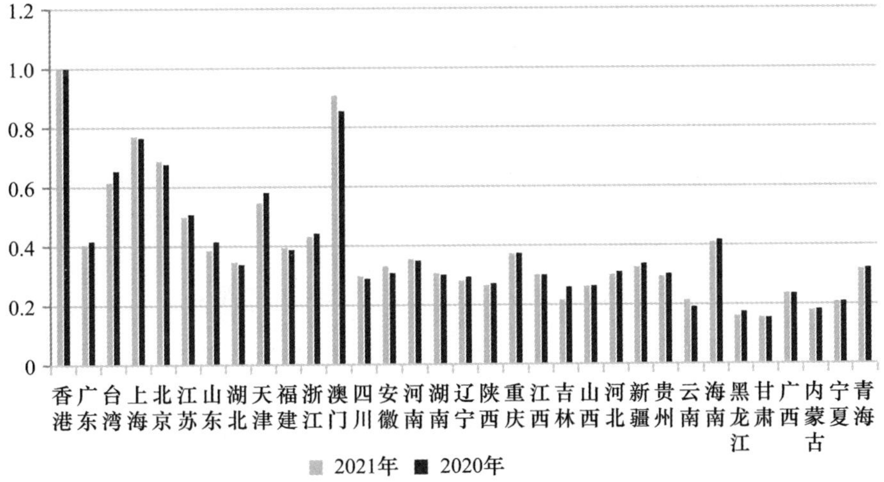

图5—12　各省（市、自治区）综合人口密度竞争力变化

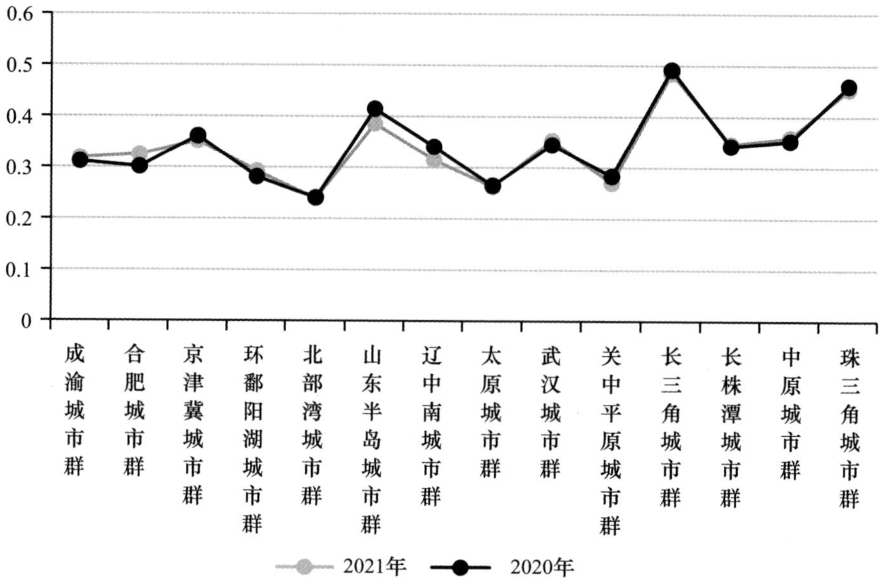

图 5—13 各城市群综合人口密度竞争力变化

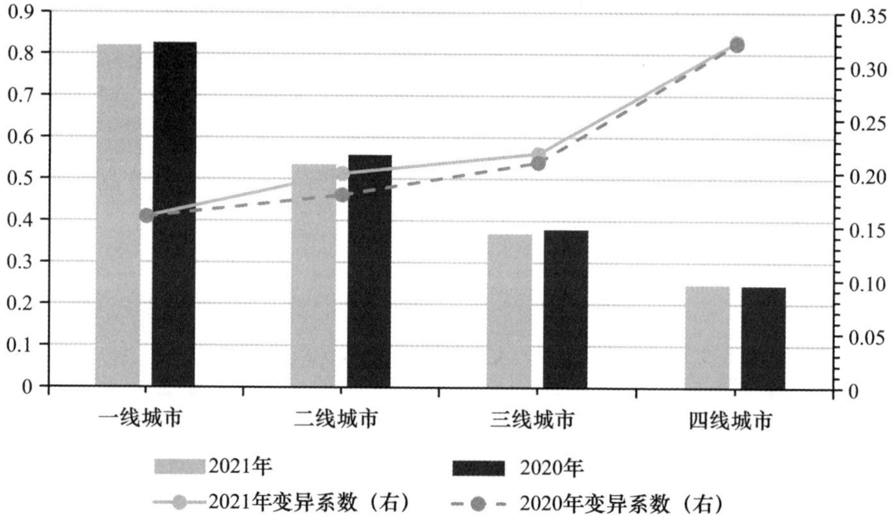

图 5—14 各层级城市综合人口密度竞争力变化

竞争力上升较快，中部地区崛起的优势凸显，辽中南城市群的综合人口密度竞争力直线下降，城市群内部所有城市的综合人口密度竞争力均下降。从各层级来看，仅四线城市的综合人口密度竞争力有所上升，其余层级的综合人口密度竞争力均下降，但从其变异系数大小来看，四线城市的综合人口密度竞争力分化更为严峻。

第二节　中国城市经济活力竞争力报告

经济活力反映城市经济发展的能力和潜力，是可持续发展的动力来源。本部分以经商便利度指数、产权保护指数、青年人才比例指数、经济增长率、劳动生产率等指标总体合成经济活力竞争力指数，以研究中国291个城市的经济活力竞争力特征。研究发现：中国整体呈现出东部领先，中西部并行追赶，东北部落后，南强而北弱的经济活力格局。位于头部城市的经济活力竞争力格局趋于稳定，城市间经济活力差距不断加大，城市经济活力趋于相对低水平化分布；省级的经济活力呈现越强越收敛、经济活力越弱越分化的情况；一二三四线城市呈递进式格局，城市经济活力水平状况与城市等级划分基本吻合；中国经济增长稳步提升，青年人才差距亟待弥补，青年人才将成为城市经济活力提升的重要因素。

一　经济活力竞争力总体格局分析

（一）东部领先，中西部并行追赶，东北部落后，南强而北弱

图5—15是2021年中国城市经济活力经纬度分布图，按照经纬度将全部城市的经济活力地理分布与指数强度用气泡图的形式表现出来，图中的横纵坐标分别代表城市的经纬度，气泡大小则代表城市的经济活力指数大小。从经度来看，从右往左我们大致可以将全部城市分为东部、中部、西部和东北部四个区域。东部地区呈现沿海经济活力集聚带，且气泡的面积也较大，表明东部城市的经济活力水平处于领先位置；中西部地区的分布较为相似，呈现部分集中的高水平经济活力城市圈，表明中西部正处于并行追赶的崛起阶段；东北部地区城市经济活力分布较为分散且经济活力水平不高，因而落后于其他地区。从纬度来看，可以按照32°N—34°N也就是秦岭—淮河一线将全国分为南方和北方地区。南方城市的经济活力水平较高且较为集聚，覆盖面积较广，北方城市的经济活力水平较低且较为分散，故呈现典

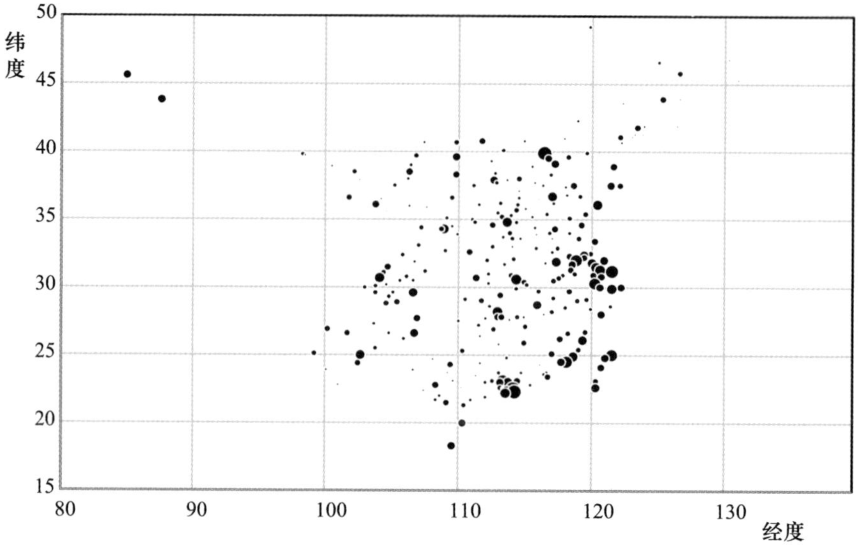

图 5—15 2021 年中国城市经济活力经纬度分布

型的南强而北弱的特征。

（二）头部城市的经济活力竞争力格局趋于稳定

表 5—22 描述的是 2021 年中国城市经济活力前 20 名及其与 2020 年对比变化情况。深圳、北京、香港、上海以及广州分列 2021 年中国城市经济活力竞争力前 5 位，且除香港外，作为一线城市的深圳、北京、上海、广州四大城市在 2020 年也依然牢牢占据着榜单的前 5 名。从 2021 年前 20 名分布来看，东南地区占据 11 席，环渤海地区占据 2 席，港澳台地区占据 3 席，中部地区占据 3 席，西南地区占据 1 席，总体覆盖广东、北京、香港、上海、江苏、福建、台湾、浙江、湖北、湖南、澳门、四川、河南、山东 14 个省份及直辖市；从 2021 年前 20 名分布来看，东南地区占据 12 席，环渤海区占据 1 席，港澳台区占据 2 席，中部地区占据 3 席，西南和西北地区各占据 1 席，总体覆盖广东、北京、上海、香港、江苏、浙江、福建、湖南、湖北、四川、安徽、陕西、澳门 13 个省份及直辖市。2021 年排名前 20 的城市在 2020 年均位于 25 名以内，另从图 5—16 可以看出，除香港、台北等城市的排名在近两年浮动略微较大外，其他城市的经济活力排名基本不变，由此可见头部城市的经济活力竞争力格局逐步稳定。

表 5—22　　2021 年中国城市经济活力前 20 名及其与 2020 年对比

	省（市、自治区）	地区	2021 年		2020 年	
			经济活力竞争力	排名	经济活力竞争力	排名
深圳	广东	东南	1.000	1	1.000	1
北京	北京	环渤海	0.952	2	0.820	2
香港	香港	港澳台	0.941	3	0.753	6
上海	上海	东南	0.879	4	0.791	4
广州	广东	东南	0.837	5	0.806	3
南京	江苏	东南	0.812	6	0.735	7
厦门	福建	东南	0.812	7	0.694	10
台北	台湾	港澳台	0.811	8	0.607	24
杭州	浙江	东南	0.801	9	0.728	8
珠海	广东	东南	0.799	10	0.763	5
武汉	湖北	中部	0.756	11	0.682	12
苏州	江苏	东南	0.731	12	0.695	9
无锡	江苏	东南	0.715	13	0.630	19
长沙	湖南	中部	0.713	14	0.683	11
宁波	浙江	东南	0.713	15	0.661	13
澳门	澳门	港澳台	0.707	16	0.638	18
成都	四川	西南	0.700	17	0.659	14
郑州	河南	中部	0.699	18	0.627	21
青岛	山东	环渤海	0.693	19	0.621	22
泉州	福建	东南	0.691	20	0.607	25

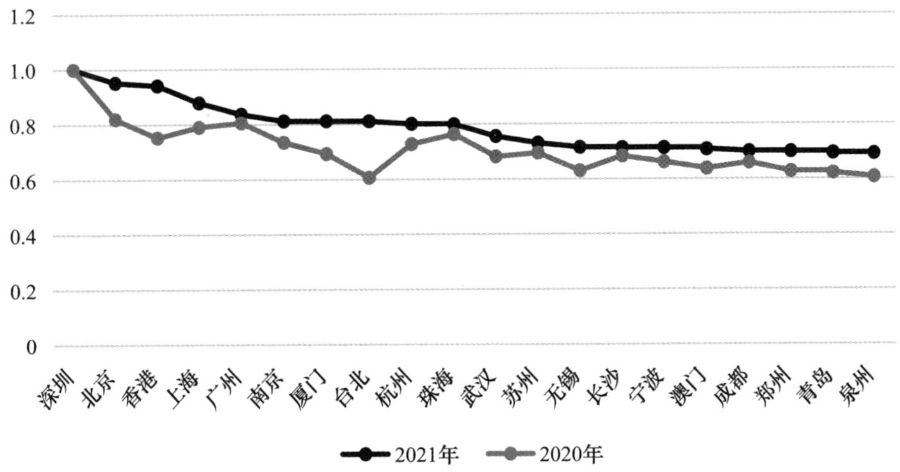

图 5—16　2021 年中国城市经济活力前 20 名与 2020 年对比

（三）城市间经济活力差距加大

表 5—23 主要描述的是我国 2020 年和 2021 年全部城市的经济活力发展情况。从整体上来看，2020 年 291 个城市的经济活力指数均值为 0.370，而 2021 年的经济活力指数均值为 0.362，较前一年下降了 0.008，降低幅度约为 2.16%。从变化上来看，2020 年和 2021 年全部城市的经济活力指数标准差分别为 0.159、0.187，变异系数值分别为 0.429、0.517。标准差和变异系数指数都是统计上用来描述离散程度的两个指标，两项指标较前一年均有所增加，表明 2021 年全部城市的经济活力状况波动幅度较大，城市间的差距在逐渐扩大。从个体上来看，2020 年和 2021 年深圳市的经济活力指数均为全国第一，表明深圳市是经济活力最强的城市，在全部城市中占据领先地位。

表 5—23　　2020 年和 2021 年全部城市经济活力的总体情况统计

	城市数量	均值	标准差	变异系数	最大值	最大值城市
2020 年	291	0.370	0.159	0.429	1	深圳
2021 年	291	0.362	0.187	0.517	1	深圳

（四）城市经济活力趋于相对低水平化分布

图 5—17 表示的是 2019—2021 年全国城市经济活力分布的核密度曲线对比。分年度来看，2019 年全国城市经济活力曲线大致呈正态分布，左右接近对称；2020 年经济活力曲线逐渐呈现右偏分布，表明全国城市的经济活力分布已经出现了偏移，大部分城市的经济活力水平较低；2021 年经济活力曲线呈现更加右偏的分布，经济活力水平相对较低的城市所占比重更高，而仅有少部分城市的经济活力相对水平较高。总体来看，随年份的变化，经济活力水平相对较低的城市越来越多，而相反经济活力相对水平较高的城市却越来越少。

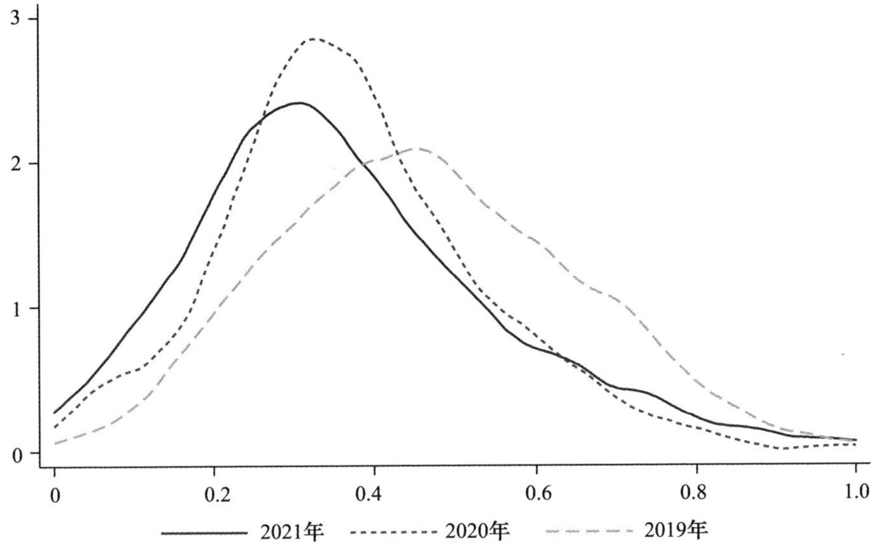

图 5—17　2019—2021 年全部城市经济活力分布核密度图

二　经济活力竞争力区域格局分析

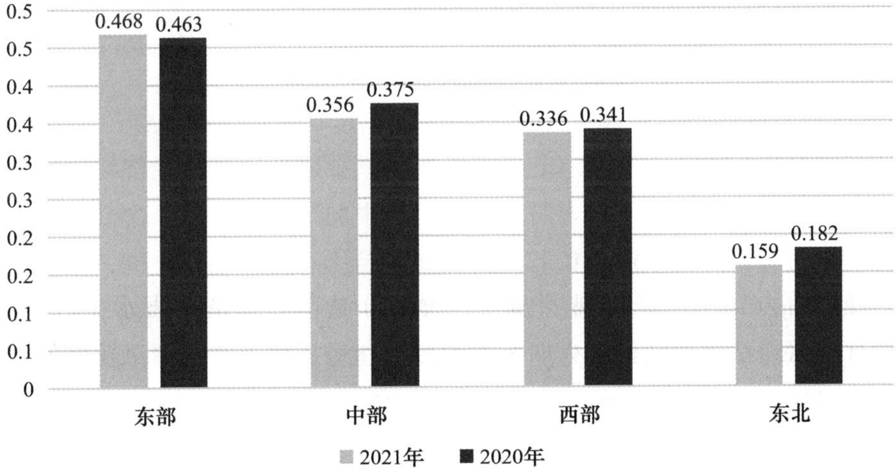

图 5—18　2020—2021 年四大区域经济活力指数统计

注：香港和澳门归属于东部。

表 5—24 2021 年四大区域经济活力指数的统计描述

	城市数量	均值	中位数	标准差	变异系数	百强城市	百强占比（%）	最大值城市	指数	全国排名
东部	91	0.468	0.427	0.207	0.443	49	53.85	深圳	1.000	1
中部	80	0.356	0.327	0.123	0.346	20	25.00	武汉	0.756	11
西部	86	0.336	0.324	0.152	0.452	26	30.23	成都	0.700	17
东北	34	0.159	0.122	0.140	0.879	5	14.71	大连	0.522	53

注：香港和澳门归属于东部。

（一）东部城市引领经济发展活力

按传统区域经济领域的方法，本研究把全部城市划分为东部地区、中部地区、西部地区、东北地区四大经济领域，通过对相同地区城市的合并，对不同地区城市的对比，从区域的角度分析得到城市经济活力的结果。从各个地区来看，东部地区引领着城市经济发展竞争的活力。首先，东部地区的经济活力指数均值为 0.468，位居四大地区之首；其次，东部地区的百强城市数量和占比分别为 49、53.58%，也远远领先于其他地区；最后，东部地区经济活力最大的城市是深圳市，而深圳市也是全国经济活力排名第一的城市。因此无论是从个体、数量还是从总体上来看，东部地区的经济活力都处在一个领跑的位置。

（二）中西部城市正在崛起

中西部地区齐头并进，正在慢慢崛起。中西部地区的经济活力均值分别为 0.356、0.336，属于四大地区均值中的中位数水平。中部地区的标准差和变异系数分别为 0.123、0.346，是所有地区中最小的，说明中部地区的城市经济活力发展相对较为均衡，城市间差异相对较小。西部地区的标准差和变异系数分别为 0.152、0.452，略高于中部地区。中西部地区的百强城市数量和占比分别为 20、26 和 25.00%、30.23%，分列第 3、2 位。中部地区经济活力最大的城市是武汉市，在全国排第 11 名，西部地区经济活力最大的城市是成都市，在全国排第 17 名。

（三）东北城市经济活力不足

东北地区的经济活力明显不足，展现颓势。首先，东北地区的经济活力均值为 0.159，远小于其他地区的均值水平；其次，东北地区的标准差和变异系数分别为 0.140、0.879，说明东北地区的城市间经济活力水平的差异较大，地区内部城市发展不平衡，也阻碍了地区整体的经济活力水平。然后，东北地区的百强城市数量和占比分别为 5 和 14.71%，同样远小于其他地区的相应指标水平；最后，东北地区的最大经济活力城市是大连市，在全国排第 53 名。

另外，从 2020 年和 2021 年四大区域经济活力指数统计对比图也可以直观看到：四大城市群中东部地区一枝独秀，中西部地区努力追赶，东北地区较为落后。对比前后两年的数据也可以发现：东部地区 2021 年的经济活力均值水平较 2020 年提升了约 1.08%，中部地区 2021 年的经济活力均值水平较 2020 年下降了约 5.07%，西部地区 2021 年的经济活力均值水平较 2020 年下降了约 1.47%，东北地区 2021 年的经济活力均值水平较 2020 年下降了约 12.64%。总体来看，仅有东部地区的整体经济活力水平得到了提高，中西部和东北地区均有不同程度的降低，其中东北地区下降的幅度最大。

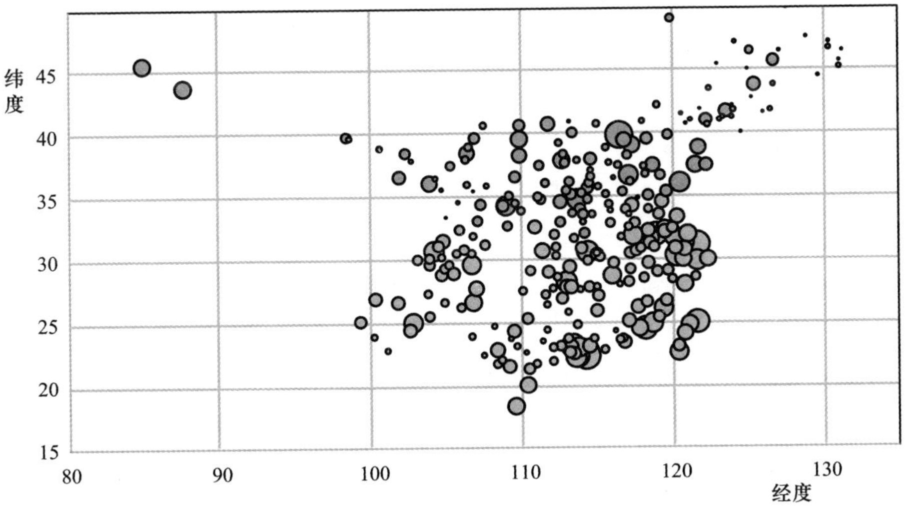

图 5—19　2021 年中国城市经济活力南北经纬度分布

（四）南强北弱格局明显

按照秦岭—淮河一线，由于自然条件、农业生产方式、地理风貌等因素的不同，还可以把我国分为南方地区和北方地区。图 5—19 表示了 2021 年中国城市经济活力南北经纬度分布情况，从图中我们可以直观而粗略地看到，南北方的城市经济活力呈现典型的南强北弱的状况，北方的城市经济活力呈带状离散分布，大致沿京津冀城市群向两边对称分布，形成了“翅膀”，整体经济活力水平较低；南方的城市经济活力呈团状集聚分布，以长三角、珠三角、成渝等城市群为主，向周边城市辐射，形成多中心的经济活力集聚分布，整体经济活力水平较高。

（五）南北经济活力差距较大

表 5—25 展示的是 2021 年中国城市经济活力南北地区的描述性统计结果。南方地区的城市经济活力均值为 0. 422，远大于北方地区的 0. 288，同时南方地区的标准差和变异系数为 0. 179、0. 424，北方地区为 0. 171、0. 592，验证了从上图中直观粗略得到的结论。另外，南方地区的城市百强数量和占比为 73、45. 34%，远大于北方地区的 27、20. 77%，再一次说明南北方地区的经济活力发展状况极不平衡。然而，南方地区的深圳市的经济活力指数排名全国第一，北方地区的北京市的经济活力指数排名全国第二，这说明南北方均具备顶级经济活力的城市，下一步需要做的是如何利用北方的顶级活力城市带动其他城市实现整体水平上的提升。

表 5—25　　2021 年中国城市经济活力南北方描述性统计

	城市数量	均值	中位数	标准差	变异系数	百强城市	百强占比（%）	最大值城市	指数	全国排名
南方	161	0. 422	0. 391	0. 179	0. 424	73	45. 34	深圳	1. 000	1
北方	130	0. 288	0. 272	0. 171	0. 592	27	20. 77	北京	0. 952	2

三　经济活力竞争力省域格局分析

省域城市经济活力状况：越强越收敛、越弱越分化。中国省域经济的发展是中国经济发展的重要组成部分，从图 5—20 中国省域经济活力的柱状图可以看出个省域经济活力从高到低排列呈现波浪式的下降，北京、香港和上海遥遥领先于其他省域，发展较好。东北三省位于中国省域经济活力的末尾，亟须提升。与此同时，均值居中的城市相对比较集中，而且差距不大。

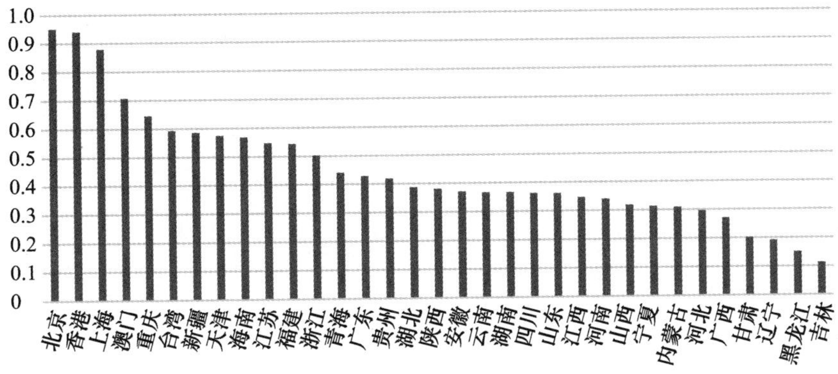

图 5—20　2021 年中国省域经济活力指数

从省域的角度来看，大部分省呈现“越强越收敛、越弱越分化”状态。其中，北京、香港和上海等城市的经济活力比较高，但是辽宁、吉林和黑龙江三省则经济活力比较低。整体上看省域经济活力排名越靠前的省份，百强城市的占比越多，省域内部的差距越小；而省域经济活力排名越靠后的省份，百强城市占比相对较小，而且变异系数较大，说明省域内部的差距较大。各省域最大值的城市都在百强城市中，说明各省域都有可以借鉴和学习的标杆城市，因而各省域应该继续促进标杆城市的发展，并利用标杆城市带动其他城市的快速发展。

表 5—26　　中国各省（市、自治区）经济活力指数的统计描述

	城市数量	均值	中位数	标准差	变异系数	百强城市	百强占比（%）	最大值城市	指数	全国排名
北京	1	0. 952	0. 952	—	—	1	100. 00	北京	0. 952	2
香港	1	0. 941	0. 941	—	—	1	100. 00	香港	0. 941	3
上海	1	0. 879	0. 879	—	—	1	100. 00	上海	0. 879	4
澳门	1	0. 707	0. 707	—	—	1	100. 00	澳门	0. 707	16
重庆	1	0. 645	0. 645	—	—	1	100. 00	重庆	0. 645	28
台湾	5	0. 593	0. 581	0. 144	0. 243	5	100. 00	台北	0. 811	8
新疆	2	0. 587	0. 587	0. 008	0. 014	2	100. 00	乌鲁木齐	0. 592	34

续表

	城市数量	均值	中位数	标准差	变异系数	百强城市	百强占比（%）	最大值城市	指数	全国排名
天津	1	0.574	0.574	—	—	1	100.00	天津	0.574	40
海南	2	0.569	0.569	0.020	0.035	2	100.00	三亚	0.583	35
江苏	13	0.547	0.505	0.155	0.283	10	76.92	南京	0.812	6
福建	9	0.544	0.479	0.148	0.272	7	77.78	厦门	0.812	7
浙江	11	0.503	0.519	0.163	0.324	7	63.64	杭州	0.801	9
青海	1	0.441	0.441	—	—	1	100.00	西宁	0.441	86
广东	21	0.428	0.340	0.226	0.528	8	38.10	深圳	1.000	1
贵州	4	0.418	0.406	0.167	0.399	2	50.00	贵阳	0.597	33
湖北	12	0.388	0.330	0.144	0.371	5	41.67	武汉	0.756	11
陕西	10	0.381	0.351	0.127	0.333	3	30.00	西安	0.674	23
安徽	16	0.371	0.363	0.130	0.351	5	31.25	合肥	0.675	22
云南	8	0.367	0.363	0.158	0.430	3	37.50	昆明	0.664	25
湖南	13	0.367	0.324	0.143	0.390	5	38.46	长沙	0.713	14
四川	18	0.362	0.331	0.109	0.301	5	27.78	成都	0.700	17
山东	16	0.361	0.327	0.175	0.484	5	31.25	青岛	0.693	19
江西	11	0.347	0.350	0.116	0.334	2	18.18	南昌	0.611	30
河南	17	0.341	0.331	0.115	0.337	2	11.76	郑州	0.699	18
山西	11	0.318	0.304	0.094	0.295	1	9.09	太原	0.577	38
宁夏	5	0.313	0.268	0.119	0.381	1	20.00	宁夏	0.518	55
内蒙古	9	0.309	0.271	0.156	0.504	2	22.22	鄂尔多斯	0.574	41
河北	11	0.296	0.274	0.110	0.372	2	18.18	廊坊	0.516	56
广西	14	0.271	0.215	0.123	0.455	3	21.43	南宁	0.501	59
甘肃	12	0.202	0.169	0.140	0.693	1	8.33	兰州	0.536	49
辽宁	14	0.192	0.145	0.158	0.822	3	21.43	大连	0.522	53
黑龙江	12	0.151	0.106	0.104	0.690	1	8.33	哈尔滨	0.410	99
吉林	8	0.113	0.053	0.155	1.369	1	12.50	长春	0.468	72

四 经济活力竞争力城市群格局分析

新时代，我国城市群发展肩负着不断满足人民对美好生活新期待的历史使命。城市群建设对我国城镇化发展有着显著的助推作用，使我国经济和人口聚集的能力不断增强。全面提升城市群发展质量，要注重发挥聚集效应、协同效应、示范效应和共享效应，要采取综揽全局、质量优先、统筹各方、协同并进的战略举措。

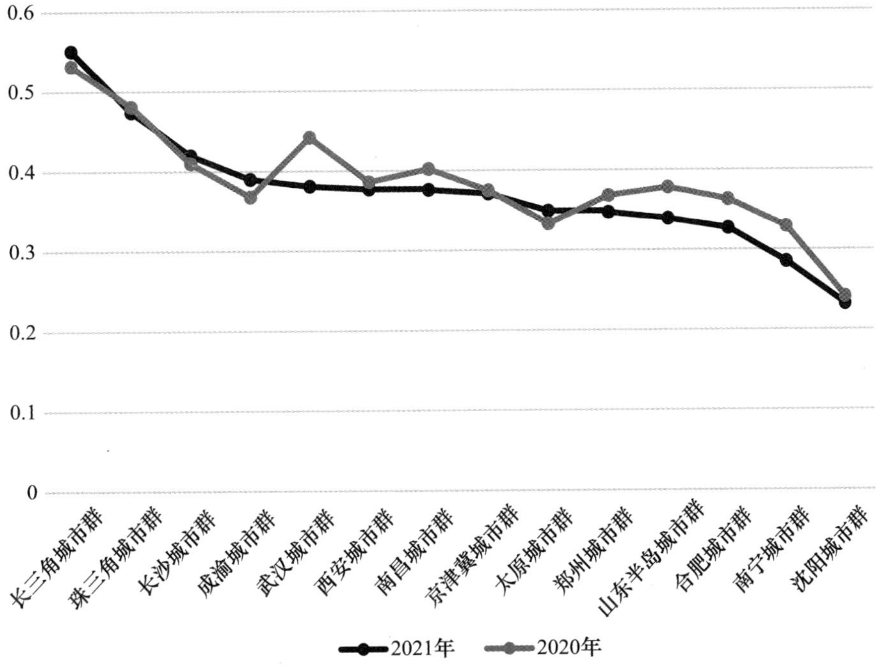

图 5—21　2020 年和 2021 年中国城市群经济活力对比分析

（一）大部分城市群经济活力水平保持稳定

从 2020 年和 2021 年的主要城市群经济活力趋势图变化可知，城市群经济活力均值总体上呈现出较为平缓的下降趋势。除武汉城市群、山东半岛城市群、合肥城市群、南宁城市群的经济活力均值在 2021 年出现了相对较大的下降变化外，其他城市群的经济活力均值基本保持在一个相对稳定的水平。此外，长三角城市群、珠三角城市群、长沙城市群的经济活力均值水平相对较高，领先于其他城市群；南宁城市群、沈阳城市群的经济活力均值水平相对较低，落后于其他城市群，这也再次印证了分区域、分层级的城市经济活力分布结论。

（二）长三角、珠三角城市群经济活力较高

具体观察表5—27，从2021年中国城市群经济活力描述统计数据可知，长三角城市群的经济活力均值为0.551，百强城市数量和占比分别为17、73.91%，均位居第一，标准差和变异系数分别为0.168、0.305，说明城市群内城市发展状况较好，以上海为中心辐射周边的城市，带动了整个长三角城市群的整体经济活力水平。珠三角城市群的整体发展与长三角城市群大致相近，均值和百强数量及占比均位居前列，不同的是珠三角城市群的深圳市的经济活力位居全国第一，但其标准差和变异系数分别为0.240、0.506，说明珠三角也是主要以深圳、广州等为中心辐射周边城市，带动整个城市群的经济活力水平。京津冀城市群整体发展水平居中，均值为0.371，标准差为0.226，变异系数达0.609，城市间发展不平衡，经济活力指数差异较大，其中北京市的经济活力位居全国第二。值得一提的是，长沙城市群的经济活力均值为0.420，位居全国第三，标准差和变异系数分别为0.153和0.364，百强城市数量为5，占比为62.50%，仅次于长三角城市群，说明长沙城市群具有非常强的经济潜力。沈阳城市群经济活力排名较为落后，其均值较小，而变异系数较大，且最大值城市排名较为靠后，整体上经济活力不足，亟待提升。

表5—27　　2021年中国城市群经济活力分析

	城市数量	均值	中位数	标准差	变异系数	百强城市	百强占比（%）	最大值城市	指数	全国排名
京津冀城市群	12	0.371	0.286	0.226	0.609	4	33.33	北京	0.952	2
南宁城市群	11	0.285	0.220	0.134	0.470	3	27.27	南宁	0.501	59
南昌城市群	6	0.376	0.368	0.135	0.359	1	16.67	南昌	0.501	59
合肥城市群	8	0.327	0.290	0.161	0.492	1	12.50	合肥	0.675	22
太原城市群	6	0.349	0.114	0.320	0.917	1	16.67	太原	0.577	38
山东半岛城市群	10	0.339	0.261	0.189	0.558	2	20.00	青岛	0.693	19
成渝城市群	14	0.390	0.337	0.134	0.336	4	28.57	成都	0.700	17
武汉城市群	11	0.381	0.326	0.149	0.391	4	36.36	武汉	0.756	11
沈阳城市群	7	0.232	0.153	0.184	0.793	2	28.57	大连	0.522	53
珠三角城市群	23	0.474	0.397	0.240	0.506	11	47.83	深圳	1.000	1

续表

	城市数量	均值	中位数	标准差	变异系数	百强城市	百强占比（%）	最大值城市	指数	全国排名
西安城市群	8	0. 377	0. 351	0. 132	0. 350	2	25. 00	西安	0. 674	23
郑州城市群	14	0. 347	0. 327	0. 121	0. 349	2	14. 29	郑州	0. 699	18
长三角城市群	23	0. 551	0. 519	0. 168	0. 305	17	73. 91	上海	0. 879	4
长沙城市群	8	0. 420	0. 435	0. 153	0. 364	5	62. 50	长沙	0. 713	14

五　经济活力竞争力各层级格局分析

随着城市化进程的加快，城市在经济社会发展中的地位将更加重要。稳健而有序的城市层级体系是资源空间合理配置的具体体现，也是实现区域经济协调发展的重要途径。因此，本书重点分析不同层级城市经济活力发展的情况，为进一步促进中国经济发展提供可行思路。

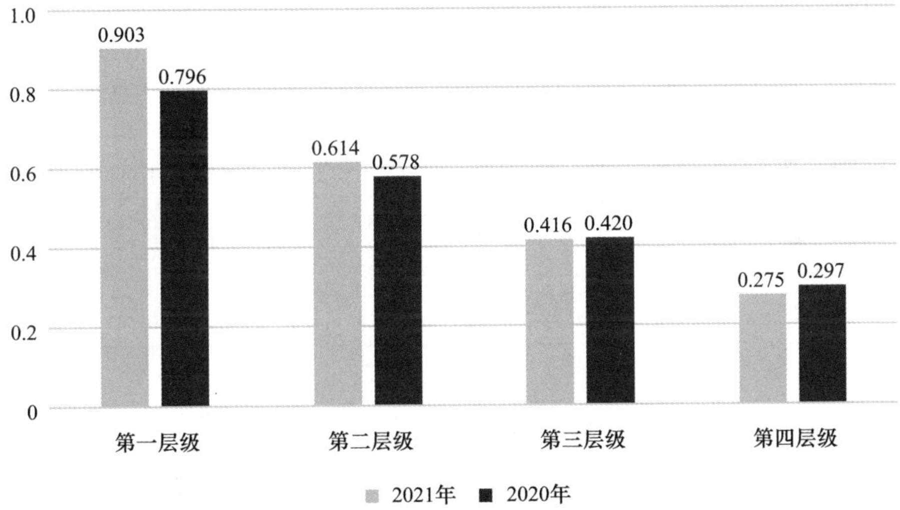

图 5—22　2020—2021 年中国主要层级城市经济活力变化趋势

一二三四线城市呈递进式格局。从中国各层级城市经济活力历年的对比可以看出，第一层级的城市经济活力的提升比较明显，第二、第三层级城市经济活力提升并不明显，同时第四层级城市的经济活力还出现了下降的趋势。整体来看，第一层级的城市经济活力势头强劲，占据绝对优势，第四层级的城市经济发展能力相对落后，经济活力有待进一步提升，而这也与中国当前各层级城市经济发展基本情况吻合，第一层级城市经济活跃度较高，而其余城市随其分布层级经济活力依次递减。从上述图表中还可以看出第一层级和第二层级的城市指数大于0.5，普遍较高。但是第二、第三层级城市的经济活力指数普遍偏弱。

从表5—28的描述性统计可以看出，各层级城市的均值伴随着城市等级的提升而提升，但变异系数却伴随着城市等级的提升而下降，说明了中国城市层级越高经济活力越高，经济活力的差异越小；而中国城市层级越低经济活力越小，经济活力的差异越大。百强城市的占比也伴随着城市层级的提升而不断提升，但是也看出在不同层级中领先的城市都进入到了城市的前百强，说明不同层级城市经济活力均有发展情况较好的“领头羊”。

表5—28　　中国各层级城市经济活力的描述性统计

	城市数量	均值	中位数	标准差	变异系数	百强城市	百强占比（%）	最大值城市	指数	全国排名
第一层级	6	0.903	0.910	0.073	0.081	6	100	深圳	1.000	1
第二层级	35	0.614	0.652	0.131	0.213	33	94	南京	0.812	6
第三层级	69	0.416	0.446	0.145	0.349	37	54	珠海	0.799	10
第四层级	181	0.275	0.274	0.119	0.434	24	13	三亚	0.583	35

六　经济活力竞争力分项指标分析

经济活力是实现城市可持续发展的重要衡量指标，它由多项指标共同构成。本报告分别采用经商便利度、产权保护、青年人才比例、经济增长率及劳动生产率五项分指标从营商环境角度、人才角度、经济增长角度全方位共同度量我国城市经济活力情况，从而为我国城市实现可持续发展奠定经济基础。

表 5—29　　2021 年经济活力各分项指标得分情况汇总

	样本数	均值	中位数	标准差	变异系数
经商便利度	291	0. 396	0. 355	0. 193	0. 488
产权保护	291	0. 331	0. 308	0. 136	0. 411
青年人才比例	291	0. 129	0. 082	0. 133	1. 035
经济增长率	291	0. 694	0. 745	0. 177	0. 254
劳动生产率	291	0. 396	0. 373	0. 150	0. 379

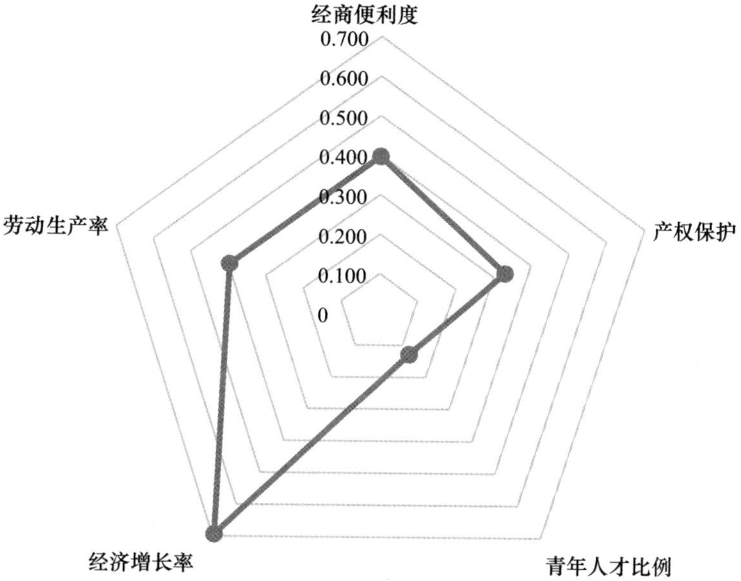

图 5—23　2021 年经济活力各分项指标得分均值雷达图

经济增长率稳步提升，青年人才差距亟待弥补。从 2021 年经济活力各分项指标得分情况来看，我国全部城市的经济活力分项指标均值和城市间的各项指标的差异程度存在较大差别，从雷达图也能更直观地看到这一点。具体而言，我国各城市经济增长率的均值为 0. 694，位居所有分项指标第一，表明各城市所提供的经济发展便利度水平较高，且变异系数为 0. 254，为所有分项指标中最小，表明城市整体上在经济发展方面工作较为到位，经济增长率水平差异相对较小。反之，各项指标中青年人才比例的均值最小，而变异系数最大，分别为0.129与1.035，表明多数城市在吸引青年人才方面的水平仍需要较大提升，人口流动量差距较大，青年人才缺口较大，需要给予较大的关注。经商便利度、产权保护和劳动生产率指标对应资本、技术、劳动力等生产要素的外部环境，且它们的均值较为接近，分别为0.396、0.331、0.396，变异系数变化也不大，分别为0.488、0.411、0.379，说明城市在整体上具备了基础要素的流动环境。

七 经济活力竞争力核心要素分析

伴随着城市的不断发展，人才成为城市发展的重要动力，各个城市也纷纷加入到人才大战的行列当中。与此同时，青年作为城市发展的"后备军"，对于城市发展起着关键的作用。但上述研究中发现青年人才比例均值较低是制约中国城市经济活力提升的关键原因，因此本书重点分析青年人才比例对于城市经济活力发展的重要性。

青年人才成为城市经济活力提升的重要因素。2021 年中国青年人才比例的均值为0.129，相较于其他的指标偏低，说明城市水平普遍偏低。同时变异系数为1.031，相较于其他的指标比较偏高，说明城市差异比较明显，城市之间差异比较大。其中最大值是深圳，而深圳也是经济活力最强的城市，说明青年人才是深圳经济活力发展的重要引擎。

表5—30　　2021年青年人才比例指数统计指标描述

	城市数量	均值	中位数	标准差	变异系数	最大值城市	指数	全国排名
青年人才比例指数	291	0.129	0.082	0.133	1.031	深圳	1	1

通过下述经纬度分析图，青年人才比例差异比较大，东部地区优势明显。其中，粤港澳大湾区和珠三角地区青年人才比例比较高，这与近年来这些区域的人才引进政策和区域内部教育的提升有着紧密的关系。中西部地区城市的发展相对比较弱，亟须出台相关政策引进优质的青年人才，助力城市经济活力的提升。

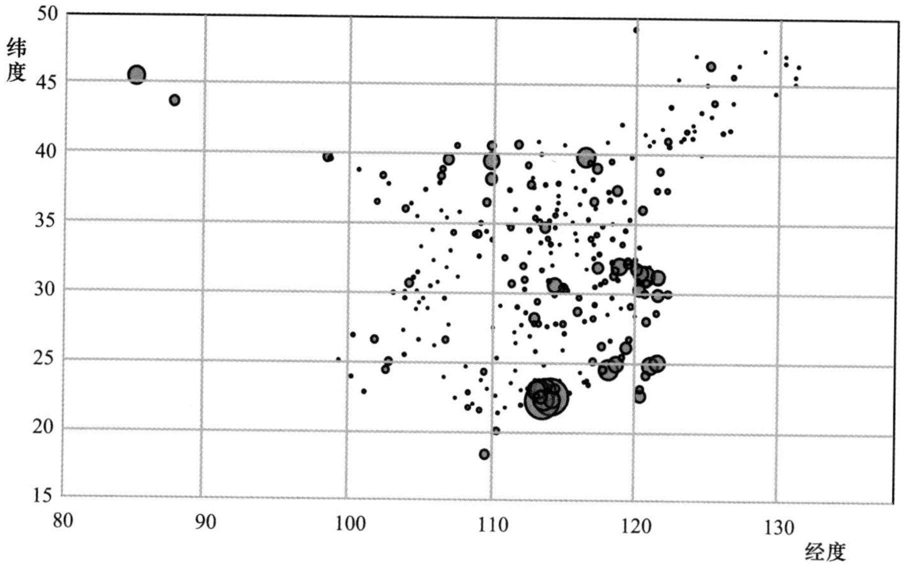

图 5—24　2021 年青年人才比例经纬度分布

八　结论与建议

（一）结论

通过从中国城市经济活力总体格局、区域角度、省域角度、城市群、城市等级、核心指标、核心要素等角度剖析城市经济活力变化趋势总体上有以下几方面发现：

第一，中国整体呈现出东部领先，中西部并行追赶，东北部落后，南强而北弱的经济活力格局。位于头部城市的经济活力竞争力格局趋于稳定，城市间经济活力差距不断加大，城市经济活力趋于相对低水平化分布。

第二，从区域角度来看，东部城市引领经济发展活力，中西部城市正在崛起，东北地区城市经济活力不足，南强北弱格局明显，南北经济活力差距较大。

第三，从省域角度来看，省级的经济活力越强越收敛、经济活力越弱越分化，即省域的经济活力越高城市内部的差异越小，而省域的经济活力越低城市内部的差异越大。

第四，从城市群角度来看，大部分城市群经济活力水平保持稳定，长三角、珠三角城市群经济活力较高。

第五，从城市等级来看，一二三四线城市呈递进式格局，城市经济活力水平状况与城市等级划分基本吻合。

第六，从分项指标来看，中国经济增长稳步提升，青年人才差距亟待弥补。

第七，从核心要素来看，青年人才将成为城市经济活力提升的重要因素。

（二）建议

1. 夯实经济发展基础，发挥大城市带动小城市的作用，助力中小城市的发展

城市本身要努力夯实自己的基础优势，努力提升自身的竞争力。大城市要真正发挥“榜样”的作用，带动周边中小城市的发展，为经济相对落后的中小城市提供资金、技术和人才的帮助。与此同时，中小城市也应该主动加强与大城市的合作和交流，积极发挥自身优势，努力寻找与大城市联系的机会。

2. 发挥东部地区对中、西部地区的引领作用，促进中国区域平衡

东部地区一直以来都是中国经济增长的主力军，东部地区不仅应积极拓展其海外市场，提升其全球联系，也应努力探索国内市场，努力开拓中部和西部的市场，促进经济增长。近年来，伴随着武汉等城市的快速发展，中部地区也不断崛起，这些城市应该努力提升自己，争取早日发挥东部助力西部的桥梁，进而促进中国区域经济的平衡发展。

3. 为东北老工业基地注血，推动东北等困难地区的转型升级

东北地区在中国经济发展中占有举足轻重的地位，但近几年来伴随着东北老工业基地面临转型困难等问题，东北地区持续衰落，经济活力也处于中国较靠后的位置。应该努力为东北老工业基地引入先进的技术和人才，助力东北地区的结构升级和转型，促进东北地区的快速发展。

4. 推进人才引进计划，为中小城市输送优质人才

各地应该出台符合当地发展的人才引进计划，引入合适的人才助力城市的发展。与此同时，中小城市也应该提升当地教育资源，特别是高等教育资源，这样才能更好地吸引和培育更多优质的人才。同时，中小城市也应提升对于引进人才的住房补贴和金钱激励，以及完善相关的配套设施，使得更多的人才愿意留下来。

九　中国城市经济活力竞争力

表 5—31　　2021 年 291 个城市经济活力竞争力指数及排名

	省（市、自治区）	指数	排名		省（市、自治区）	指数	排名
深圳	广东	1.000	1	广元	四川	0.327	147
北京	北京	0.952	2	铜陵	安徽	0.327	148
香港	香港	0.941	3	曲靖	云南	0.327	149
上海	上海	0.879	4	上饶	江西	0.327	150
广州	广东	0.837	5	秦皇岛	河北	0.327	151
南京	江苏	0.812	6	雅安	四川	0.326	152
厦门	福建	0.812	7	咸宁	湖北	0.326	153
台北	台湾	0.811	8	晋中	山西	0.324	154
杭州	浙江	0.801	9	张家界	湖南	0.324	155
珠海	广东	0.799	10	淮北	安徽	0.324	156
武汉	湖北	0.756	11	吕梁	山西	0.324	157
苏州	江苏	0.731	12	襄阳	湖北	0.323	158
无锡	江苏	0.715	13	自贡	四川	0.321	159
长沙	湖南	0.713	14	安康	陕西	0.318	160
宁波	浙江	0.713	15	长治	山西	0.316	161
澳门	澳门	0.707	16	开封	河南	0.311	162
成都	四川	0.700	17	济宁	山东	0.309	163
郑州	河南	0.699	18	安阳	河南	0.309	164
青岛	山东	0.693	19	清远	广东	0.306	165
泉州	福建	0.691	20	阜阳	安徽	0.306	166
东莞	广东	0.676	21	运城	山西	0.304	167
合肥	安徽	0.675	22	晋城	山西	0.304	168
西安	陕西	0.674	23	新乡	河南	0.303	169
济南	山东	0.671	24	中卫	宁夏	0.301	170
昆明	云南	0.664	25	台州	浙江	0.301	171
常州	江苏	0.659	26	沧州	河北	0.298	172
福州	福建	0.652	27	荆门	湖北	0.295	173

续表

	省（市、自治区）	指数	排名		省（市、自治区）	指数	排名
重庆	重庆	0.645	28	邵阳	湖南	0.294	174
高雄	台湾	0.625	29	丽水	浙江	0.293	175
南昌	江西	0.611	30	铜川	陕西	0.291	176
扬州	江苏	0.599	31	安顺	贵州	0.289	177
南通	江苏	0.599	32	内江	四川	0.289	178
贵阳	贵州	0.597	33	潮州	广东	0.288	179
乌鲁木齐	新疆	0.592	34	宿迁	江苏	0.287	180
三亚	海南	0.583	35	防城港	广西	0.285	181
克拉玛依	新疆	0.581	36	随州	湖北	0.280	182
新竹	台湾	0.581	37	遂宁	四川	0.279	183
太原	山西	0.577	38	忻州	山西	0.278	184
漳州	福建	0.576	39	益阳	湖南	0.277	185
天津	天津	0.574	40	韶关	广东	0.275	186
鄂尔多斯	内蒙古	0.574	41	平顶山	河南	0.275	187
绍兴	浙江	0.567	42	大庆	黑龙江	0.274	188
温州	浙江	0.565	43	邯郸	河北	0.274	189
烟台	山东	0.565	44	云浮	广东	0.274	190
佛山	广东	0.564	45	揭阳	广东	0.274	191
舟山	浙江	0.558	46	淮南	安徽	0.273	192
海口	海南	0.555	47	临汾	山西	0.272	193
马鞍山	安徽	0.548	48	阳江	广东	0.272	194
兰州	甘肃	0.536	49	呼伦贝尔	内蒙古	0.271	195
台中	台湾	0.535	50	广安	四川	0.270	196
宜昌	湖北	0.531	51	荆州	湖北	0.270	197
遵义	贵州	0.523	52	汕尾	广东	0.268	198
大连	辽宁	0.522	53	石嘴山	宁夏	0.268	199
嘉兴	浙江	0.519	54	泰安	山东	0.268	200
银川	宁夏	0.518	55	渭南	陕西	0.264	201
廊坊	河北	0.516	56	河源	广东	0.263	202
盐城	江苏	0.505	57	六盘水	贵州	0.263	203

续表

	省（市、自治区）	指数	排名		省（市、自治区）	指数	排名
榆林	陕西	0.503	58	昭通	云南	0.263	204
南宁	广西	0.501	59	怀化	湖南	0.263	205
东营	山东	0.501	60	吴忠	宁夏	0.261	206
惠州	广东	0.493	61	钦州	广西	0.260	207
湘潭	湖南	0.491	62	商洛	陕西	0.259	208
徐州	江苏	0.485	63	商丘	河南	0.258	209
绵阳	四川	0.484	64	茂名	广东	0.257	210
呼和浩特	内蒙古	0.480	65	淄博	山东	0.253	211
镇江	江苏	0.479	66	资阳	四川	0.247	212
三明	福建	0.479	67	黄冈	湖北	0.246	213
滁州	安徽	0.474	68	德州	山东	0.244	214
湖州	浙江	0.474	69	菏泽	山东	0.243	215
连云港	江苏	0.473	70	娄底	湖南	0.241	216
株洲	湖南	0.471	71	六安	安徽	0.240	217
长春	吉林	0.468	72	周口	河南	0.238	218
龙岩	福建	0.466	73	巴中	四川	0.237	219
洛阳	河南	0.463	74	朔州	山西	0.235	220
沈阳	辽宁	0.460	75	新余	江西	0.233	221
十堰	湖北	0.457	76	张家口	河北	0.232	222
汕头	广东	0.455	77	滨州	山东	0.229	223
北海	广西	0.454	78	保定	河北	0.226	224
柳州	广西	0.453	79	赤峰	内蒙古	0.226	225
岳阳	湖南	0.452	80	阳泉	山西	0.222	226
玉溪	云南	0.451	81	黑河	黑龙江	0.222	227
芜湖	安徽	0.450	82	巴彦淖尔	内蒙古	0.221	228
攀枝花	四川	0.447	83	百色	广西	0.220	229
威海	山东	0.446	84	濮阳	河南	0.218	230
丽江	云南	0.444	85	永州	湖南	0.216	231
西宁	青海	0.441	86	郴州	湖南	0.215	232
泸州	四川	0.434	87	固原	宁夏	0.215	233

续表

	省（市、自治区）	指数	排名		省（市、自治区）	指数	排名
黄山	安徽	0.433	88	萍乡	江西	0.211	234
中山	广东	0.427	89	贺州	广西	0.209	235
鄂州	湖北	0.426	90	临沧	云南	0.207	236
赣州	江西	0.425	91	贵港	广西	0.206	237
石家庄	河北	0.420	92	营口	辽宁	0.199	238
常德	湖南	0.418	93	驻马店	河南	0.198	239
盘锦	辽宁	0.418	94	张掖	甘肃	0.195	240
宁德	福建	0.417	95	抚州	江西	0.193	241
台南	台湾	0.416	96	邢台	河北	0.191	242
咸阳	陕西	0.414	97	衡水	河北	0.190	243
宜宾	四川	0.413	98	抚顺	辽宁	0.186	244
哈尔滨	黑龙江	0.410	99	宿州	安徽	0.184	245
孝感	湖北	0.408	100	普洱	云南	0.182	246
日照	山东	0.407	101	河池	广西	0.180	247
唐山	河北	0.402	102	酒泉	甘肃	0.179	248
南平	福建	0.400	103	承德	河北	0.179	249
安庆	安徽	0.400	104	崇左	广西	0.176	250
莆田	福建	0.399	105	亳州	安徽	0.175	251
池州	安徽	0.399	106	庆阳	甘肃	0.170	252
保山	云南	0.398	107	白银	甘肃	0.167	253
江门	广东	0.397	108	梧州	广西	0.165	254
鹤壁	河南	0.391	109	来宾	广西	0.163	255
衡阳	湖南	0.391	110	通辽	内蒙古	0.159	256
吉安	江西	0.391	111	鸡西	黑龙江	0.155	257
包头	内蒙古	0.390	112	辽阳	辽宁	0.153	258
淮安	江苏	0.384	113	吉林	吉林	0.152	259
德阳	四川	0.384	114	佳木斯	黑龙江	0.152	260
许昌	河南	0.384	115	白山	吉林	0.151	261
泰州	江苏	0.383	116	鞍山	辽宁	0.149	262
延安	陕西	0.382	117	梅州	广东	0.148	263

续表

	省（市、自治区）	指数	排名		省（市、自治区）	指数	排名
焦作	河南	0. 381	118	玉林	广西	0. 143	264
衢州	浙江	0. 378	119	武威	甘肃	0. 141	265
桂林	广西	0. 374	120	本溪	辽宁	0. 140	266
九江	江西	0. 373	121	聊城	山东	0. 134	267
乌海	内蒙古	0. 371	122	锦州	辽宁	0. 126	268
临沂	山东	0. 369	123	齐齐哈尔	黑龙江	0. 118	269
湛江	广东	0. 369	124	天水	甘肃	0. 118	270
金华	浙江	0. 366	125	定西	甘肃	0. 117	271
宝鸡	陕西	0. 366	126	枣庄	山东	0. 107	272
宣城	安徽	0. 364	127	朝阳	辽宁	0. 106	273
乐山	四川	0. 364	128	乌兰察布	内蒙古	0. 094	274
宜春	江西	0. 363	129	鹤岗	黑龙江	0. 093	275
蚌埠	安徽	0. 361	130	绥化	黑龙江	0. 088	276
金昌	甘肃	0. 353	131	牡丹江	黑龙江	0. 083	277
鹰潭	江西	0. 350	132	葫芦岛	辽宁	0. 082	278
信阳	河南	0. 350	133	伊春	黑龙江	0. 080	279
漯河	河南	0. 345	134	丹东	辽宁	0. 073	280
潍坊	山东	0. 344	135	七台河	黑龙江	0. 073	281
大同	山西	0. 343	136	通化	吉林	0. 068	282
南阳	河南	0. 342	137	双鸭山	黑龙江	0. 063	283
肇庆	广东	0. 340	138	陇南	甘肃	0. 063	284
南充	四川	0. 340	139	平凉	甘肃	0. 051	285
景德镇	江西	0. 340	140	阜新	辽宁	0. 047	286
汉中	陕西	0. 335	141	辽源	吉林	0. 038	287
嘉峪关	甘肃	0. 334	142	铁岭	辽宁	0. 030	288
黄石	湖北	0. 334	143	白城	吉林	0. 020	289
达州	四川	0. 333	144	松原	吉林	0. 009	290
三门峡	河南	0. 331	145	四平	吉林	0. 000	291
眉山	四川	0. 329	146	—	—	—	—

第三节 中国城市环境韧性竞争力报告

一 总体格局

课题组利用大数据爬虫技术、卫星遥感技术等，从交通便捷度、电力充沛度、生态多样性、气候舒适度、环境优良度以及自然灾害6个维度构建了城市环境韧性竞争力指数（见表5—32）。2021年中国城市环境韧性竞争力得分最高的是香港，其他前10名城市为澳门、深圳、东莞、舟山、广州、上海、厦门、苏州与汕头，与2020年相比，中山、台北、佛山和新竹四个城市跌出前10。图5—25报告了2021年中国城市环境韧性竞争力的分布，与正态分布相比，中国城市环境韧性竞争力分布主要集中在中等水平上，纺锤形特征非常明显，这表明中国城市环境韧性竞争力的内部差距在进一步缩小，分布更加均衡。

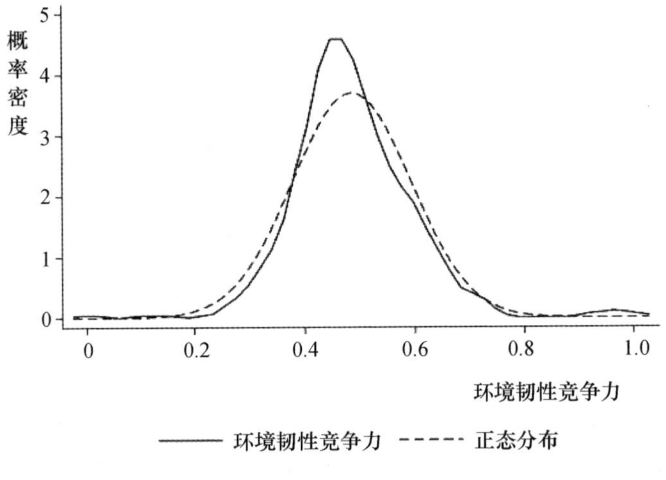

图5—25 2021年中国城市环境韧性竞争力分布

课题组研究发现：中国城市环境韧性竞争力东西分化减弱、南北分化加剧；城市环境韧性竞争力处于中下游的省份间竞争非常激烈，位于南方的部分中西部省份在强势崛起，而位于北方的部分东部与中部地区省份出现明显下滑；粤港澳大湾区城市群与长三角城市群仍然是中国城市环境韧性竞争力最高的前两名城市群，但北方的中原城市群、山东半岛城市群与京津冀城市群排名下降明显，南方的北部湾城市群、成渝城市群与长江中游城市群排名上升明显，总体呈现出“南升北降”的趋势；环境优良度仍然是中国城市环境韧性竞争力的关键短板，且这一短板仍在恶化。

表 5—32　　　　环境韧性竞争力指标体系

环境韧性竞争力	交通便捷度	Numbeo 交通数据经城市交通话题舆情爬虫数据调整	Numbeo 网站 网络爬虫数据
	电力充沛度	夜间灯光数据提取计算	夜间灯光地图
	生态多样性	森林、湖泊、绿地、湿地等 10 种地貌综合面积	全球土地覆盖产品（FROM-GLC10）
	气候舒适度	气温、降水、灾害天气、能见度四项指标打分合成计算	全球环境信息统计数据库
	环境优良度	PM2. 5、人均 CO_2 排放量、人均 SO_2 排放量三项指标合成计算并经均 GDP 修正	全球环境信息统计数据库
	自然灾害	根据 6 种自然灾害的历史数据计算得出	哥伦比亚大学 世界银行

二　中国城市环境韧性竞争力东西分化减弱、南北分化加剧

2021 年中国城市环境韧性竞争力仍然存在明显的区域分化，但与 2020 年相比，分化的方向已经发生了变化。由表 5—33 可以发现，2021 年中国东部、中部、东北以及西部地区城市环境韧性竞争力的平均得分分别为 0. 566、0. 466、0. 429 以及 0. 435，呈现出由东部、中部、西部与东北梯次递减的趋势，与 2020 年相比，西部地区城市环境韧性竞争力的平均得分超过东北地区跃居第三位。因此，西部地区城市环境韧性竞争力平均水平的提高使得中国城市环境韧性竞争力在东西方向上的差距缩小。更具体地来看，从东西方向上区域间差异的时间变化趋势来看，2020 年城市环境韧性竞争力平均水平最高的东部地区比中部、东北与西部地区分别高了 0. 144、0. 213 与 0. 217，而到了 2021 年相应差距分别为 0. 100、0. 137 与 0. 131。可以明显地发现，中国城市环境韧性竞争力在东

西方向上尽管仍然存在差距，但相对差距在缩小，东西分化减弱。

2021年中国南方城市环境韧性竞争力的平均得分仍然高于北方城市。根据表5—33所示，2021年南方城市环境韧性竞争力平均得分比北方城市高22%。作为对比，2020年南方城市环境韧性竞争力平均得分比北方城市高19%。因此，中国城市环境韧性竞争力的南北差距在进一步加剧，南方城市相对于北方城市的优势在拉大。从差距的绝对量来看，2021年南方城市环境韧性竞争力平均得分比北方高0.095，仅略低于当年东部与中部地区的差距，明显高于东部与东北、东部与西部地区的差距。这也进一步佐证，南北差距正在取代东西差距成为中国城市环境韧性竞争力区域差距的主要原因。

表5—33　　不同区域城市环境韧性竞争力的平均水平

	2021年环境韧性竞争力均值	2020年环境韧性竞争力均值
东部	0.566	0.524
中部	0.466	0.380
西部	0.435	0.307
东北	0.429	0.311
南方	0.527	0.427
北方	0.432	0.359

三　中国城市环境韧性竞争力的头部格局保持稳定，但中下游正在洗牌

中国城市环境韧性竞争力的头部区域仍然主要以东部地区省份为主。表5—34的结果表明，2021年不同省份环境韧性竞争力的10强全部都为东部地区省份。2021年排名越靠前的省份其名次相对于2020年也更稳定，因此中国城市环境韧性竞争力的头部格局变化不大。但是，也存在个别省份环境韧性竞争力的排名出现了剧烈波动，天津、河南、山西、河北的排名相对于2020年都下降超过了5个名次，而贵州、江西、云南和四川的排名相对于2020年都提高超过了6个名次。因此，城市环境韧性竞争力处于中下游的省份间竞争非常激烈，位于南方的部分中西部省份在强势崛起，而位于北方的部分东部与中部地区省份出现明显下滑。

表 5—34　　2021 年不同省份环境韧性竞争力的均值与变异系数

	均值	变异系数		均值	变异系数
香港	1.000	—	广西	0.480	0.100
澳门	0.959	—	云南	0.477	0.146
上海	0.699	—	四川	0.469	0.144
台湾	0.617	0.069	河南	0.466	0.109
广东	0.607	0.178	青海	0.457	—
海南	0.602	0.082	新疆	0.455	0.168
浙江	0.599	0.099	山西	0.449	0.120
江苏	0.575	0.109	湖南	0.446	0.125
北京	0.566	—	陕西	0.437	0.114
天津	0.564	—	湖北	0.436	0.152
福建	0.560	0.141	河北	0.436	0.122
贵州	0.538	0.117	宁夏	0.419	0.109
重庆	0.505	—	吉林	0.416	0.116
江西	0.503	0.107	黑龙江	0.361	0.152
山东	0.495	0.111	甘肃	0.345	0.279
辽宁	0.494	0.137	内蒙古	0.324	0.425
安徽	0.493	0.127	—	—	—

四　城市群环境韧性竞争力排名变化呈现出“南升北降”的总体趋势

图 5—26 报告了 2021 年中国国家和地方规划的 14 个主要城市群城市环境韧性竞争力的平均得分。与 2020 年相同，2021 年中国城市环境韧性竞争力最高的前两名城市群仍然是粤港澳大湾区城市群与长三角城市群。但是，也有部分城市群环境韧性竞争力排名出现了明显波动。其中，北方的中原城市群、山东半岛城市群与京津冀城市群分别下滑了 4 个、3 个与 2 个名次，南方的北部湾城市群、成渝城市群与长江中游城市群分别提升了 4 个、3 个与 2 个名次，总体呈现出“南升北降”的趋势。此外，2021 年仍有部分城市群环境韧性竞争力低于非城市群城市的均值，主要有关中平原城市群、呼包鄂榆城市群、哈长城市群与兰西城市群。

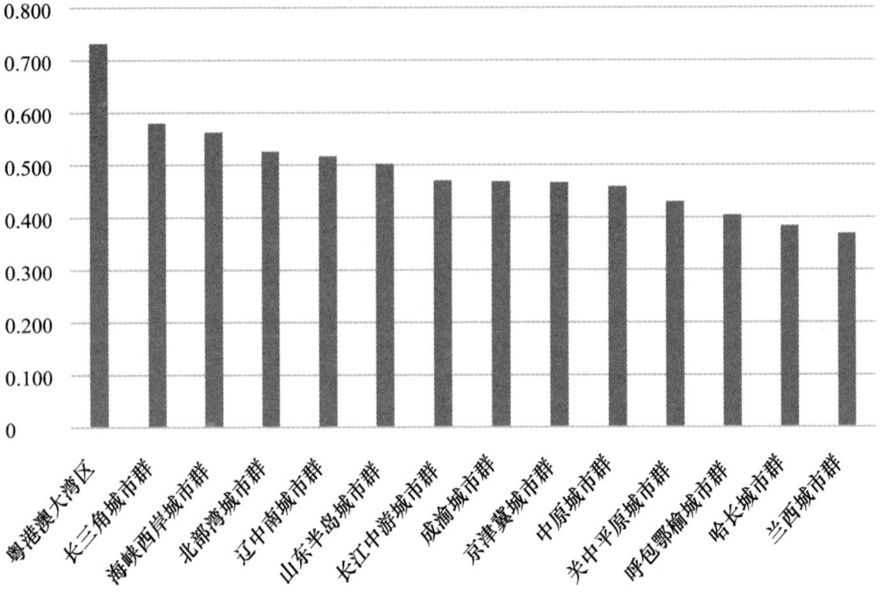

图 5—26 2021 年中国主要城市群城市环境韧性竞争力平均得分

表5—35 报告了环境韧性竞争力不同维度优势与劣势区域的分布，其中，优势领域指的是某一维度下平均得分最高的城市群，劣势区域指的是某一维度下平均得分最低的城市群。粤港澳大湾区城市群的优势维度最多，分别在电力充沛度、气候舒适度与环境优良度上的排名在全部城市群中都是第一位。哈长城市群的劣势维度最多，分别在电力充沛度与气候舒适度上的排名在全部城市群中最低。

表 5—35 环境韧性竞争力不同维度优势与劣势区域分布

	优势区域	劣势区域
交通便捷度	辽中南城市群	京津冀城市群
电力充沛度	粤港澳大湾区	哈长城市群
生态多样性	哈长城市群	兰西城市群
气候舒适度	粤港澳大湾区	哈长城市群
环境优良度	粤港澳大湾区	中原城市群
自然灾害	呼包鄂榆城市群	海峡西岸城市群

五　中国城市环境韧性竞争力在环境优良度上的短板变大

图 5—27 报告了 2021 年城市环境韧性竞争力在交通便捷度、电力充沛度、生态多样性、气候舒适度、环境优良度以及自然灾害 6 个分维度上的平均得分。在上述 6 个分维度中，得分最高的是生态多样性，其他维度得分由高到低分别为自然灾害、气候舒适度、交通便捷度、电力充沛度与环境优良度。因此，2021 年环境污染是制约中国城市环境韧性竞争力提升的最关键因素。同时，与 2020 年相比，中国城市在环境优良度上的短板并没有得到缓解，在电力充沛度上的提升最为明显。

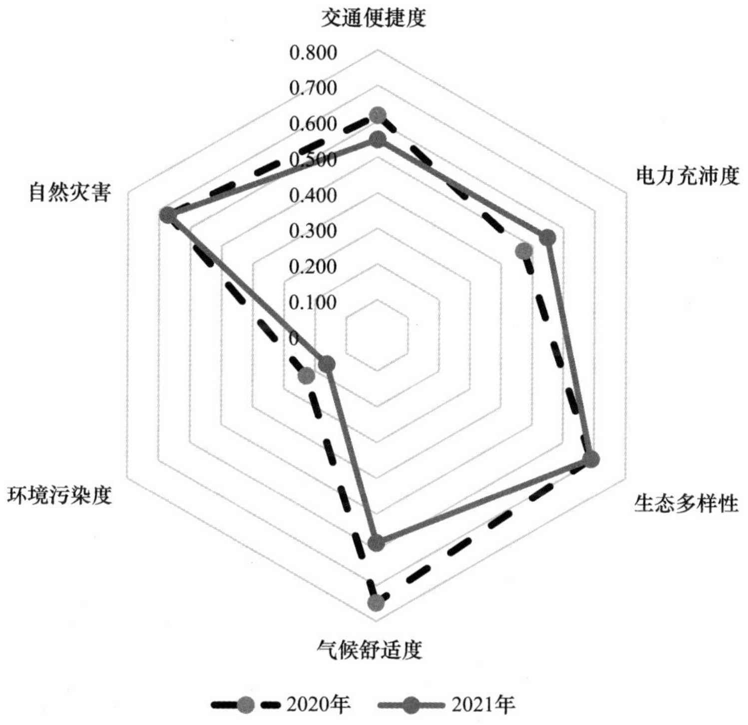

图 5—27　中国城市环境韧性竞争力的不同维度平均得分变化

表 5—36 进一步报告了不同区域城市环境韧性竞争力分项维度的平均得分。相对于其他地区，东部地区在电力充沛度、气候舒适度与环境优良度 3 个维度上的优势最明显，东北地区在交通便捷度、生态多样性以

及自然灾害3个维度上的优势最明显，中部与西部地区不存在显著优势的维度。东部地区的短板为交通便捷度与自然灾害，中部地区的短板主要为环境优良度，东北地区的短板主要为气候舒适度，西部地区的短板主要为电力充沛度与生态多样性。

表5—36　　不同区域城市环境韧性竞争力分项维度平均得分

	交通便捷度	电力充沛度	生态多样性	气候舒适度	环境优良度	自然灾害
东部	0.458	0.631	0.740	0.658	0.201	0.589
中部	0.561	0.535	0.716	0.589	0.106	0.660
东北	0.671	0.503	0.746	0.335	0.174	0.814
西部	0.588	0.487	0.592	0.588	0.168	0.715

六　中国城市环境韧性竞争力

表5—37　　2021年291个城市环境韧性竞争力指数及排名

	省（市、自治区）	指数	排名		省（市、自治区）	指数	排名
香港	香港	1.000	1	宣城	安徽	0.471	147
澳门	澳门	0.959	2	开封	河南	0.471	148
深圳	广东	0.937	3	晋城	山西	0.468	149
东莞	广东	0.729	4	贵港	广西	0.468	150
舟山	浙江	0.716	5	梧州	广西	0.467	151
广州	广东	0.709	6	平顶山	河南	0.466	152
上海	上海	0.699	7	资阳	四川	0.466	153
厦门	福建	0.696	8	七台河	黑龙江	0.466	154
苏州	江苏	0.695	9	通化	吉林	0.465	155
汕头	广东	0.694	10	洛阳	河南	0.464	156
中山	广东	0.684	11	呼和浩特	内蒙古	0.464	157
台北	台湾	0.680	12	亳州	安徽	0.464	158
佛山	广东	0.673	13	吉安	江西	0.463	159
常州	江苏	0.640	14	丹东	辽宁	0.463	160
珠海	广东	0.640	15	潍坊	山东	0.463	161

续表

	省（市、自治区）	指数	排名		省（市、自治区）	指数	排名
三亚	海南	0.637	16	聊城	山东	0.463	162
宁波	浙江	0.636	17	丽江	云南	0.462	163
金华	浙江	0.635	18	榆林	陕西	0.462	164
盘锦	辽宁	0.635	19	滁州	安徽	0.462	165
无锡	江苏	0.629	20	周口	河南	0.461	166
贵阳	贵州	0.627	21	赣州	江西	0.461	167
嘉兴	浙江	0.623	22	郴州	湖南	0.460	168
莆田	福建	0.622	23	自贡	四川	0.460	169
攀枝花	四川	0.621	24	驻马店	河南	0.458	170
南京	江苏	0.620	25	雅安	四川	0.458	171
湖州	浙江	0.619	26	泰安	山东	0.458	172
青岛	山东	0.618	27	十堰	湖北	0.457	173
成都	四川	0.617	28	西宁	青海	0.457	174
新竹	台湾	0.616	29	辽源	吉林	0.456	175
高雄	台湾	0.615	30	南充	四川	0.456	176
揭阳	广东	0.614	31	乌海	内蒙古	0.456	177
台南	台湾	0.614	32	沧州	河北	0.455	178
潮州	广东	0.612	33	济宁	山东	0.454	179
惠州	广东	0.608	34	庆阳	甘肃	0.453	180
泉州	福建	0.608	35	商丘	河南	0.453	181
汕尾	广东	0.606	36	延安	陕西	0.453	182
昆明	云南	0.604	37	玉林	广西	0.452	183
福州	福建	0.604	38	长春	吉林	0.451	184
温州	浙江	0.600	39	嘉峪关	甘肃	0.451	185
镇江	江苏	0.599	40	娄底	湖南	0.451	186
杭州	浙江	0.595	41	安阳	河南	0.450	187
南通	江苏	0.595	42	宜春	江西	0.450	188
南昌	江西	0.587	43	来宾	广西	0.449	189
北海	广西	0.583	44	四平	吉林	0.448	190
铜陵	安徽	0.583	45	银川	宁夏	0.448	191

续表

	省（市、自治区）	指数	排名		省（市、自治区）	指数	排名
泰州	江苏	0.582	46	咸阳	陕西	0.447	192
鹰潭	江西	0.582	47	南平	福建	0.444	193
湛江	广东	0.582	48	吕梁	山西	0.442	194
江门	广东	0.573	49	铜川	陕西	0.441	195
绍兴	浙江	0.573	50	衡阳	湖南	0.441	196
芜湖	安徽	0.572	51	岳阳	湖南	0.440	197
长沙	湖南	0.570	52	常德	湖南	0.439	198
营口	辽宁	0.570	53	抚州	江西	0.439	199
海口	海南	0.567	54	六安	安徽	0.438	200
北京	北京	0.566	55	石家庄	河北	0.435	201
扬州	江苏	0.565	56	河池	广西	0.434	202
天津	天津	0.564	57	渭南	陕西	0.434	203
马鞍山	安徽	0.563	58	宜昌	湖北	0.434	204
郑州	河南	0.562	59	菏泽	山东	0.433	205
台州	浙江	0.560	60	阳泉	山西	0.432	206
台中	台湾	0.559	61	平凉	甘肃	0.431	207
合肥	安徽	0.558	62	宝鸡	陕西	0.429	208
防城港	广西	0.557	63	益阳	湖南	0.428	209
漳州	福建	0.554	64	临沂	山东	0.427	210
武汉	湖北	0.554	65	泸州	四川	0.427	211
日照	山东	0.550	66	新乡	河南	0.427	212
朔州	山西	0.550	67	晋中	山西	0.427	213
景德镇	江西	0.549	68	固原	宁夏	0.426	214
鄂州	湖北	0.544	69	铁岭	辽宁	0.423	215
廊坊	河北	0.544	70	桂林	广西	0.422	216
新余	江西	0.544	71	兰州	甘肃	0.421	217
大连	辽宁	0.543	72	绵阳	四川	0.421	218
西安	陕西	0.542	73	广元	四川	0.419	219
沈阳	辽宁	0.541	74	忻州	山西	0.419	220
肇庆	广东	0.540	75	吉林	吉林	0.418	221

续表

	省（市、自治区）	指数	排名		省（市、自治区）	指数	排名
东营	山东	0. 540	76	张家界	湖南	0. 418	222
蚌埠	安徽	0. 539	77	德州	山东	0. 418	223
枣庄	山东	0. 539	78	巴中	四川	0. 417	224
烟台	山东	0. 538	79	临汾	山西	0. 417	225
盐城	江苏	0. 535	80	荆门	湖北	0. 416	226
衢州	浙江	0. 535	81	大同	山西	0. 415	227
安顺	贵州	0. 531	82	百色	广西	0. 414	228
太原	山西	0. 531	83	抚顺	辽宁	0. 413	229
漯河	河南	0. 530	84	邯郸	河北	0. 413	230
徐州	江苏	0. 529	85	牡丹江	黑龙江	0. 413	231
湘潭	湖南	0. 526	86	昭通	云南	0. 412	232
梅州	广东	0. 524	87	承德	河北	0. 412	233
锦州	辽宁	0. 522	88	三门峡	河南	0. 411	234
茂名	广东	0. 522	89	汉中	陕西	0. 410	235
阳江	广东	0. 521	90	随州	湖北	0. 410	236
济南	山东	0. 520	91	阜新	辽宁	0. 408	237
淮北	安徽	0. 519	92	荆州	湖北	0. 408	238
龙岩	福建	0. 518	93	安康	陕西	0. 405	239
玉溪	云南	0. 517	94	朝阳	辽宁	0. 404	240
威海	山东	0. 517	95	鸡西	黑龙江	0. 404	241
焦作	河南	0. 517	96	张家口	河北	0. 403	242
淄博	山东	0. 517	97	信阳	河南	0. 403	243
六盘水	贵州	0. 515	98	乌鲁木齐	新疆	0. 401	244
云浮	广东	0. 513	99	孝感	湖北	0. 398	245
柳州	广西	0. 512	100	怀化	湖南	0. 397	246
克拉玛依	新疆	0. 509	101	襄阳	湖北	0. 395	247
上饶	江西	0. 509	102	宿州	安徽	0. 395	248
宁德	福建	0. 508	103	白山	吉林	0. 395	249
辽阳	辽宁	0. 508	104	大庆	黑龙江	0. 395	250
淮安	江苏	0. 507	105	衡水	河北	0. 390	251

续表

	省（市、自治区）	指数	排名		省（市、自治区）	指数	排名
德阳	四川	0.506	106	永州	湖南	0.390	252
许昌	河南	0.506	107	陇南	甘肃	0.389	253
重庆	重庆	0.505	108	双鸭山	黑龙江	0.388	254
南宁	广西	0.504	109	保定	河北	0.386	255
池州	安徽	0.504	110	吴忠	宁夏	0.385	256
葫芦岛	辽宁	0.504	111	鄂尔多斯	内蒙古	0.384	257
本溪	辽宁	0.503	112	宜宾	四川	0.382	258
鹤壁	河南	0.502	113	咸宁	湖北	0.379	259
宿迁	江苏	0.501	114	通辽	内蒙古	0.378	260
黄石	湖北	0.501	115	邢台	河北	0.377	261
秦皇岛	河北	0.500	116	普洱	云南	0.369	262
遂宁	四川	0.493	117	运城	山西	0.365	263
丽水	浙江	0.493	118	佳木斯	黑龙江	0.364	264
达州	四川	0.492	119	黄山	安徽	0.363	265
河源	广东	0.491	120	天水	甘肃	0.363	266
清远	广东	0.491	121	中卫	宁夏	0.363	267
淮南	安徽	0.491	122	乐山	四川	0.361	268
崇左	广西	0.490	123	邵阳	湖南	0.359	269
安庆	安徽	0.489	124	白城	吉林	0.352	270
保山	云南	0.489	125	南阳	河南	0.351	271
内江	四川	0.489	126	鹤岗	黑龙江	0.349	272
广安	四川	0.489	127	乌兰察布	内蒙古	0.344	273
濮阳	河南	0.487	128	商洛	陕西	0.344	274
三明	福建	0.487	129	松原	吉林	0.341	275
曲靖	云南	0.486	130	绥化	黑龙江	0.340	276
连云港	江苏	0.483	131	黄冈	湖北	0.338	277
钦州	广西	0.481	132	金昌	甘肃	0.336	278
株洲	湖南	0.481	133	伊春	黑龙江	0.333	279
贺州	广西	0.480	134	张掖	甘肃	0.327	280

续表

	省（市、自治区）	指数	排名		省（市、自治区）	指数	排名
遵义	贵州	0.480	135	包头	内蒙古	0.308	281
萍乡	江西	0.479	136	哈尔滨	黑龙江	0.304	282
长治	山西	0.478	137	白银	甘肃	0.302	283
唐山	河北	0.478	138	黑河	黑龙江	0.298	284
阜阳	安徽	0.476	139	定西	甘肃	0.298	285
眉山	四川	0.475	140	巴彦淖尔	内蒙古	0.293	286
鞍山	辽宁	0.475	141	赤峰	内蒙古	0.289	287
石嘴山	宁夏	0.475	142	齐齐哈尔	黑龙江	0.277	288
临沧	云南	0.475	143	武威	甘肃	0.244	289
韶关	广东	0.474	144	酒泉	甘肃	0.124	290
滨州	山东	0.472	145	呼伦贝尔	内蒙古	0.000	291
九江	江西	0.471	146	—	—	—	—

第四节　中国城市社会和谐竞争力报告

社会和谐竞争力指数由城市历史文化指数、社会安全指数、社会公平指数、居住指数、开放度指数以及医疗健康机构指数 6 个方面综合构成，本部分对中国 291 个城市的社会和谐竞争力格局进行综合分析。研究发现：上海、台北、北京、重庆、高雄、武汉、杭州、西安、台南、成都位列社会和谐竞争力 10 强；整体来看，中国城市社会和谐指数区域分化显著，东部和南部地区优势明显，东南、港澳台和环渤海区域引领城市社会和谐发展；从省域角度来看，东南沿海省份社会和谐竞争力较高，中西部和东北部省份则相对落后；从城市群角度来看，城市群城市社会和谐竞争力明显优于非城市群城市，且城市间差异小于非城市群城市；从不同维度角度来看，开放度制约了中国城市社会和谐度的提升，且城市间差异显著，居住成本制约了一线城市社会和谐度的发展。

一 区域分化显著，东西分化差异大于南北分化差异

中国城市社会和谐指数区域分化显著，东西分化差异大于南北分化差异，东部和南部区域优势明显。图5—28显示了2021年中国城市社会和谐竞争力指数前100名的区域分布，整体来看，东部地区社会和谐前100名城市密集度明显高于西部地区，南部地区社会和谐前100名城市密集度高于北部地区。东西密集度差异大于南北密集度差异，说明东西分化差异大于南北分化差异。

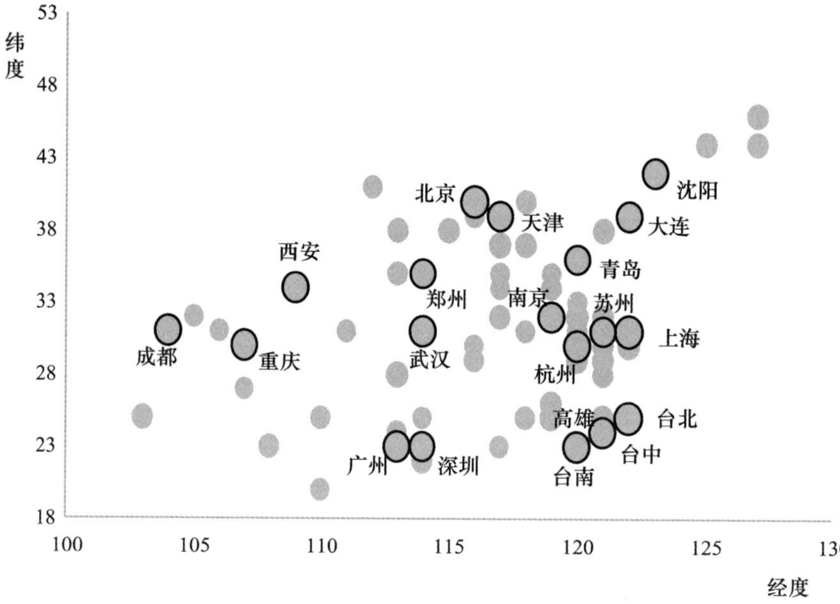

图5—28 社会和谐城市100强分布

资料来源：中国社会科学院城市与竞争力指数数据库。

2021年中国城市社会和谐竞争力得分最高的前20名，分别是上海、台北、北京、重庆、高雄、武汉、杭州、西安、台南、成都、广州、台中、南京、大连、沈阳、天津、郑州、苏州、青岛和深圳（见表5—38）。其中，东部和东北地区占据15席，西部占据3席，中部仅占据2席，而南方占据13席，北方占据7席，也说明了东西分化差异大于南北分化差异。东南、港澳台和环渤海区域分别占据6席、4席和3席，引领社会和

谐发展。从省域层面看，台湾、江苏、辽宁和广东城市的社会和谐程度较高，分别占据 3 席、2 席、2 席和 2 席。此外，一线城市北京、上海、广州、深圳 2021 年社会和谐指数排名较 2020 年都呈现较大提升，分别提升 14 名、12 名、9 名和 10 名，港澳台区域城市排名均呈现出不同程度下降，其中，澳门和新竹排名下降最多，均下降 15 名。

表 5—38　　　社会和谐竞争力 20 强城市

	省（市、自治区）	区域	社会和谐竞争力指数	2021 年排名	2020 年排名
上海	上海	东南	1.000	1	13
台北	台湾	港澳台	0.995	2	1
北京	北京	环渤海	0.953	3	17
重庆	重庆	西南	0.909	4	18
高雄	台湾	港澳台	0.894	5	5
武汉	湖北	中部	0.891	6	6
杭州	浙江	东南	0.889	7	8
西安	陕西	西北	0.888	8	4
台南	台湾	港澳台	0.887	9	2
成都	四川	西南	0.887	10	11
广州	广东	东南	0.884	11	20
台中	台湾	港澳台	0.875	12	3
南京	江苏	东南	0.863	13	7
大连	辽宁	东北	0.858	14	9
沈阳	辽宁	东北	0.852	15	16
天津	天津	环渤海	0.838	16	19
郑州	河南	中部	0.819	17	27
苏州	江苏	东南	0.817	18	10
青岛	山东	环渤海	0.815	19	15
深圳	广东	东南	0.814	20	30

资料来源：中国社会科学院城市与竞争力指数数据库。

二　东南沿海省份引领社会和谐，中西部和东北部省份相对落后

东南沿海省份社会和谐优势明显，中西部和东北部省份则相对落后。

表 5—39 展示了 2021 年全国各省市社会和谐的相关指标，其中，东南沿海省份社会和谐指数平均值均高于全国平均水平 0.452，而中西部和东北部省份中仅有重庆和辽宁高于全国平均水平。同时，东南沿海省份的变异系数整体上小于中西部和东北部省份，说明东南沿海省份城市间社会和谐差异相对较低。

表 5—39 显示，广东、江苏和山东社会和谐百强城市占比均达到了 10%，分别拥有 13 个、13 个和 10 个百强城市，江苏省主要城市更是全部属于百强城市。青海、甘肃、宁夏和新疆四个省份未有城市进入百强城市。同时，各省份社会和谐得分最高城市以省会城市或副省级城市为主，说明省会城市和副省级城市资源优势明显。此外，北京、上海、重庆和天津四个直辖市排名较去年均呈现上升趋势，海南、山西、吉林、江西、福建、浙江、河北、云南、黑龙江、广东、河南 11 个省份城市排名上升的城市比重均超过 50%，而港澳台和青海省城市排名均呈现下降趋势。

表 5—39　　2021 年全国各省市社会和谐相关指标

	样本数	省域城市排名上升比重（%）	百强城市占比（%）	平均值	变异系数	最优城市	指数	排名
上海	1	100.000	1.000	1.000	—	上海	1.000	1
北京	1	100.000	1.000	0.953	—	北京	0.953	3
重庆	1	100.000	1.000	0.909	—	重庆	0.909	4
台湾	5	0.000	5.000	0.884	0.090	台北	0.995	2
天津	1	100.000	1.000	0.838	—	天津	0.838	16
香港	1	0.000	1.000	0.697	—	香港	0.697	43
江苏	13	23.077	13.000	0.678	0.161	南京	0.863	13
澳门	1	0.000	1.000	0.663	—	澳门	0.663	49
浙江	11	81.818	8.000	0.644	0.233	杭州	0.889	7
广东	21	57.143	13.000	0.564	0.291	广州	0.884	11
福建	9	88.889	4.000	0.538	0.248	泉州	0.758	30

续表

	样本数	省域城市排名上升比重（%）	百强城市占比（%）	平均值	变异系数	最优城市	指数	排名
山东	16	25.000	10.000	0.538	0.277	青岛	0.815	19
河北	11	81.818	5.000	0.517	0.247	石家庄	0.751	31
辽宁	14	42.857	4.000	0.465	0.393	大连	0.858	14
海南	2	100.000	1.000	0.446	0.411	海口	0.575	74
湖北	12	25.000	5.000	0.445	0.423	武汉	0.891	6
湖南	13	38.462	1.000	0.438	0.290	长沙	0.800	22
安徽	16	37.500	3.000	0.429	0.262	合肥	0.692	44
河南	17	52.941	3.000	0.426	0.349	郑州	0.819	17
吉林	8	75.000	2.000	0.422	0.482	吉林	0.736	32
陕西	10	40.000	3.000	0.421	0.492	西安	0.888	8
江西	11	72.727	2.000	0.419	0.283	南昌	0.625	59
青海	1	0.000	0.000	0.409	—	西宁	0.409	159
山西	11	90.909	1.000	0.399	0.331	太原	0.705	41
四川	18	44.444	3.000	0.375	0.453	成都	0.887	10
贵州	4	50.000	1.000	0.333	0.668	贵阳	0.561	79
云南	8	75.000	1.000	0.332	0.649	昆明	0.760	29
内蒙古	9	11.111	1.000	0.324	0.494	呼和浩特	0.622	63
广西	14	50.000	3.000	0.313	0.628	南宁	0.664	48
黑龙江	12	58.333	2.000	0.300	0.646	哈尔滨	0.763	28
甘肃	12	16.667	0.000	0.251	0.382	兰州	0.417	153
新疆	2	50.000	0.000	0.250	0.634	乌鲁木齐	0.362	185
宁夏	5	20.000	0.000	0.111	1.061	银川	0.312	217

资料来源：中国社会科学院城市与竞争力指数数据库。

三　城市群城市的社会和谐性高于非城市群城市，落后城市群城市间差异较为显著

城市群城市的社会和谐性高于非城市群城市，且城市间差异较小。图5—29显示了2021年中国城市群社会和谐指数均值和变异系数，可以

发现，城市群城市的社会和谐指数的均值为0.514，明显高于非城市群城市的均值0.363。同时，城市群城市内的变异系数仅为0.370，而非城市群城市的变异系数为0.529，说明城市群城市的社会和谐性差异要小于非城市群城市。

城市群中社会和谐得分最高的5名分别是长三角城市群、珠三角城市群、京津冀城市群、山东半岛城市群和海峡西岸城市群，也展现出社会和谐性东西区域分化的特点。同时，社会和谐得分较高的城市群的城市间内部差异也相对较小，而得分较低的城市群城市的内部差异相对较大。除辽中南城市群外，社会和谐性得分前11位城市群的变异系数均为0.4及以下，而武汉城市群、关中平原城市群、成渝城市群、北部湾城市群社会和谐性得分相对靠后，变异系数也均高于0.5，北部湾城市群甚至超过0.7。

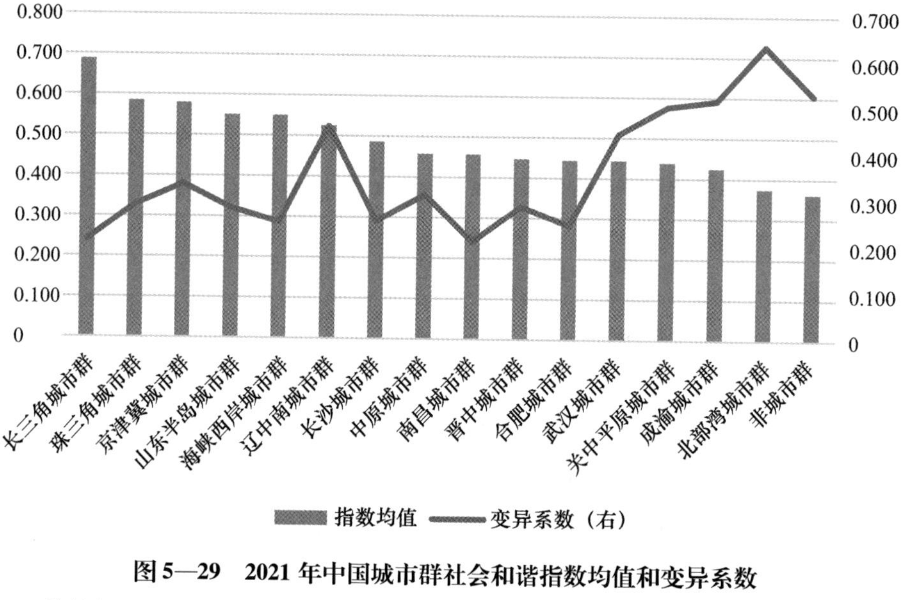

图5—29　2021年中国城市群社会和谐指数均值和变异系数

资料来源：中国社会科学院城市与竞争力指数数据库。

四　开放度制约了中国城市社会和谐度的提升，城市间开放度差异显著

图5—30展示了社会和谐在历史文化、社会安全、收入差距、居住成

本、开放度和医疗健康等不同维度的分项平均值，其中，居住指数①平均值最高为0.934，开放度指数平均值最低为0.278，同时，开放度指标的变异系数为0.888，远远高于其他5个分项，说明城市间的开放度存在较大的差异，开放度制约了中国城市社会和谐度的提升。同时，医疗健康和历史文化分项的变异系数也相对较高，分别为0.313和0.310，明显高于社会安全、社会公平和居住成本分项的变异系数，说明城市间的医疗健康和历史文化的发展程度也存在相对较大的差异。

居住指数平均值和变异系数虽然在各分项指标中都呈现出优势，但北京、上海、广州、深圳、香港和台北等一线城市由于房价较高，该项的均值仅为0.306，远远低于全部城市均值0.934，说明不同层级城市间居住成本优势差异显著。

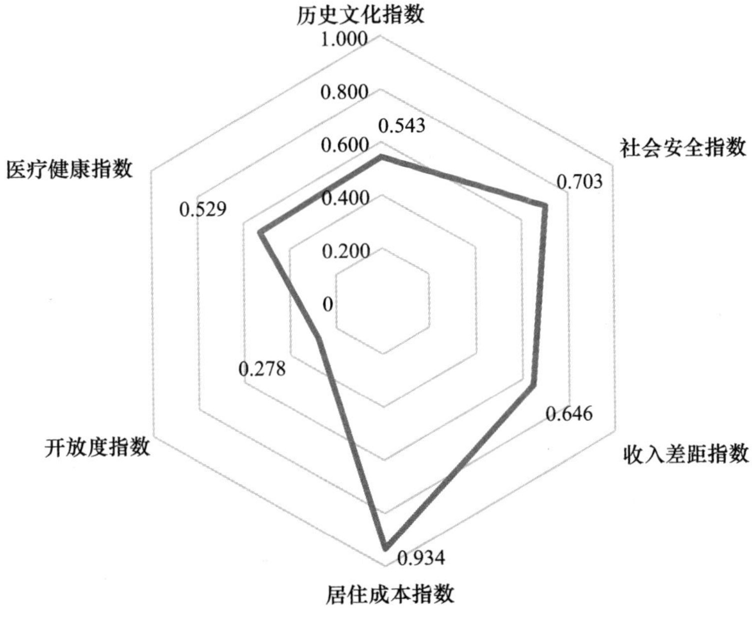

图5—30　2021年中国城市社会和谐分项指标均值

资料来源：中国社会科学院城市与竞争力指数数据库。

① 本书用房价收入比衡量城市居住成本，该指标属于逆向指标，即房价收入比越大，居住成本越高，越不利于社会和谐提升。在指数计算中，本书将其进行逆向处理，转换成正向指标，进而得出其指数。

表5—40展示了社会和谐不同维度的优势城市群、劣势城市群、优势区域与劣势区域的分布，其中，优势城市群指的是某一维度下平均得分最高的城市群，劣势城市群指的是某一维度下平均得分最低的城市群，优势区域指的是某一维度下平均得分最高的区域，劣势区域指的是某一维度下平均得分最低的区域。具体而言，长三角城市群在历史文化和开放度上优势明显，是优势领域最多的城市群，北部湾城市群在社会公平、社会安全和医疗健康上均表现出明显劣势，也是劣势领域最多的城市群。港澳台在历史文化、社会安全和开放度维度均表现出优势，是优势领域最多的区域，西南和西北分别在历史文化、社会安全和开放度、医疗健康领域表现出劣势，这两个区域也是劣势领域最多的区域。

表5—40 2021年社会和谐不同维度的优势区域与劣势区域

	优势城市群	劣势城市群	优势区域	劣势区域
历史文化	长三角	长沙	港澳台	西南
社会安全	山东半岛	北部湾	港澳台	西南
社会公平	海峡西岸	北部湾	东南	东北
居住成本	晋中	海峡西岸	中部	港澳台
开放度	长三角	关中平原	港澳台	西北
医疗健康	京津冀	北部湾	环渤海	西北

资料来源：中国社会科学院城市与竞争力指数数据库。

五 结论

通过从不同层级、分项指标和核心要素等不同角度对中国城市社会和谐竞争力进行多维分析，本报告研究发现以下趋势和特征：

一是社会和谐整体呈现出“东西”和“南北”同时分化的特征，东西差异明显大于南北差异。东南沿海省份城市引领了中国社会和谐水平的发展，中西部和东北部城市则在社会和谐方面呈现劣势，特别是在历史文化、社会公平、开放度和医疗机构领域。

二是城市群城市的社会和谐性显著高于非城市群城市，且城市群城市间社会和谐差异较小。长三角城市群、珠三角城市群、京津冀城市群引领了中国城市社会和谐水平的提升。社会和谐性落后的城市群也表现出城市内部分化较大的特征。

三是开放度是制约中国城市社会和谐提升的重要因素，居住成本制约了一线城市社会和谐提升。中国城市开放度得分远低于其他社会和谐分项，且港澳台区域城市表现出绝对优势，内陆城市表现则相对落后。虽然中国城市整体在居住成本分项中表现出优势，但一线城市和其他层级城市在居住成本领域表现差距较大，呈现出较大劣势。

四是一线城市和直辖市在社会和谐竞争力排名上都呈现上升趋势，而港澳台城市则呈现不同程度的下降。2020 年中国城市社会和谐竞争力排名前 5 位中中国台湾占据 4 席，表现出绝对优势。2021 年北上广深等城市相较 2020 年排名都表现出较大幅的提升，而港澳台城市排名均有所下降，中国台湾城市相对优势下降。

六　中国城市社会和谐竞争力

表 5—41　　2021 年 291 个城市社会和谐竞争力指数及排名

	省（市、自治区）	指数	排名		省（市、自治区）	指数	排名
上海	上海	1.000	1	盘锦	辽宁	0.426	147
台北	台湾	0.995	2	焦作	河南	0.424	148
北京	北京	0.953	3	鄂尔多斯	内蒙古	0.424	149
重庆	重庆	0.909	4	本溪	辽宁	0.421	150
高雄	台湾	0.894	5	莆田	福建	0.420	151
武汉	湖北	0.891	6	娄底	湖南	0.420	152
杭州	浙江	0.889	7	兰州	甘肃	0.417	153
西安	陕西	0.888	8	龙岩	福建	0.414	154
台南	台湾	0.887	9	淮南	安徽	0.413	155
成都	四川	0.887	10	信阳	河南	0.413	156
广州	广东	0.884	11	锦州	辽宁	0.412	157
台中	台湾	0.875	12	平顶山	河南	0.410	158
南京	江苏	0.863	13	西宁	青海	0.409	159
大连	辽宁	0.858	14	新乡	河南	0.404	160
沈阳	辽宁	0.852	15	许昌	河南	0.401	161

续表

	省（市、自治区）	指数	排名		省（市、自治区）	指数	排名
天津	天津	0.838	16	抚顺	辽宁	0.400	162
郑州	河南	0.819	17	曲靖	云南	0.400	163
苏州	江苏	0.817	18	广元	四川	0.397	164
青岛	山东	0.815	19	荆门	湖北	0.397	165
深圳	广东	0.814	20	益阳	湖南	0.397	166
无锡	江苏	0.807	21	齐齐哈尔	黑龙江	0.395	167
长沙	湖南	0.800	22	日照	山东	0.393	168
佛山	广东	0.798	23	淮北	安徽	0.392	169
宁波	浙江	0.794	24	梧州	广西	0.391	170
济南	山东	0.783	25	邵阳	湖南	0.389	171
扬州	江苏	0.781	26	延安	陕西	0.388	172
新竹	台湾	0.770	27	抚州	江西	0.387	173
哈尔滨	黑龙江	0.763	28	营口	辽宁	0.386	174
昆明	云南	0.760	29	潮州	广东	0.383	175
泉州	福建	0.758	30	滨州	山东	0.379	176
石家庄	河北	0.751	31	萍乡	江西	0.377	177
吉林	吉林	0.736	32	舟山	浙江	0.375	178
长春	吉林	0.729	33	长治	山西	0.373	179
台州	浙江	0.717	34	渭南	陕西	0.371	180
中山	广东	0.716	35	吕梁	山西	0.369	181
烟台	山东	0.711	36	上饶	江西	0.367	182
福州	福建	0.711	37	濮阳	河南	0.364	183
金华	浙江	0.709	38	亳州	安徽	0.364	184
淄博	山东	0.708	39	乌鲁木齐	新疆	0.362	185
南通	江苏	0.706	40	永州	湖南	0.361	186
太原	山西	0.705	41	咸宁	湖北	0.360	187
绍兴	浙江	0.699	42	汉中	陕西	0.360	188
香港	香港	0.697	43	泸州	四川	0.359	189
合肥	安徽	0.692	44	云浮	广东	0.359	190
东莞	广东	0.682	45	张家界	湖南	0.353	191

续表

	省（市、自治区）	指数	排名		省（市、自治区）	指数	排名
常州	江苏	0.678	46	宣城	安徽	0.352	192
洛阳	河南	0.674	47	钦州	广西	0.350	193
南宁	广西	0.664	48	铜陵	安徽	0.349	194
澳门	澳门	0.663	49	酒泉	甘肃	0.347	195
温州	浙江	0.660	50	宿州	安徽	0.344	196
惠州	广东	0.650	51	景德镇	江西	0.343	197
嘉兴	浙江	0.646	52	菏泽	山东	0.342	198
湖州	浙江	0.646	53	聊城	山东	0.342	199
唐山	河北	0.646	54	丽江	云南	0.340	200
江门	广东	0.644	55	辽阳	辽宁	0.340	201
桂林	广西	0.644	56	自贡	四川	0.339	202
淮安	江苏	0.641	57	孝感	湖北	0.337	203
漳州	福建	0.638	58	通辽	内蒙古	0.331	204
南昌	江西	0.625	59	滁州	安徽	0.330	205
肇庆	广东	0.625	60	安康	陕西	0.327	206
镇江	江苏	0.622	61	漯河	河南	0.326	207
泰州	江苏	0.622	62	四平	吉林	0.322	208
呼和浩特	内蒙古	0.622	63	天水	甘肃	0.321	209
清远	广东	0.609	64	宜宾	四川	0.321	210
盐城	江苏	0.605	65	玉林	广西	0.321	211
珠海	广东	0.602	66	黑河	黑龙江	0.318	212
保定	河北	0.601	67	朝阳	辽宁	0.317	213
济宁	山东	0.597	68	三亚	海南	0.316	214
宜昌	湖北	0.595	69	河源	广东	0.315	215
徐州	江苏	0.592	70	牡丹江	黑龙江	0.313	216
芜湖	安徽	0.585	71	银川	宁夏	0.312	217
绵阳	四川	0.581	72	怀化	湖南	0.312	218
汕头	广东	0.580	73	通化	吉林	0.310	219
海口	海南	0.575	74	安阳	河南	0.308	220
连云港	江苏	0.569	75	定西	甘肃	0.306	221

续表

	省（市、自治区）	指数	排名		省（市、自治区）	指数	排名
九江	江西	0. 567	76	忻州	山西	0. 306	222
南充	四川	0. 566	77	晋城	山西	0. 306	223
韶关	广东	0. 564	78	巴中	四川	0. 305	224
贵阳	贵州	0. 561	79	阜新	辽宁	0. 302	225
厦门	福建	0. 559	80	松原	吉林	0. 298	226
柳州	广西	0. 559	81	白银	甘肃	0. 297	227
廊坊	河北	0. 546	82	汕尾	广东	0. 297	228
鞍山	辽宁	0. 544	83	新余	江西	0. 293	229
南阳	河南	0. 539	84	三门峡	河南	0. 293	230
襄阳	湖北	0. 539	85	百色	广西	0. 292	231
咸阳	陕西	0. 538	86	郴州	湖南	0. 292	232
大庆	黑龙江	0. 538	87	商丘	河南	0. 290	233
泰安	山东	0. 537	88	河池	广西	0. 285	234
黄山	安徽	0. 530	89	白城	吉林	0. 283	235
秦皇岛	河北	0. 527	90	眉山	四川	0. 275	236
荆州	湖北	0. 526	91	张掖	甘肃	0. 272	237
湛江	广东	0. 524	92	赤峰	内蒙古	0. 270	238
潍坊	山东	0. 519	93	黄石	湖北	0. 270	239
宝鸡	陕西	0. 517	94	绥化	黑龙江	0. 268	240
丹东	辽宁	0. 516	95	铁岭	辽宁	0. 268	241
东营	山东	0. 515	96	内江	四川	0. 265	242
黄冈	湖北	0. 515	97	攀枝花	四川	0. 263	243
宿迁	江苏	0. 509	98	朔州	山西	0. 259	244
枣庄	山东	0. 507	99	达州	四川	0. 249	245
威海	山东	0. 506	100	广安	四川	0. 248	246
邯郸	河北	0. 501	101	雅安	四川	0. 248	247
岳阳	湖南	0. 495	102	庆阳	甘肃	0. 248	248
宜春	江西	0. 495	103	保山	云南	0. 247	249
包头	内蒙古	0. 492	104	衡水	河北	0. 247	250
安庆	安徽	0. 491	105	鸡西	黑龙江	0. 241	251

续表

	省（市、自治区）	指数	排名		省（市、自治区）	指数	排名
临沂	山东	0. 490	106	佳木斯	黑龙江	0. 239	252
茂名	广东	0. 488	107	昭通	云南	0. 237	253
衡阳	湖南	0. 487	108	乌兰察布	内蒙古	0. 236	254
沧州	河北	0. 486	109	阳泉	山西	0. 234	255
蚌埠	安徽	0. 485	110	平凉	甘肃	0. 232	256
周口	河南	0. 484	111	崇左	广西	0. 231	257
丽水	浙江	0. 479	112	辽源	吉林	0. 229	258
湘潭	湖南	0. 479	113	鄂州	湖北	0. 226	259
赣州	江西	0. 474	114	铜川	陕西	0. 226	260
榆林	陕西	0. 474	115	随州	湖北	0. 226	261
遵义	贵州	0. 471	116	池州	安徽	0. 223	262
运城	山西	0. 469	117	安顺	贵州	0. 223	263
张家口	河北	0. 469	118	鹰潭	江西	0. 222	264
衢州	浙江	0. 468	119	呼伦贝尔	内蒙古	0. 214	265
白山	吉林	0. 467	120	贵港	广西	0. 212	266
临汾	山西	0. 466	121	武威	甘肃	0. 211	267
德州	山东	0. 466	122	巴彦淖尔	内蒙古	0. 198	268
开封	河南	0. 466	123	鹤壁	河南	0. 190	269
葫芦岛	辽宁	0. 465	124	鹤岗	黑龙江	0. 178	270
常德	湖南	0. 461	125	双鸭山	黑龙江	0. 175	271
大同	山西	0. 461	126	普洱	云南	0. 156	272
邢台	河北	0. 459	127	资阳	四川	0. 155	273
承德	河北	0. 458	128	来宾	广西	0. 148	274
十堰	湖北	0. 458	129	贺州	广西	0. 146	275
玉溪	云南	0. 457	130	防城港	广西	0. 140	276
宁德	福建	0. 455	131	克拉玛依	新疆	0. 138	277
吉安	江西	0. 454	132	嘉峪关	甘肃	0. 133	278
株洲	湖南	0. 452	133	金昌	甘肃	0. 129	279
阳江	广东	0. 450	134	乌海	内蒙古	0. 126	280
三明	福建	0. 448	135	商洛	陕西	0. 124	281

续表

	省（市、自治区）	指数	排名		省（市、自治区）	指数	排名
阜阳	安徽	0.445	136	固原	宁夏	0.124	282
南平	福建	0.443	137	陇南	甘肃	0.099	283
驻马店	河南	0.443	138	七台河	黑龙江	0.092	284
揭阳	广东	0.442	139	伊春	黑龙江	0.077	285
晋中	山西	0.440	140	六盘水	贵州	0.077	286
乐山	四川	0.436	141	临沧	云南	0.059	287
六安	安徽	0.433	142	中卫	宁夏	0.056	288
马鞍山	安徽	0.431	143	吴忠	宁夏	0.033	289
德阳	四川	0.430	144	石嘴山	宁夏	0.032	290
遂宁	四川	0.427	145	北海	广西	0.000	291
梅州	广东	0.427	146	—	—	—	—

第五节 中国城市科技创新竞争力报告

当前，我国已经进入新发展阶段，科技创新日益成为决定一国综合国力的决定性因素，同时也是一个城市在激烈的城市竞争占据有利位置的重要途径。要推动科技创新，建立一个全面合理的评价指标体系十分重要。本部分尝试从专利申请、学术论文、科技企业、大学、文化设施5个方面来系统全面反映城市科技创新竞争力水平，并基于此对中国291个城市的科技创新竞争力进行深入分析。研究发现：深圳、青岛、厦门、珠海、东莞等城市排名显著进步；城市科技创新竞争力呈现板块梯级分布；城市科技创新竞争力空间分化进一步凸显；大学指数和科技企业指数依然是制约城市科技创新竞争力提升的短板；珠三角、北部湾、武汉城市群科技创新竞争力提升明显，而晋中、辽中南、南昌城市群下滑显著。

表 5—42　　中国城市科技创新竞争力指标体系

	二级指标	指标内容	数据来源
科技创新竞争力	专利申请指数	专利申请数量	WIPO 网站根据城市查取
	学术论文指数	发表论文数量	Web of Science 网站根据城市查取
	科技企业指数	科技企业总部分布	网站查取计算
	大学指数	各城市最好大学排名分类打分并经城市大学数量调整	Webometrics 网站查取 地图爬虫数据
	文化设施指数	图书馆数量除以城市面积	地图爬虫数据

资料来源：中国社会科学院城市与竞争力研究中心。

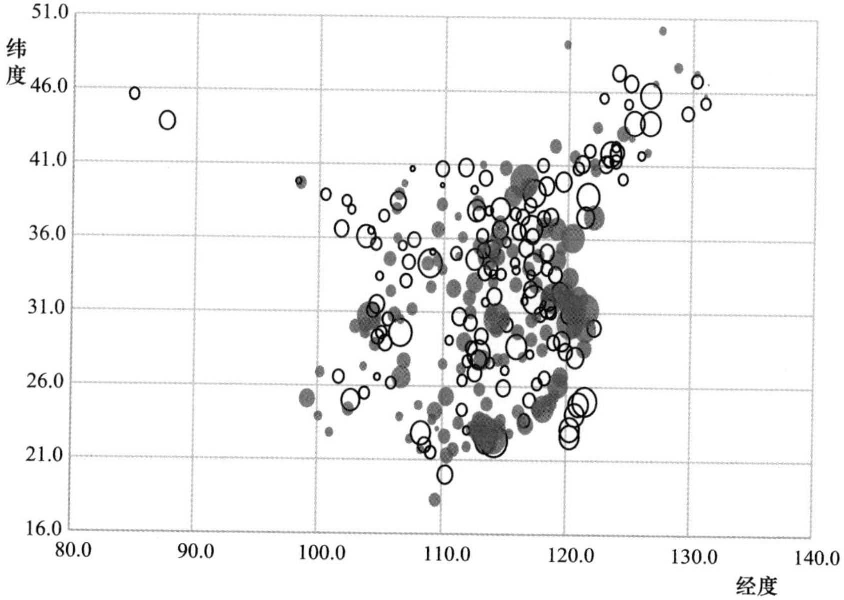

图 5—31　中国科技创新竞争力指数空间分布

注：实心圈表示科技创新竞争力指数上升，空心圈表示下降。

资料来源：中国社会科学院城市与竞争力研究中心。

一　深圳、青岛、厦门、珠海、东莞等中心城市排名显著进步

部分科技创新竞争力头部城市排名较去年发生较大变化。一方面，随着科技创新集聚效应的进一步加强，深圳、青岛、厦门、珠海、东莞

等城市排名显著上升。2021 年深圳、青岛、厦门、珠海、东莞的科技创新竞争力指数排名分别位居第 3 位、第 10 位、第 15 位、第 19 位、第 20 位，较 2020 年分别上升 3 位、5 位、7 位、23 位、20 位。特别是珠海、东莞的上升幅度十分显著，这也充分反映了这两个城市近年来在科技创新方面取得的积极进展；另一方面，个别头部城市的科技创新竞争力指数排名出现一定程度的下降。比如，香港的科技创新竞争力指数排名由去年的第 3 位降至今年的第 4 位，被深圳反超；台北的科技创新竞争力指数排名由去年的第 4 位下降至今年的第 9 位，下降幅度相对较大；西安的科技创新竞争力指数排名则由第 10 位下降至第 14 位，跌出前 10 位。总的来看，科技创新竞争力 20 强城市的分布呈现出稳中有变的态势，部分沿海中心城市的科技创新实力显著增强。

表 5—43　2021 年中国城市科技创新竞争力指数排名前 20 位城市

	2021 年		2020 年		排名差
	指数	排名	指数	排名	
北京	1.000	1	1.000	1	0
上海	0.892	2	0.887	2	0
深圳	0.870	3	0.755	6	3
香港	0.842	4	0.841	3	-1
杭州	0.823	5	0.768	5	0
武汉	0.812	6	0.751	7	1
广州	0.800	7	0.728	8	1
南京	0.757	8	0.724	9	1
台北	0.703	9	0.802	4	-5
青岛	0.701	10	0.612	15	5
成都	0.691	11	0.670	11	0
苏州	0.677	12	0.614	13	1
合肥	0.669	13	0.626	12	-1
西安	0.653	14	0.679	10	-4
厦门	0.617	15	0.563	22	7
天津	0.616	16	0.614	14	-2

续表

	2021 年		2020 年		排名差
	指数	排名	指数	排名	
长沙	0.614	17	0.611	16	-1
重庆	0.609	18	0.611	17	-1
珠海	0.600	19	0.422	42	23
东莞	0.596	20	0.426	40	20

资料来源：中国社会科学院城市与竞争力研究中心数据库。

二　城市科技创新竞争力呈现板块梯级分布

中国城市科技创新竞争力指数的板块梯级分布特征较为明显。受区域经济发展程度差异的影响，科技创新同样呈现显著的板块分化特征。首先，港澳台地区处于第一梯队。2021 年，港澳台地区城市科技创新竞争力指数均值为 0.545，其值大于 0.5，明显高于其他地区，样本城市均为科技创新竞争力指数百强城市。其次，东南地区和环渤海地区处于第二梯队。2021 年，东南地区和环渤海地区的城市科技创新竞争力指数均值分别为 0.359、0.327，其值位于 0.3—0.4，其科技创新竞争力指数百强城市数量占样本城市总数的比重分别达到 61.82%、58.62%。再次，中部地区处于第三梯队。2021 年，中部地区城市科技创新竞争力指数均值为 0.204，其值位于 0.2—0.3，其科技创新竞争力指数百强城市数量占样本城市总数的比重为 23.75%。最后，东北地区、西北地区和西南地区处于第四梯队。2021 年，东北地区、西北地区、西南地区的城市科技创新竞争力指数均值分别为 0.182、0.151、0.187，其值位于 0.1—0.2，其科技创新竞争力指数百强城市数量占样本城市总数的比重则分别为 23.53%、12.82%、21.28%。

表 5—44　　中国城市科技创新竞争力指数的区域分布

	样本数	百强城市数量	百强城市占比（%）	均值	变异系数
东北	34	8	23.53	0.182	0.856
东南	55	34	61.82	0.359	0.597

续表

	样本数	百强城市数量	百强城市占比（%）	均值	变异系数
港澳台	7	7	100.00	0.545	0.298
环渤海	29	17	58.62	0.327	0.608
西北	39	5	12.82	0.151	0.773
西南	47	10	21.28	0.187	0.742
中部	80	19	23.75	0.204	0.689

资料来源：中国社会科学院城市与竞争力研究中心数据库。

三　城市科技创新竞争力空间分化进一步凸显

中国城市科技创新竞争力指数的空间分化特征更为明显，主要表现为：一是南北分化加剧。2021 年，南方地区城市科技创新竞争力指数均值为 0.268，略高于去年的 0.253，其中，85 个城市的排名有不同程度的上升，67 个城市的排名有一定程度的下降，平均排名上升 2.795 位。与此同时，北方地区城市科技创新竞争力指数均值为 0.208，略低于去年的 0.209，其中，45 个城市的排名有所上升，79 个城市的排名则有所下降，平均排名下降 3.462 位。二是一二三四线城市分化中有收敛。一方面，层级越低的城市，其科技创新竞争力指数越低，但其内部分化程度则越高。2021 年，一二三四线城市的科技创新竞争力指数分别为 0.851、0.552、0.293、0.141，呈现依次递减趋势，而其变异系数则依次递增，分别为 0.116、0.230、0.361、0.482。另一方面，四线城市的科技创新竞争力指数总体出现上升趋势。2021 年四线城市的科技创新竞争力指数较去年有所上升，特别是其平均排名较去年上升 0.613 位，是唯一实现平均排名上升的一类城市。三是区域内部分化明显。比如，南方地区和北方地区的科技创新竞争力指数变异系数均高于 0.7，说明其内部分化程度很大；同样，东北、环渤海、西北、西南、中部等地区的科技创新竞争力指数变异系数均大于 0.6，也说明其内部分化现象较为严重。

表 5—45　　不同类别城市的科技创新竞争力指数

	2021 年		2020 年		排名对比		
	均值	变异系数	均值	变异系数	平均排名差	排名上升数量	排名下降数量
南方地区	0.268	0.731	0.253	0.732	2.795	85	67
北方地区	0.208	0.782	0.209	0.774	-3.462	45	79
一线城市	0.851	0.116	0.836	0.119	-0.333	2	2
二线城市	0.552	0.230	0.537	0.210	-1.486	14	19
三线城市	0.293	0.361	0.280	0.338	-0.826	29	38
四线城市	0.141	0.482	0.137	0.458	0.613	85	87

资料来源：中国社会科学院城市与竞争力研究中心数据库。

四　大学指数和科技企业指数依然是制约城市科技创新竞争力提升的短板

近年来，中国城市在专利申请、学术论文发表方面取得了长足的进步，但是在科技企业培育、大学发展等方面依然存在较大短板，成为制约城市科技创新竞争力提升的主要弱项。一方面，专利申请指数和学术论文指数的均值明显高于科技企业指数和大学指数。2021 年，中国城市的专利申请指数、学术论文指数分别为 0.330、0.367，而科技企业指数和大学指数仅有 0.091、0.135，明显低于专利申请指数和学术论文指数。另一方面，科技企业指数和大学指数的变异系数则要显著高于专利申请指数和学术论文指数。2021 年，科技企业指数和大学指数的变异系数分别为 2.178、1.337，而专利申请指数和学术论文指数的变异系数分别仅为 0.579、0.573，显著低于科技企业指数和大学指数的变异系数。总的来看，大学高质量发展和科技企业培育已经成为提升中国城市科技创新竞争力的关键因素。

五　珠三角、北部湾、武汉城市群科技创新竞争力提升明显，而晋中、辽中南、南昌城市群下滑显著

不同城市群科技创新竞争力发展参差不齐，部分城市群的科技创新竞争力有显著提升，而另外一些城市群的科技创新竞争力则出现一定程度的下滑。比如，2021 年，珠三角、北部湾、武汉城市群科技创新竞争

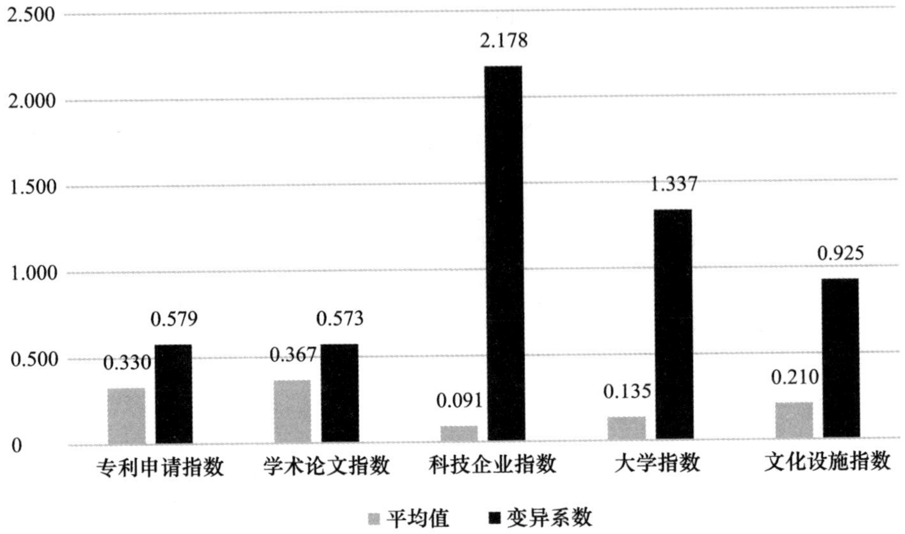

图 5—32 城市科技创新竞争力分项指标情况

资料来源：中国社会科学院城市与竞争力研究中心数据库。

力指数的平均排名分别较去年上升 9.722 位、8.364 位、7.364 位，上升势头非常明显；与此同时，晋中、辽中南、南昌城市群的科技创新竞争力指数的平均排名则分别较去年下降 17.714 位、8.857 位、6.500 位，下降幅度相对较大。另外，城市群内部普遍存在分化显著的现象。2021 年，北部湾、成渝、关中平原、合肥、京津冀、南昌、武汉、珠三角城市群的科技创新竞争力指数变异系数分别为 0.732、0.752、0.811、0.945、0.726、0.782、0.822、0.727，均高于 0.7，说明这些城市群内部城市在科技创新方面分化较为严重。

表 5—46 各城市群科技创新竞争力分布情况

	2021 年		2020 年		排名对比		
	均值	变异系数	均值	变异系数	平均排名差	排名上升数量	排名下降数量
北部湾	0.174	0.732	0.161	0.782	8.364	7	3
成渝	0.227	0.752	0.220	0.786	5.313	8	6
关中平原	0.220	0.811	0.216	0.878	3.625	5	3

续表

	2021年		2020年		排名对比		
	均值	变异系数	均值	变异系数	平均排名差	排名上升数量	排名下降数量
海峡西岸	0.317	0.552	0.290	0.545	4.750	6	2
合肥	0.211	0.945	0.207	0.863	-2.875	3	5
晋中	0.175	0.588	0.196	0.647	-17.714	1	4
京津冀	0.344	0.726	0.342	0.725	-5.167	3	7
辽中南	0.286	0.679	0.297	0.645	-8.857	0	7
南昌	0.196	0.782	0.203	0.760	-6.500	4	2
山东半岛	0.331	0.522	0.310	0.474	-1.429	6	8
武汉	0.240	0.822	0.224	0.815	7.364	7	4
长三角	0.421	0.492	0.387	0.510	3.261	12	8
长沙	0.267	0.581	0.257	0.590	-1.778	3	6
中原	0.243	0.568	0.237	0.514	-4.643	5	9
珠三角	0.344	0.727	0.292	0.702	9.722	15	2

资料来源：中国社会科学院城市与竞争力研究中心数据库。

六　中国城市科技创新竞争力

表5—47　　2021年291个城市科技创新竞争力指数及排名

	省（市、自治区）	指数	排名		省（市、自治区）	指数	排名
北京	北京	1.000	1	眉山	四川	0.182	147
上海	上海	0.892	2	邢台	河北	0.181	148
深圳	广东	0.870	3	咸阳	陕西	0.181	149
香港	香港	0.842	4	安庆	安徽	0.180	150
杭州	浙江	0.823	5	庆阳	甘肃	0.178	151
武汉	湖北	0.812	6	茂名	广东	0.178	152
广州	广东	0.800	7	自贡	四川	0.176	153
南京	江苏	0.757	8	赤峰	内蒙古	0.176	154
台北	台湾	0.703	9	韶关	广东	0.176	155

续表

	省（市、自治区）	指数	排名		省（市、自治区）	指数	排名
青岛	山东	0. 701	10	玉溪	云南	0. 175	156
成都	四川	0. 691	11	宝鸡	陕西	0. 175	157
苏州	江苏	0. 677	12	铜陵	安徽	0. 175	158
合肥	安徽	0. 669	13	黄石	湖北	0. 174	159
西安	陕西	0. 653	14	龙岩	福建	0. 173	160
厦门	福建	0. 617	15	景德镇	江西	0. 173	161
天津	天津	0. 616	16	德阳	四川	0. 173	162
长沙	湖南	0. 614	17	莆田	福建	0. 171	163
重庆	重庆	0. 609	18	雅安	四川	0. 170	164
珠海	广东	0. 600	19	沧州	河北	0. 167	165
东莞	广东	0. 596	20	荆门	湖北	0. 165	166
大连	辽宁	0. 595	21	牡丹江	黑龙江	0. 165	167
济南	山东	0. 589	22	日照	山东	0. 164	168
佛山	广东	0. 575	23	宜宾	四川	0. 164	169
郑州	河南	0. 564	24	枣庄	山东	0. 164	170
宁波	浙江	0. 555	25	三亚	海南	0. 162	171
福州	福建	0. 543	26	晋中	山西	0. 161	172
无锡	江苏	0. 529	27	滁州	安徽	0. 161	173
威海	山东	0. 516	28	南平	福建	0. 160	174
沈阳	辽宁	0. 510	29	长治	山西	0. 160	175
哈尔滨	黑龙江	0. 509	30	郴州	湖南	0. 159	176
常州	江苏	0. 504	31	上饶	江西	0. 159	177
南昌	江西	0. 494	32	新余	江西	0. 156	178
长春	吉林	0. 492	33	酒泉	甘肃	0. 154	179
吉林	吉林	0. 489	34	宿迁	江苏	0. 153	180
新竹	台湾	0. 478	35	本溪	辽宁	0. 152	181
南通	江苏	0. 476	36	榆林	陕西	0. 151	182
台南	台湾	0. 476	37	承德	河北	0. 151	183

续表

	省（市、自治区）	指数	排名		省（市、自治区）	指数	排名
高雄	台湾	0.454	38	汉中	陕西	0.151	184
南宁	广西	0.450	39	潮州	广东	0.151	185
台中	台湾	0.446	40	益阳	湖南	0.150	186
镇江	江苏	0.445	41	梧州	广西	0.149	187
潍坊	山东	0.443	42	朝阳	辽宁	0.149	188
中山	广东	0.443	43	攀枝花	四川	0.149	189
贵阳	贵州	0.426	44	宜春	江西	0.148	190
石家庄	河北	0.421	45	佳木斯	黑龙江	0.146	191
惠州	广东	0.416	46	营口	辽宁	0.145	192
兰州	甘肃	0.414	47	运城	山西	0.144	193
徐州	江苏	0.414	48	遂宁	四川	0.144	194
澳门	澳门	0.414	49	达州	四川	0.142	195
昆明	云南	0.398	50	石嘴山	宁夏	0.140	196
太原	山西	0.387	51	阜新	辽宁	0.140	197
保定	河北	0.385	52	河源	广东	0.136	198
淄博	山东	0.383	53	葫芦岛	辽宁	0.136	199
安阳	河南	0.378	54	安康	陕西	0.135	200
嘉兴	浙江	0.372	55	资阳	四川	0.135	201
盐城	江苏	0.370	56	贺州	广西	0.133	202
洛阳	河南	0.363	57	乐山	四川	0.132	203
南阳	河南	0.359	58	北海	广西	0.132	204
烟台	山东	0.358	59	吴忠	宁夏	0.131	205
连云港	江苏	0.354	60	内江	四川	0.131	206
株洲	湖南	0.353	61	鹤壁	河南	0.130	207
温州	浙江	0.349	62	广元	四川	0.130	208
扬州	江苏	0.338	63	盘锦	辽宁	0.129	209
绍兴	浙江	0.323	64	定西	甘肃	0.127	210
廊坊	河北	0.323	65	揭阳	广东	0.127	211

续表

	省（市、自治区）	指数	排名		省（市、自治区）	指数	排名
宁德	福建	0.317	66	衡水	河北	0.126	212
秦皇岛	河北	0.312	67	曲靖	云南	0.125	213
泉州	福建	0.312	68	渭南	陕西	0.125	214
金华	浙江	0.310	69	三明	福建	0.123	215
汕头	广东	0.309	70	邵阳	湖南	0.122	216
桂林	广西	0.309	71	通辽	内蒙古	0.120	217
保山	云南	0.308	72	鄂州	湖北	0.120	218
常德	湖南	0.306	73	娄底	湖南	0.120	219
芜湖	安徽	0.306	74	商洛	陕西	0.119	220
湘潭	湖南	0.303	75	中卫	宁夏	0.119	221
台州	浙江	0.291	76	驻马店	河南	0.118	222
乌鲁木齐	新疆	0.287	77	宣城	安徽	0.118	223
邯郸	河北	0.282	78	安顺	贵州	0.116	224
唐山	河北	0.281	79	克拉玛依	新疆	0.114	225
柳州	广西	0.281	80	临汾	山西	0.113	226
银川	宁夏	0.278	81	永州	湖南	0.111	227
开封	河南	0.278	82	张掖	甘肃	0.110	228
海口	海南	0.277	83	鸡西	黑龙江	0.110	229
十堰	湖北	0.276	84	丽江	云南	0.110	230
泰州	江苏	0.275	85	池州	安徽	0.109	231
绵阳	四川	0.266	86	周口	河南	0.108	232
呼和浩特	内蒙古	0.264	87	怀化	湖南	0.107	233
新乡	河南	0.263	88	丹东	辽宁	0.106	234
清远	广东	0.257	89	辽阳	辽宁	0.104	235
晋城	山西	0.255	90	阳江	广东	0.103	236
东营	山东	0.254	91	金昌	甘肃	0.103	237
湖州	浙江	0.252	92	固原	宁夏	0.099	238
宜昌	湖北	0.251	93	抚州	江西	0.098	239

续表

	省（市、自治区）	指数	排名		省（市、自治区）	指数	排名
济宁	山东	0.248	94	伊春	黑龙江	0.097	240
锦州	辽宁	0.243	95	萍乡	江西	0.095	241
信阳	河南	0.242	96	来宾	广西	0.094	242
漳州	福建	0.239	97	汕尾	广东	0.094	243
临沂	山东	0.236	98	河池	广西	0.090	244
大庆	黑龙江	0.234	99	商丘	河南	0.089	245
抚顺	辽宁	0.233	100	铁岭	辽宁	0.088	246
咸宁	湖北	0.233	101	濮阳	河南	0.087	247
衡阳	湖南	0.232	102	白城	吉林	0.085	248
蚌埠	安徽	0.231	103	临沧	云南	0.084	249
江门	广东	0.229	104	松原	吉林	0.084	250
西宁	青海	0.229	105	广安	四川	0.083	251
鞍山	辽宁	0.227	106	普洱	云南	0.082	252
丽水	浙江	0.227	107	崇左	广西	0.078	253
肇庆	广东	0.226	108	宿州	安徽	0.078	254
四平	吉林	0.226	109	百色	广西	0.078	255
淮安	江苏	0.225	110	防城港	广西	0.077	256
遵义	贵州	0.224	111	平凉	甘肃	0.077	257
舟山	浙江	0.223	112	黑河	黑龙江	0.073	258
赣州	江西	0.220	113	白山	吉林	0.072	259
淮南	安徽	0.220	114	阳泉	山西	0.072	260
延安	陕西	0.217	115	吉安	江西	0.071	261
马鞍山	安徽	0.216	116	昭通	云南	0.070	262
南充	四川	0.216	117	张家界	湖南	0.069	263
湛江	广东	0.215	118	呼伦贝尔	内蒙古	0.069	264
齐齐哈尔	黑龙江	0.213	119	武威	甘肃	0.068	265
聊城	山东	0.212	120	三门峡	河南	0.066	266
襄阳	湖北	0.211	121	通化	吉林	0.063	267

续表

	省（市、自治区）	指数	排名		省（市、自治区）	指数	排名
黄山	安徽	0.210	122	亳州	安徽	0.063	268
荆州	湖北	0.209	123	随州	湖北	0.063	269
九江	江西	0.207	124	鹰潭	江西	0.063	270
孝感	湖北	0.207	125	漯河	河南	0.063	271
泸州	四川	0.207	126	乌兰察布	内蒙古	0.062	272
滨州	山东	0.203	127	吕梁	山西	0.061	273
岳阳	湖南	0.201	128	辽源	吉林	0.060	274
忻州	山西	0.200	129	云浮	广东	0.059	275
泰安	山东	0.198	130	陇南	甘肃	0.059	276
包头	内蒙古	0.196	131	乌海	内蒙古	0.056	277
平顶山	河南	0.196	132	朔州	山西	0.055	278
许昌	河南	0.194	133	六安	安徽	0.049	279
阜阳	安徽	0.194	134	绥化	黑龙江	0.049	280
张家口	河北	0.193	135	白银	甘肃	0.047	281
天水	甘肃	0.192	136	鹤岗	黑龙江	0.043	282
德州	山东	0.192	137	六盘水	贵州	0.042	283
黄冈	湖北	0.191	138	嘉峪关	甘肃	0.035	284
大同	山西	0.191	139	铜川	陕西	0.034	285
钦州	广西	0.190	140	贵港	广西	0.024	286
焦作	河南	0.189	141	巴彦淖尔	内蒙古	0.022	287
淮北	安徽	0.188	142	七台河	黑龙江	0.019	288
玉林	广西	0.188	143	鄂尔多斯	内蒙古	0.015	289
菏泽	山东	0.185	144	双鸭山	黑龙江	0.005	290
衢州	浙江	0.184	145	巴中	四川	0.000	291
梅州	广东	0.183	146	—	—	—	—

第六节　中国城市全球联系竞争力报告

伴随着经济全球化的不断加深，中国与世界的联系越来越紧密。城市作为一国经济发展的空间形态和人口聚集中心，已成为国际交流交往交换的重要载体。本课题组使用291个中国地级城市的相关数据，通过航空联系度、网络热度、科研人员联系度、金融企业联系度、科创企业联系度和航运联系度这6大二级指标来计算出各城市的全球联系指数，并从区域、省域和城市群等方面展开多维度分析。

研究发现，从总体格局来看，头部城市在全球联系方面综合表现卓越；从区域角度来看，全球联系指数呈现总体“越落后、越分化”特点；从省域角度来看，东部沿海地区全球联系指数高、分化小；从城市群角度来看，长三角城市群全球联系整体表现优异，是我国全球联系城市群的标杆；从层级角度来看，一线城市间、二线城市间全球联系分化较小。

课题组认为全球联系较弱的城市应进一步加强与外部区域在资金、信息、人才等方面的合作，强化资源要素的国际交流交往交换，逐步提升城市的全球联系。同时全球联系较强的城市应进一步巩固自身优势，打造全球联系的城市标杆和引领者，借助全球联系优势赋能城市更高质量发展。

一　从总体格局来看，头部城市在全球联系方面综合表现卓越

在全球联系方面，中国10强城市发展较为强劲，平均值高达0.860。特别是上海、香港、北京和深圳，更是遥遥领先于其他城市。总体看，除了北京、天津和大连，其他中国全球联系头部城市基本处于东南沿海地区，中部和西部城市全球联系程度仍有待提升。

表5—48　　2021年中国城市全球联系10强

	全球联系指数	排名		全球联系指数	排名
上海	1.000	1	天津	0.827	6
香港	0.950	2	杭州	0.814	7

续表

	全球联系指数	排名		全球联系指数	排名
北京	0.901	3	厦门	0.791	8
深圳	0.891	4	南京	0.790	9
广州	0.857	5	大连	0.778	10

资料来源：中国社会科学院城市与竞争力指数数据库。

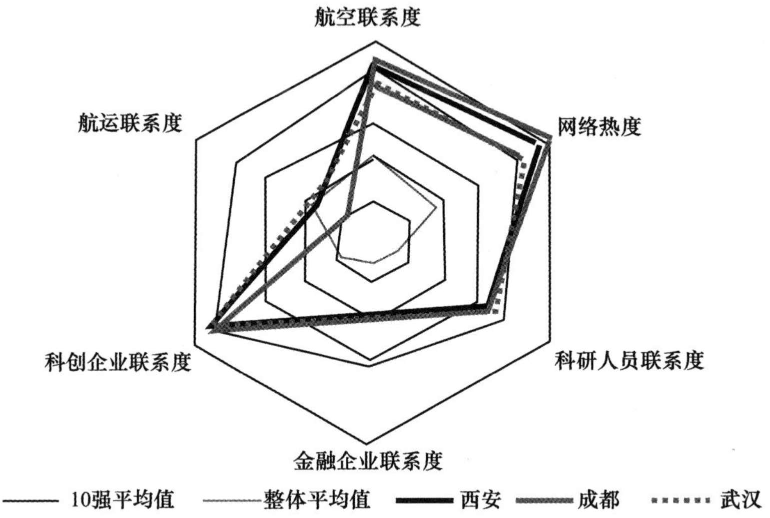

图5—33 西安、成都、武汉、10强城市及整体全球联系解释性指标

资料来源：中国社会科学院城市与竞争力指数数据库。

通过图5—33可以看出，10强城市在各项分项指标中都处于领先地位，在航空联系度、网络热度、科研人员联系度等分项方面几乎不存在短板。中西部的武汉、西安、成都，在航运联系度、金融企业联系度方面还存在劣势，在科创企业联系度、航空联系度、科研人员联系度方面存在一定的优势。

二 从区域角度来看，东北和西北地区全球联系指数低、分化大

从中国6大区域的全球联系指数分布来看，东南地区和环渤海地区的全球联系指数较高，其中东北和西北地区城市的全球联系指数较低。从6大区域全球联系的空间分布差异程度的变异系数来看，西北和东北

地区的变异系数较大，东南地区的变异系数最小。总体来看，全球联系水平越低的区域变异系数越大、分化越严重。特别是西北、西南和东北地区的变异系数高于全国的变异系数，说明这三个地区的全球联系差异大于全国水平。

表 5—49　　2021 年六大区域全球联系指数

	城市数目	均值	标准差	变异系数	最小值	最大值
全国（除港澳台）	284	0.251	0.193	0.770	0.000	1.000
环渤海地区	29	0.335	0.210	0.626	0.130	0.901
中部地区	80	0.219	0.143	0.650	0.073	0.732
西北地区	39	0.194	0.167	0.857	0.039	0.757
东北地区	34	0.173	0.185	1.071	0.000	0.778
东南地区	55	0.379	0.224	0.591	0.141	1.000
西南地区	47	0.208	0.164	0.789	0.035	0.740

资料来源：中国社会科学院城市与竞争力指数数据库。

同中国经济发展“南强北弱”态势一样，当前中国城市全球联系程度也存在着“南强北弱”的特点。从全球联系的平均值来看，南方的平均值（0.274）略高于北方的平均值（0.224），从南北地区全球联系的变异系数看，南方城市之间的差距也略小于北方城市。同时，南方全球联系排名靠前的城市明显多于北方。

表 5—50　　2021 年南北地区全球联系统计（除港澳台）

	区域	城市数目	均值	变异系数	排名前 10 城市数量	排名前 20 城市数量	排名前 30 城市数量
2021 年	北方	130	0.224	0.826	3	6	10
	南方	154	0.274	0.721	6	13	17

资料来源：中国社会科学院城市与竞争力指数数据库。

三　从省域角度来看，东部沿海区地区全球联系指数高、分化小

从省域角度来看，东北和西部的一些省域全球联系相对偏低且省域

内差别比较大。从表5—51可知有13个省份全球联系指数的平均值超过了全国全球联系的平均值，其中除了重庆、海南、新疆、青海，其他省域城市均位于中国的东部地区。同时，绝大部分省份全球联系指数的变异系数小于全国全球联系指数的变异系数。其中，云南、吉林、甘肃、黑龙江这4个省域城市呈现出了全球联系均值较低，而且省域内变异系数较大的特点，说明这些省份在全球联系方面发展整体较弱，同时省域内城市分化严重。

表5—51　　2021年各省城市全球联系排名统计

	省（市、自治区）	城市数目	全球联系均值	变异系数		省（市、自治区）	城市数目	全球联系均值	变异系数
第1名	上海	1	1.000	—	第17名	河南	17	0.231	0.629
第2名	北京	1	0.901	—	第18名	陕西	10	0.241	0.786
第3名	天津	1	0.827	—	第19名	宁夏	5	0.184	0.869
第4名	重庆	1	0.713	—	第20名	贵州	4	0.242	0.712
第5名	青海	1	0.398	—	第21名	湖南	13	0.233	0.631
第6名	浙江	11	0.403	0.523	第22名	云南	8	0.170	1.042
第7名	江苏	13	0.421	0.457	第23名	江西	11	0.203	0.719
第8名	海南	2	0.413	0.411	第24名	内蒙古	9	0.194	0.682
第9名	福建	9	0.350	0.655	第25名	吉林	8	0.154	1.145
第10名	广东	21	0.323	0.662	第26名	广西	14	0.198	0.576
第11名	山东	16	0.316	0.558	第27名	山西	11	0.185	0.704
第12名	河北	11	0.267	0.453	第28名	四川	18	0.175	0.831
第13名	湖北	12	0.221	0.767	第29名	黑龙江	12	0.119	1.371
第14名	新疆	2	0.311	0.945	第30名	甘肃	13	0.124	1.229
第15名	辽宁	14	0.229	0.885		全国	284	0.251	0.770
第16名	安徽	16	0.229	0.602		—	—	—	—

资料来源：中国社会科学院城市与竞争力指数数据库。

从整体分布来看，中国城市全球联系的核密度曲线出现明显的右偏

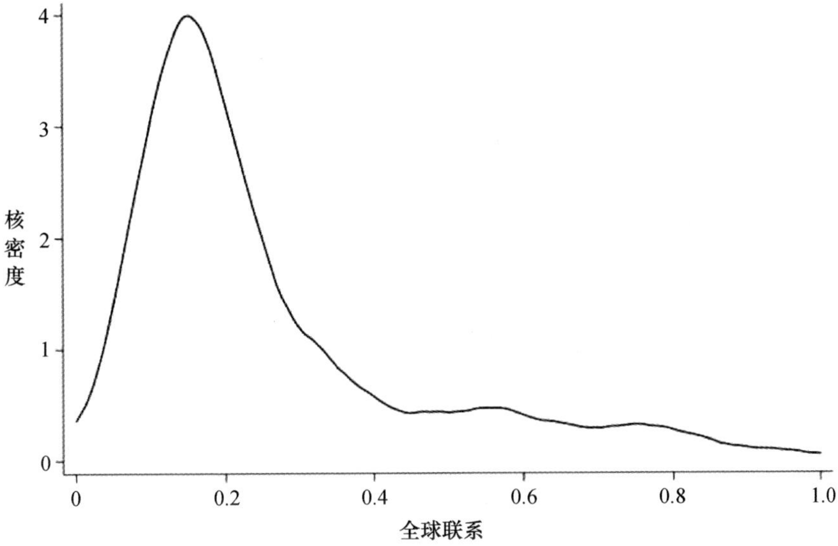

图5—34　2021年全球联系指数核密度分布

资料来源：中国社会科学院城市与竞争力指数数据库。

特征，这表明大部分城市的全球联系水平均处于相对较低水平，只有极个别城市的全球联系处于较高水平，这同样也表明了中国城市全球联系指数差异比较突出。

四　从城市群角度来看，长三角城市群全球联系整体表现优异

如图5—35、图5—36，从全国较为完善的15个城市群来看，全球联系平均值较高的为长三角城市群、海峡西岸城市群、京津冀城市群、珠三角城市群、山东半岛城市群，全球联系平均值较低的是晋中城市群、成渝城市群、武汉城市群、北部湾城市群，总体看东部地区城市群全球联系程度较高；全球联系分化较小的城市群为长三角城市群、山东半岛城市群、北部湾城市群，全球联系分化较大的城市群为武汉城市群、辽中南城市群、成渝城市群。综合来看，全球联系平均程度高、内部城市分化小的城市群标杆是长三角城市群，山东半岛城市群全球联系平均程度较高且分化较小，京津冀城市群和珠三角城市群尽管全球联系平均程度高，但城市群内部存在较大的不均衡。

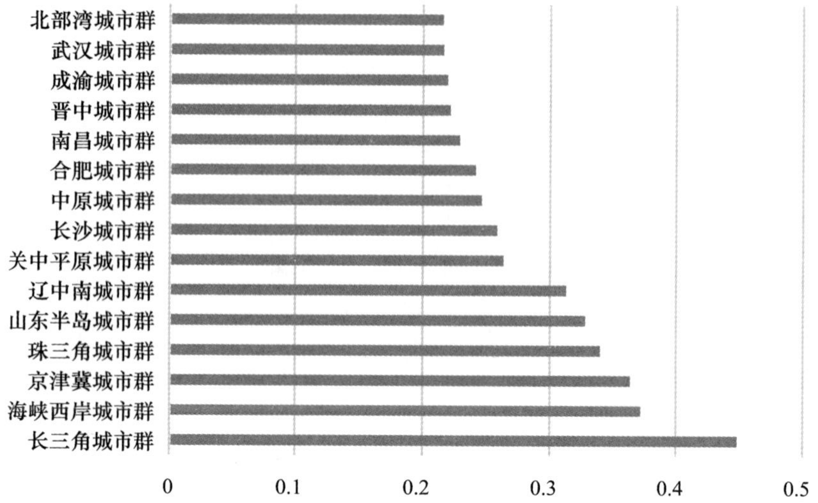

图 5—35 2021 年中国城市群全球联系平均值

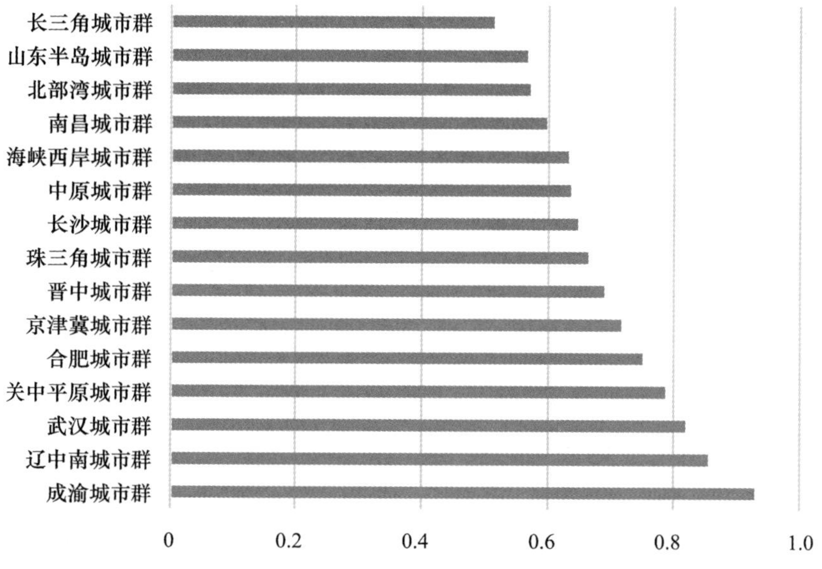

图 5—36 2021 年中国城市群全球联系变异系数

五 从层级角度来看，一线城市间、二线城市间全球联系分化较小

从层级角度来看，一线城市和二线城市之间全球联系的差距较小，说明一线城市之间、二线城市之间在全球联系方面较为接近；三线城市之间、四线城市之间的差距较大，内部城市在全球联系方面分化较大。

一线城市中上海、香港、北京领先优势明显，同时城市之间差距较小。

表 5—52　　　　各层级全球联系统计分析

	样本城市	平均值	变异系数
北上广深	4	0.912	0.067
一线城市	6	0.872	0.145
二线城市	35	0.604	0.202
三线城市	69	0.305	0.435
四线城市	181	0.153	0.423

六　中国城市全球联系整体趋势

随着全球化过程中交通基础设施的不断完善，以及现代信息技术的快速发展，城市开放联系性成为吸收利用外部资源进而增强城市发展活力的重要因素。这里使用全球联系指数衡量城市开放联系，来刻画城市开放联系与城市经济活力竞争力之间存在的关系。就全球联系指数而言，上海、香港、北京、深圳、广州等这些全球联系头部城市，其经济活力竞争力同样也处于较强的地位。观察全球联系指数与经济活力竞争力之间的散点图发现，两者之间存在较强的正向相关性，这也反映了一个城市的全球联系能力越强，其经济活力竞争力也相应越强。

基于上述分析，课题组认为全球联系较弱的城市应进一步加强与外部区域在资金、信息、人才等方面的合作，强化资源要素的国际交往交流交换，逐步提升城市的全球联系，通过密切的对外联系往来吸引各类优势资源集聚，塑造契合城市未来发展的比较优势，进而推动经济活力竞争力的提升。同时，全球联系较强的城市应进一步巩固自身优势，打造全球联系城市标杆和引领者，借助全球联系优势赋能城市更高质量发展，努力辐射更多区域，带动周边经济腹地发展。

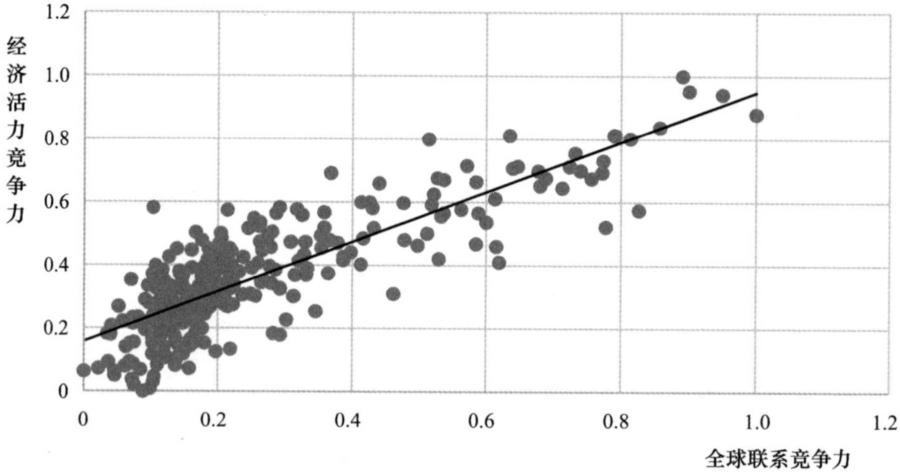

图 5—37 全球联系竞争力与城市经济活力竞争力散点拟合图

资料来源：中国社会科学院城市与竞争力指数数据库。

七 中国城市全球联系竞争力

表 5—53　291 个城市全球联系竞争力指数及排名

	省（市、自治区）	指数	排名		省（市、自治区）	指数	排名
上海	上海	1.000	1	防城港	广西	0.184	147
香港	香港	0.950	2	商丘	河南	0.184	148
北京	北京	0.901	3	阳江	广东	0.183	149
深圳	广东	0.891	4	三门峡	河南	0.182	150
广州	广东	0.857	5	南平	福建	0.181	151
天津	天津	0.827	6	韶关	广东	0.181	152
杭州	浙江	0.814	7	菏泽	山东	0.180	153
厦门	福建	0.791	8	辽阳	辽宁	0.180	154
南京	江苏	0.790	9	荆州	湖北	0.180	155
大连	辽宁	0.778	10	汉中	陕西	0.179	156
苏州	江苏	0.774	11	吉安	江西	0.179	157
青岛	山东	0.772	12	临汾	山西	0.178	158
西安	陕西	0.757	13	德州	山东	0.178	159

续表

	省（市、自治区）	指数	排名		省（市、自治区）	指数	排名
成都	四川	0.740	14	大同	山西	0.178	160
武汉	湖北	0.732	15	营口	辽宁	0.177	161
宁波	浙江	0.724	16	蚌埠	安徽	0.176	162
重庆	重庆	0.713	17	三明	福建	0.176	163
合肥	安徽	0.689	18	开封	河南	0.174	164
福州	福建	0.680	19	达州	四川	0.172	165
郑州	河南	0.678	20	钦州	广西	0.171	166
长沙	湖南	0.647	21	呼伦贝尔	内蒙古	0.169	167
澳门	澳门	0.639	22	安康	陕西	0.169	168
台北	台湾	0.635	23	张家口	河北	0.167	169
哈尔滨	黑龙江	0.619	24	抚顺	辽宁	0.167	170
沈阳	辽宁	0.615	25	榆林	陕西	0.167	171
南昌	江西	0.613	26	渭南	陕西	0.165	172
兰州	甘肃	0.600	27	平顶山	河南	0.165	173
温州	浙江	0.588	28	云浮	广东	0.164	174
昆明	云南	0.585	29	吉林	吉林	0.163	175
长春	吉林	0.585	30	鹤壁	河南	0.161	176
无锡	江苏	0.571	31	攀枝花	四川	0.161	177
太原	山西	0.563	32	赤峰	内蒙古	0.161	178
济南	山东	0.537	33	梧州	广西	0.160	179
烟台	山东	0.536	34	宿迁	江苏	0.159	180
海口	海南	0.532	35	玉林	广西	0.159	181
石家庄	河北	0.529	36	怀化	湖南	0.158	182
东莞	广东	0.527	37	丹东	辽宁	0.158	183
高雄	台湾	0.521	38	长治	山西	0.156	184
乌鲁木齐	新疆	0.518	39	邵阳	湖南	0.155	185
珠海	广东	0.514	40	商洛	陕西	0.153	186
南宁	广西	0.511	41	忻州	山西	0.153	187
洛阳	河南	0.497	42	随州	湖北	0.152	188
呼和浩特	内蒙古	0.478	43	铜陵	安徽	0.150	189

续表

	省（市、自治区）	指数	排名		省（市、自治区）	指数	排名
贵阳	贵州	0.476	44	鞍山	辽宁	0.149	190
济宁	山东	0.462	45	齐齐哈尔	黑龙江	0.149	191
常州	江苏	0.440	46	宝鸡	陕西	0.148	192
银川	宁夏	0.432	47	郴州	湖南	0.148	193
新竹	台湾	0.430	48	吕梁	山西	0.147	194
南通	江苏	0.426	49	周口	河南	0.147	195
徐州	江苏	0.416	50	漯河	河南	0.147	196
扬州	江苏	0.413	51	滨州	山东	0.145	197
唐山	河北	0.413	52	九江	江西	0.144	198
西宁	青海	0.398	53	焦作	河南	0.143	199
中山	广东	0.386	54	茂名	广东	0.142	200
台南	台湾	0.386	55	晋中	山西	0.142	201
株洲	湖南	0.378	56	梅州	广东	0.141	202
泉州	福建	0.368	57	枣庄	山东	0.140	203
镇江	江苏	0.366	58	玉溪	云南	0.139	204
桂林	广西	0.364	59	六盘水	贵州	0.138	205
嘉兴	浙江	0.358	60	百色	广西	0.137	206
绍兴	浙江	0.358	61	葫芦岛	辽宁	0.137	207
汕头	广东	0.354	62	通辽	内蒙古	0.137	208
惠州	广东	0.353	63	崇左	广西	0.136	209
淄博	山东	0.346	64	广元	四川	0.135	210
包头	内蒙古	0.333	65	濮阳	河南	0.134	211
临沂	山东	0.332	66	巴中	四川	0.133	212
连云港	江苏	0.330	67	黄冈	湖北	0.133	213
黄山	安徽	0.328	68	铜川	陕西	0.132	214
舟山	浙江	0.326	69	邢台	河北	0.132	215
咸阳	陕西	0.321	70	衡水	河北	0.130	216
漳州	福建	0.318	71	黄石	湖北	0.129	217
湛江	广东	0.316	72	晋城	山西	0.129	218
台州	浙江	0.313	73	咸宁	湖北	0.129	219

续表

	省（市、自治区）	指数	排名		省（市、自治区）	指数	排名
湖州	浙江	0. 309	74	鄂州	湖北	0. 127	220
保定	河北	0. 303	75	贵港	广西	0. 127	221
承德	河北	0. 294	76	贺州	广西	0. 126	222
张家界	湖南	0. 294	77	抚州	江西	0. 126	223
秦皇岛	河北	0. 293	78	驻马店	河南	0. 126	224
三亚	海南	0. 293	79	益阳	湖南	0. 125	225
佛山	广东	0. 288	80	大庆	黑龙江	0. 124	226
淮安	江苏	0. 286	81	曲靖	云南	0. 124	227
宿州	安徽	0. 283	82	广安	四川	0. 123	228
盐城	江苏	0. 281	83	荆门	湖北	0. 123	229
南阳	河南	0. 280	84	娄底	湖南	0. 123	230
十堰	湖北	0. 279	85	朝阳	辽宁	0. 121	231
江门	广东	0. 278	86	鹰潭	江西	0. 121	232
湘潭	湖南	0. 275	87	天水	甘肃	0. 121	233
信阳	河南	0. 270	88	本溪	辽宁	0. 120	234
北海	广西	0. 266	89	德阳	四川	0. 118	235
威海	山东	0. 266	90	眉山	四川	0. 116	236
潍坊	山东	0. 265	91	自贡	四川	0. 115	237
宜昌	湖北	0. 263	92	庆阳	甘肃	0. 114	238
台中	台湾	0. 263	93	资阳	四川	0. 114	239
滁州	安徽	0. 263	94	淮南	安徽	0. 114	240
遵义	贵州	0. 262	95	内江	四川	0. 113	241
日照	山东	0. 260	96	乐山	四川	0. 112	242
中卫	宁夏	0. 256	97	永州	湖南	0. 111	243
马鞍山	安徽	0. 254	98	昭通	云南	0. 111	244
衡阳	湖南	0. 251	99	来宾	广西	0. 111	245
安阳	河南	0. 249	100	牡丹江	黑龙江	0. 110	246
廊坊	河北	0. 245	101	萍乡	江西	0. 110	247
赣州	江西	0. 238	102	吴忠	宁夏	0. 108	248
阜阳	安徽	0. 237	103	雅安	四川	0. 107	249

续表

	省（市、自治区）	指数	排名		省（市、自治区）	指数	排名
衢州	浙江	0.231	104	保山	云南	0.107	250
景德镇	江西	0.224	105	亳州	安徽	0.106	251
邯郸	河北	0.223	106	阜新	辽宁	0.105	252
莆田	福建	0.221	107	铁岭	辽宁	0.103	253
丽江	云南	0.220	108	六安	安徽	0.103	254
聊城	山东	0.219	109	克拉玛依	新疆	0.103	255
金华	浙江	0.218	110	佳木斯	黑龙江	0.102	256
襄阳	湖北	0.217	111	白银	甘肃	0.102	257
柳州	广西	0.217	112	乌海	内蒙古	0.102	258
宁德	福建	0.216	113	定西	甘肃	0.102	259
延安	陕西	0.215	114	河池	广西	0.102	260
泰安	山东	0.214	115	阳泉	山西	0.101	261
鄂尔多斯	内蒙古	0.214	116	松原	吉林	0.099	262
泰州	江苏	0.214	117	遂宁	四川	0.097	263
潮州	广东	0.211	118	嘉峪关	甘肃	0.095	264
运城	山西	0.210	119	安顺	贵州	0.091	265
揭阳	广东	0.210	120	张掖	甘肃	0.091	266
肇庆	广东	0.210	121	巴彦淖尔	内蒙古	0.089	267
上饶	江西	0.208	122	四平	吉林	0.088	268
清远	广东	0.205	123	通化	吉林	0.084	269
绵阳	四川	0.205	124	朔州	山西	0.080	270
东营	山东	0.204	125	白城	吉林	0.075	271
芜湖	安徽	0.204	126	鸡西	黑龙江	0.074	272
沧州	河北	0.203	127	绥化	黑龙江	0.073	273
盘锦	辽宁	0.202	128	固原	宁夏	0.073	274
龙岩	福建	0.202	129	新余	江西	0.073	275
宜宾	四川	0.201	130	辽源	吉林	0.072	276
安庆	安徽	0.200	131	金昌	甘肃	0.070	277
南充	四川	0.199	132	白山	吉林	0.068	278
锦州	辽宁	0.197	133	乌兰察布	内蒙古	0.068	279

续表

	省（市、自治区）	指数	排名		省（市、自治区）	指数	排名
新乡	河南	0.196	134	武威	甘肃	0.062	280
宜春	江西	0.194	135	伊春	黑龙江	0.061	281
池州	安徽	0.193	136	黑河	黑龙江	0.058	282
孝感	湖北	0.190	137	石嘴山	宁夏	0.052	283
泸州	四川	0.190	138	陇南	甘肃	0.046	284
汕尾	广东	0.189	139	平凉	甘肃	0.046	285
丽水	浙江	0.188	140	临沧	云南	0.041	286
许昌	河南	0.187	141	酒泉	甘肃	0.039	287
河源	广东	0.187	142	鹤岗	黑龙江	0.036	288
岳阳	湖南	0.186	143	普洱	云南	0.035	289
淮北	安徽	0.186	144	七台河	黑龙江	0.022	290
常德	湖南	0.185	145	双鸭山	黑龙江	0.000	291
宣城	安徽	0.185	146	—	—	—	—

第六章

最具竞争力的五大城市比较报告

王雅琦　王云辉　陈博宇　郭金红
郭　靖　黄徐亮*

第一节　上海综合经济竞争力、营商硬环境、全球联系、社会和谐全国第一

一　上海综合经济竞争力稳居全国第一

2021 年上海综合经济竞争力指数为 1.000，力压同属东南地区深圳的 0.975，稳居全国第 1。综合经济增量竞争力指数同样为 1.000，排名全国第 1；综合经济密度竞争力指数仅为 0.756，在最具竞争力的五大城市中排名第 5。总体来看，上海综合经济增量竞争力较强是上海综合经济竞争力排名第 1 的重要原因，而综合经济密度竞争力在第一梯队城市中表现平平，反而不是上海的优势。

二　上海营商硬环境、全球联系优势明显

图 6—2 表示的是 2021 年上海综合经济竞争力的各解释性指标分析情况。从横向对比来看，综合经济竞争力的 5 个分项指标中，营商硬环境和全球联系指标是上海综合经济竞争力的绝对优势，其次是生活环境、营商软环境，最后是当地要素。从表 6—1 具体来看，5 个分项指标均排

* 本章第一节由王雅琦撰写，第二节由王云辉撰写，第三节由陈博宇撰写，第四节由郭金红撰写，第五节由郭靖撰写，第六节由黄徐亮撰写。

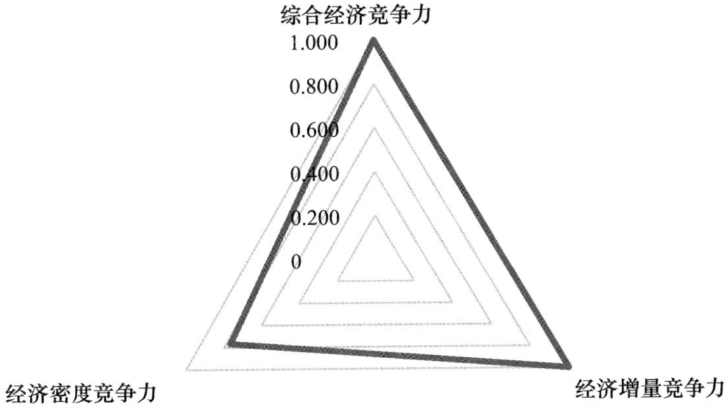

图 6—1　2021 年上海综合经济竞争力情况

资料来源：中国社会科学院城市与竞争力指数数据库。

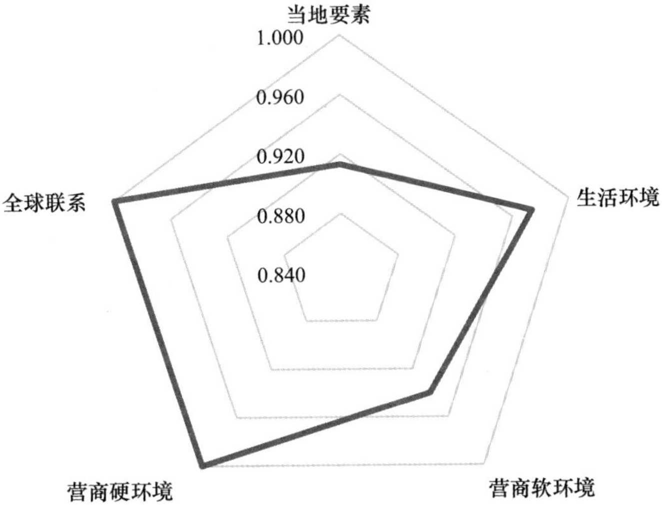

图 6—2　2021 年上海综合经济竞争力解释性指标

资料来源：中国社会科学院城市与竞争力指数数据库。

名全国前 3，其中营商硬环境和全球联系指标位居全国第 1；生活环境指数 0.974，排名全国第 2；营商软环境指数 0.940，排名全国第 3；当地要素指标虽然仅有 0.913，但也排名全国第 2，说明当地要素指标与全国第 1 的差距较大，有待进一步提升。

表 6—1　　　　2021 年上海综合经济竞争力二级指标排名

当地要素		生活环境		营商软环境		营商硬环境		全球联系	
指数	排名	指数	排名	指数	排名	指数	排名	指数	排名
0.913	2	0.974	2	0.940	3	1.000	1	1.000	1

资料来源：中国社会科学院城市与竞争力指数数据库。

三　居住成本、社会安全和交通便捷度亟须改善

在综合经济竞争力的 5 个二级指标、32 个三级指标中，上海的 2 个综合经济竞争力二级指标位居全国第 1，其中有 4 个三级指标位居全国第 1，分别是医疗健康机构指数、航运便利度、机场设施指数、航运联系度，体现了上海在生活环境、营商硬环境、全球联系等方面具备一定的优势。然而，居住指数仅有 0.434，排名第 287 位；社会安全指数仅有 0.607，排名第 256 位；交通便捷度仅有 0.089，排名第 288 位；自然灾害指数仅有 0.527，排名第 252 位，也从侧面反映了上海在生活环境、营商软环境、营商硬环境方面存在的一些不足，这也是上海进一步提升综合经济竞争力的重要方向。

表 6—2　　　　2021 年上海综合经济竞争力部分代表性指标排名

生活环境		营商硬环境				全球联系	
医疗健康机构指数		航运便利度		机场设施指数		航运联系度	
指数	排名	指数	排名	指数	排名	指数	排名
1.000	1	1.000	1	1.000	1	1.000	1
生活环境		营商软环境		营商硬环境			
居住指数		社会安全指数		交通便捷度		自然灾害指数	
指数	排名	指数	排名	指数	排名	指数	排名
0.434	287	0.607	256	0.089	288	0.527	252

资料来源：中国社会科学院城市与竞争力指数数据库。

四　上海可持续竞争力表现较好

2021 年上海可持续竞争力指数为 0.791，排名全国第 4。排名第 3 的台北可持续竞争力指数为 0.860，排名第 5 的北京可持续竞争力指数为

0.758，可见台北、上海和北京之间的差距较大，分层结构较为明显。从可持续竞争力的变化看，2021 年可持续竞争力排名与 2020 年相比没有变化，可持续竞争力指数由 2020 年的 0.765 提升至 2021 年的 0.791。分项来看，综合人口增量和综合人口密度两项指标的排名均为全国第 5，指数分别为 0.843 和 0.770。总体来看，上海可持续竞争力分项指标均排名全国前 5，整体可持续竞争力表现较好。

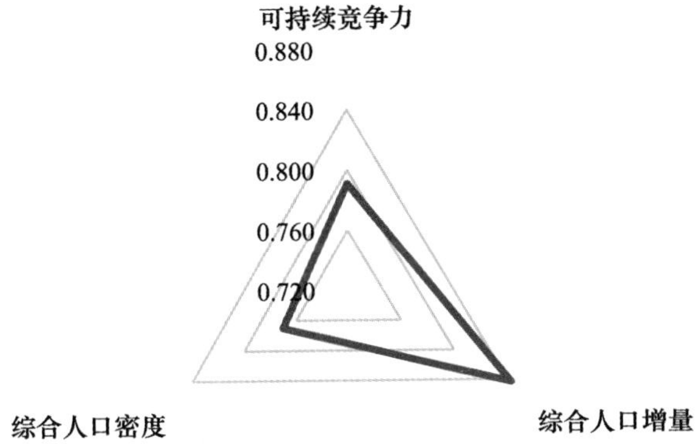

图 6—3　2021 年上海可持续竞争力情况

资料来源：中国社会科学院城市与竞争力指数数据库。

五　社会和谐与全球联系是主要优势，环境韧性有待加强

图 6—4 表示的是 2021 年上海可持续竞争力的各解释性指标分析情况。从横向对比来看，可持续竞争力的 5 个分项指标中，社会和谐和全球联系指标是上海可持续竞争力的相对优势，其次是科技创新、经济活力，最后是环境韧性。从表 6—3 具体来看，5 个分项指标中仅有环境韧性排名跌出全国前 5，其中社会和谐和全球联系位居全国第 1，是上海可持续竞争力的主要优势；科技创新指数 0.892，排名第 2；经济活力指数 0.879，排名第 4；环境韧性指数仅为 0.699，排名全国第 7，稍显欠缺，但也是上海可持续发展进一步提升的突破点。从纵向变化来看，与 2020 年相比，环境韧性和社会和谐指标排名均取得了大幅度的提高。其中，环境韧性指标排名由 2020 年的第 15 位提高到第 7 位，排名净增加值为 8，相应的指数由 0.663 提升至 0.699；社会和谐指标排名更是由 2020 年的第 13 位提高到第 1 位，排名净增加值为 12，相应的指数由 0.874 提升至 1.000，体现

上海在环境韧性和社会和谐方面所做出的巨大努力与杰出效果。

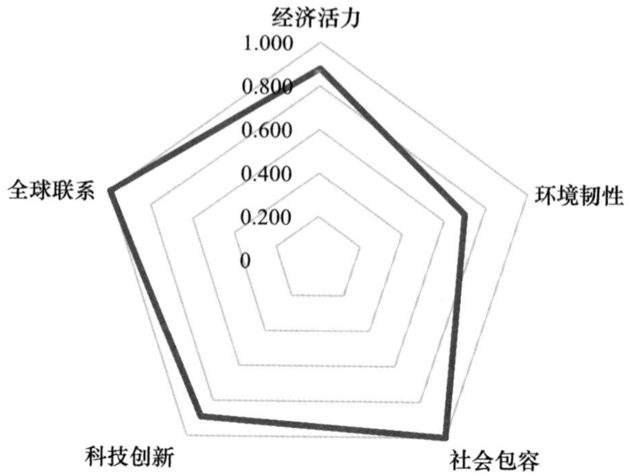

图 6—4 2021 年上海可持续竞争力解释性指标

资料来源：中国社会科学院城市与竞争力指数数据库。

表 6—3 上海可持续竞争力二级指标排名

经济活力		环境韧性		社会和谐		科技创新		全球联系	
指数	排名	指数	排名	指数	排名	指数	排名	指数	排名
0. 879	4	0. 699	7	1. 000	1	0. 892	2	1. 000	1

资料来源：中国社会科学院城市与竞争力指数数据库。

六 环境韧性较为缺乏，社会安全与居住成本等亟须改善

在可持续竞争力的 4 个二级指标、22 个三级指标中，上海的 2 个可持续竞争力二级指标位居全国第 1，其中有 1 个三级指标位居全国第 1，4 个三级指标位居全国第 2，分别是医疗健康机构指数、经商便利度、历史文化指数、学术论文指数、大学指数，体现了上海在经济活力、社会和谐、科技创新等方面具备一定的优势。然而，交通便捷度指数仅有 0. 089，排名第 288 位；生态多样性指数仅有 0. 576，排名第 252 位；自然灾害指数仅有 0. 527，排名第 252 位；社会安全指数仅有 0. 607，排名第 256 位；居住指数仅有 0. 434，排名第 287 位，也从侧面反映了上海在环境韧性和社会和谐等方面存在的一些不足，这也是上海进一步

提升可持续竞争力的重要方向。

表6—4　　2021年上海可持续竞争力部分代表性指标排名

经济活力		社会和谐				科技创新			
经商便利度		历史文化指数		医疗健康机构指数		学术论文指数		大学指数	
指数	排名	指数	排名	指数	排名	指数	排名	指数	排名
0.957	2	0.974	2	1.000	1	0.926	2	0.850	2
环境韧性						社会和谐			
交通便捷度		生态多样性		自然灾害指数		社会安全指数		居住指数	
指数	排名	指数	排名	指数	排名	指数	排名	指数	排名
0.089	288	0.576	252	0.527	252	0.607	256	0.434	287

资料来源：中国社会科学院城市与竞争力指数数据库。

第二节　北京科技创新、营商软环境全国第一

北京综合经济竞争力略胜可持续竞争力，综合经济增量和综合人口增量强于综合经济密度和综合人口密度。2021年北京综合经济竞争力指数为0.896，全国排名第4位。其中，综合经济增量竞争力指数为0.967，全国排名第2位，综合经济密度竞争力指数为0.641，全国排名第16位。相比综合经济竞争力，北京的可持续竞争力略有劣势，2021年北京可持续竞争力指数为0.758，全国排名第5位。其中，综合人口增量指数为0.882，全国排名第3位，综合人口密度指数为0.687，全国排名第6位。

表6—5　　2021年北京综合经济竞争力和可持续竞争力指数及排名

	综合经济竞争力		综合经济增量		综合经济密度		可持续竞争力		综合人口增量		综合人口密度	
	指数	排名	指数	排名	指数	排名	指数	排名	指数	排名	指数	排名
北京	0.896	4	0.967	2	0.641	16	0.758	5	0.882	3	0.687	6

资料来源：中国社会科学院城市与竞争力指数数据库。

一 综合经济竞争力上，北京营商软环境全国领先，生活环境略显劣势

北京综合经济竞争力方面除生活环境均进入全国前 5 位，二级指标的均值为 0. 865。北京在当地要素、营商软环境、营商硬环境和全球联系方面实力相对比较均衡，处于相对领先的地位。然而北京在营商软环境和生活环境方面差异较大，北京营商软环境位列全国第 1，但生活环境跌出全国前 10 位，生活环境方面亟须进一步提升。

表 6—6 2021 年北京综合经济竞争力解释性指标排名

	当地要素		生活环境		营商软环境		营商硬环境		全球联系	
	指数	排名	指数	排名	指数	排名	指数	排名	指数	排名
北京	0. 851	4	0. 742	17	1. 000	1	0. 833	4	0. 901	3

资料来源：中国社会科学院城市与竞争力指数数据库。

北京在营商软环境方面独占鳌头，但生活环境略显劣势。营商环境是市场主体在市场经济活动中所涉及的体制机制性因素和条件，其优劣直接影响市场主体的兴衰、生产要素的聚散、发展动力的强弱。北京作

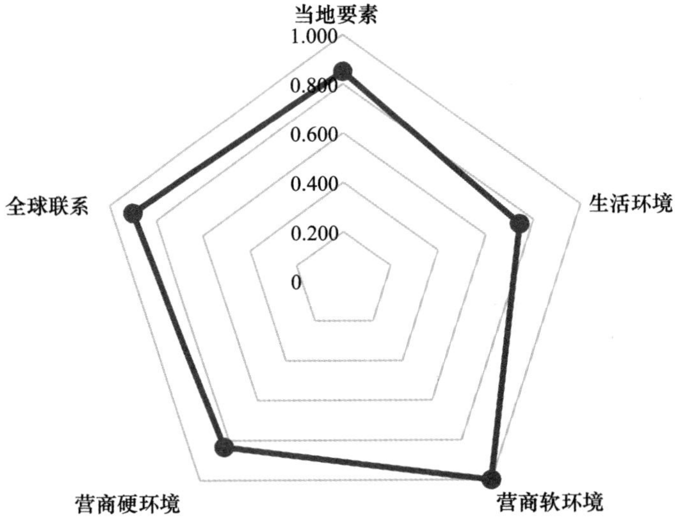

图 6—5 2021 年北京综合经济竞争力解释性指标

资料来源：中国社会科学院城市与竞争力指数数据库。

为特大城市，持续优化营商环境，以“顶层设计 + 压茬推进”的改革模式为轴，落实优化营商环境 3.0 版改革政策，全面完成优化营商环境三年行动计划各项任务。因此，北京 2021 年的营商软环境指数处于全国领先地位。但是由于北京高昂的居住成本、较低气候舒适度以及空气质量等问题，因此北京的生活环境指数由 2020 年的全国第 5 位下降至全国第 17 位。

进一步分析北京生活环境方面的情况，发现北京在气候舒适度、环境优良度以及居住成本方面的劣势是造成北京生活环境指标略有劣势的原因。北京应进一步提高城区的绿化程度、持续推动绿色出行方式以及加强保障房政策，努力弥补现有的劣势。

表 6—7　　2021 年北京生活环境分项指标排名

历史文化		医疗健康机构		气候舒适度		环境优良度		市民消费水平		居住指数		健体休闲设施		文化设施	
指数	排名	指数	排名	指数	排名	指数	排名	指数	排名	指数	排名	指数	排名	指数	排名
1.000	1	0.975	2	0.469	205	0.139	158	0.591	8	0.227	288	1.000	1	0.911	2

资料来源：中国社会科学院城市与竞争力指数数据库。

北京营商软环境方面的优势主要是因为北京的大学指数、经商便利度和产权保护指数的优势明显。

表 6—8　　2021 年北京营商软环境分项指标排名

社会安全指数		市场化指数		开放度指数		产权保护指数		大学指数		经商便利度指数	
指数	排名	指数	排名	指数	排名	指数	排名	指数	排名	指数	排名
0.672	201	0.607	6	0.943	5	0.772	2	1.000	1	1.000	1

资料来源：中国社会科学院城市与竞争力指数数据库。

二　可持续竞争力上，北京科技创新全国领先，环境韧性劣势明显

北京综合经济竞争力方面除环境韧性外均进入全国前 3 位，二级指标的均值为 0.874。北京在经济活力、社会和谐、科技创新和全球联系方

面相对比较均衡，处于相对领先的地位。但北京在环境韧性方面排名位列前50位以外，亟须不断提升。

表6—9　　2021年北京可持续竞争力解释性指标

	经济活力		环境韧性		社会和谐		科技创新		全球联系	
	指数	排名	指数	排名	指数	排名	指数	排名	指数	排名
北京	0.952	2	0.566	55	0.953	3	1.000	1	0.901	3

资料来源：中国社会科学院城市与竞争力指数数据库。

北京可持续竞争力中环境韧性是其竞争力中的主要劣势，而科技创新是其主要优势。北京在环境方面应该积极进行减排，努力完成三年行动计划目标任务。推动重点行业车辆电动化，严格实施国六（B）排放标准，完成好“碳达峰碳中和”任务，应积极推动区域大气污染联防联控联治，积极做好生态环境保护督查工作。与此同时，要进一步完善公共交通出行方式，缓解北京城市拥堵问题的同时促进绿色出行。因为北京有着大量的高校以及科研院所，因而科技创新方面优势明显。

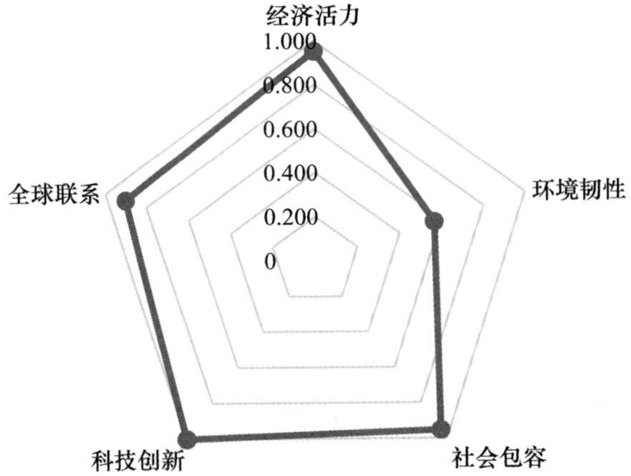

图6—6　2021年北京可持续竞争力解释性指标

资料来源：中国社会科学院城市与竞争力指数数据库。

进一步分析北京在环境韧性方面的劣势，主要是因为交通便捷度和气候舒适度方面劣势比较明显。北京的交通拥挤程度严重、空气污染严重，以及北京气候舒适度不高是北京环境韧性较差的原因。与此同时，北京在自然灾害、生态多样性和电力充沛度方面相对发展比较好，应该继续保持其领先优势。

表 6—10　　2021 年北京环境韧性分项指标排名

交通便捷度		电力充沛度		生态多样性		气候舒适度		环境优良度		自然灾害	
指数	排名	指数	排名	指数	排名	指数	排名	指数	排名	指数	排名
0.080	289	0.703	22	0.865	25	0.469	205	0.139	158	1.000	1

资料来源：中国社会科学院城市与竞争力指数数据库。

北京在科技创新方面的三级指标中专利申请、学术论文、科技企业、大学指数和文化设施都排名位于全国前 3 位，优势明显。其中，北京在学术论文和大学指数方面排名全国第 1，因为北京有着大量优质的高校以及很多国内顶尖的科研院所，因而汇聚了大量的人才，北京应该继续保持这种优势不断促进其自身的发展。

表 6—11　　2021 年北京科技创新分项指标排名

专利申请		学术论文		科技企业		大学指数		文化设施	
指数	排名	指数	排名	指数	排名	指数	排名	指数	排名
0.906	2	1.000	1	0.863	2	1.000	1	0.911	2

第三节　深圳当地要素、经济活力全国第一

地处中国华南地区、广东南部的深圳，有着诸多傲人的头衔：粤港澳大湾区四大中心城市之一、国家物流枢纽、国际性综合交通枢纽、国际科技产业创新中心、中国三大全国性金融中心之一、中国特色社会主义先行示范区、综合性国家科学中心、全球海洋中心城市。2020 年全市地区生产总值达 2.77 万亿元，经济总量位居亚洲城市第 5 位，五年年均增长 7.1%；

固定资产投资总额近8000亿元，社会消费品零售总额达8664.8亿元，进出口总额达3.05万亿元，出口总额实现全国内地城市“二十八连冠”。近年来，深圳坚持以习近平新时代中国特色社会主义思想为指导，深入贯彻习近平总书记对广东、深圳系列重要讲话和重要指示批示精神，认真落实省委“1+1+9”工作部署和市委“1+10+10”工作安排，以粤港澳大湾区建设为纲，以深圳先行示范区建设为总牵引、总要求，推动深圳成为一座充满魅力、动力、活力、创新力的国际化创新型城市。

一 城市综合经济竞争力指数被上海反超，位列全国第二

2021年，城市综合经济竞争力指数排名较2020年有了不小的变化：2020年位列第3名的上海连升两位，登上排行榜首位，而2020年排名第1位的深圳，2021年则下降1位，位居第2。相比之下，上海与深圳的综合经济增量竞争力和综合经济密度竞争力的指数排名互有胜负：在综合经济增量竞争力方面，排名第3的深圳较排名第1的上海略有差距；在综合经济密度竞争力方面，深圳（第2名）略胜上海（第5名）一筹。

表6—12　　深圳综合经济竞争力指数排名

	2021年排名	2020年排名	综合经济增量竞争力排名	综合经济密度竞争力排名
深圳	2	1	3	2

资料来源：中国社会科学院城市与竞争力指数数据库。

指标分布略有偏科，当地要素和营商硬环境是最大亮点，生活环境为最大短板。从城市综合经济竞争力分项指标的排名来看，深圳的当地要素和营商硬环境分别位列第1位和第2位，而生活环境竞争力位列第8位，在五项指标中排名最低，仍有待提高。从各项指标的数值来看，深圳在当地要素、营商硬环境和全球联系竞争力方面与其竞争对手差距不大。但是生活环境与营商软环境方面与其他城市差距较为明显。

表 6—13　　深圳综合经济竞争力解释性指标

	当地要素竞争力排名	生活环境竞争力排名	营商软环境竞争力排名	营商硬环境竞争力排名	全球联系竞争力排名
深圳	1	8	6	2	4

资料来源：中国社会科学院城市与竞争力指数数据库。

当地要素指标的排名得益于直接市场融资便利度、专利申请指数和青年人才比例。在当地要素项下的五项三级指标中，直接市场融资便利度、专利申请指数、青年人才比例指数均位列全国第 1。

1. 随着创业板改革并试点注册制、深市主板与中小板合并、自然人破产制度、土地管理制度等改革扎实有序推进等重大综合改革试点的实施，深圳直接市场融资便利度指数超过坐拥上交所的上海和港交所的香港，以微弱的优势领跑全国。

2. 随着“基础研究 + 技术攻关 + 成果产业化 + 科技金融 + 人才支撑”的全过程创新生态链的提出和实施，以及科研资金的重点倾斜，深圳在创新能力继续领跑全国。

3. 近年来，随着户口和人才利好政策的不断出台，深圳不断吸引海内外高端人才，成为深圳的建设者和创业者，“来了就是深圳人”的口号也是传遍了大江南北。在此背景下，深圳的人口持续保持净流入的状态，且人口的结构也持续得到优化，在五城市的青年人才比例指数上一骑绝尘。

表 6—14　　深圳当地要素竞争力分项指标

	间接市场融资便利度	排名	直接市场融资便利度	排名	学术论文指数	排名	专利申请指数	排名	青年人才比例指数	排名	劳动力总数	排名
深圳	0.867	4	1.000	1	0.816	10	1.000	1	1.000	1	0.904	4

资料来源：中国社会科学院城市与竞争力指数数据库。

受限于历史文化指数、居住指数和市民消费水平指数，生活环境竞争力不足。受限于城市历史较短，深圳的历史文化指数排名全国第14位。此外，深圳高昂的居住成本，使得其在全国排名中位列最后一位。值得注意的是，高昂的居住成本为大型城市的通病。从市民消费水平指数的维度上来看，深圳排名较低，位列全国第23位。综上所述，环境竞争力将是制约深圳未来城市发展的一大重要因素。

表6—15　　深圳生活环境竞争力分项指标

	历史文化指数	排名	医疗健康机构指数	排名	气候舒适度指数	排名	环境优良度指数	排名
深圳	0.826	14	0.839	7	0.821	24	0.719	2
	市民消费水平指数	排名	居住指数	排名	健体休闲设施指数	排名	文化设施指数	排名
深圳	0.494	23	0	291	0.811	4	0.841	4

资料来源：中国社会科学院城市与竞争力指数数据库。

二　可持续竞争力指数继续保持全国第二、大陆第一

城市可持续竞争力指数的排名与2020年相同，同列全国第2。值得一提的是，其可持续竞争力指数位列大陆地区的第1名，高于上海、北京、广州等城市。同时，深圳的综合人口增量排名与综合人口密度排名与其综合排名相符。

表6—16　　深圳可持续竞争力指数排名

	2021年排名	2020年排名	综合人口增量排名	综合人口密度排名
深圳	2	2	2	2

资料来源：中国社会科学院城市与竞争力指数数据库。

指标分布较为均衡，经济活力排名最为亮眼，社会和谐排名最低。在四项二级指标中，深圳的城市经济活力竞争力成绩最好，排名位列第1，环境韧性和科技创新也均位列全国第3。然而，社会和谐竞争力方面，

深圳排名相对较低，位列第 20 位，距离排名分列第 1、第 2 和第 3 的上海、台北和北京还有较大差距。

表 6—17　　深圳可持续竞争力解释性指标

	经济活力竞争力排名	环境韧性竞争力排名	社会和谐竞争力排名	科技创新排名
深圳	1	3	20	3

资料来源：中国社会科学院城市与竞争力指数数据库。

经济活力竞争力排名高得益于青年人才比例以及经济增长率。在经济竞争活力项下的三级指标中，深圳的青年人才比例指数仍位列第 1，并与其他四个城市有着较大的领先优势。同时，作为相对年轻的城市，深圳的经济增长率指数要高于北京、上海、香港、广州四个城市。值得一提的是，其劳动生产率指数在五个城市中平最低，排第 17 位。

表 6—18　　深圳经济活力竞争力分项指标

	经商便利度	排名	产权保护指数	排名	青年人才比例指数	排名	经济增长率指数	排名	劳动生产率指数	排名
深圳	0.858	4	0.714	6	1.000	1	0.824	61	0.648	17

资料来源：中国社会科学院城市与竞争力指数数据库。

社会和谐竞争力受限于历史文化指数以及居住指数，社会安全指数成最大亮点。在社会和谐力项下的三级指标中，较为年轻的深圳在历史文化指数的维度上，在五个城市排名倒数第 2，位列全国第 14 位。同时，作为一线城市之一的深圳，其居住成本位列全国末位。值得注意的是，深圳的社会安全指数位列全国第 2，相较于其他城市有着较为明显的优势。

表 6—19　　深圳社会和谐竞争力分项指标

	历史文化指数	排名	社会安全指数	排名	社会公平指数	排名
深圳	0.826	14	0.917	2	0.719	54
	居住指数	排名	开放度指数	排名	医疗健康机构指数	排名
深圳	0.000	291	0.919	6	0.839	7

资料来源：中国社会科学院城市与竞争力指数数据库。

电力充沛度、环境优良度指数、专利申请指数、科技企业指数成为最大亮点。作为创新引领的国际科技产业创新中心和综合性国家科学中心，深圳在科技创新竞争力项下的专利申请指数和科技企业指数的两个三级指标均处于国内绝对领先的位置。与此同时，作为沿海地区的年轻城市，环境韧性竞争项下的电力充沛度和环境优良度指数均位列全国第 2。

表 6—20　　深圳可持续竞争力的部分解释性指标

	环境韧性竞争力				科技创新竞争力			
	电力充沛度	排名	环境优良度指数	排名	专利申请指数	排名	科技企业指数	排名
深圳	0.840	2	0.719	2	1.000	1	1.000	1

资料来源：中国社会科学院城市与竞争力指数数据库。

生态多样性和大学指数两项成为最大短板。在诸多三级指标中，环境韧性竞争力项下的生态多样性指数和科技创新竞争力项下的大学指数成为了最大短板。其中，生态多样性指数位列全国第 197 位；大学指数排名第 25 位，与上海、香港、台北、北京相比较低，且在指数评分上与其竞争对手有着较大的差距。

表 6—21　　　深圳可持续竞争力的部分解释性指标

	环境韧性竞争力		科技创新竞争力	
	生态多样性指数	排名	大学指数	排名
深圳	0.657	197	0.456	25

资料来源：中国社会科学院城市与竞争力指数数据库。

第四节　香港可持续竞争力、环境韧性全国第一

一　香港在综合经济密度竞争力位居全国第一

从综合经济竞争力的一级指标及分项数据可以看出，香港综合经济竞争力、综合经济密度以及综合经济增量竞争力分别为 0.969、1.000 和 0.492，分别位居全国第 3、第 1、第 11 名。从二级分项指标来看，营商软环境竞争力指数和全球联系竞争力指数分别为 0.999 和 0.950，分别排名全国第 2，其次是当地要素竞争力指数和营商硬环境竞争力指数分别为 0.852 和 0.844，分别位列全国第 3，再次是生活环境竞争力指数为 0.901，位居全国第 4。

表 6—22　　　香港综合经济竞争力及解释性指标

	指数	排名
综合经济竞争力	0.969	3
当地要素竞争力	0.852	3
生活环境竞争力	0.901	4
营商软环境竞争力	0.999	2
营商硬环境竞争力	0.844	3
全球联系竞争力	0.950	2

二　香港在全球联系竞争力各分项指标中表现均出色

从综合经济竞争力的三级指标来看，在当地要素竞争力分项指标中，

香港的间接市场融资便利度指数位居全国第1，直接市场融资便利度指数以及学术论文指数也分别居全国前列，分别排名第3位，其次是青年人才比例指数，位居全国第13位。但劳动力总数这项指标得分仅为0.636，排在全国第66位，降低了整体当地要素竞争力二级指标的综合排名。在生活环境竞争力分项指标来看，环境优良度指数是香港的绝对优势，位居全国第1位，其次是文化设施指数和健体休闲设施指数，分别为0.850和0.759，分别排在第3名和第7名。历史文化指数、市民消费水平指数、医疗健康机构指数以及气候舒适度指数相差不大，位居第20位左右。但居住指数方面存在严重劣势，仅得分0.053，排在全国第284位。从营商软环境竞争力分项角度看，香港在市场化指数、开放度指数以及产权保护指数方面具有绝对优势，分别位居全国第1名，其次是大学指数和经商便利度指数得分分别为0.770和0.832，分别位列全国第4名和第6名。但社会安全指数方面则呈现出一般劣势，仅排第69名。从营商硬环境竞争力分项指标来看，香港在电力充沛度、机场设施指数方面具有优势，但在自然灾害指数、网络信息传输速度以及交通便捷度方面具有严重劣势，尤其是网络信息传输速度和交通便捷度，分别位列第260名和第284名。从全球联系竞争力分项指标来看，各指标排名均位于全国前10，尤其是科创企业联系度、金融企业联系度、网络热度和航运联系度，分别位列全国第1名、第2名、第2名、第3名。

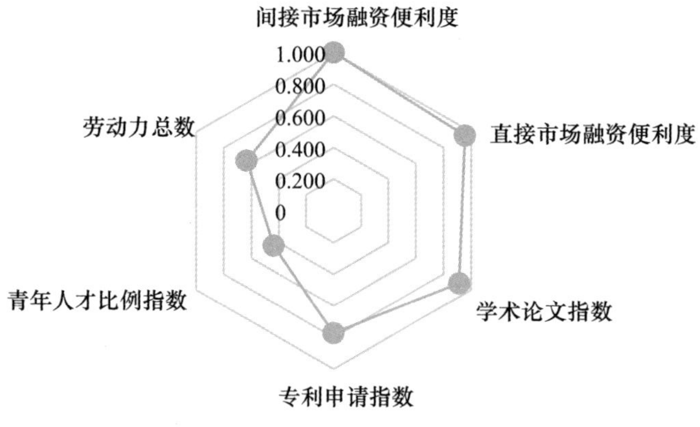

图6—7 香港当地要素竞争力分项指标

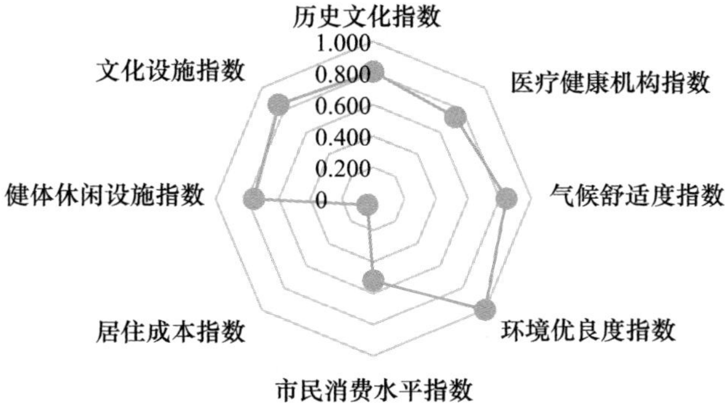

图 6—8　香港生活环境竞争力分项指标

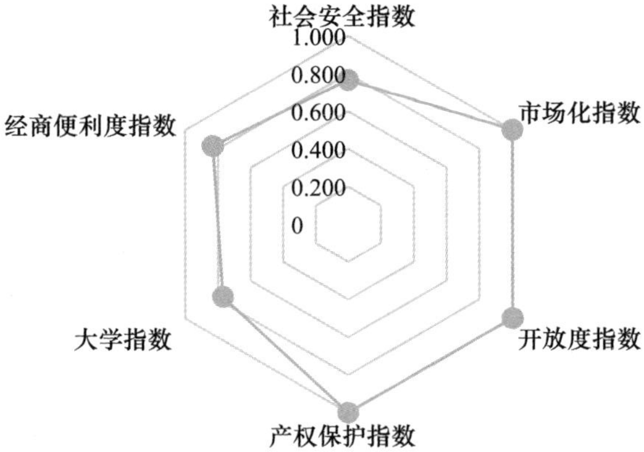

图 6—9　香港营商软环境竞争力分项指标

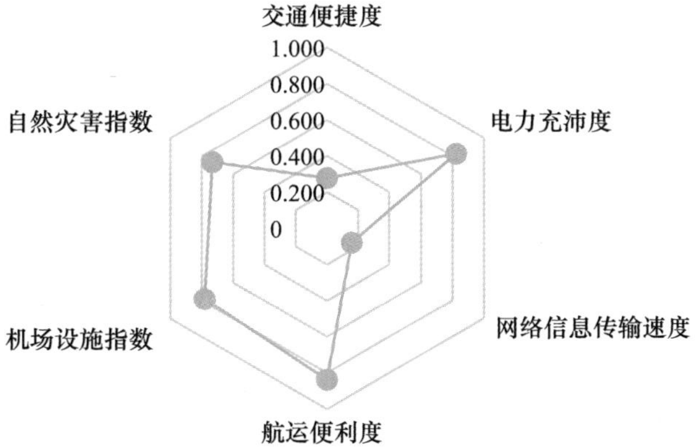

图 6—10　香港营商硬环境竞争力分项指标

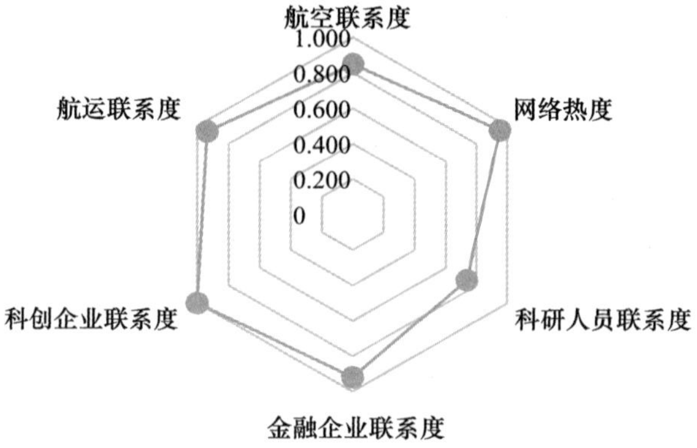

图6—11 香港全球联系竞争力分项指标

总体来看，香港在综合经济密度竞争力方面具有绝对优势，在二级指标中，营商软环境和全球联系竞争力具有绝对优势；在三级指标中，香港在间接市场融资便利度、环境优良度指数、市场化指数、开放度指数、产权保护指数以及科创企业联系度方面具有绝对优势，在居住指数、交通便捷度、网络信息传输速度方面存在严重短板。香港在全球联系竞争力及其分项方面表现均出色。

三 香港在可持续竞争力、环境韧性竞争力位居全国第一

从可持续竞争力的一级指标及分项数据可以看出，香港可持续竞争力、综合人口密度以及综合人口增量指数均是1，排名也均是第1。从二级分项指标来看，环境韧性竞争力指数为1，排名第1，其次是全球联系竞争力，排名全国第2，经济活力竞争力指数0.941，排名第3，再次是科技创新竞争力得分0.842，全国第4，最后是社会和谐竞争力，排名仅为第43，虽然排在全国前列但不具有绝对优势。

表6—23 香港可持续竞争力及解释性指标

	指数	排名
可持续竞争力	1.000	1
经济活力竞争力	0.941	3
环境韧性竞争力	1.000	1

续表

	指数	排名
社会和谐竞争力	0.697	43
科技创新竞争力	0.842	4
全球联系竞争力	0.950	2

四　香港在科技创新竞争力各分项指标中表现均出色

从可持续竞争力的三级指标来看，在经济活力竞争力分项指标中，香港的产权保护指数、劳动力生产率均位居全国第 1，经商便利度以及青年人才比例指数也分别居全国前列，排名第 6 名和第 13 名，但经济增长率这项指标得分仅为 0.594，排在全国第 224 位，显然香港在经济增长率方面出现严重短板。在环境韧性竞争力分项指标来看，生态多样性、环境优良度指数以及电力充沛度均是香港的优势条件，分别位居全国第 1、第 1、第 3 位，但在交通便捷度以及自然灾害指数方面出现严重短板，尤其是交通便捷度仅排全国第 284 位。从社会和谐竞争力分项角度看，香港在开放度指数方面具有绝对优势，位居全国第 1，历史文化指数、医疗健康机构指数分别排在全国第 16 位和第 20 位，具有一般优势，社会安全指数排在第 69 位，在居住指数和社会公平指数方面香港处于绝对劣势。从科技创新竞争分项指标来看，各指标排名均位于全国前 10，尤其是专利申请指数、学术论文指数以及文化设施指数，分别位列全国第 4、第 3、第 3 名。

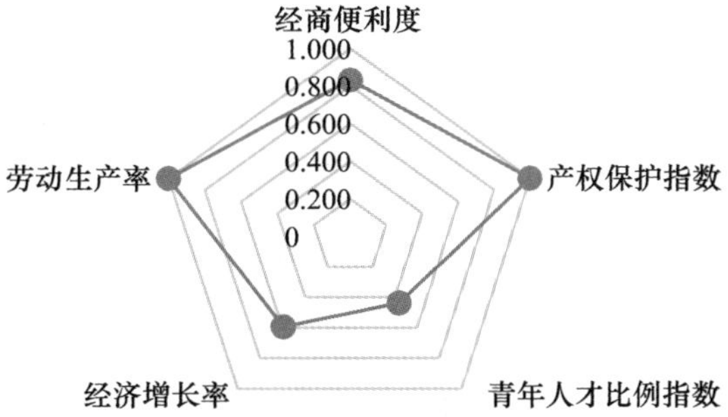

图 6—12　香港经济活力竞争力分项指标

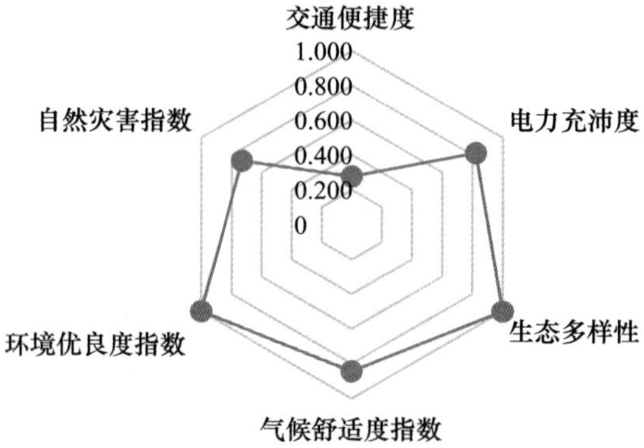

图 6—13 香港环境韧性竞争力分项指标

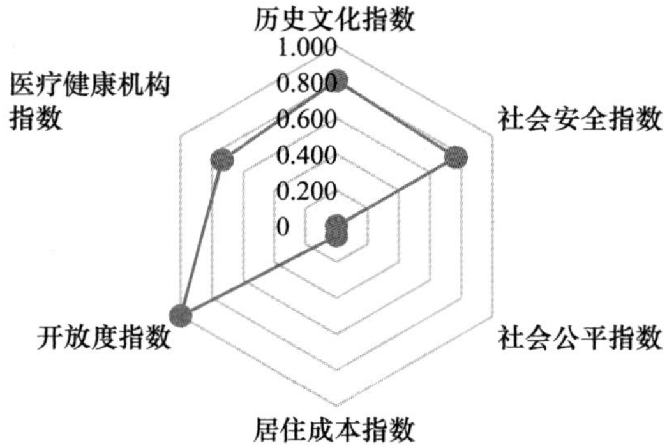

图 6—14 香港社会和谐竞争力分项指标

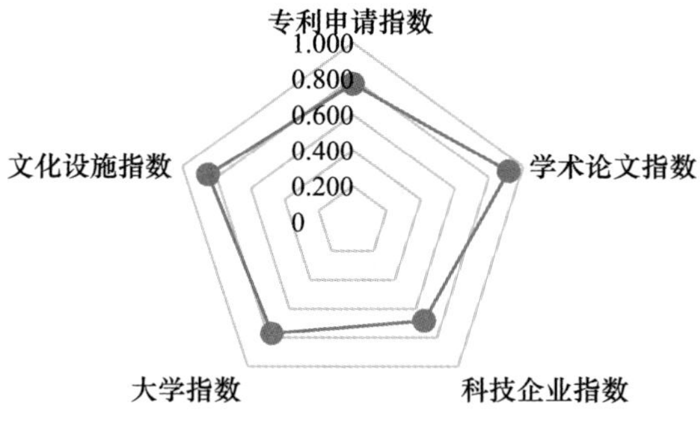

图 6—15 香港科技创新竞争力分项指标

总体来看，香港在可持续竞争力一级及其分项指标方面具有绝对优势，在二级指标中，环境韧性竞争力具有绝对优势；在三级指标中，香港在产权保护指数、劳动生产率、生态多样性、环境优良度指数、开放度指数方面具有绝对优势，在经济增长率、交通便捷度、自然灾害指数、社会公平指数、居住指数方面存在严重短板。香港在科技创新竞争力及其分项方面表现均出色。

第五节　广州全面均衡发展

2021 年广州综合经济密度竞争力在全国排名第 6，综合经济增量竞争力排名全国第 5，综合经济竞争力排在全国第 5，稳居第一梯队。从各二级指标来看，广州综合经济竞争力发展较为均衡，其中生活环境竞争力全国领先，营商软环境竞争力高居全国第 7，当地要素竞争力排名全国第 5，营商硬环境竞争力排名全国第 5，全球联系竞争力排在全国第 5。各个分项竞争力发展非常均衡，与总体综合经济竞争力一致。

表 6—24　　2021 年广州综合经济竞争力指数及排名

	综合经济竞争力		综合经济增量竞争力		综合经济密度竞争力	
	指数	排名	指数	排名	指数	排名
广州	0.817	5	0.669	5	0.705	6

资料来源：中国社会科学院城市与竞争力指数数据库。

表 6—25　　2021 年广州综合经济竞争力解释性指标

	当地要素		生活环境		营商软环境		营商硬环境		全球联系	
	指数	排名	指数	排名	指数	排名	指数	排名	指数	排名
广州	0.759	5	0.910	3	0.822	7	0.795	5	0.857	5

资料来源：中国社会科学院城市与竞争力指数数据库。

表 6—26　　2021 年广州综合经济竞争力解释性指标指数和排名

	指数	排名	指数	排名	指数	排名	指数	排名	指数	排名	指数	排名
当地要素	间接市场融资便利度		直接市场融资便利度		学术论文		专利申请		青年人才比例		劳动力总数	
	0.829	5	0.452	7	0.870	5	0.769	5	0.502	8	0.897	5
营商软环境	社会安全		市场化		开放度		产权保护		大学		经商便利度	
	0.544	276	0.569	10	0.891	7	0.648	7	0.640	9	0.872	3
营商硬环境	交通便捷度		电力充沛度		网络信息传输速度		航运便利度		机场设施		自然灾害	
	0.336	277	0.747	11	0.701	19	0.869	5	0.782	5	0.542	245
全球联系	航空联系度		网络热度		科研人员联系度		金融企业联系度		科创企业联系度		航运联系度	
	0.894	3	0.798	12	0.698	10	0.565	5	0.863	15	0.860	8
生活环境	历史文化		医疗健康机构		气候舒适度		环境优良度		市民消费水平		居住指数	
	0.889	4	0.734	22	0.806	32	0.319	14	0.524	14	0.581	282
	健体休闲设施		文化设施		—	—	—	—	—	—	—	—
	0.802	5	0.785	8	—	—	—	—	—	—	—	—

资料来源：中国社会科学院城市与竞争力指数数据库。

从当地要素竞争力来看，广州的当地要素竞争力各分项均处于全国前 10 名，其中直接市场融资便利度排第 7 名，青年人才比例排第 8 名，其他分项指标均排第 5 名。从营商软环境竞争力来看，广州的社会安全指数仍然需要提升，经商便利度排全国第 3 名，优势显著；产权保护指数和开放度指数分别排全国第 7 名，同样具有一定优势。从营商硬环境竞争力来看，航运便利度是广州的优势所在，但是大城市所带来的交通拥堵问题同样也是广州的问题。从生活环境竞争力来看，广州在历史文化、环境优良度、健体休闲设施、文化设施等方面均有优势，处于全国领先状态，而高昂的房价使得广州的居住指数在全国排名尾端，成为广州最显著的短板之一。

可持续竞争力方面，2021 年广州综合人口增量和综合人口密度分别居于全国第 6 名和第 7 名，综合可持续竞争力高居全国第 6。从二级指标来看，广州作为成熟城市，依然体现出发展较为全面和均衡的特征，五大二级指标中经济活力竞争力和全球联系竞争力最为突出，排名全国第 5；环境韧性竞争力排全国第 6 名，科技创新竞争力排全国第 7 名，而社会和谐竞争力排全国第 11 名。

表 6—27　　2021 年广州可持续竞争力指数及排名

	可持续竞争力		综合人口增量竞争力		综合人口密度竞争力	
	指数	排名	指数	排名	指数	排名
广州	0.723	6	0.821	6	0.674	7

资料来源：中国社会科学院城市与竞争力指数数据库。

表 6—28　　2021 年广州可持续竞争力解释性指标

	经济活力		环境韧性		社会和谐		科技创新		全球联系	
	指数	排名	指数	排名	指数	排名	指数	排名	指数	排名
广州	0.837	5	0.709	6	0.884	11	0.800	7	0.857	5

资料来源：中国社会科学院城市与竞争力指数数据库。

表 6—29　　2021 年广州可持续竞争力解释性指标指数和排名

	指数	排名	指数	排名	指数	排名	指数	排名	指数	排名	指数	排名
经济活力	经商便利度		产权保护		青年人才比例		经济增长率		劳动生产率		—	—
	0.872	3	0.648	7	0.502	8	0.782	111	0.614	25	—	—
科技创新	专利申请		学术论文		科技企业		大学		文化设施		—	—
	0.769	5	0.870	5	0.714	7	0.640	9	0.785	8	—	—
环境韧性	交通便捷度		电力充沛度		生态多样性		气候舒适度		环境优良度		自然灾害	
	0.336	277	0.747	11	0.759	105	0.806	32	0.319	14	0.542	245
社会和谐	历史文化		社会安全		社会公平		居住指数		开放度		医疗健康机构	
	0.889	4	0.544	276	0.708	67	0.581	282	0.891	7	0.734	22

续表

	指数	排名	指数	排名	指数	排名	指数	排名	指数	排名	指数	排名
全球联系	航空联系度		网络热度		科研人员联系度		金融企业联系度		科创企业联系度		航运联系度	
	0.894	3	0.798	12	0.698	10	0.565	5	0.863	15	0.860	8

资料来源：中国社会科学院城市与竞争力指数数据库。

从社会和谐竞争力来看，广州历史文化指数、开放度指数处于一流水平，分别排名全国第4名、第7名。医疗健康机构指数排全国第22名，而社会安全和居住成本的高企亦削弱了城市的包容力。从经济活力竞争力来看，广州的经商便利度依然处于全国顶尖水平。健全的产权制度、便利的经商环境和集聚的青年人才支撑了广州商业的繁荣。从科技创新竞争力来说，广州的图书馆、高校、智库和研究院使得其文化设施指数、大学指数和学术论文指数均排名前列，并且作为成果表现的专利申请和学术论文同样处于全国前列。从环境韧性竞争力来看，广州在电力充沛度、环境优良度、气候舒适度方面优势显著，分别排全国第11名、第14名、第32名。从全球联系竞争力来看，广州在航空联系度、金融企业联系度、航运联系度方面均具有优势，分别排第3名、第5名、第8名。

第六节 五大城市横向比较

就城市综合经济竞争力而言，中国五大最具竞争力的城市指标得分存在较大差异。其中上海位居首位，其后是深圳和香港，三者间差距均较小，排第4名的北京的得分为0.896，与第3名的香港的得分0.969拉开一些差距，而第5名的广州的得分为0.817，说明北京及广州的综合经济竞争力相对而言薄弱，与前3名间存在一定差距。

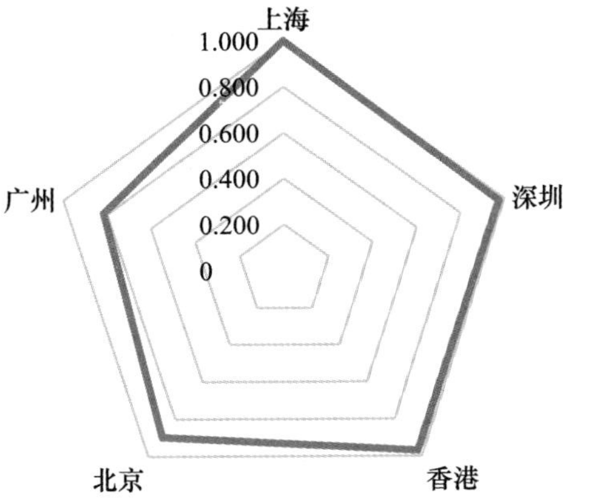

图6—16　2021年最具竞争力五大城市综合经济竞争力

表6—30　　最具竞争力五大城市综合经济竞争力及其解释性指标

	综合经济竞争力		当地要素		生活环境		营商软环境		营商硬环境		全球联系	
	指数	排名	指数	排名	指数	排名	指数	排名	指数	排名	指数	排名
上海	1.000	1	0.913	2	0.974	2	0.940	3	1.000	1	1.000	1
深圳	0.975	2	1.000	1	0.802	8	0.835	6	0.942	2	0.891	4
香港	0.969	3	0.852	3	0.901	4	0.999	2	0.844	3	0.950	2
北京	0.896	4	0.851	4	0.742	17	1.000	1	0.833	4	0.901	3
广州	0.817	5	0.759	5	0.910	3	0.822	7	0.795	5	0.857	5

资料来源：中国社会科学院城市与竞争力指数数据库。

从分项指标来看，当地要素方面，深圳、上海、香港、北京、广州依然是中国最具竞争力的城市。具体分项指标来看，深圳的学术论文指数存在一定的短板，位列全国第10位。在间接融资便利度和专利申请数指标上，上海、深圳、北京、香港、广州均位于前10名。青年人才比例较低是上海当地要素竞争力的唯一短板。在直接融资便利度上，北京与其他四个城市存在显著差距。从劳动力总数指标上看，香港列第60名之外，和其他三个城市差距较大，而广州在各个分项都是均衡发展。

生活环境方面，上海排第2名，香港排第4名，广州排第3名，北京与其他三个城市之间的差距相对较大。生活环境指标得分较低是北京总排名较靠后的主要原因。具体来看分项指标，在健体休闲指数和文化设施指数上，五个城市之间差异不大，均位于全国头部。而在历史文化指数上看，深圳与其他四个城市之间存在一定差距。北京的环境优良指数位居第158名，与其他四位头部城市有很大差距。从居住指数来看，五个城市均位于全国末尾。

营商软环境方面，北京、香港、上海是中国最具竞争力的城市，深圳和广州与之还存在一定的差距。深圳的得分为0.835，排第6名；广州得分0.822，排第7名，和第3名的上海的得分0.940还有一定的距离。从具体指标来看，在社会安全指数上，北京和上海位于全国末尾，与其他三个头部城市存在很大差异。在大学指数上，深圳得分仅为0.456，是深圳营商软环境的主要短板。在产权保护、开放度和经商便利度指数上，五个城市差异不大，均位于全国头部。

营商硬环境方面，上海、深圳、香港、北京和广州仍然位列五强。从具体指标来看，这五个城市在机场设施指数、航运便利指数、电力充沛指数方面均处于领先地位，但是交通便捷度还有很大的提升空间。

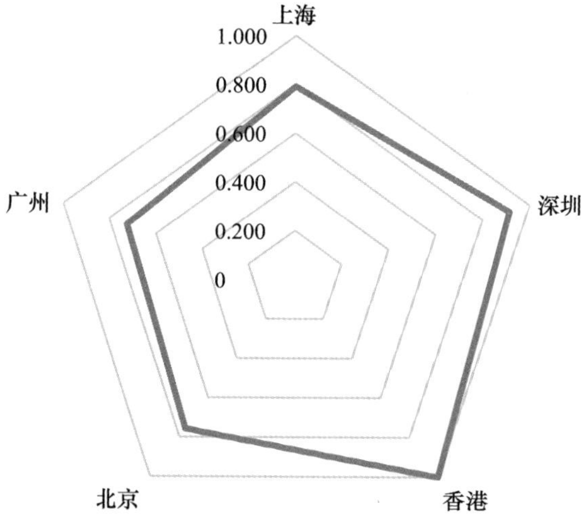

图6—17 2021年最具竞争力的五大城市的可持续竞争力

就城市可持续竞争力而言，在中国五大最具竞争力的城市指标得分上，香港、深圳处于领跑地位，上海、北京和广州位处头部城市的第二梯队。第2名深圳得分为0.914，上海的得分为0.791，北京的得分为0.758，广州的得分为0.723。上海、北京和广州这三个城市与香港和深圳仍然存在差距。

从分项指标来看，经济活力方面，深圳、北京、香港、上海、广州排全国前五名。具体指标来看，这五个城市的经商便利度、产权保护度均位于全国前列。此外，在经济增长率指标上，除深圳位列全国第61名处于前部外，其余四个城市的经济增长率均处于靠后状态，表明经济增长是可持续竞争的主要短板。香港劳动生产率位列全国头部，排第1名，且北京、上海、深圳、广州的劳动生产率指标得分均低于0.7，与香港还存在一定的差距。

环境韧性方面，香港、深圳位列全国头部，是其可持续竞争力的主要支撑，而北京与其他四个城市存在很大的差距，是其可持续竞争力的主要短板。从具体指标来看，在生态多样性指数和环境优良度指数上，香港均位于全国第1名，而上海在这两项指标的得分均位于五个城市末尾。

社会和谐方面，上海、北京分别位列全国第1名和第3名，香港的得分与其他四个城市存在较大的差距。香港得分仅为0.697，距离五大城市中的深圳还有一定的距离。具体指标来看，在社会公平指数上，香港位列全国末位，是其社会和谐竞争力较低的主要动因。

科技创新方面，北京、上海、深圳、香港位列全国前4位，广州位于全国第7位，但其得分为0.800，与第4名的香港的得分0.842的差距不大。具体指标来看，在科技企业方面，广州科技创新竞争力各分项指标均处于头部，且发展较为均衡，但是总体而言要低于其他四个城市。

全球联系方面，上海、香港、北京、深圳、广州同样位列全国5强。从具体指标来看，在科创企业联系度方面，广州位列全国第15位，深圳位列全国第23位，其余三个城市位于全国前3位。在金融企业联系度、航空联系度、网络热度和科研人员联系度上，五大城市均为头部城市，差异较小。

表6—31 最具竞争力五大城市可持续竞争力及其解释性指标

	可持续竞争力		经济活力		环境韧性		社会和谐		科技创新		全球联系	
	指数	排名	指数	排名	指数	排名	指数	排名	指数	排名	指数	排名
上海	0.791	4	0.879	4	0.699	7	1.000	1	0.892	2	1.000	1
深圳	0.914	2	1.000	1	0.937	3	0.814	20	0.870	3	0.891	4
香港	1.000	1	0.941	3	1.000	1	0.697	43	0.842	4	0.950	2
北京	0.758	5	0.952	2	0.566	55	0.953	3	1.000	1	0.901	3
广州	0.723	6	0.837	5	0.709	6	0.884	11	0.800	7	0.857	5

资料来源：中国社会科学院城市与竞争力指数数据库。

第四部分

区域报告

第七章

中国（东南地区）城市竞争力报告

刘尚超　刘笑男*

第一节　中国城市竞争力（上海市）报告

2020年，上海市统筹推进疫情防控和经济社会发展工作，全市经济运行在抗击新冠肺炎疫情中体现韧性，社会民生在补短板中持续改善，奋力夺取了疫情防控和经济社会发展双胜利。上海市2020年生产总值（GDP）为38700.58亿元，比上年增长1.7%；三产结构由2019年的0.3：27.0：72.7调整为0.3：26.6：73.1；第七次人口普查数据显示，上海全市常住24870895人，与第六次人口普查数据相比，年平均增长率0.8%，常住人口城镇化率达89.3%。

表7—1　　2020年上海市市情信息

土地面积	6340.5平方公里
常住人口	2487.1万人
城镇人口占常住人口比重	89.3%
GDP总量及增长率	38700.58亿元，1.7%
第一、二、三产业占GDP比重	0.3：26.6：73.1

资料来源：《2020年上海市国民经济和社会发展统计公报》《上海市第七次全国人口普查主要数据公报》。

* 本章上海市、浙江省、江苏省部分由刘尚超撰写，福建省、台湾省部分由刘笑男撰写。

一 综合经济竞争力位居全国第一

2021 年，上海综合经济竞争力排名由 2020 年的全国第 3 位提升至全国第 1 位，超越了同处第一梯队的深圳和香港。过去几年来上海综合经济竞争力指数稳步提升，与深圳和香港的差距逐步缩小，最终在 2021 年实现了超越。从综合经济竞争力表现的变化看，上海综合经济密度由 2020 年的全国第 6 位提升 1 位至 2021 年的第 5 位，综合经济增量由 2020 年全国第 2 位上升至 2021 年全国第 1 位。2021 年上海综合经济竞争力提升至全国首位的主要原因在于其综合经济增量竞争力方面的领先优势进一步扩大，且其综合经济密度竞争力仍然保持全国前列。

二 经济解释竞争力全方位领先

表 7—2　　上海综合经济竞争力分析指标排名

当地要素		生活环境		营商软环境		营商硬环境		全球联系	
指数	排名	指数	排名	指数	排名	指数	排名	指数	排名
0.913	2	0.974	2	0.940	3	1.000	1	1.000	1

资料来源：中国社会科学院城市与竞争力指数数据库。

2021 年上海综合经济竞争力各解释性指标的排名均位于全国前 3，具有全方位优势，营商硬环境和全球联系继续保持全国首位，生活环境提升明显，从 2020 年的第 6 位迅速提升至 2021 年的第 2 位。具体来看，首先当地要素方面，青年人才占比指标仍然是上海的相对短板，剩余融资便利度、论文和专利指数、劳动力数量等指标上海均处于全国前 3 的顶尖水平；生活环境方面，高昂的居住成本是上海生活环境排名较低的最主要原因，此外气候舒适度相对一般；营商软环境方面，犯罪率数据偏高是唯一短板，开放度、产权保护、大学指数和经商便利度等方面均居全国前 5；营商硬环境方面，上海的交通便利度指数和自然灾害指数得分较低，但航运便利度居全国首位，优势明显；全球联系方面，上海各项指标均位于全国前 3，具有全方位的领先优势。

三　可持续竞争力表现持续较好

2021 年上海可持续竞争力指数为 0.791，排名全国第 4 位，与 2020 年相比没有变化，与全国排名第 3 位的台北市（可持续竞争力指数为 0.860）仍有一定差距。分项来看，2020—2021 年，综合人口增量和综合人口密度两项指标的指数都有所上升，但上海综合人口增量排名从第 4 位下降至第 5 位，综合人口密度没有变化。

四　环境韧性与社会和谐等短板改善明显

表 7—3　　上海可持续竞争力分项指标排名

经济活力		环境韧性		社会和谐		科技创新		全球联系	
指数	排名	指数	排名	指数	排名	指数	排名	指数	排名
0.879	4	0.699	7	1.000	1	0.892	2	1.000	1

资料来源：中国社会科学院城市与竞争力指数数据库。

2021 年上海可持续竞争力解释指数中全球联系、科技创新和经济活力三项指标继续保持了明显的领先优势，且环境韧性和社会和谐两个主要的短板具有明显改善，可持续竞争力解释性指标有全方位的提升。从具体三级指标来看，经济活力方面的短板青年人才比例相比于 2020 年已大幅提升，全国排名第 19 位；环境韧性方面的交通便捷度、生态多样性和自然灾害指数仍然为主要的制约因素；社会和谐方面的社会安全和居住成本仍然面临严峻挑战，医疗健康机构、历史文化等方面具有明显的领先优势；科技创新和全球联系两个方面的各项指标均保持全国前列，优势非常明显。

第二节　中国城市竞争力(浙江省)报告

2020 年，浙江省扎实做好“六稳”工作，全面落实“六保”任务，为发展聚力、为企业赋能、为小康增色、为治理提效，三大攻坚战取得决定性成就，经济社会发展取得新成绩。浙江省 2020 年生产总值（GDP）64613 亿元，比上年增长 3.6%；三产结构由 2019 年的 3.3：42.1：54.6 调整为 3.3：40.9：55.8；第七次人口普查数据显示，浙江全省常住 64567588 人，与 2010 年第六次人口普查的 54426891 人相比，十年共增加 10140697 人，增长 18.63%，年均增长 1.72%；2020 年浙江全省常住人口城镇化率 72.17%。

表 7—4　　2020 年浙江省省情信息

土地面积	105500 平方公里
常住人口	6456.8 万人
城镇人口占常住人口比重	72.17%
GDP 总量及增长率	64613 亿元，3.6%
第一、二、三产业占 GDP 比重	3.3：40.9：55.8

资料来源：《2020 年浙江省国民经济和社会发展统计公报》《浙江省第七次全国人口普查主要数据公报》。

一　综合经济竞争力表现及变化

（一）浙江省综合经济竞争力整体保持稳定

2021 年浙江省各城市的综合经济竞争力排名整体保持稳定，相比于 2020 年度，所有城市综合经济竞争力排名变化幅度均在 ±5 名之内，杭州、宁波和绍兴的综合经济竞争力全国排名没有变化，分别为第 11 位、第 13 位和第 42 位。整体来看，浙江省各市都具有较强的综合经济竞争力，省内共 6 个城市全国排名在 50 名以内，全省仅衢州和丽水的综合经济竞争力排在 100 名以外，但相比于 2020 年的表现已经有了较大的跃升。

（二）省内城市综合经济竞争力可分为三个梯队

从浙江省省内各城市的综合经济竞争力格局来看，所有 11 个城市基本可分为三个梯队，杭州、宁波、嘉兴、绍兴、台州和舟山为第一梯队，综合经济竞争力位于全国前 50 位；湖州、温州和金华属于第二梯队，竞争力排名处于全国 50—80 名之间；全国排名相对靠后的衢州和丽水为第三梯队。从综合经济竞争力的变化来看，相比于 2020 年，除绍兴外，第

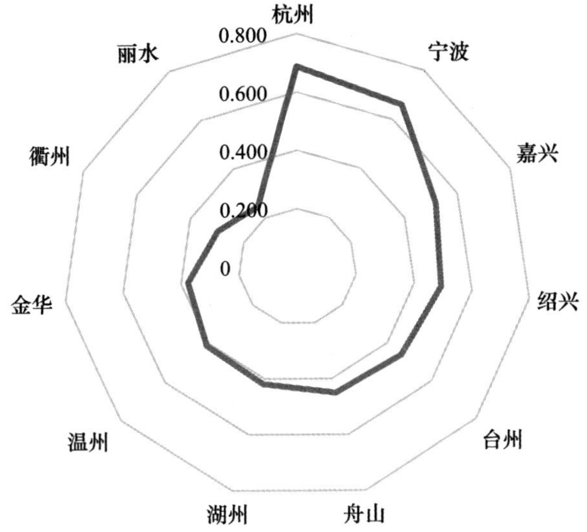

图 7—1　浙江省各城市综合经济竞争力

资料来源：中国社会科学院城市与竞争力指数数据库。

一梯队、第二梯队和第三梯队的城市均有不同程度的提升，其中湖州和衢州提升幅度较为明显。

二　综合经济竞争力解释

表 7—5　　综合经济竞争力分项指标排名

	当地要素		生活环境		营商软环境		营商硬环境		全球联系	
	指数	排名	指数	排名	指数	排名	指数	排名	指数	排名
杭州	0.680	10	0.784	12	0.847	5	0.601	18	0.814	7
宁波	0.547	24	0.733	18	0.641	27	0.599	19	0.724	16
温州	0.471	41	0.660	32	0.538	42	0.512	40	0.588	28
嘉兴	0.437	50	0.690	28	0.423	74	0.418	72	0.358	60
湖州	0.383	76	0.613	40	0.393	87	0.407	76	0.309	74
绍兴	0.412	63	0.660	33	0.511	49	0.475	52	0.358	61

续表

	当地要素		生活环境		营商软环境		营商硬环境		全球联系	
	指数	排名	指数	排名	指数	排名	指数	排名	指数	排名
金华	0.412	62	0.732	20	0.370	100	0.464	55	0.218	110
衢州	0.276	160	0.441	106	0.355	105	0.390	85	0.231	104
舟山	0.294	134	0.479	85	0.410	78	0.657	15	0.326	69
台州	0.412	64	0.699	26	0.281	157	0.467	53	0.313	73
丽水	0.318	121	0.508	78	0.233	211	0.144	244	0.188	140

资料来源：中国社会科学院城市与竞争力指数数据库。

（一）全省综合经济竞争力发展较为均衡

从全省各城市的解释性指标来看，浙江省城市综合经济竞争力各方面的表现都较好，除营商软环境相对表现一般外，其他当地要素、生活环境、营商硬环境和全球联系这四个方面均有突出表现，生活环境方面的优势尤为明显，8个城市的生活环境指标均在全国前50位。

（二）多数城市保持全面发展，台州、丽水等个别城市营商环境有所下滑

从解释性指标的省内格局来看，第一梯队中的杭州、宁波、嘉兴和绍兴发展较为全面，无明显短板，各分项解释性指标与整体综合经济竞争力排名差异较小，台州较强的综合经济竞争力则主要得益于其在生活环境方面的突出表现，且营商软环境相比于2020年度出现一定下滑，舟山具有突出的营商硬环境表现，全国排名第15，但当地要素表现相对较差。第二梯队中温州和湖州各方面解释竞争力水平均较高，湖州营商软环境短板相较于2020年有明显提升，金华的主要优势在其优良的生活环境，其他方面表现有待提升。第三梯队的衢州和丽水各方面表现较为一般，其中主要劣势是其营商软环境和全球联系。优良的生活环境是浙江省的普遍优势，个别城市营商环境不高且出现下滑制约了综合经济竞争力的提升。

三　可持续竞争力表现及其变化

（一）全省可持续竞争力维持在较高水平

2021 年，浙江省各城市的可持续竞争力排名较 2020 年出现了小幅变化，杭州可持续竞争力快速提升了 5 位至全国第 12 位，宁波下降 1 位至全国第 22 位，排名靠后的丽水波动最大，相比于 2020 年排名下降了 24 位，为全国第 172 位。整体来看，浙江省的可持续竞争力仍处于全国前列，共有 5 个城市处于全国前 50 位，除衢州和丽水的可持续竞争力处于全国 100 位之外，剩余 9 个城市均排在全国前 70 名之内。

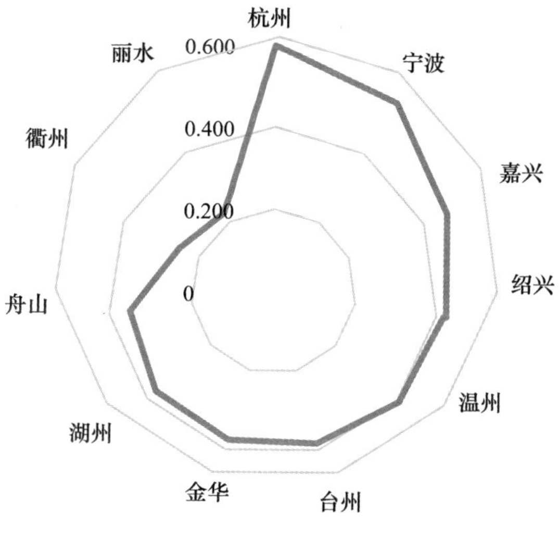

图 7—2　2021 年浙江省各城市可持续竞争力

资料来源：中国社会科学院城市与竞争力指数数据库。

（二）不同梯队内城市可持续竞争力出现分化

2021 年浙江省各市的可持续竞争力排名分布仍较为均匀，大致可分为两个梯队，杭州、宁波、嘉兴、绍兴、温州、台州、金华、湖州和舟山的可持续竞争力排名基本均匀分布在全国第 12—71 位，第二梯队的衢州和丽水可持续竞争力指数较低，全国排名分别为第 146 位和第 172 位。整体来看第一梯队中温州和湖州的可持续竞争力提升较为明显，第二梯队的丽水可持续竞争力波动较大。

四 可持续竞争力解释

表 7—6 **可持续竞争力分项指标**

	经济活力		环境韧性		社会和谐		科技创新		全球联系	
	指数	排名	指数	排名	指数	排名	指数	排名	指数	排名
杭州	0.801	9	0.595	41	0.889	7	0.823	5	0.814	7
宁波	0.713	15	0.636	17	0.794	24	0.555	25	0.724	16
绍兴	0.567	42	0.573	50	0.699	42	0.323	64	0.358	61
温州	0.565	43	0.600	39	0.660	50	0.349	62	0.588	28
舟山	0.558	46	0.716	5	0.375	178	0.223	112	0.326	69
嘉兴	0.519	54	0.623	22	0.646	52	0.372	55	0.358	60
湖州	0.474	69	0.619	26	0.646	53	0.252	92	0.309	74
衢州	0.378	119	0.535	81	0.468	119	0.184	145	0.231	104
金华	0.366	125	0.635	18	0.709	38	0.310	69	0.218	110
台州	0.301	171	0.560	60	0.717	34	0.291	76	0.313	73
丽水	0.293	175	0.493	118	0.479	112	0.227	107	0.188	140

资料来源：中国社会科学院城市与竞争力指数数据库。

（一）可持续竞争力的全省地位及其变化的解释

从可持续竞争力的解释指标来看，浙江省各方面指标的表现普遍较好，其中经济活力、环境韧性和社会和谐三个方面表现较为突出，分别有5个、8个和6个城市居全国前50位，较2020年度有明显提升。相比于其他方面，科技创新的排名稍有靠后，仅两个城市位于全国50名之内，但杭州科技创新得分突出，位居全国第5。

（二）环境韧性、社会和谐和全球联系城市分化明显

从可持续竞争力解释指标的省内格局来看，环境韧性、社会和谐和全球联系三个方面的城市分化较为明显。衢州和丽水大部分指标的全国排名均在100名以外，金华的经济活力和全球联系是其可持续竞争力的主要制约因素。

五　中心城市

杭州市作为浙江省省会，其综合经济竞争力与可持续竞争力都处于省内第1，在全国35个大中城市里排名中等偏上。从省内的竞争格局看，浙江省呈现出杭州和宁波的双中心格局，杭州略领先于宁波。从2021年综合经济竞争力的解释指标排名看，杭州的营商软环境、全球联系和当地要素均位列全国前10，可持续竞争力的解释指标方面，经济活力、社会和谐、科技创新和全球联系位居全国前10，环境韧性方面的短板较明显，仅为全国第41名，但相比于2020年的全国第76位已经有巨大提升。

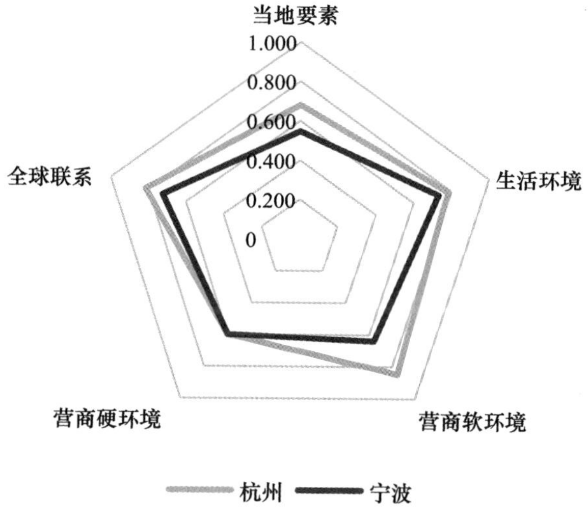

图7—3　杭州与宁波综合经济竞争力解释性指标对比

资料来源：中国社会科学院城市与竞争力指数数据库。

第三节　中国城市竞争力(江苏省)报告

2020年，江苏省经济运行呈现加快恢复、稳定向好态势，高质量发展和"强富美高"新江苏建设取得重大成果，高水平全面建成小康社会取得决定性成就。江苏省2020年生产总值（GDP）102719.0亿元，比上年增长3.7%；三产结构由2019年的4.3：44.4：51.3调整为4.4：43.1：52.5；

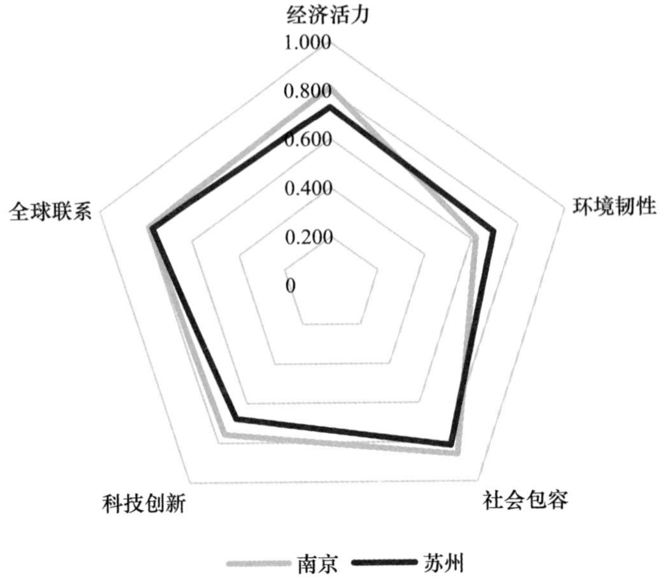

图 7—4 南京与苏州可持续竞争力解释性指标对比

资料来源：中国社会科学院城市与竞争力指数数据库。

第七次人口普查数据显示，江苏全省常住 84748016 人，与第六次全国人口普查的 78660941 人相比，十年共增加 6087075 人，增长 7.74%，年平均增长率为 0.75%；2020 年江苏全省常住人口城镇化率 73.44%。

表 7—7 2020 年江苏省省情信息

土地面积	6340.5 平方公里
常住人口	8474.8 万人
城镇人口占常住人口比重	73.44%
GDP 总量及增长率	102719.0 亿元，3.7%
第一、二、三产业占 GDP 比重	4.4∶43.1∶52.5

资料来源：《2020 年江苏省国民经济和社会发展统计公报》《江苏省第七次全国人口普查主要数据公报》。

一　综合经济竞争力表现及其变化

（一）全省地位：总体和分项均稳居全国上游水平

2021 年江苏省城市竞争力总体保持全国上游水平。省内苏州、南京、无锡、常州、南通等一批城市在综合经济竞争力总体和分项方面均表现优异，全省 13 个城市综合经济竞争力排名均在全国 100 名以内。具体城市得分如图 7—5 所示。

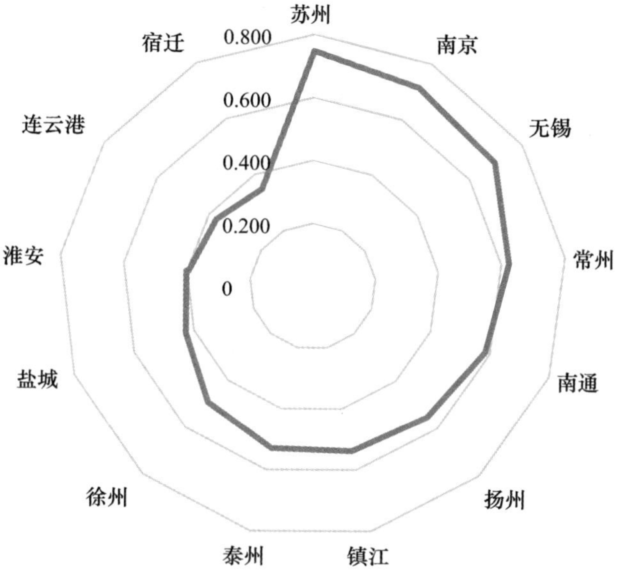

图 7—5　江苏省各城市综合经济竞争力

资料来源：中国社会科学院城市与竞争力指数数据库。

（二）省内格局：综合经济竞争力普遍较高，苏北正在崛起

2021 年江苏省内各城市都保持了较高的综合经济竞争力，省内综合经济竞争力前 3 的城市苏州、南京、无锡在全国的排名分别为第 6 位、第 8 位和第 10 位，与 2020 年相比没有变化。此外，苏北地区城市继续崛起，稳步拉近跟苏南的差距。与 2020 年数据相比，苏北的宿迁、连云港等城市综合经济竞争力排名有所提升。宿迁、徐州、淮安、连云港正在形成江苏过去 10 年中增长最迅猛的“苏北板块”，无锡、常州、镇江、

泰州、扬州则构成了增长最慢的“沿江板块”。

二 综合经济竞争力解释

表7—8　　江苏各市综合经济竞争力分项指标排名

	当地要素		生活环境		营商软环境		营商硬环境		全球联系	
	指数	排名	指数	排名	指数	排名	指数	排名	指数	排名
南京	0.689	7	0.730	21	0.791	8	0.582	22	0.790	9
苏州	0.621	14	0.798	10	0.660	24	0.718	11	0.774	11
无锡	0.540	26	0.703	25	0.633	28	0.665	13	0.571	31
常州	0.495	33	0.556	58	0.584	33	0.548	26	0.440	46
徐州	0.487	35	0.447	101	0.504	52	0.521	35	0.416	50
南通	0.480	37	0.559	56	0.536	43	0.506	41	0.426	49
镇江	0.446	46	0.475	87	0.426	71	0.516	39	0.366	58
扬州	0.416	59	0.551	61	0.576	35	0.521	34	0.413	51
连云港	0.412	61	0.341	166	0.412	77	0.494	47	0.330	67
盐城	0.397	70	0.487	82	0.454	62	0.483	49	0.281	83
泰州	0.392	72	0.467	90	0.340	116	0.336	112	0.214	117
宿迁	0.314	123	0.291	196	0.216	229	0.269	156	0.159	180
淮安	0.284	146	0.430	111	0.314	130	0.253	163	0.286	81

资料来源：中国社会科学院城市与竞争力指数数据库。

（一）全省地位：围绕“强富美高”新江苏建设目标稳中求进

近年来，江苏省围绕“强富美高”新江苏建设目标稳中求进，已取得显著成效。营商硬环境指标平均分0.493，当地要素指标平均分0.460，生活环境竞争力指标平均分0.526，在全国当中相对领先。近年来江苏经济综合实力大幅提升，在保持中高速增长的同时，经济发展质量也得到了质的飞跃，要素禀赋不断积累，营商环境持续优化，全球联系进一步深化，环境更加宜居宜业，支撑了江苏整体综合经济竞争力在全国的领先地位。

（二）省内格局：苏南苏北仍存在较大差异，生活环境制约个别城市发展

虽然从整体综合经济竞争力来看苏北和苏南之间的差距有逐步缩小的趋势，但从综合经济竞争力解释的分项指标来看，苏北地区的城市与苏南地区仍存在全方位的较大差距，特别是对于宿迁和淮安这两个相对竞争力较弱的苏北城市来说。对于综合经济竞争力较强的城市来说，个别城市如徐州和连云港发展的主要制约因素是生活环境。

三　可持续竞争力表现及其变化

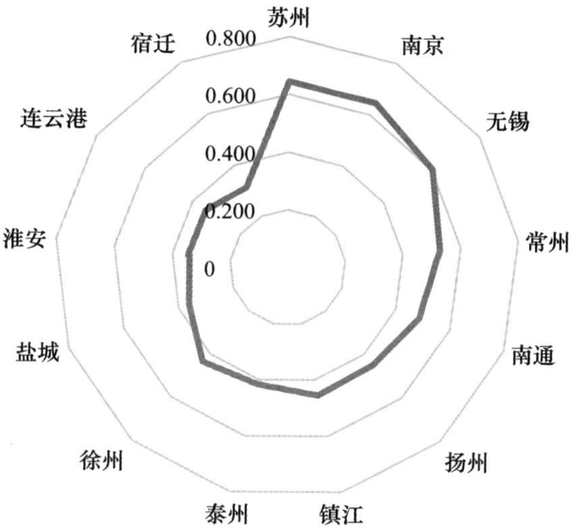

图 7—6　2021 年江苏省各城市可持续竞争力

资料来源：中国社会科学院城市与竞争力指数数据库。

（一）全省地位：社会和谐较为突出，科技创新相对短板

江苏省可持续竞争力水平普遍较好，总体排名处于全国上游。相对来说，社会和谐指数和环境韧性指数较强，科技创新能力相对处于短板地位。

（二）省内格局：长三角都市连绵区内城市表现相对较好

省内前 3 的苏州、南京、无锡分别位列全国第 8 位、第 9 位和第 11 位，省内最末的宿迁位列全国第 87 位，相比于 2020 年的第 108 位有显著

提升。苏北城市与长三角都市连绵区竞争力整体水平差距仍然较大。与长三角都市连绵区竞争力发达的城市相比，苏北城市的竞争力总体上处于劣势地位，主要体现为经济活力、科技创新和全球联系相对落后。

四 可持续竞争力解释

表 7—9　　江苏各市可持续竞争力分项指标排名

	经济活力		环境韧性		社会和谐		科技创新		全球联系	
	指数	排名	指数	排名	指数	排名	指数	排名	指数	排名
南京	0.812	6	0.620	25	0.863	13	0.757	8	0.790	9
苏州	0.731	12	0.695	9	0.817	18	0.677	12	0.774	11
无锡	0.715	13	0.629	20	0.807	21	0.529	27	0.571	31
常州	0.659	26	0.640	14	0.678	46	0.504	31	0.440	46
扬州	0.599	31	0.565	56	0.781	26	0.338	63	0.413	51
南通	0.599	32	0.595	42	0.706	40	0.476	36	0.426	49
盐城	0.505	57	0.535	80	0.605	65	0.370	56	0.281	83
徐州	0.485	63	0.529	85	0.592	70	0.414	48	0.416	50
镇江	0.479	66	0.599	40	0.622	61	0.445	41	0.366	58
连云港	0.473	70	0.483	131	0.569	75	0.354	60	0.330	67
淮安	0.384	113	0.507	105	0.641	57	0.225	110	0.286	81
泰州	0.383	116	0.582	46	0.622	62	0.275	85	0.214	117
宿迁	0.287	180	0.501	114	0.509	98	0.153	180	0.159	180

资料来源：中国社会科学院城市与竞争力指数数据库。

（一）全省地位：加快转型升级，环境治理能力不断提升

在环境韧性方面、经济活力方面，江苏城市竞争力有明显优势，环境韧性平均得分 0.576，经济活力平均得分 0.547，得分相对较高。近年来江苏省狠抓生态环境保护，提出到 2025 年，实现生态环境治理体系巩固完善，治理能力显著提升，努力建成最严密法治最严格制度保护生态环境的示范区、突出环境问题系统治理的标杆区、全社会共同推进生态文明建设的样板区、生态环境治理体系和治理能力现代化建设的引领区。经济活力方面，江苏省城市平均具有较高的劳动生产率和青年人才比例，

经济活力水准较高。

（二）省内格局：苏北城市可持续竞争力发展潜力巨大

江苏省多个城市发展情况较为出色。南通、扬州、镇江、常州、淮安等多个城市进步幅度较为明显，城市亮点较多，其中也不乏苏北地区的城市。从可持续竞争力解释指标的角度来看，苏北地区与苏南地区的发展差距并不大，因此不难预见，未来苏北和苏南地区的综合经济竞争力与可持续竞争力（表现）都有进一步缩小的趋势。

五　南京与苏州并驾齐驱，营商硬环境有待提升

江苏省内的经济社会发展格局呈省会南京和苏州双城并驾齐驱的发展模式。南京城市经济发展水平较高，历史文化悠久，资源丰富，交通便利。2021 年综合经济竞争力全国排名第 8 位，略低于排名全国第 6 位的苏州，相比于 2020 年，两个城市的排名均未变化。南京可持续竞争力全国排名第 10 位，略低于排名全国第 9 位的苏州，相比于 2020 年都下降了 2 位。未来需把握国家将南京定位为特大城市的重大机遇，加速发展

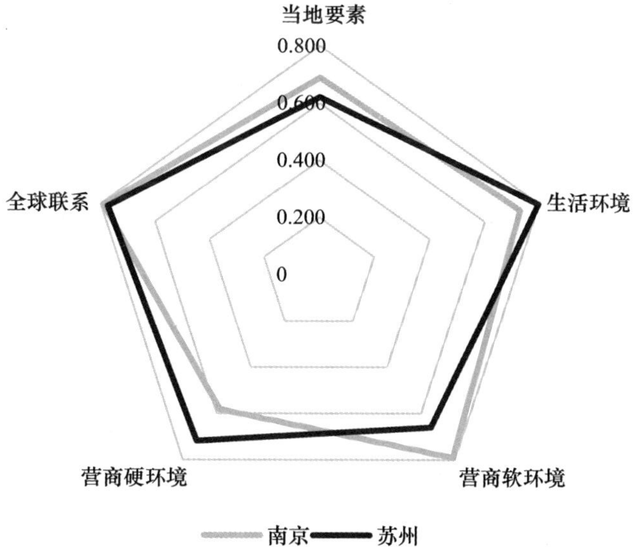

图 7—7　江苏省中心城市综合经济竞争力指数

资料来源：中国社会科学院城市与竞争力指数数据库。

战略性新兴产业，提升环境韧性等短板，加快提升省会城市功能和中心城市首位度。苏州需进一步推动科技创新，提升社会和谐度，积极主动抢抓长三角一体化历史机遇。

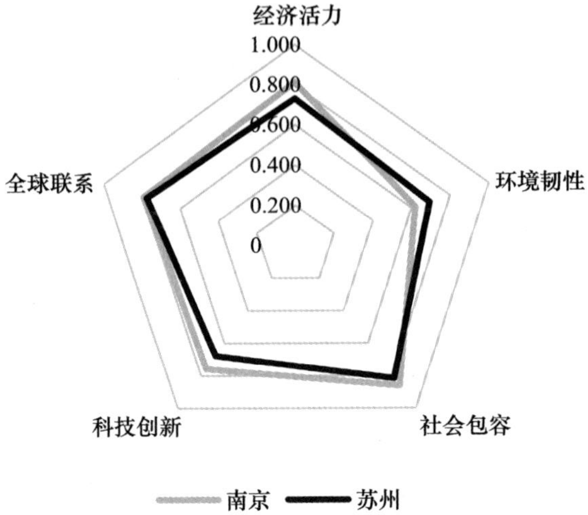

图 7—8 江苏省中心城市可持续竞争力指数

资料来源：中国社会科学院城市与竞争力指数数据库。

第四节 中国城市竞争力(福建省)报告

一 综合经济竞争力表现及其变化

（一）福建各城市综合经济竞争力整体水平较高，且处于上升趋势

福建省地势西北高，东南低，依山傍海，气势恢宏，是中国大陆重要的出海口，也是连接中国与世界的重要窗口和基地。2021 年福建全省综合经济竞争力位于全国中上等发展水平，厦门、福州和泉州的综合经济竞争力连续两年均跻身于全国的前 30 强，除福州、泉州和三明的综合经济竞争力基本保持不变之外，宁德、漳州、南平、龙岩、莆田、厦门这 6 个城市的综合经济竞争力均有不同程度的上升，宁德综合经济竞争力上升幅度最大。

（二）厦门、福州和泉州的综合经济竞争力三足鼎立态势形成

2021 年厦门、福州和泉州的综合经济竞争力依次位于全国的第 19 位、第

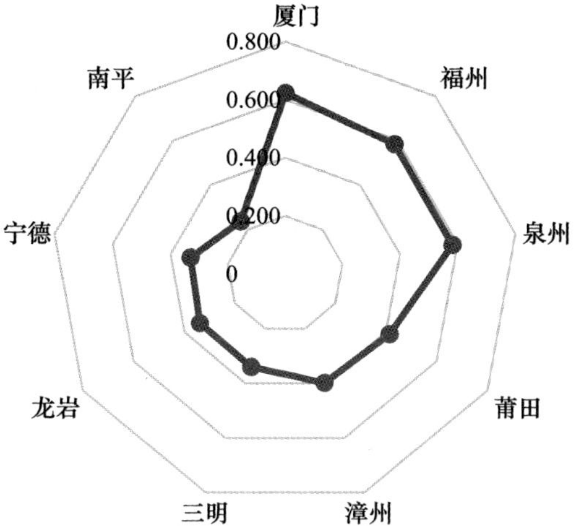

图 7—9　2021 年福建省省内主要城市综合经济竞争力指数

资料来源：中国社会科学院城市与竞争力指数数据库。

26 位和第 27 位，遥遥领先于省内其他城市，闽东地区三足鼎立的态势基本形成。进一步分析发现，厦门综合经济密度竞争力指数为 0.651、全国排名第 14 位，福州和泉州的综合经济增量竞争力指数分别为 0.435 和 0.440、全国排名分别为第 19 位和第 17 位，厦门综合经济密度优势强于福州和泉州的综合经济增量优势。

表 7—10　　2021 年福建省各城市综合经济竞争力指数及其排名

	综合经济竞争力		综合经济增量竞争力		综合经济密度竞争力	
	指数	排名	指数	排名	指数	排名
厦门	0.624	19	0.321	29	0.651	14
福州	0.583	26	0.435	19	0.535	37
泉州	0.582	27	0.440	17	0.531	39
莆田	0.414	57	0.203	84	0.446	53
漳州	0.398	63	0.295	35	0.375	88
三明	0.340	93	0.201	88	0.352	102
龙岩	0.338	95	0.205	82	0.347	108
宁德	0.331	98	0.190	98	0.346	110
南平	0.237	179	0.173	120	0.235	193

资料来源：中国社会科学院城市与竞争力指数数据库。

二 综合经济竞争力解释

（一）福建各城市生活环境良好，竞争优势突出

福建各城市得天独厚的环境优势创造优良生活条件，2021 年厦门和莆田的生活环境指数分别为 0.420 和 0.384，全国排名第 115 位和第 137 位，处于全国中上等水平，但是远远落后于福建其他各城市。除厦门和莆田之外，福建其他各城市生活环境指数排名较高，均跻身于全国生活环境指数排名的百强城市。

（二）海峡西岸城市群龙头城市引领全省发展

厦门、福州和泉州城市综合经济竞争力各项解释性指标发展较为均衡，其当地要素、营商硬环境、营商软环境和全球联系指标排名均位于全国 60 强，远远领先于福建其他城市的发展。漳州发展势头较为强劲，各项解释性指标均处于全国的 50 强至 75 强之间，积极以厦门、福州和泉州为标杆，迈向城市的高质量发展。总体上来看，福州、厦门、漳州和泉州的综合经济竞争力解释性指标发展较好。

表 7—11　福建各城市综合经济竞争力分项指标指数及排名

	当地要素		生活环境		营商软环境		营商硬环境		全球联系	
	指数	排名	指数	排名	指数	排名	指数	排名	指数	排名
福州	0.550	23	0.558	57	0.615	31	0.502	43	0.680	19
厦门	0.573	20	0.420	115	0.720	17	0.770	7	0.791	8
莆田	0.304	128	0.384	137	0.289	152	0.336	113	0.221	107
三明	0.266	164	0.510	77	0.293	149	0.190	210	0.176	163
泉州	0.477	38	0.710	24	0.572	37	0.481	51	0.368	57
漳州	0.393	71	0.572	51	0.449	63	0.445	62	0.318	71
南平	0.288	142	0.535	68	0.279	161	0.173	223	0.181	151
龙岩	0.293	136	0.566	54	0.279	160	0.239	169	0.202	129
宁德	0.343	95	0.494	80	0.250	193	0.351	104	0.216	113

三 可持续竞争力表现及其变化

（一）福建有一半以上城市的可持续竞争力跻身于全国百强城市

2021 年福建省 9 个城市中有 5 个城市的可持续竞争力跻身于全国百

强，其他城市的可持续竞争力排名位于全国中游水平，福建省可持续竞争力发展不均衡。厦门可持续竞争力名列全国10强，福州和泉州分别位于全国的第31位和第33位，漳州和莆田进入全国的前75位，进入全国第110—155位的城市有3个，只有1个城市位于全国的第179位。

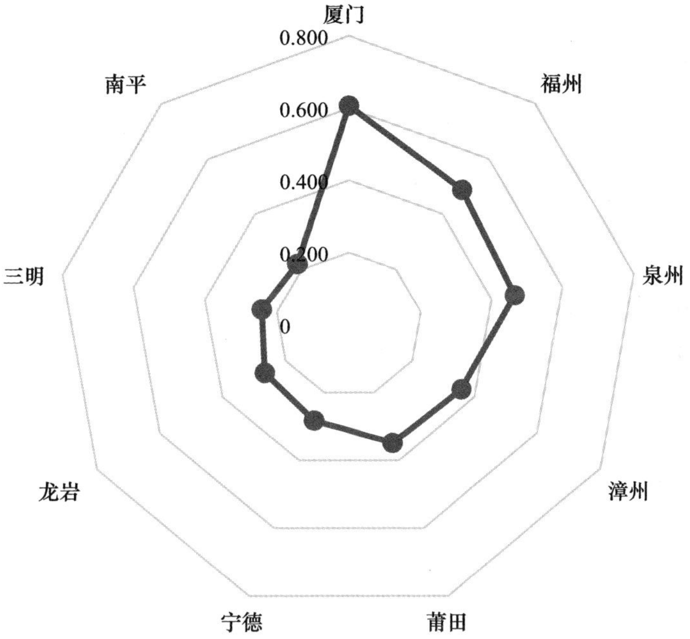

图7—10　2021年福建省主要城市可持续竞争力指数

资料来源：中国社会科学院城市与竞争力指数数据库。

（二）综合人口增量助推城市可持续竞争力整体上升

2021年福建9个城市的可持续竞争力排名均比2020年上升，低则排名上升2—4位，高则排名上升10—25位，福建各城市可持续竞争力增长势头强劲。厦门、福州和泉州的可持续竞争力的地位较为稳固，其对应的可持续竞争力、综合人口增量和综合人口密度，连续两年稳居福建省的3强、全国50强，竞争优势突出。相比于2020年，除三明和厦门的综合人口增量排名没有什么上升之外，其他7个城市均有不同的上升，龙岩、莆田和宁德的综合人口增量排名上升名次较高，分别上升15位、25位和38位。

表 7—12 2021 年福建省各城市可持续竞争力指数及其排名

	可持续竞争力		综合人口增量		综合人口密度	
	指数	排名	指数	排名	指数	排名
厦门	0.607	10	0.567	24	0.669	8
福州	0.487	31	0.552	25	0.481	37
泉州	0.465	33	0.515	31	0.472	40
漳州	0.358	67	0.398	60	0.382	69
莆田	0.349	72	0.327	98	0.418	58
宁德	0.282	113	0.318	105	0.316	130
龙岩	0.266	128	0.311	112	0.293	156
三明	0.242	154	0.288	131	0.271	178
南平	0.220	179	0.275	138	0.243	211

资料来源：中国社会科学院城市与竞争力指数数据库。

四 可持续竞争力解释

(一) 经济活力和环境韧性表现良好

经济活力是城市发展的内在动力，环境韧性反映城市环境承受度，福建各城市经济活力和环境韧性整体表现较好，总体位于全国的中上游发展水平。经济活力方面，厦门、泉州和福州 3 个城市位于全国的前 40 强，漳州、三明、龙岩和宁德 4 个城市的排名位于全国的第 65—95 位，另外两个城市位于全国的第 103 位和第 105 位。环境韧性方面，除 1 个城市位于全国排名的第 193 位之外，其他城市的全国排名均较高，厦门、莆田、泉州和福州 4 个城市位于全国的前 40 强，韧性环境城市建设良好。

(二) 科技创新和全球联系有待提升

厦门和福州作为福建的中心城市，其科技创新和全球联系均位于全国排名的前 30 位。但是，相比于城市可持续竞争力其他分项指标，三明、南平、莆田、龙岩等城市的科技创新和全球联系水平的全国排名并不高，均位于全国百强城市之外，发展欠佳。要积极发挥厦门和福州中心城市的引领作用，加大对其他城市的科技创新投入，紧抓对外开放机遇，拓宽视野走出福建。

表7—13　　　福建省各城市可持续竞争力分项指标指数及排名

	经济活力		环境韧性		社会和谐		科技创新		全球联系	
	指数	排名	指数	排名	指数	排名	指数	排名	指数	排名
厦门	0.812	7	0.696	8	0.559	80	0.617	15	0.791	8
泉州	0.691	20	0.608	35	0.758	30	0.312	68	0.368	57
福州	0.652	27	0.604	38	0.711	37	0.543	26	0.680	19
漳州	0.576	39	0.554	64	0.638	58	0.239	97	0.318	71
三明	0.479	67	0.487	129	0.448	135	0.123	215	0.176	163
龙岩	0.466	73	0.518	93	0.414	154	0.173	160	0.202	129
宁德	0.417	95	0.508	103	0.455	131	0.317	66	0.216	113
南平	0.400	103	0.444	193	0.443	137	0.160	174	0.181	151
莆田	0.399	105	0.622	23	0.420	151	0.171	163	0.221	107

资料来源：中国社会科学院城市与竞争力指数数据库。

第五节　中国城市竞争力(台湾省)报告

一　综合经济竞争力表现及其变化

(一) 综合经济竞争力的全省地位及其变化

2021年台湾省的综合经济竞争力依旧位于全国前列，综合经济竞争力整体较强。相比于2020年，综合经济竞争力整体提升，综合经济增量竞争力全部上升，综合经济密度竞争力有升有降，但升幅大于降幅。在综合经济竞争力分项方面，生活环境指标最强，其次是营商软环境和营商硬环境，但是当地要素和全球联系这两个分项指标相对较为薄弱。

(二) 综合经济竞争力的省内格局及其变化

2021年台北综合经济竞争力全国排名第7位，和2020年排名持平，保持省内首位优势。高雄全国排名第22位，台中、新竹和台南的综合经济竞争力全部位于全国排名前40位，相比于2020年，高雄、台中、新竹和台南的综合经济竞争力全部提升，增长势头强劲，省内整体呈收敛态势。

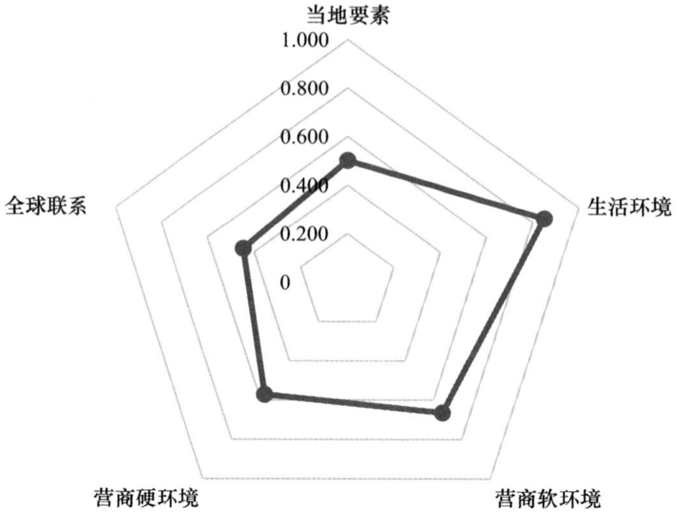

图 7—11　台湾省综合经济竞争力解释性指标

资料来源：中国社会科学院城市与竞争力指数数据库。

表 7—14　台湾省各城市综合经济竞争力指数和排名

	指数	排名
台北	0. 743	7
高雄	0. 605	22
台中	0. 567	29
新竹	0. 545	33
台南	0. 503	39

资料来源：中国社会科学院城市与竞争力指数数据库。

表 7—15　台湾省各城市综合经济竞争力排名变化情况

	2021 年数据	排名	2020 年数据	排名	排名差
台北	0. 743	7	0. 743	7	0
高雄	0. 605	22	0. 585	23	1
台中	0. 567	29	0. 552	31	2
新竹	0. 545	33	0. 523	37	4
台南	0. 503	39	0. 493	41	2

资料来源：中国社会科学院城市与竞争力指数数据库。

二　综合经济竞争力解释

(一) 综合经济竞争力的全省地位及其变化的解释

在经历工业化和城镇化的高速发展时期之后，台湾经济发展整体效能不断提升，生活环境、营商软环境和当地要素在全国享有较高的优势地位。在台湾城市综合经济竞争力五个分项中，台北的生活环境、营商软环境、当地要素和营商硬环境均位于全国排名的前 10 强，全球联系全国第 23 位；高雄、新竹、台南的五个分项指标均位于全国的前 60 强；台中的当地要素、生活环境和营商软环境均位于全国的前 50 强，但营商硬环境和全球联系相对偏弱。

(二) 综合经济竞争力的省内格局及其变化的解释

省内城市以台北为标杆，全面提升自身竞争实力。高雄市和台中市的综合经济竞争力较强，二者相差不大，其对应的当地要素、生活环境和营商软环境也比较接近，但是在营商硬环境和全球联系方面分化较为严重。新竹市和台南市的当地要素、营商硬环境和营商软环境等分项指标不及台北、高雄高，但发展相对较为均衡，综合经济竞争力增长势头强劲，未来还有很大的提升空间。

表 7—16　　2021 年台湾省各城市综合经济竞争力各分项排名

	当地要素		生活环境		营商软环境		营商硬环境		全球联系	
	指数	排名	指数	排名	指数	排名	指数	排名	指数	排名
台北	0.755	6	1	1	0.925	4	0.760	8	0.635	23
高雄	0.457	42	0.830	6	0.664	21	0.794	6	0.521	38
台中	0.453	44	0.793	11	0.617	30	0.323	123	0.263	93
新竹	0.432	53	0.783	13	0.583	34	0.545	27	0.430	48
台南	0.411	65	0.846	5	0.535	44	0.442	66	0.386	55

资料来源：中国社会科学院城市与竞争力指数数据库。

三 可持续竞争力表现及其变化

（一）可持续竞争力的全省地位及其变化

台湾城市可持续竞争力分项指标中的社会和谐度较高，均值为0.884，环境韧性和经济活力指标相对适中，其对应的均值分别为0.617和0.593，全球联系和科技创新这两项指标得分的均值分别为0.511和0.447，明显低于前三项，但未来有很大的提升空间。

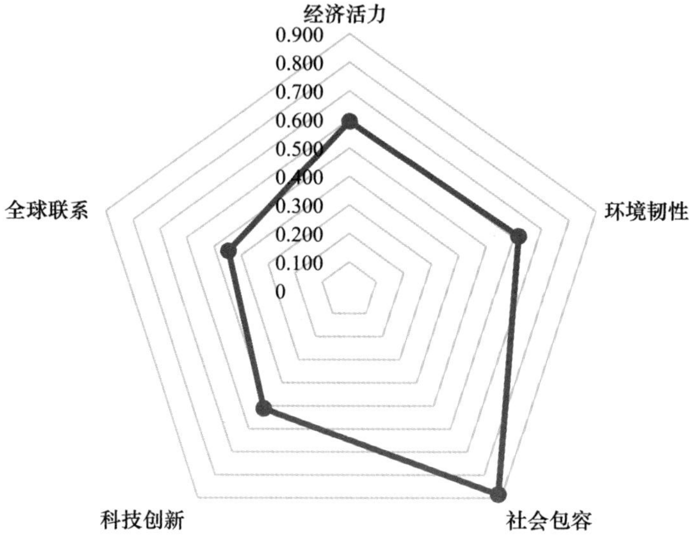

图7—12 台湾省可持续竞争力解释性指标

资料来源：中国社会科学院城市与竞争力指数数据库。

（二）可持续竞争力的省内格局及其变化

2021年台北可持续竞争力全国排名第3位，和2020年排名持平，保持省内首位优势。高雄、台中和台南的可持续竞争力全国排名前35位，低于2020年的排名。新竹的可持续竞争力排名下降，与台湾其他城市的差距增大。总体来看，台湾省内城市可持续竞争力位于全国上游水平，但整体排名下降，内部略有分化。

表 7—17　　台湾省各城市可持续竞争力指数和排名

	2021 年指数	排名
台北	0. 860	3
高雄	0. 540	24
台中	0. 525	28
台南	0. 463	34
新竹	0. 358	68

资料来源：中国社会科学院城市与竞争力指数数据库。

表 7—18　　台湾省各城市可持续竞争力排名变化情况

	2021 年数据	排名	2020 年数据	排名	排名差
台北	0. 860	3	0. 815	3	0
高雄	0. 540	24	0. 556	18	-6
台中	0. 525	28	0. 586	12	-16
台南	0. 463	34	0. 504	27	-7
新竹	0. 358	68	0. 381	50	-18

资料来源：中国社会科学院城市与竞争力指数数据库。

四　可持续竞争力解释

表 7—19　　台湾省各城市可持续竞争力分项排名

	经济活力		环境韧性		社会和谐		科技创新		全球联系	
	指数	排名	指数	排名	指数	排名	指数	排名	指数	排名
台北	0. 811	8	0. 680	12	0. 995	2	0. 703	9	0. 635	23
高雄	0. 625	29	0. 615	30	0. 894	5	0. 454	38	0. 521	38
新竹	0. 581	37	0. 616	29	0. 770	27	0. 478	35	0. 430	48
台中	0. 535	50	0. 559	61	0. 875	12	0. 446	40	0. 263	93
台南	0. 416	96	0. 614	32	0. 887	9	0. 476	37	0. 386	55

资料来源：中国社会科学院城市与竞争力指数数据库。

（一）可持续竞争力的全省地位及其变化的解释

台湾省的社会和谐程度整体水平较高，台北、高雄和台南的社会和谐度位居全国前十强，台中和新竹的社会和谐度依次在全国排名第 12 位和第 27 位。台湾省的环境韧性水平也较高，除台中的环境韧性全国排名第 61 位之外，台北、新竹、高雄和台南的环境韧性分别全国排名第 12 位、第 29 位、第 30 位和第 32 位。但是，台湾省不同城市的科技创新和全球联系的全国排名差距比较大，未来有待进一步提升。

（二）可持续竞争力的省内格局及其变化的解释

台北、高雄和新竹的可持续竞争力分项指标相对均衡，但是台中和台南可持续竞争力分项指标之间还有一定差距，台中的全球联系和台南的经济活力这两项相对偏弱。总体来看，台湾省不同城市可持续竞争力分项指标之间存在一定的差异，未来有待全面协同发展，共同推动城市可持续竞争力的全面提升。

第八章

中国（环渤海地区）城市竞争力报告

黄徐亮　张洋子*

第一节　中国城市竞争力（北京市）报告

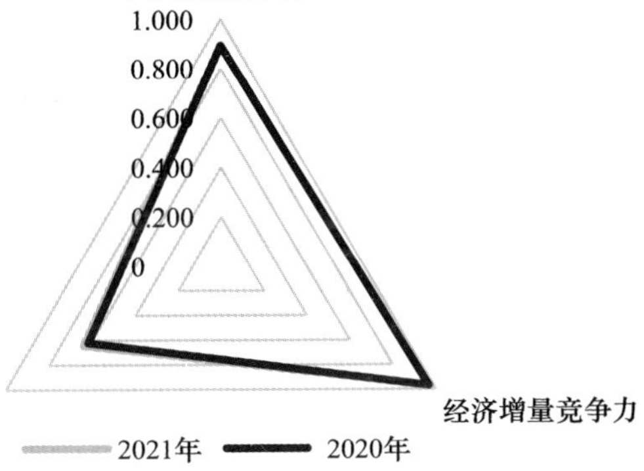

图8—1　北京市综合经济竞争力

资料来源：中国社会科学院城市与竞争力指数数据库。

一　北京综合经济竞争力表现及其变化

2021年北京综合经济竞争力指数为0.896，排名位居全国第4位，与2020年排名保持一致。综合经济增量竞争力0.967，排名位居全国第2位，保持不变。综合经济密度竞争力虽然排名仍为第16位，但竞争力指数由0.619上升至0.641，有所提升。

---

* 本章北京市、天津市、河北省部分由黄徐亮撰写，山东省部分由张洋子撰写。

二 营商软环境继续保持，生活环境短板凸显

表8—1 北京市综合经济竞争力分项指标

	当地要素		生活环境		营商软环境		营商硬环境		全球联系	
	指数	排名	指数	排名	指数	排名	指数	排名	指数	排名
北京	0.851	4	0.742	17	1.000	1	0.833	4	0.901	3

资料来源：中国社会科学院城市与竞争力指数数据库。

2021年北京竞争力各项指标除生活环境外，排名均基本保持不变，但生活环境排名由2020年的全国第5位下降至全国第17位，有巨大提升空间。具体分析来看，首先当地要素方面，青年人才占比指标是北京的相对短板，融资便利度、论文和专利指数、劳动力数量等指标上北京均处于全国顶尖水平。生活环境方面，除了高昂的居住成本和较低气候舒适度之外，环境优良度指数也是北京生活环境排名较靠后的主要成因。北京持续改革优化营商环境，进一步对标国际规则和最佳实践，落实优化营商环境3.0版改革政策，全面完成优化营商环境三年行动计划各项任务，推动出台城市优化营商环境条例。加快构建以信用为基础的新型监管机制，推行告知承诺审批制度改革，优化公开透明、稳定可预期的市场环境，进一步激发民营企业发展活力和创造力。在营商软环境方面，较高的犯罪率是唯一短板，位居全国第201位；营商硬环境方面，北京的交通便利度指数和电力充沛度指数还有待提高。北京应努力推动交通综合治理，坚持以人为本，扎实推进慢行优先、公交优先、绿色优先，深入实施交通综合治理行动计划，完善交通综合决策支持和监测预警平台，实现交通大数据资源共享。全面提升服务管理水平，加强市郊铁路与城市交通体系的融合。全球联系方面，北京除航运联系外，在航空联系度、科研人员联系度、金融企业联系度方面均位于全国首位，且其他各项指标均位于全国顶尖水平。

三　可持续竞争力表现持续较好

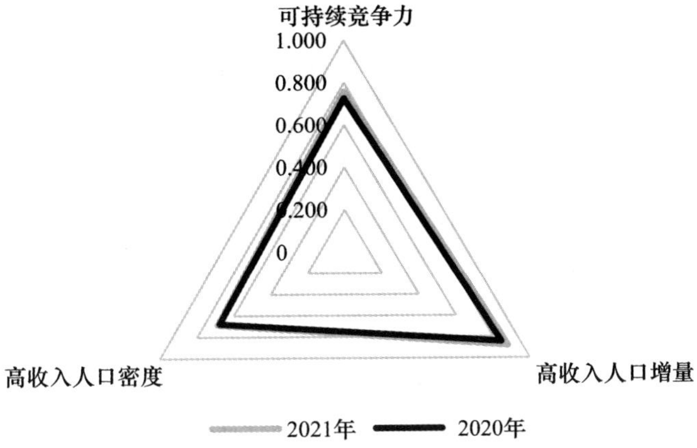

图 8—2　北京市可持续竞争力

2021 年北京可持续竞争力指数为 0. 758，排名位居全国第 5 位。排名第 3 位的台北市可持续竞争力指数为 0. 860，第 4 位上海的可持续竞争力为 0. 791，而第 7 位广州的可持续竞争力为 0. 723，可以看出台北与上海之间的差距较大，而上海、北京和广州的差异不明显，从分层结构看，北京是第二梯队的先锋城市。从可持续竞争力的变化看，北京的可持续竞争力排名位居第 5 位和综合人口增量指标位居第 3 位排名不变，而综合人口密度排名由 2020 年的第 7 位上升至 2021 年的第 6 位。

四　环境韧性是可持续竞争的主要短板

表 8—2　北京市可持续竞争力分项指标

	经济活力		环境韧性		社会和谐		科技创新		全球联系	
	指数	排名	指数	排名	指数	排名	指数	排名	指数	排名
北京	0. 952	2	0. 566	55	0. 953	3	1. 000	1	0. 901	3

资料来源：中国社会科学院城市与竞争力指数数据库。

2021 年北京可持续竞争力解释指数中经济活力、社会和谐、科技创新和全球联系均位于全国前三位，但环境韧性排名由 2020 年的第 8 位下降至第 55 位。具体分析来看，经济活力方面经济增长率排名第 97 位，成为北京经济活力的主要短板。环境韧性方面，交通便捷度和气候舒适度排名均为 200 名之外，是导致北京环境韧性出现明显下降的主要动因。北京需要积极面对减排难度持续增大的挑战，努力完成三年行动计划目标任务。推动重点行业车辆电动化，严格实施国六（B）排放标准，完成好“碳达峰碳中和”任务，应积极推动区域大气污染联防联控联治，积极做好生态环境保护督查工作。社会和谐方面，犯罪率数据较高，居住指数处于全国倒数水平，代表历史文化的博物馆数量则优势明显，居全国第 1；科技创新各项指标均居全国前三，优势非常明显。

第二节　中国城市竞争力(天津市)报告

一　综合经济竞争力表现及其变化

综合经济竞争力排名有所下降。2021 年天津综合经济竞争力得分为 0.422，在全国排名第 53 位，相较于 2020 年下降了 7 个名次，在四个直辖市中排名第 4 位。综合经济增量由第 248 位滑落至第 291 位（末位），综合经济密度得分为 0.569，由第 29 位上升至第 27 位。综合经济增量的大幅下滑，是导致天津综合经济竞争力得分和排名下降的主要原因。

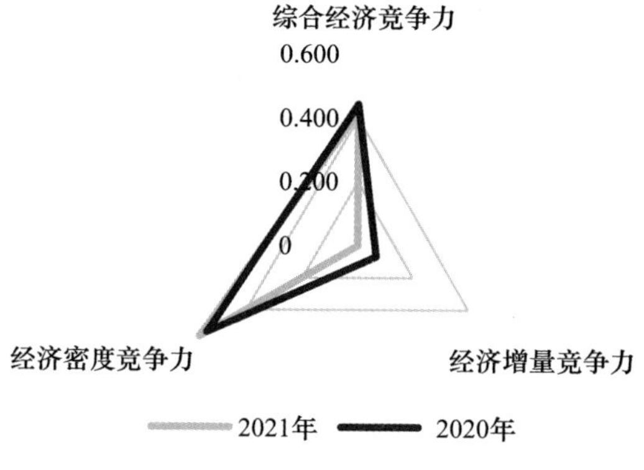

图 8—3　天津市综合经济竞争力

资料来源：中国社会科学院城市与竞争力指数数据库。

二　综合经济竞争力及其变化解释

全球联系和营商软环境持续向好，但生活环境亟待改善。虽然2021年天津的综合经济竞争力得分出现下滑，但是全球联系、营商环境以及当地要素均处于全国城市前列，主要的短板在于生活环境。具体各方面来看，在当地要素方面，天津的劳动力总数、间接融资便利程度和学术论文总数都处于领先地位；在生活环境方面，虽然天津的历史文化、医疗健康机构、休闲及文化设施指数均位于全国城市前列，但其居住指数位居第285位，环境优良度指数位居第235位，极大地影响了天津的生活环境整体排名位次。在营商软环境方面，天津在市场化、开放度、产权保护、经商便利度等指数均位于全国排名前20位，但犯罪率较高，导致社会安全指数排名位于第181位。营商硬环境方面，天津在电力充沛度、网络信息传输、机场设施方面均位于全国前列，但交通便捷度位居全国末尾（第286位）。从全球联系方面看，天津各分项指标位于全国前20位，显示出天津的全球联系水平较高，航运、航空、金融企业、科研人员各个方面联系发展较为均衡。

表8—3　　天津市综合经济竞争力解释性指标

	当地要素		生活环境		营商软环境		营商硬环境		全球联系	
	得分	排名	得分	排名	得分	排名	得分	排名	得分	排名
天津	0.646	12	0.527	73	0.755	10	0.649	16	0.827	6

资料来源：中国社会科学院城市与竞争力指数数据库。

三　可持续竞争力变化

可持续竞争力有所下滑。相对于综合经济竞争力，天津可持续竞争力得分相对较高，天津可持续竞争力得分为0.560，排名由第13名下降至第19名，其中综合人口增量竞争力和综合人口密度竞争力在全国地级市排名分别是第17名、第21名，分别下降了7名，上升了1名。天津在四个直辖市中排名第3位，与北京、上海的差距依然较大，综合人口密度竞争力排名比较靠后是天津可持续竞争力排名较后的主要原因。

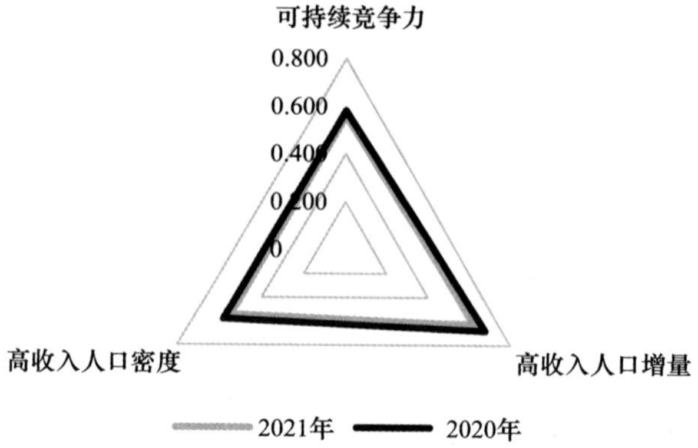

图 8—4 天津市可持续竞争力

资料来源：中国社会科学院城市与竞争力指数数据库。

四 可持续竞争力解释

经济活力和环境韧性对可持续竞争力的排名影响较大。五个解释性指标中，社会和谐、科技创新和全球联系的得分较高，在全国排名均在前 20 名内；环境韧性的得分最低，在全国地级城市中排名第 57 位，但是在这一指标上天津与其他几个直辖市的差距并不大；经济活力的得分虽然不是最低，在全国排名第 40 位，但是天津在这一指标上与北京和上海存在较大差距。要提升可持续竞争力的排名，天津需要在环境韧性和经济活力所有方面提升，尤其是需要在经济活力上有提升。具体来说，天津的经济增长率以及交通便捷度排位过于靠后（分别在全国排第 266 位和第 286 位），亟待提升。天津应当努力培育新兴发展动能，培育发展科技型企业，增加高新技术企业数量，扩大工业战略性新兴产业在工业中的比重，发展新兴服务业，引入引导好相关科技型企业人才落户天津。努力发展立体交通，完善城市轨道交通，提升交通服务水平。

表 8—4　　天津市可持续竞争力解释性指标

	经济活力		环境韧性		社会和谐		科技创新		全球联系	
	得分	排名	得分	排名	得分	排名	得分	排名	得分	排名
天津	0. 574	40	0. 564	57	0. 838	16	0. 616	16	0. 827	6

资料来源：中国社会科学院城市与竞争力指数数据库。

第三节　中国城市竞争力(河北省)报告

一　综合经济竞争力表现及其变化

(一) 河北省整体综合经济竞争力呈现出三级阶梯式发展态势

河北省位于华北地区，环绕京津，是京津冀城市群的重要组成部分。近年来经济水平保持总体平稳、稳中向好的发展态势。河北省综合经济竞争力整体呈现“阶梯式”格局。唐山、石家庄、廊坊处于第一梯队，各项排名均位于前100名；秦皇岛、沧州、衡水、保定、邯郸处于第二梯队，各项排名位于第100—200名；邢台、张家口、承德发展则较为落后，存在一项或多项指标排在第200名之后。

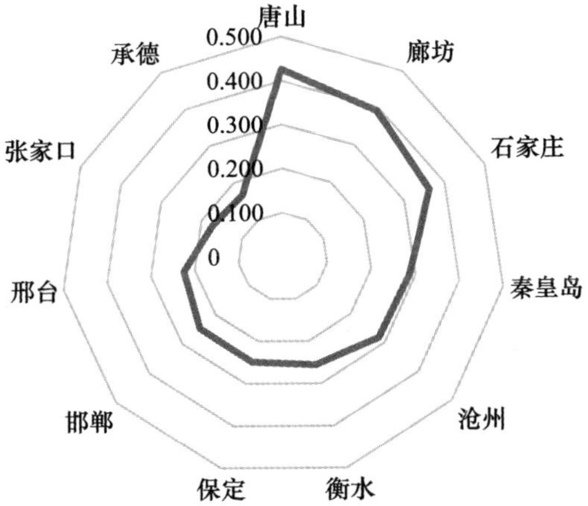

图8—5　2021年河北省各城市综合经济竞争力

资料来源：中国社会科学院城市与竞争力指数数据库。

表8—5　河北省各城市综合经济竞争力排名

	梯队	综合经济竞争力排名	综合经济密度排名	综合经济增量排名
唐山	第一梯队	51	60	52
廊坊		70	65	66
石家庄		81	89	85

续表

	梯队	综合经济竞争力排名	综合经济密度排名	综合经济增量排名
秦皇岛	第二梯队	134	148	127
沧州		139	102	150
衡水		162	151	160
保定		169	110	182
邯郸		170	123	177
邢台	第三梯队	196	127	207
张家口		228	186	232
承德		231	193	235

资料来源：中国社会科学院城市与竞争力指数数据库。

（二）大多数城市排名下滑，省内分化加大

相比于2020年，河北省内各地级市中仅有保定各项指标保持正增长或维持排名不变，其余各城市均在一项或多项指标中存在着不同幅度的下降。且除保定外的其他三个环京城市廊坊、张家口、承德各项排名均呈下降趋势。

从整体来看，河北省的城市竞争力均值由2020年的0.285下降至0.279，其变异系数从0.297上升至0.302，说明河北省的整体竞争力存在小幅下滑，而内部分化一定程度上加深。

二 综合经济竞争力解释

从城市综合经济竞争力的分项指标来看，营商软环境和生活环境是制约河北省城市竞争力指标提升的主要因素。从当地要素来看，除邢台、衡水、张家口排位在全国100名之外，其他城市均处于前100名，表现较好，说明京津冀一体化发展带动了河北城市融资便利度、高素质年轻人口等当地要素的发展。从生活环境来看，河北省没有城市进入全国前50名，并且集中分布于100名之后。从营商软环境指标来看，河北省没有城市进入全国前50名，衡水（第272位）排位接近于全国末位。从营商硬环境看，省内分化较为严重，廊坊（第12位）、石家庄（第44位）、秦

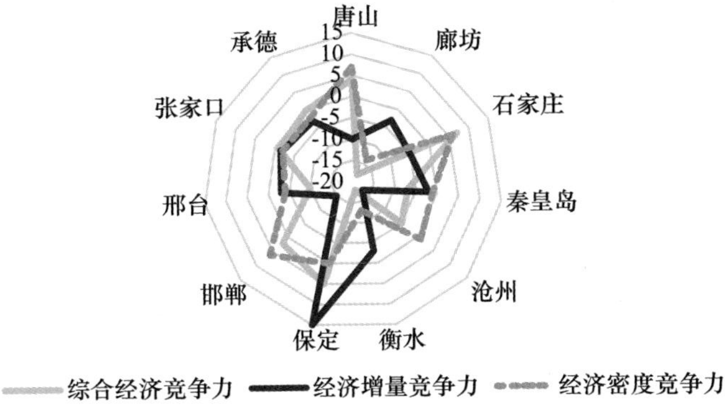

图 8—6　河北省各城市综合经济竞争力排名差

皇岛（第 78 位）等城市位于前 100 位，但也有衡水（第 215 位）、邯郸（第 229 位）、邢台（第 245 位）位于 200 名之外。从全球联系看，石家庄（第 36 位）进入全国前 50 名，其他城市的排位分布较为合理。并且唐山排名上升至省内第 1 名主要在于营商环境的改善，营商软环境由 2020 年的第 100 名上升至 2021 年的第 79 名，提高了 21 名，营商硬环境由 2020 年的第 102 名上升至 2021 年的第 87 名。

表 8—6　　河北省各城市综合经济竞争力及其解释性指标

	综合经济竞争力		当地要素		生活环境		营商软环境		营商硬环境		全球联系	
	指数	排名	指数	排名	指数	排名	指数	排名	指数	排名	指数	排名
唐山	0.426	51	0.413	60	0.467	91	0.408	79	0.383	87	0.413	52
廊坊	0.393	70	0.376	78	0.396	128	0.490	56	0.695	12	0.245	101
石家庄	0.362	81	0.476	39	0.535	66	0.508	51	0.500	44	0.529	36
秦皇岛	0.287	134	0.339	98	0.529	71	0.384	91	0.405	78	0.293	78
沧州	0.283	139	0.323	110	0.346	162	0.316	128	0.362	96	0.203	127
衡水	0.256	162	0.239	182	0.230	241	0.165	272	0.187	215	0.130	216
保定	0.249	169	0.425	55	0.381	138	0.382	95	0.348	107	0.303	75

续表

	综合经济竞争力		当地要素		生活环境		营商软环境		营商硬环境		全球联系	
	指数	排名	指数	排名	指数	排名	指数	排名	指数	排名	指数	排名
邯郸	0.247	170	0.399	69	0.368	147	0.354	106	0.166	229	0.223	106
邢台	0.225	196	0.311	125	0.286	199	0.254	187	0.144	245	0.132	215
张家口	0.173	228	0.192	210	0.423	114	0.293	148	0.326	121	0.167	169
承德	0.166	231	0.255	170	0.371	145	0.207	236	0.294	140	0.294	76

资料来源：中国社会科学院城市与竞争力指数数据库。

三 可持续竞争力表现及其变化

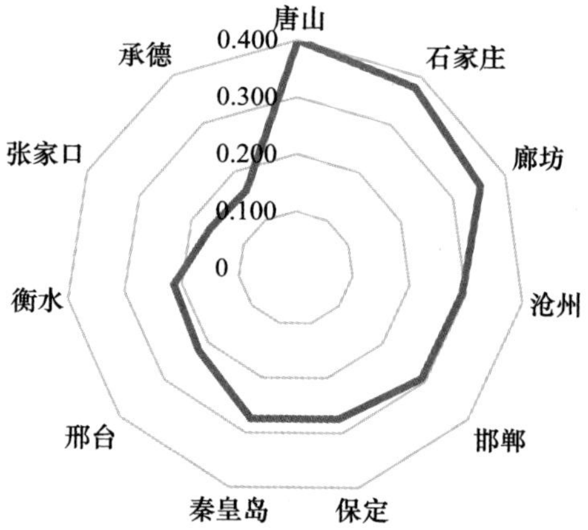

图 8—7 2021 年河北省各城市可持续竞争力

资料来源：中国社会科学院城市与竞争力指数数据库。

表 8—7 河北省各城市可持续竞争力排名

	梯队	可持续竞争力排名	综合人口增量排名	综合人口密度排名
唐山	第一梯队	50	43	61
石家庄		53	46	71
廊坊		70	65	67

续表

	梯队	可持续竞争力排名	综合人口增量排名	综合人口密度排名
沧州	第二梯队	102	87	128
邯郸		104	91	129
保定		118	81	168
秦皇岛		120	137	111
邢台	第三梯队	177	148	192
衡水		187	180	180
张家口		226	176	249
承德		232	177	252

资料来源：中国社会科学院城市与竞争力指数数据库。

（一）城市结构分层明显，但第一二层与第三层间呈现出断层现象

河北省可持续竞争力相较于综合经济竞争力而言，整体水平较好。河北竞争力整体呈现“阶梯式”格局。唐山、石家庄、廊坊处于第一梯队，各项排名均位于前100名；秦皇岛、沧州、保定、邯郸处于第二梯队，各项排名在第100—150名；衡水、邢台、张家口、承德发展则较为落后，存在一项或多项指标排名170名之后。

但从秦皇岛（第120位）的可持续竞争力指数0.273直接下降至邢台（第177位）的竞争力指数0.222，存在着57名的较大间隔表明河北省的省内可持续竞争力出现了较为明显的断层，说明河北省的可持续竞争力分化较为严重。

（二）大多数城市排名保持稳定，保定上升，承德后退

相比于2020年，河北省内各地级市均保持可持续竞争力排名的相对稳定，但保定和承德出现了显著变化。保定的可持续竞争力指数由2020年的0.231（第139位）上升至2021年的0.273（第118位）。保定的排名上升一定程度上受益于京津冀一体化的协同发展，以及雄安新区建设的稳步推进。而承德的可持续竞争力指数由2020年的0.189（第191位）下降至2021年的0.161（第232位）。

从整体来看，河北省的城市可持续竞争力均值由2020年的0.261上

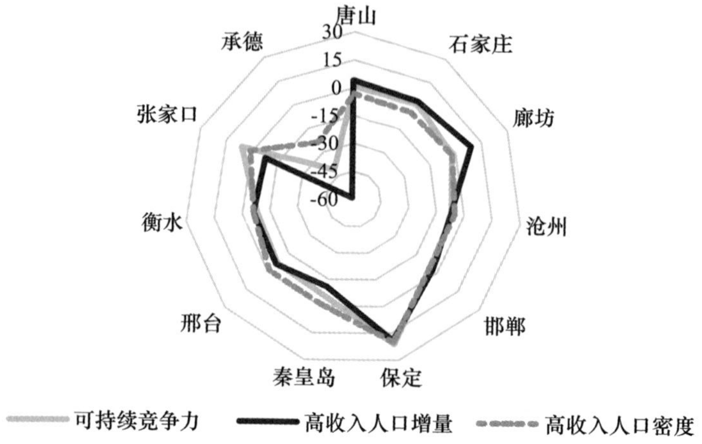

图8—8 河北省各城市可持续竞争力排名差

升至0.275，其变异系数从0.284上升至0.292，说明河北的整体竞争力存在小幅上升，而内部分化基本维持不变。

四 可持续竞争力表现及其变化原因

从可持续竞争力的分项指标来看，经济活力和环境韧性是河北省城市竞争力指标提升的主要因素。从经济活力上看，除廊坊（第56位）、石家庄（第92位）外，省内其余9个城市的排名均位于100名之外，并且张家口、保定、邢台、衡水、承德5个城市都位于200名之外，显示出河北省的经济活力存在着严重不足，制约了河北各个城市的可持续竞争力发展。从环境韧性上看，河北省没有城市进入全国前100名，并且7个城市，即石家庄（第201位）、邯郸（第230位）、承德（第233位）、张家口（第242位）、衡水（第251位）、保定（第255位）、邢台（第261位）集中分布于200名之外，显示出河北省整体的环境韧性水平较低，交通便捷度和环境优良度指数是主要动因。从社会和谐竞争力上看，石家庄（第31位）等5个城市位列前100名，且仅有衡水（第250位）位于200名之外，显示出河北整体的社会和谐度较好，包括在医疗设施建设和社会治安等各方面的积极发展。从科技创新和全球联系竞争力上看，半数及以上城市位于前100名，200名之外仅有1—2个城市，显示出河北的科技创新能力和全球联系能力相对其他指标而言，具有比较优势。

各指标情况见表8—8。

表8—8 河北省各城市可持续竞争力及解释指标指数与全国排名

	可持续竞争力		经济活力		环境韧性		社会和谐		科技创新		全球联系	
	指数	排名	指数	排名	指数	排名	指数	排名	指数	排名	指数	排名
唐山	0.400	50	0.402	102	0.478	138	0.646	54	0.281	79	0.413	52
石家庄	0.379	53	0.420	92	0.435	201	0.751	31	0.421	45	0.529	36
廊坊	0.353	70	0.516	56	0.544	70	0.546	82	0.323	65	0.245	101
沧州	0.294	102	0.298	172	0.455	178	0.486	109	0.167	165	0.203	127
邯郸	0.292	104	0.274	189	0.413	230	0.501	101	0.282	78	0.223	106
保定	0.274	118	0.226	224	0.386	255	0.601	67	0.385	52	0.303	75
秦皇岛	0.273	120	0.327	151	0.500	116	0.527	90	0.312	67	0.293	78
邢台	0.222	177	0.191	242	0.377	261	0.459	127	0.181	148	0.132	215
衡水	0.214	187	0.190	243	0.390	251	0.247	250	0.126	212	0.130	216
张家口	0.165	226	0.232	222	0.403	242	0.469	118	0.193	135	0.167	169
承德	0.161	232	0.179	249	0.412	233	0.458	128	0.151	183	0.294	76

资料来源：中国社会科学院城市与竞争力指数数据库。

第四节 中国城市竞争力(山东省)报告

2021年，山东省综合经济竞争力和可持续竞争力均较2021年有所下降。省内城市表现分化为三个板块，分别为青岛及其周边城市组成的第一板块、济南及其周边城市组成的第二板块和枣庄、济宁等鲁南地区城市组成的第三板块。本年度，省内城市综合经济竞争力三级阶梯分化程度加剧，第二板块城市可持续竞争力降幅较为明显。

一 综合经济竞争力表现及其变化

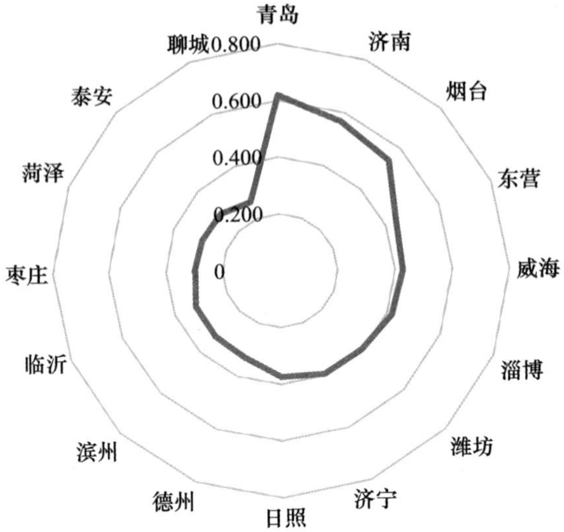

图 8—9 山东省各城市综合经济竞争力指数

资料来源：中国社会科学院城市与竞争力指数数据库。

（一）省内城市综合经济竞争力有所下降

2021 年，山东省城市综合经济竞争力总体仍居全国较强行列，但较 2020 年有所下降。全省 16 个城市中，有 12 个综合经济竞争力在全国前 100 位之内，其余 4 个城市也均在 150 位之内。但与 2020 年相比，山东省城市总体上的综合经济竞争力有所下降，9 个城市排名下滑，共有 4 个城市下降幅度超过 10 位，分别是济宁、临沂、枣庄和聊城。

（二）省内城市综合经济竞争力分为三大板块且分化程度加剧

山东省内城市在地域上明显地分为三级板块，且第三级板块较前两级差距较大。第一板块是青岛及其周边城市，包括胶东半岛的烟台、威海和日照，此外包括潍坊，与 2020 年相比，第一板块各城市排名基本保持稳定；第二板块是济南及其周边城市，包括淄博、德州、滨州、聊城、泰安和东营，综合经济竞争力距离第一板块仍有不小差距；第三板块是经济发展水平相对较弱的鲁南 4 个城市，包括济宁、临沂、枣庄和聊城，整体较去年降幅明显，且与前两板块差距拉大。

二　综合经济竞争力解释

表 8—9　　　　山东省各城市综合经济竞争力分项指标排名

	当地要素		生活环境		营商软环境		营商硬环境		全球联系	
	指数	排名	指数	排名	指数	排名	指数	排名	指数	排名
青岛	0.632	13	0.683	29	0.734	13	0.660	14	0.772	12
济南	0.552	22	0.528	72	0.732	14	0.499	45	0.537	33
淄博	0.392	73	0.533	70	0.353	108	0.281	150	0.346	64
枣庄	0.274	161	0.363	149	0.193	250	0.235	176	0.140	203
东营	0.321	115	0.375	141	0.434	68	0.256	162	0.204	125
烟台	0.453	43	0.624	38	0.549	40	0.521	33	0.536	34
潍坊	0.449	45	0.276	215	0.391	88	0.460	57	0.265	91
济宁	0.373	81	0.482	84	0.354	107	0.227	179	0.462	45
泰安	0.284	148	0.335	171	0.407	80	0.219	186	0.214	115
威海	0.401	67	0.569	53	0.544	41	0.459	59	0.266	90
日照	0.292	137	0.333	172	0.339	117	0.297	137	0.260	96
临沂	0.368	84	0.444	103	0.390	89	0.407	77	0.332	66
德州	0.323	111	0.284	203	0.268	171	0.202	199	0.178	159
聊城	0.336	103	0.224	244	0.214	233	0.221	183	0.219	109
滨州	0.320	118	0.336	170	0.220	227	0.214	190	0.145	197
菏泽	0.321	116	0.280	209	0.193	248	0.202	198	0.180	153

资料来源：中国社会科学院城市与竞争力指数数据库。

（一）生活环境因素拖累全省总体综合经济竞争力

从解释性指标来看，山东省城市综合经济竞争力表现较为突出的因素是当地要素和营商硬环境两个方面，各城市基本都在 150 位以内。但是，对山东省城市综合经济竞争力拖累最大的因素是生活环境，是制约综合经济竞争力赶超领先省份的主要短板。此外，营商软环境和全球联系方面也有待加强，多个城市全国排名低于自身的综合经济竞争力全国排名。

（二）三大板块各分项指标分化格局分明

省内三个板块综合经济竞争力分化格局较为分明。青岛及其周边城市组成的第一板块在五个解释性指标，即当地要素、生活环境、营商软环境、营商硬环境和全球联系均值分别高于其他板块；第二板块各指标总体上尚未建立赶超基础；第三板块较前两阶梯相比差距较大，各指标大多仍在200名之后，当地要素、营商软环境和营商硬环境劣势较为突出，在综合经济竞争力提升方面潜力较大。

三 可持续竞争力表现及其变化

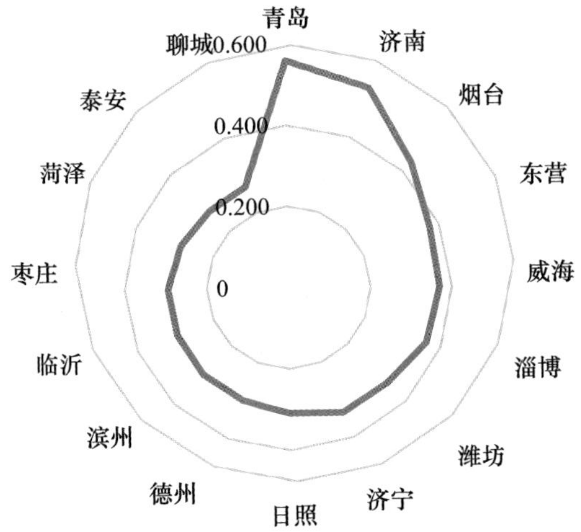

图8—10 山东省各城市可持续竞争力指数

资料来源：中国社会科学院城市与竞争力指数数据库。

（一）省内大多数城市可持续竞争力较去年下降

2021年，山东省城市可持续竞争力总体仍居全国较强行列，但大多数城市排名较2020年略有下降。全省16个城市中，有14个可持续竞争力在全国前100位之内。但与2020年相比，全国排名上升的城市只有3个，排名下降的城市有12个之多，1个城市持平。

（二）济南周边城市可持续竞争力降幅较为明显

省内三大板块城市中，济南周边城市组成的第二板块包括7个城市，仅有核心城市济南可持续竞争力全国排名较去年上升6位。其余6个城市，除滨州持平外，淄博、德州、聊城、泰安和东营排名较去年全部下降。其中，聊城、泰安和东营排名较去年分别下降了37位、26位、22位。从其他板块来看，青岛周边城市组成的第一板块排名下滑幅度较小，鲁南地区板块相对稳定，菏泽上升15位，表现相对较好。

四　可持续竞争力解释

表8—10　　山东省各城市可持续竞争力分项指标排名

	经济活力		环境韧性		社会和谐		科技创新		全球联系	
	指数	排名	指数	排名	指数	排名	指数	排名	指数	排名
济南	0.671	24	0.520	91	0.783	25	0.589	22	0.537	33
青岛	0.693	19	0.618	27	0.815	19	0.701	10	0.772	12
淄博	0.253	211	0.517	97	0.708	39	0.383	53	0.346	64
枣庄	0.107	272	0.539	78	0.507	99	0.164	170	0.140	203
东营	0.501	60	0.540	76	0.515	96	0.254	91	0.204	125
烟台	0.565	44	0.538	79	0.711	36	0.358	59	0.536	34
潍坊	0.344	135	0.463	161	0.519	93	0.443	42	0.265	91
济宁	0.309	163	0.454	179	0.597	68	0.248	94	0.462	45
泰安	0.268	200	0.458	172	0.537	88	0.198	130	0.214	115
威海	0.446	84	0.517	95	0.506	100	0.516	28	0.266	90
日照	0.407	101	0.550	66	0.393	168	0.164	168	0.260	96
临沂	0.369	123	0.427	210	0.490	106	0.236	98	0.332	66
德州	0.244	214	0.418	223	0.466	122	0.192	137	0.178	159
聊城	0.134	267	0.463	162	0.342	199	0.212	120	0.219	109
滨州	0.229	223	0.472	145	0.379	176	0.203	127	0.145	197
菏泽	0.243	215	0.433	205	0.342	198	0.185	144	0.180	153

资料来源：中国社会科学院城市与竞争力指数数据库。

（一）经济活力表现拖累可持续竞争力提升

从解释性指标来看，山东省城市可持续竞争力总体较强的主要决定因素是环境韧性、社会和谐和科技创新这三个方面，特别是在科技创新方面，16 个城市中有 14 个排在 150 名之内。但是，经济活力对可持续竞争力拖累较大，其中经济活力进入全国排名前 100 位的城市仅有 5 个，而排名在 150 位之后的城市多达 8 个。

（二）济南对周边城市的辐射带动作用有待提升

省内第二板块城市可持续竞争力下降，主要体现在经济活力和联系度有待提升。主要原因有两个方面：一是济南对周边城市乃至全省范围的辐射带动作用有待进一步提升。受行政级别影响，众多省内国企总部和教育、医疗等公共资源向省会济南集中，对周边城市资源产生了较强的虹吸效应，且与周边城市的联系度有待加强。二是周边以重工业和蔬菜加工为主的聊城、工业老城淄博，石油之城东营等城市正在进入新旧动能转换时期，一定程度上在发展动能上存在瓶颈。相比之下，第二板块和第三板块间在各项解释性指标间的差距较小，反映出鲁南地区对济南周边地区在加快追赶。

第九章

中国（东北地区）城市竞争力报告

程　栋

第一节　中国城市竞争力（辽宁省）报告

辽宁省各城市综合经济竞争力和城市可持续竞争力排名位居全国中上游水平，城市可持续竞争力表现依然优于城市综合经济竞争力，但是前者排名下滑的城市显著多于后者。在城市综合经济竞争力方面，营商软环境、营商硬环境以及全球联系指标表现整体稳定，但是当地要素指标和生活环境指标排名的下滑却抑制了整体排名的提升。可持续竞争力方面，经济活力指标仍然是拉低辽宁省各城市排名的主要指标，值得注意的是，全球联系指标虽然整体排名靠前，但是也存在显著下滑。

一　辽宁省城市综合经济竞争力整体表现

辽宁省城市综合经济竞争力排名整体居全国中游水平。2021 年，辽宁省 14 个城市的综合经济竞争力排名依次是大连、沈阳、盘锦、营口、鞍山、锦州、辽阳、抚顺、本溪、葫芦岛、丹东、朝阳、铁岭、阜新。大连（第 61 位）、沈阳（第 86 位）和盘锦（第 94 位）3 个城市进入全国前 100 位，营口和鞍山的排名进入全国第 101—200 位，位居全国第 201—294 位之间的城市有 9 个。从省内格局来看，作为辽宁省区域经济的双核心，大连和沈阳的区域中心地位稳固，省内其他城市综合经济竞争力排名靠后，且排名比较集中。相对于 2020 年，辽宁省各城市的综合经济竞争力排名基本稳定。其中，锦州等 6 个城市排名小幅度下滑，而大连、沈阳等8个城市排名小幅上升。辽宁省城市综合经济竞争力见图9—1。

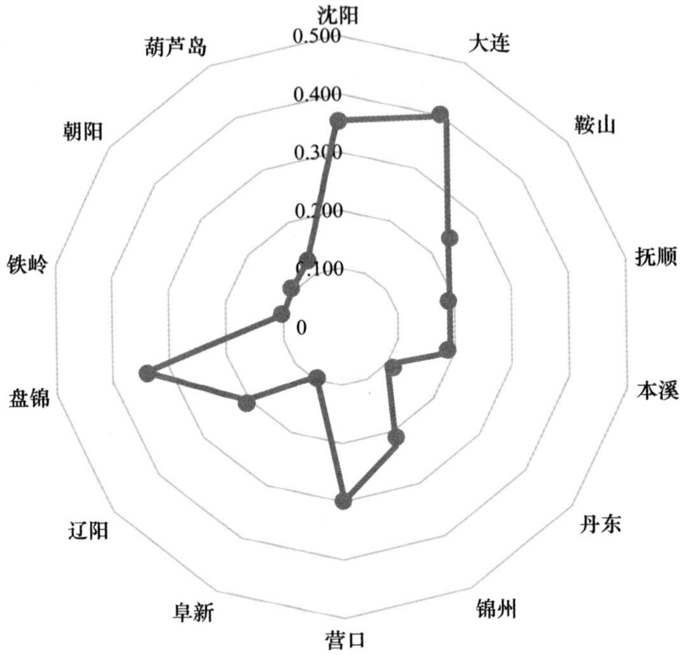

图9—1 2021年辽宁省各城市综合经济竞争力

资料来源：中国社会科学院城市与竞争力指数数据库。

二 辽宁省城市综合经济竞争力解释

从城市综合经济竞争力的分项指标来看，辽宁省各城市的当地要素指标和生活环境指标制约了整体排名的提升，营商软环境、营商硬环境以及全球联系指标表现整体稳定。从当地要素指标来看，相较于2020年，在全省14个城市中，仅沈阳、葫芦岛和锦州3个城市排名略有上升，其余11个城市的排名均出现不同程度的下滑。从生活环境指标看，对比2020年，只有大连、丹东和葫芦岛排名分别上升2位、4位和11位，锦州排名保持不变，其余10个城市排名均大幅下滑。从营商软环境、营商硬环境以及全球联系指标的变化来看，三个指标分别有7个城市排名上升和7个城市排名下滑。值得注意的是，沈阳和大连的营商软环境排名略有下滑，铁岭、阜新和丹东3个城市的营商硬环境排名分别下滑了105

位、99 位和 81 位，阜新和鞍山两个城市的全球联系排名分别下滑了 155 位和 79 位。其余各分项指标的详细情况见表 9—1。

表 9—1　　辽宁省各城市综合经济竞争力分项指标

	综合经济竞争力		当地要素		生活环境		营商软环境		营商硬环境		全球联系	
	指数	排名	指数	排名	指数	排名	指数	排名	指数	排名	指数	排名
沈阳	0.353	86	0.522	29	0.585	48	0.644	26	0.552	25	0.615	25
大连	0.402	61	0.569	21	0.725	22	0.703	18	0.575	23	0.778	10
鞍山	0.240	176	0.334	105	0.388	135	0.278	162	0.375	92	0.149	190
抚顺	0.189	220	0.287	143	0.242	233	0.364	103	0.236	173	0.167	170
本溪	0.187	221	0.187	212	0.245	231	0.276	166	0.466	54	0.120	234
丹东	0.113	256	0.193	209	0.413	118	0.247	195	0.261	158	0.158	183
锦州	0.211	207	0.322	114	0.290	197	0.276	167	0.517	37	0.197	133
营口	0.299	122	0.229	189	0.424	113	0.229	217	0.321	125	0.177	161
阜新	0.097	267	0.216	194	0.188	258	0.195	244	0.199	202	0.105	252
辽阳	0.207	210	0.173	217	0.254	226	0.219	228	0.362	97	0.180	154
盘锦	0.339	94	0.234	185	0.257	224	0.384	92	0.435	68	0.202	128
铁岭	0.104	265	0.156	234	0.205	252	0.177	265	0.209	195	0.103	253
朝阳	0.107	263	0.169	221	0.267	219	0.184	262	0.350	105	0.121	231
葫芦岛	0.127	249	0.201	203	0.315	182	0.206	237	0.352	103	0.137	207

资料来源：中国社会科学院城市与竞争力指数数据库。

三　辽宁省城市可持续竞争力整体表现

辽宁省城市可持续竞争力整体位居全国中上游水平。2021 年各城市可持续竞争力排名依次为大连、沈阳、盘锦、鞍山、营口、锦州、辽阳、抚顺、葫芦岛、本溪、丹东、朝阳、阜新和铁岭。大连（第 35 位）和沈阳（第 41 位）进入全国前 50 位，盘锦等 3 个城市居全国第 101—200 位，锦州等 9 个城市居全国第 202—259 位。城市可持续竞争力与综合经济竞争力整体水平接近。从排名分布看，具有典型的分段集中分布特征。作为辽宁省区域经济的核心城市，大连和沈阳排名接近。相较于 2020 年，辽宁省城市可持续竞争力整体也存在明显的下滑趋势，沈阳、葫芦岛、朝阳和营口 4 个城市排名小幅上升，大连等 10 个城市排名呈现不同程度的下滑。

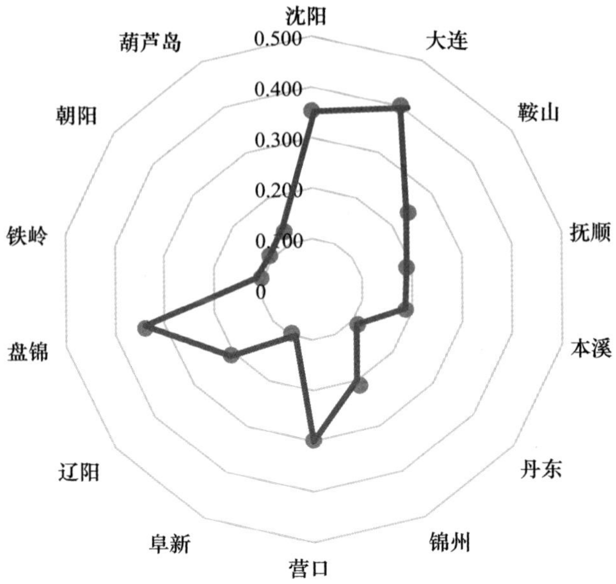

图 9—2 辽宁省各城市可持续竞争力

资料来源：中国社会科学院城市与竞争力指数数据库。

四 辽宁省城市可持续竞争力解释

从城市可持续竞争力的分项指标来看，经济活力指标仍然是拉低辽宁省排名的主要指标，全球联系指标也存在显著下滑。从全球联系的排名来看，各城市具有较高的水平。其中，大连、沈阳分别位居全国第 10 位和第 25 位，盘锦、锦州、辽阳、营口、抚顺、丹东、鞍山 7 个城市进入第 101—200 位，仅有 5 个城市位居 200 位之后。但是相对于 2020 年的排名看，仅有阜新、大连、辽阳和盘锦 4 个城市小幅度上升，有 8 个城市排名大幅度下滑。在经济活力分项指标中，只有大连、沈阳和盘锦进入全国前 100 位，分别位居全国第 53 位、第 75 位和第 94 位，其余 11 个城市排名均集中分布在全国第 238—288 位。相对乐观的情况是，相较于 2020 年，只有辽阳、铁岭、本溪、抚顺和葫芦岛 5 个城市排名出现小幅度的下滑，其余 9 个城市的排名均出现不同程度的上升。经济活力得分最低的分项指标是经济增长率指数和青年人才比例指数。其余各分项指标的详细情况见表9—2。

表9—2　　　　辽宁省各城市可持续竞争力解释性指标排名

	可持续竞争力		经济活力		环境韧性		社会和谐		科技创新		全球联系	
	指数	排名	指数	排名	指数	排名	指数	排名	指数	排名	指数	排名
沈阳	0.436	41	0.460	75	0.541	74	0.852	15	0.510	29	0.615	25
大连	0.461	35	0.522	53	0.543	72	0.858	14	0.595	21	0.778	10
鞍山	0.256	140	0.149	262	0.475	141	0.544	83	0.227	106	0.149	190
抚顺	0.168	225	0.186	244	0.413	229	0.400	162	0.233	100	0.167	170
本溪	0.155	235	0.140	266	0.503	112	0.421	150	0.152	181	0.120	234
丹东	0.132	245	0.073	280	0.463	160	0.516	95	0.106	234	0.158	183
锦州	0.198	202	0.126	268	0.522	88	0.412	157	0.243	95	0.197	133
营口	0.237	158	0.199	238	0.570	53	0.386	174	0.145	192	0.177	161
阜新	0.122	253	0.047	286	0.408	237	0.302	225	0.140	197	0.105	252
辽阳	0.192	207	0.153	258	0.508	104	0.340	201	0.104	235	0.180	154
盘锦	0.265	129	0.418	94	0.635	19	0.426	147	0.129	209	0.202	128
铁岭	0.111	259	0.030	288	0.423	215	0.268	241	0.088	246	0.103	253
朝阳	0.124	250	0.106	273	0.404	240	0.317	213	0.149	188	0.121	231
葫芦岛	0.156	234	0.082	278	0.504	111	0.465	124	0.136	199	0.137	207

资料来源：中国社会科学院城市与竞争力指数数据库。

第二节　中国城市竞争力（吉林省）报告

吉林省的城市综合经济竞争力和城市可持续竞争力排名位居全国下游，城市可持续竞争力表现虽然优于城市综合经济竞争力，但是下滑的趋势更为突出。城市综合经济竞争力方面，长春市的区域中心地位稳固，省内城市综合经济竞争力排名集中靠后，省内分化程度高。当地要素、全球联系指标和生活环境指标严重拉低了整体排名，前两项下滑的趋势更明显。可持续竞争力方面，所有城市排名均出现了不同程度的下滑。

一　吉林省城市综合经济竞争力整体表现

吉林省的城市综合经济竞争力排名位居全国下游水平。2021年，吉林省城市竞争力排名依次为长春、吉林、四平、辽源、通化、白山、松原和白城，其中长春（第49位）进入全国前50名，吉林（第190位）进入全国前200位，其余城市均居全国228—279位之间。相比较于2020年，长春、吉林和四平分别上升11位、19位和43位，但辽源、通化、白山和松原分别下滑34位、18位、36位和30位。从静态来看，吉林省内部城市格局分化明显。作为吉林省区域经济的单核心，长春中心地位稳固，且全国排名开始上升，其他城市与长春差距较大。省内排名后5位的城市水平接近，排名分布更加集中。各城市对比情况见图9—3。

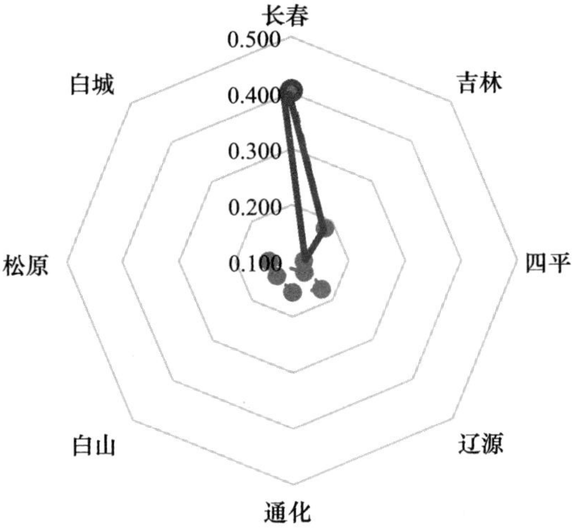

图9—3 吉林省各城市综合经济竞争力

资料来源：中国社会科学院城市与竞争力指数数据库。

二 吉林省城市综合经济竞争力解释

从城市综合经济竞争力的分项指标来看，生活环境仍然是制约城市竞争力提升的重要因素，当地要素指标和全球联系指标严重拉低了整体排名。从生活环境指标来看，除吉林（第36位）和长春（第112位）外，其余6个城市均集中分布在第236—275位之间，排名接近。当地要素指标是各分项指标中唯一一个全部城市排名均没有上升的指标。虽然长春（第30位）和吉林（第51位）进入全国前100位，但除白山排名保持不变，7个城市的排名均出现不同幅度的下滑。其中，四平、通化、松原和白城下滑幅度较大，分别下滑了35位、33位、23位和16位，长春和吉林分别下滑了5位和7位。从营商软环境看，长春（第32位）和吉林（第54位）进入全国前100位，其余城市均在170名以外。从全球联系排名看，仅长春和通化排名有小幅上升外，其余6个城市排名均大幅下滑。各城市的分项指标排名见表9—3。

表9—3　　吉林省各城市综合经济竞争力解释性指标

	综合经济竞争力		当地要素		生活环境		营商软环境		营商硬环境		全球联系	
	指数	排名	指数	排名	指数	排名	指数	排名	指数	排名	指数	排名
长春	0.40	49	0.520	30	0.430	112	0.610	32	0.483	50	0.585	30
吉林	0.21	190	0.435	51	0.625	36	0.495	54	0.271	154	0.163	175
四平	0.16	228	0.240	181	0.192	256	0.166	271	0.212	192	0.088	268
辽源	0.11	257	0.118	259	0.113	272	0.153	275	0.178	220	0.072	276
通化	0.10	267	0.143	246	0.238	236	0.188	255	0.299	134	0.084	269
白山	0.07	277	0.070	282	0.213	248	0.267	172	0.295	138	0.068	278
松原	0.10	264	0.100	265	0.094	275	0.234	208	0.101	263	0.099	262
白城	0.07	279	0.073	280	0.185	259	0.148	277	0.084	275	0.075	271

资料来源：中国社会科学院城市与竞争力指数数据库。

三　吉林省城市可持续竞争力整体表现

2021年吉林省城市可持续竞争力排名虽然整体表现强于综合经济竞争力，但是其排名下滑的趋势更加明显。各城市可持续竞争力排名依次为长春、吉林、四平、辽源、松原、通化、白山和白城。长春市（第49位）和吉林（第190位）进入全国前200位，其余6个城市位居全国第228—279位之间。相对于2020年，所有城市均出现排名的大幅下滑。其中，长春、白城、辽源、白山、通化、松原、吉林和四平排名分别下滑了5位、14位、23位、32位、46位、54位、75位和78位。各城市得分对比见图9—4。

四　吉林省城市可持续竞争力解释

从城市可持续竞争力的分项指标来看，环境韧性指标和经济活力指标是拉低吉林省城市可持续竞争力的主要因素，社会和谐指标有上升的

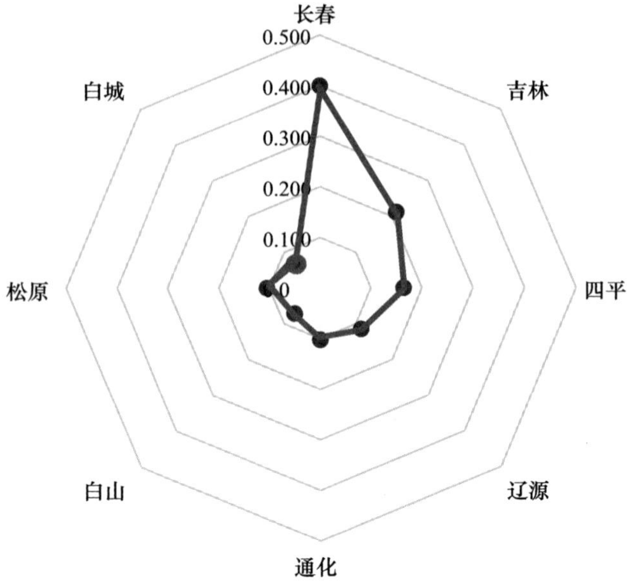

图 9—4　吉林省各城市可持续竞争力

资料来源：中国社会科学院城市与竞争力指数数据库。

趋势。环境韧性指标排名中，吉林省 8 个城市均未进入全国前 100 位，排名前三位的是通化（第 155 位）、辽源（第 175 位）和长春（第 184 位），有 4 个城市位居 200 位后。从经济活力指标来看，全省仅长春市（第 72 位）进入全国前 100 位，其余 7 个城市均集中分布在第 259—291 位，差距较小。需要关注的是，对比 2020 年，除白城和通化排名分别上升 1 位和 6 位之外，其余 6 个城市均出现了排名下滑。从社会和谐指数来看，除了长春和白山的排名下滑外，其余 6 个城市排名均出现了不同程度的上升。可持续竞争力分享指标情况见表 9—4。

表 9—4　吉林省各城市可持续竞争力解释性指标

	可持续竞争力		经济活力		环境韧性		社会和谐		科技创新		全球联系	
	指数	排名	指数	排名	指数	排名	指数	排名	指数	排名	指数	排名
长春	0. 40	49	0. 468	72	0. 451	184	0. 729	33	0. 492	33	0. 585	30
吉林	0. 21	190	0. 152	259	0. 418	221	0. 736	32	0. 489	34	0. 163	175
四平	0. 16	228	0. 000	291	0. 448	190	0. 322	208	0. 226	109	0. 088	268

续表

	可持续竞争力		经济活力		环境韧性		社会和谐		科技创新		全球联系	
	指数	排名	指数	排名	指数	排名	指数	排名	指数	排名	指数	排名
辽源	0.11	257	0.038	287	0.456	175	0.229	258	0.060	274	0.072	276
通化	0.10	267	0.068	282	0.465	155	0.310	219	0.063	267	0.084	269
白山	0.07	277	0.151	261	0.395	249	0.467	120	0.072	259	0.068	278
松原	0.10	264	0.009	290	0.341	275	0.298	226	0.084	250	0.099	262
白城	0.07	279	0.020	289	0.352	270	0.283	235	0.085	248	0.075	271

资料来源：中国社会科学院城市与竞争力指数数据库。

第三节　中国城市竞争力(黑龙江省)报告

黑龙江省各城市的综合经济竞争力和可持续竞争力排名相对靠后，并且排名下滑的趋势没有明显好转。城市可持续竞争力下滑的趋势更加明显。城市综合经济竞争力方面，当地要素指标严重拉低了整体排名，生活环境和营商软环境指标排名有明显提高。哈尔滨和大庆排名非常接近，具有典型的“双子星”结构，其他城市综合经济竞争力排名集中靠后。可持续竞争力方面，经济活力和环境韧性两项指标仍然是拉低黑龙江省城市可持续竞争力排名的主要因素。

一　黑龙江省城市综合经济竞争力整体表现

黑龙江省各城市综合经济竞争力的下降趋势没有得到显著改善，多数城市的排名相较于2020年存在不同程度的下滑。2021年，各城市的排名依次为哈尔滨、大庆、佳木斯、牡丹江、齐齐哈尔、绥化、七台河、双鸭山、鸡西、鹤岗、黑河和伊春，得分对比情况见图9—5。没有城市进入全国前100位，除哈尔滨和大庆外，其余10个城市均集中分布在全国第246—291位之间。2020年，大庆、双鸭山、鸡西、鹤岗4个城市排名略有上升，哈尔滨等8个城市排名仍然整体退步。佳木斯、牡丹江、齐齐哈尔、绥化和七台河排名下滑均超过10位。综合经济增量竞争力和综合经济密度竞争力排名，均有50%的城市进步，但是进步的幅度显著小于城市排名退步的幅度。从省内格局来看，大庆表现相对突出，排名上升26位，进步幅度最大；哈尔滨排名下降5位，两城市排名接近，大幅度领先其余10个城市，其余城市综合经济竞争力水平差距不大，排名接近。

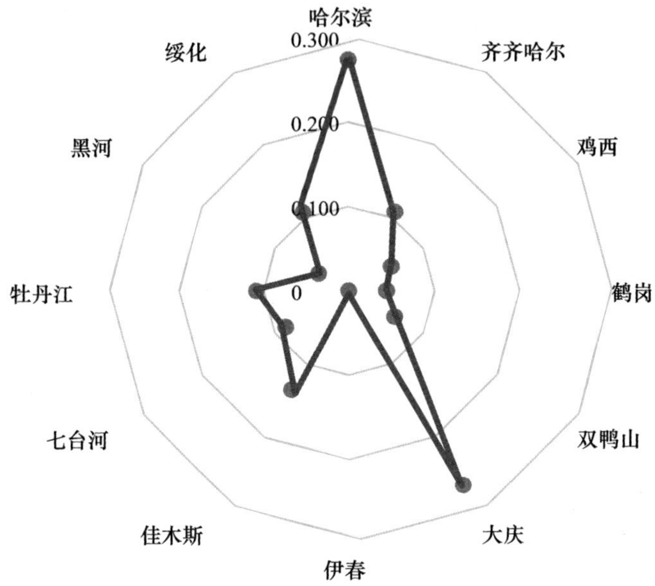

图9—5 黑龙江省各城市综合经济竞争力指数

资料来源：中国社会科学院城市与竞争力指数数据库。

二 黑龙江省城市综合经济竞争力解释

从城市综合经济竞争力的分项指标来看，当地要素指标是拉低黑龙江省城市排名的主要指标，而营商软环境指标和生活环境指标是促进黑龙江省城市综合经济竞争力排名提升的主要因素。从当地要素指标来看，2021年仅哈尔滨进入全国前100位，共有哈尔滨、大庆、齐齐哈尔等9个城市排名出现下滑，仅有鹤岗、鸡西和伊春3个城市排名上升。从营商环境指标来看，黑龙江省有9个城市排名相对于2020年有所上升，仅双鸭山、鹤岗和绥化3个城市排名下降，可见黑龙江省在努力改善营商环境，但是整体水平还是相对落后，仅哈尔滨市进入全国前30位，而9个城市中绝大多数排名都集中在200位之后。从生活环境指标来看，黑龙江省也有9个城市排名不同程度的上升，3个城市排名下降。

表 9—5　　黑龙江省各城市综合经济竞争力解释性指标

	综合经济竞争力		当地要素		生活环境		营商软环境		营商硬环境		全球联系	
	指数	排名	指数	排名	指数	排名	指数	排名	指数	排名	指数	排名
哈尔滨	0.274	146	0.505	31	0.505	79	0.662	23	0.354	101	0.619	24
齐齐哈尔	0.108	261	0.302	131	0.226	243	0.257	181	0.318	126	0.149	191
鸡西	0.057	281	0.109	260	0.198	255	0.197	243	0.061	284	0.074	272
鹤岗	0.044	286	0.019	289	0.040	288	0.069	287	0.163	232	0.036	288
双鸭山	0.062	279	0.000	291	0.086	279	0.046	288	0.148	242	0.000	291
大庆	0.266	149	0.337	101	0.258	223	0.368	101	0.122	253	0.124	226
伊春	0.000	291	0.137	250	0.048	287	0.140	281	0.075	279	0.061	281
佳木斯	0.135	246	0.206	200	0.160	268	0.205	238	0.328	116	0.102	256
七台河	0.085	275	0.054	286	0.106	274	0.103	285	0.128	251	0.022	290
牡丹江	0.109	260	0.238	183	0.247	230	0.252	191	0.326	120	0.110	246
黑河	0.041	287	0.069	284	0.231	240	0.187	258	0.226	180	0.058	282
绥化	0.107	262	0.088	271	0.083	281	0.184	259	0.073	280	0.073	273

资料来源：中国社会科学院城市与竞争力指数数据库。

三　黑龙江省城市可持续竞争力整体表现

黑龙江省的城市可持续竞争力表现稍差于综合经济竞争力。从 2021 年的排名来看，依次为哈尔滨、大庆、佳木斯、牡丹江、绥化、齐齐哈尔、双鸭山、鸡西、七台河、黑河、鹤岗和伊春，仅哈尔滨（第 86 位）进入全国前 100 位，大庆（第 130 位）之外其余 10 个城市均集中分布在全国第 256—290 位之间。相对于 2020 年，仅鹤岗排名上升 2 位，鸡西和伊春排名保持不变，其余 9 个城市均出现不同程度的下滑，其中哈尔滨下降 16 位，大庆下降 26 位。各城市对比情况见图 9—6。

四　黑龙江省城市可持续竞争力解释

从城市可持续竞争力的分项指标来看，经济活力和环境韧性两项指标仍然是拉低黑龙江省城市可持续竞争力排名的主要因素。从经济活力指标来看，哈尔滨和大庆排名分别上升 9 位和 44 位，哈尔滨进入前 100 位，大

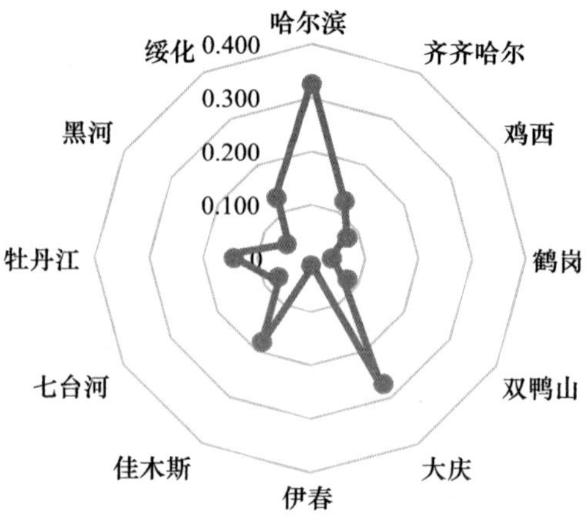

图 9—6 黑龙江省各城市可持续竞争力

资料来源：中国社会科学院城市与竞争力指数数据库。

庆进入全国前 200 位，其余 10 个城市均集中分布在第 227—289 位之间，其中 8 个城市位居第 266—283 位之间。牡丹江、佳木斯和绥化分别下滑 62 位、51 位和 41 位。从环境韧性指标来看，只有七台河进入全国前 200 位，其余 11 个城市集中分布在全国第 231—288 位之间，牡丹江和鸡西分别下滑 35 位和 68 位，哈尔滨居全国第 282 位，排名保持不变。详见表 9—6。

表 9—6 黑龙江省各城市可持续竞争力解释性指标

	可持续竞争力		经济活力		环境韧性		社会和谐		科技创新		全球联系	
	指数	排名	指数	排名	指数	排名	指数	排名	指数	排名	指数	排名
哈尔滨	0. 313	86	0. 410	99	0. 304	282	0. 763	28	0. 509	30	0. 619	24
齐齐哈尔	0. 120	255	0. 118	269	0. 277	288	0. 395	167	0. 213	119	0. 149	191
鸡西	0. 086	271	0. 155	257	0. 404	241	0. 241	251	0. 110	229	0. 074	272
鹤岗	0. 054	285	0. 093	275	0. 349	272	0. 178	270	0. 043	282	0. 036	288
双鸭山	0. 067	280	0. 063	283	0. 388	254	0. 175	271	0. 005	290	0. 000	291
大庆	0. 265	130	0. 274	188	0. 395	250	0. 538	87	0. 234	99	0. 124	226
伊春	0. 019	290	0. 080	279	0. 333	279	0. 077	285	0. 097	240	0. 061	281
佳木斯	0. 103	265	0. 152	260	0. 364	264	0. 239	252	0. 146	191	0. 102	256
七台河	0. 051	287	0. 073	281	0. 466	154	0. 092	284	0. 019	288	0. 022	290

续表

	可持续竞争力		经济活力		环境韧性		社会和谐		科技创新		全球联系	
	指数	排名	指数	排名	指数	排名	指数	排名	指数	排名	指数	排名
牡丹江	0.101	268	0.083	277	0.413	231	0.313	216	0.165	167	0.110	246
黑河	0.036	289	0.222	227	0.298	284	0.318	212	0.073	258	0.058	282
绥化	0.111	261	0.088	276	0.340	276	0.268	240	0.049	280	0.073	273

资料来源：中国社会科学院城市与竞争力指数数据库。

第十章

中国(中部地区)城市竞争力报告

蔡书凯 郭 晗 刘 凯*

第一节 中国城市竞争力(江西省)报告

2021年江西省城市综合经济竞争力和可持续竞争力总体处于全国中游水平。综合经济竞争力方面，南昌、新余、鹰潭等城市表现相对突出，随着赣南等原中央苏区和其他革命老区的振兴发展，部分城市的综合经济竞争力有了长足提升。可持续竞争力方面，南昌排名一骑绝尘，大多城市的可持续竞争力增长有限，而景德镇则大幅下降。未来需要从城市区位条件和资源禀赋出发，错位发展、协调发展、均衡发展。

一 综合经济竞争力表现及其变化

(一) 综合经济竞争力的全省地位及其变化

江西省位于长江中上游地区，近邻长珠闽，生态环境优良，文化资源丰富，2021年江西省城市综合经济竞争力总体处于全国中游水平。省内南昌、新余、鹰潭等一批城市在综合经济竞争力总体和分项方面表现相对突出。新余和宜春的综合经济竞争力提升较快，比2020年提升了20个位次。江西省内各城市综合经济竞争力得分如图10—1所示。

---

* 本章江西省、安徽省部分由蔡书凯撰写，河南省、山西省部分由郭晗撰写，湖北省、湖南省部分由刘凯撰写。

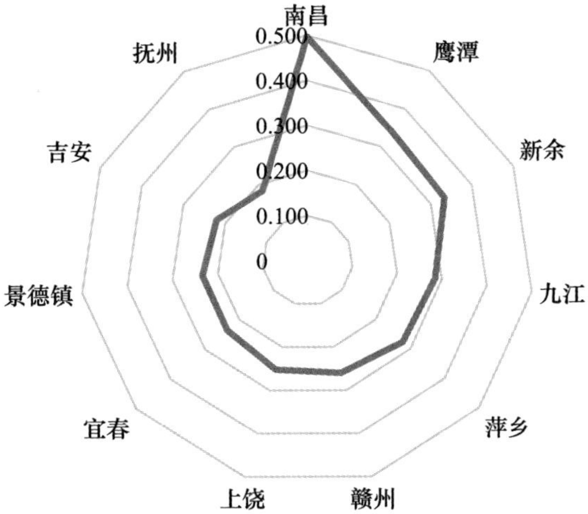

图 10—1　江西省各城市综合经济竞争力指数

资料来源：中国社会科学院城市与竞争力指数数据库。

（二）综合经济竞争力的省内格局及其变化

大南昌都市圈城市的综合经济竞争力有所提升，如大南昌都市圈的重要成员宜春市、九江市、抚州市均有所上升。赣东北新余的综合经济竞争力也提升较快。

南昌继续保持一枝独秀。从城市层面来看，南昌作为江西省的省会，是江西省综合经济竞争力唯一进入前 50 名的城市，各方面发展情况要明显好于其他城市。但从综合经济竞争力来看，2021 年江西城市平均综合经济竞争力仍处于全国省区市中下水平。从综合经济密度来看，南昌、赣州、九江、宜春、上饶均进入全国前 100 位。但江西省各城市在综合经济增量方面的表现要弱于在综合经济密度方面的表现，除萍乡、景德镇、鹰潭、新余等城市外，大部分城市的综合经济增量排名落后于综合经济密度。在综合经济密度指数上，有南昌、九江、赣州、宜春、上饶 5 个城市排名进入全国前 100 位。在综合经济增量指数上，仅南昌、赣州和新余进入全国前 100 位（见表 10—1、表 10—2）。

表 10—1　　2021 年江西省各城市综合经济竞争力指数排名

	综合经济竞争力		综合经济密度		综合经济增量	
	指数	排名	指数	排名	指数	排名
南昌	0.497	40	0.305	31	0.496	43
景德镇	0.234	184	0.098	218	0.273	162
萍乡	0.277	142	0.091	228	0.332	116
九江	0.285	136	0.228	57	0.266	166
新余	0.333	97	0.092	227	0.404	71
鹰潭	0.342	89	0.107	206	0.408	68
赣州	0.260	159	0.259	44	0.217	213
吉安	0.220	198	0.174	119	0.213	214
宜春	0.236	181	0.202	86	0.217	212
抚州	0.184	223	0.143	152	0.183	230
上饶	0.252	168	0.200	90	0.239	189

资料来源：中国社会科学院城市与竞争力指数数据库。

表 10—2　　江西省各城市综合经济竞争力排名变化情况

	2021 年数据	2021 年排名	2020 年数据	2020 年排名	排名差
南昌	0.497	40	0.495	40	0
景德镇	0.234	184	0.222	199	15
萍乡	0.277	142	0.263	158	16
九江	0.285	136	0.278	139	3
新余	0.333	97	0.309	117	20
鹰潭	0.342	89	0.334	99	10
赣州	0.260	159	0.271	146	-13
吉安	0.220	198	0.212	210	12
宜春	0.236	181	0.221	201	20
抚州	0.184	223	0.178	229	6
上饶	0.252	168	0.260	163	-5

资料来源：中国社会科学院城市与竞争力指数数据库。

二　综合经济竞争力解释

近年来，江西经济发展的整体效能不断提升，综合经济竞争力有所提升。江西省先后出台大南昌都市圈发展规划、高铁经济带发展规划和新一轮支持赣东北开放合作、赣西转型升级政策措施，力争把江西省建设成为“富裕、和谐、秀美”的新江西。

南昌和赣州在当地要素指数表现较抢眼，位居全国前100位。生活环境指数是江西省各城市综合经济竞争力表现最好的一项，有南昌、九江、赣州、吉安、抚州、上饶6个城市进入全国前100位。在营商硬环境、营商软环境等方面依然存在较大的改善空间。全球联系也有待进一步强化（见表10—3）。

整体上看，南昌市在省内综合经济竞争力的优势是全方位的，其在当地要素、生活环境、营商软环境、营商硬环境、全球联系等维度均处于全省领跑地位。

表10—3　2021年江西省各城市综合经济竞争力解释性指标排名

	当地要素		生活环境		营商软环境		营商硬环境		全球联系	
	指数	排名	指数	排名	指数	排名	指数	排名	指数	排名
南昌	0.485	36	0.665	31	0.573	36	0.456	60	0.613	26
景德镇	0.240	180	0.441	107	0.306	135	0.376	91	0.224	105
萍乡	0.101	263	0.361	152	0.225	221	0.134	246	0.110	247
九江	0.306	126	0.571	52	0.283	154	0.346	109	0.144	198
新余	0.251	173	0.277	214	0.163	274	0.132	248	0.073	275
鹰潭	0.143	247	0.297	193	0.181	263	0.156	236	0.121	232
赣州	0.357	88	0.609	42	0.342	115	0.335	114	0.238	102
吉安	0.195	206	0.555	59	0.303	137	0.091	269	0.179	157
宜春	0.207	199	0.435	109	0.300	140	0.122	254	0.194	135
抚州	0.104	262	0.461	94	0.190	251	0.133	247	0.126	223
上饶	0.280	154	0.575	50	0.258	179	0.121	256	0.208	122

资料来源：中国社会科学院城市与竞争力指数数据库。

三　可持续竞争力表现及其变化

（一）可持续竞争力的全省地位及其变化

江西省可持续竞争力水平主体表现不佳，总体排名处于全国中下游。南昌的可持续竞争力表现突出（见图10—2）。相对来说，社会和谐指数较强，但科技创新能力和全球联系相对处于短板地位。

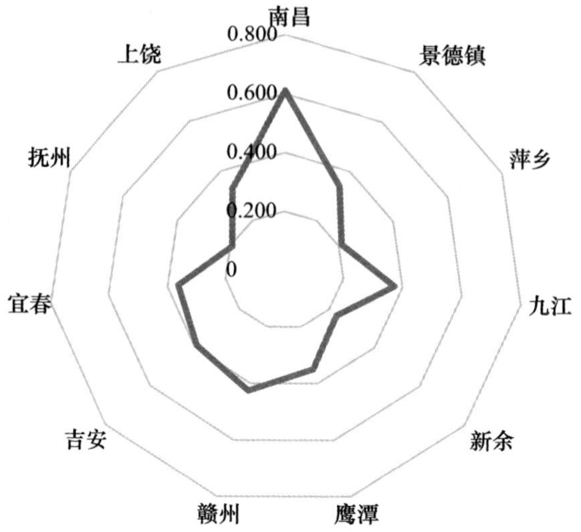

图 10—2 江西省各城市综合经济竞争力

资料来源：中国社会科学院城市与竞争力指数数据库。

（二）可持续竞争力的省内格局及其变化

南昌排名一骑绝尘。可持续竞争力排名前100位的城市中，江西省仅有南昌市名列其中。抚州位列200名开外。省内各城市与省会城市南昌的差距均较大。亮点是赣州、宜春、吉安、九江等城市的可持续竞争力与2020年相比有了很大程度的提升（见表10—4、表10—5）。

大多数城市的可持续竞争力增长有限。除赣州、宜春、吉安、九江外，景德镇、新余、萍乡等城市的可持续竞争力相对有所下降，南昌则基本保持不变。说明江西省整体上可持续竞争力状况具有较大的提升空间。

表 10—4 2021 年江西省各城市可持续竞争力指数排名

	可持续竞争力		综合人口增量竞争力		综合人口密度竞争力	
	指数	排名	指数	排名	指数	排名
南昌	0.460	37	0.495	34	0.479	38
景德镇	0.215	185	0.181	218	0.305	139

续表

	可持续竞争力		综合人口增量竞争力		综合人口密度竞争力	
	指数	排名	指数	排名	指数	排名
萍乡	0.220	178	0.174	225	0.319	123
九江	0.276	116	0.325	100	0.301	146
新余	0.247	151	0.175	222	0.362	91
鹰潭	0.226	171	0.158	238	0.339	107
赣州	0.248	149	0.346	83	0.238	213
吉安	0.205	197	0.259	149	0.231	219
宜春	0.248	148	0.292	128	0.278	171
抚州	0.181	216	0.218	188	0.223	226
上饶	0.224	175	0.285	133	0.244	209

资料来源：中国社会科学院城市与竞争力指数数据库。

表 10—5　　江西省各城市可持续竞争力排名变化情况

	2021 年数据	2021 年排名	2020 年数据	2020 年排名	排名差
南昌	0.460	37	0.429	37	0
景德镇	0.215	185	0.252	118	-67
萍乡	0.220	178	0.222	151	-27
九江	0.276	116	0.244	126	10
新余	0.247	151	0.245	125	-26
鹰潭	0.226	171	0.206	172	1
赣州	0.248	149	0.204	178	29
吉安	0.205	197	0.174	209	12
宜春	0.248	148	0.205	176	28
抚州	0.181	216	0.161	218	2
上饶	0.224	175	0.193	185	10

资料来源：中国社会科学院城市与竞争力指数数据库。

四　可持续竞争力解释

（一）可持续竞争力的全省地位及其变化的解释

缘于经济活力、环境韧性、社会和谐、科技创新、全球联系等方面的良好表现，南昌的可持续竞争力在省内一枝独秀（见表 10—6）。考虑到未来城市之间的均衡可持续发展，需要重点考虑如何把南昌、赣州等中心城市的优势转化为城市的竞争优势，把九江、上饶等城市的交通区位优势转化为发展优势，提高景德镇、新余等传统产业城市的创新驱动能力是提升江西省各城市可持续竞争力需要重点突破的瓶颈。

表 10—6　　2021 年江西省各城市可持续竞争力解释性指标

	经济活力		环境韧性		社会和谐		科技创新		全球联系	
	指数	排名	指数	排名	指数	排名	指数	排名	指数	排名
南昌	0.611	30	0.587	43	0.625	59	0.494	32	0.613	26
景德镇	0.340	140	0.549	68	0.343	197	0.173	161	0.224	105
萍乡	0.211	234	0.479	136	0.377	177	0.095	241	0.110	247
九江	0.373	121	0.471	146	0.567	76	0.207	124	0.144	198
新余	0.233	221	0.544	71	0.293	229	0.156	178	0.073	275
鹰潭	0.350	132	0.582	47	0.222	264	0.063	270	0.121	232
赣州	0.425	91	0.461	167	0.474	114	0.220	113	0.238	102
吉安	0.391	111	0.463	159	0.454	132	0.071	261	0.179	157
宜春	0.363	129	0.450	188	0.495	103	0.148	190	0.194	135
抚州	0.193	241	0.439	199	0.387	173	0.098	239	0.126	223
上饶	0.327	150	0.509	102	0.367	182	0.159	177	0.208	122

资料来源：中国社会科学院城市与竞争力指数数据库。

（二）可持续竞争力的省内格局及其变化的解释

江西省各城市除南昌外，大部分城市在经济活力、环境韧性、社会和谐、科技创新、全球联系等方面均表现不温不火，均在第 100 名开外，第 200 名左右。除了九江的社会和谐位居第 76 位，赣州的经济活力位居第 91 位。大多数城市的可持续竞争力解释性指标表现中规中矩。

五　中心城市：南昌

南昌是江西省的省会，其综合经济竞争力在全国排名第 40 位，第 2 位的鹰潭排名第 89 位，但南昌在 35 个大中城市中的排名比较靠后。具体来看，南昌的当地要素、营商软环境、营商硬环境等分项全面超过赣州，在生活环境、全球联系方面，南昌的领先优势并不明显（见图 10—3）。

南昌市可持续竞争力在全国排名第 37 位，第 2 位的九江则排名第

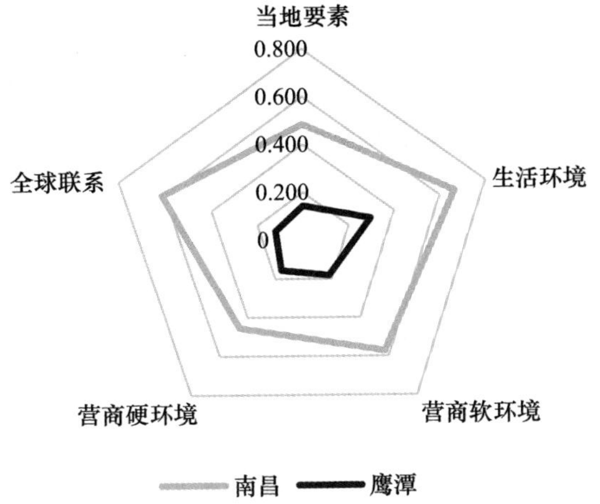

图 10—3　2021 年南昌和鹰潭综合经济竞争力指数对比

116 位，南昌的排名遥遥领先。在经济活力、科技创新和全球联系等分项指标上，南昌全面领先于九江；而在环境韧性、社会和谐等分项指标上，两个城市的差距不大（见图 10—4）。

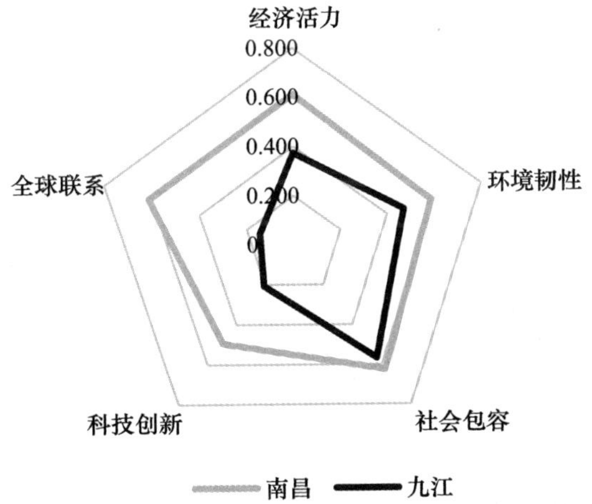

图 10—4　2021 年南昌与九江可持续竞争力指数对比

未来，需要进一步提升省会南昌的城市集聚能力和辐射带动能力，扩大城市人口规模，强化软件环境建设，使其成为带头大南昌都市圈发展的龙头城市，引领江西区域经济高质量发展。出台基于都市圈发展的国土空间、城镇体系、综合交通、产业布局、生态环境等规划，提升“引领圈”首位度。增强都市圈赣风鄱韵和科技支撑，打造高端产业集聚、区域城乡互促、创新创业活跃、宜居宜业宜游的都市圈命运共同体。在做大做强首位城市南昌的基础上，构建多中心、多层级的网络型城市群结构，扶持九江、新余、抚州、宜春等二级中心城市的建设，进而推动形成区域发展格局的“升级版”——“一圈引领、两轴驱动、三区协同”发展。

第二节 中国城市竞争力(安徽省)报告

2021 年安徽省城市竞争力总体处于全国中上游水平。综合经济竞争力方面，省会合肥以及芜湖、马鞍山、铜陵等皖南城市在综合经济竞争力方面均表现优异；宿州、蚌埠、阜阳、亳州等皖北城市综合经济竞争力快速提升。可持续竞争力方面，铜陵、淮南、淮北等资源型城市的经济转型依然在持续推进中；安庆、滁州、宣城等城市有了大幅度的提升；宿州、阜阳、亳州等皖北城市的可持续竞争力也在持续提升，不断缩小与皖南各城市的整体差距。

一 综合经济竞争力表现及其变化

（一）综合经济竞争力的全省地位及其变化

2021 年安徽省城市竞争力总体处于全国中上游水平。省内合肥、芜湖、马鞍山、铜陵、滁州等一批城市在综合经济竞争力总体和分项方面均表现优异，特别是在营商硬环境方面表现突出。

（二）综合经济竞争力的省内格局及其变化

安徽省各城市的综合经济竞争力差异较大。合肥和芜湖进入全国前 50 强，马鞍山也进入前 100 位，六安、黄山、亳州、池州等城市位于 200 位之后。与 2020 年相比，安徽省城市的综合经济竞争力总体处于不断提升状态。但铜陵、宿州等资源性城市有所下降。

皖北表现更突出。近年来，安徽省内格局正在发生重大变化，虽然省内南北发展水平差距历来较大，但南北差异有不断缩小的趋势。2021 年与 2020 年数据相比，皖北的蚌埠、阜阳、亳州等城市综合经济竞争力

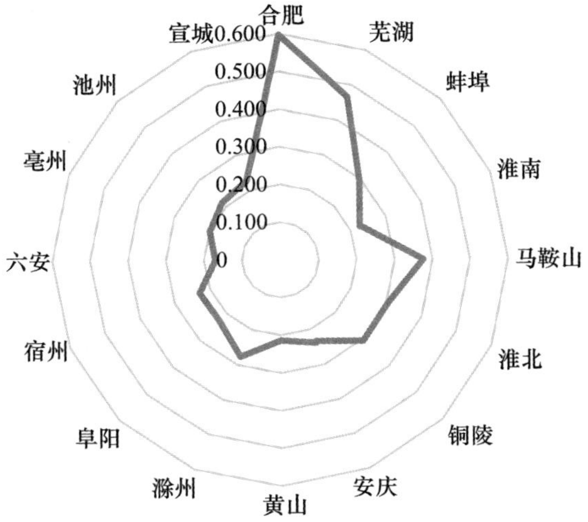

图 10—5　2021 年安徽省主要城市综合经济竞争力

资料来源：中国社会科学院城市与竞争力指数数据库。

显著提升，增幅继续高于全省平均水平，安徽正变得越来越均衡（见表10—7、表 10—8）。

表 10—7　　2021 年安徽省各城市综合经济竞争力情况

	综合经济竞争力		综合经济密度竞争力		综合经济增量竞争力	
	指数	排名	指数	排名	指数	排名
合肥	0. 597	24	0. 462	14	0. 537	36
芜湖	0. 467	43	0. 237	54	0. 495	45
蚌埠	0. 295	126	0. 178	109	0. 307	136
淮南	0. 231	185	0. 132	177	0. 250	181
马鞍山	0. 375	73	0. 175	114	0. 412	61
淮北	0. 305	118	0. 115	198	0. 354	100
铜陵	0. 306	117	0. 126	184	0. 349	105
安庆	0. 239	178	0. 175	117	0. 236	192
黄山	0. 214	205	0. 093	225	0. 250	180
滁州	0. 277	143	0. 211	73	0. 266	167

续表

	综合经济竞争力		综合经济密度竞争力		综合经济增量竞争力	
	指数	排名	指数	排名	指数	排名
阜阳	0.227	190	0.202	85	0.206	218
宿州	0.229	188	0.177	111	0.223	210
六安	0.170	229	0.137	167	0.169	237
亳州	0.199	214	0.157	134	0.195	222
池州	0.215	204	0.095	222	0.250	178
宣城	0.227	191	0.154	138	0.232	198

资料来源：中国社会科学院城市与竞争力指数数据库。

表 10—8　　安徽省各城市综合经济竞争力排名变化情况

	2021 年数据	2021 年排名	2020 年数据	2020 年排名	排名差
合肥	0.597	24	0.600	21	-3
芜湖	0.467	43	0.468	44	1
蚌埠	0.295	126	0.284	137	11
淮南	0.231	185	0.227	189	4
马鞍山	0.375	73	0.370	76	3
淮北	0.305	118	0.307	120	2
铜陵	0.306	117	0.337	95	-22
安庆	0.239	178	0.223	197	19
黄山	0.214	205	0.208	212	7
滁州	0.277	143	0.232	187	44
阜阳	0.227	190	0.202	216	26
宿州	0.229	188	0.250	169	-19
六安	0.170	229	0.162	237	8
亳州	0.199	214	0.187	222	8
池州	0.215	204	0.204	215	11
宣城	0.227	191	0.219	204	13

资料来源：中国社会科学院城市与竞争力指数数据库。

二　综合经济竞争力解释

安徽省各城市的营商硬环境、全球联系方面表现更佳，但在当地要素、生活环境等指标方面存在较大的提升空间（见表10－9）。

皖北各城市的综合经济竞争力指标与皖南各城市的差距并不十分显著。说明皖北各城市正在崛起，逐步拉近与全省平均水平的差距。

表10—9　　2021年安徽省各城市综合经济竞争力解释性指标

	当地要素		生活环境		营商软环境		营商硬环境		全球联系	
	指数	排名	指数	排名	指数	排名	指数	排名	指数	排名
合肥	0.589	18	0.526	74	0.681	19	0.517	38	0.689	18
芜湖	0.417	58	0.394	129	0.375	98	0.393	82	0.204	126
蚌埠	0.349	91	0.294	194	0.279	159	0.242	167	0.176	162
淮南	0.314	124	0.267	218	0.258	180	0.238	170	0.114	240
马鞍山	0.299	132	0.305	186	0.439	66	0.523	32	0.254	98
淮北	0.279	157	0.212	249	0.295	144	0.270	155	0.186	144
铜陵	0.266	163	0.326	177	0.261	178	0.259	160	0.150	189
安庆	0.284	147	0.450	98	0.329	122	0.289	142	0.200	131
黄山	0.282	151	0.474	88	0.364	104	0.353	102	0.328	68
滁州	0.280	155	0.278	211	0.382	94	0.355	100	0.263	94
阜阳	0.332	106	0.285	201	0.319	126	0.189	213	0.237	103
宿州	0.128	254	0.203	253	0.142	280	0.208	196	0.283	82
六安	0.163	227	0.366	148	0.222	226	0.170	225	0.103	254
亳州	0.198	204	0.190	257	0.143	279	0.213	191	0.106	251
池州	0.185	213	0.253	227	0.311	133	0.281	149	0.193	136
宣城	0.228	190	0.436	108	0.238	203	0.180	218	0.185	146

资料来源：中国社会科学院城市与竞争力指数数据库。

当地要素方面，除了合肥、芜湖、蚌埠外，其他城市均表现不佳；生活环境方面，除了合肥、安庆、黄山外，其他城市排名均在100名开外，皖北主要城市位于200名开外；营商软环境方面，合肥一枝独秀，排名第19位，马鞍山、芜湖、滁州等皖南城市也相对较好，位于前100位以内，皖北各城市的营商软环境均有较大的提升空间；大部分城市的营商硬环境表现弱于营商软环境，只有合肥、芜湖、马鞍山3个城市排名在100名以内；全球联系的排名与城市综合经济竞争力排名之间存在脱节，有5个城市的全球联系排名位于前100名以内。

三 可持续竞争力表现及其变化

（一）可持续竞争力的全省地位及其变化

安徽省可持续竞争力水平普遍较好，总体排名处于全国中上游水平，而且大部分城市在2021年的排名显著高于2020年的排名。相对来说，社会和谐指数和环境韧性指数较强，科技创新能力相对处于短板地位（见图10—6）。

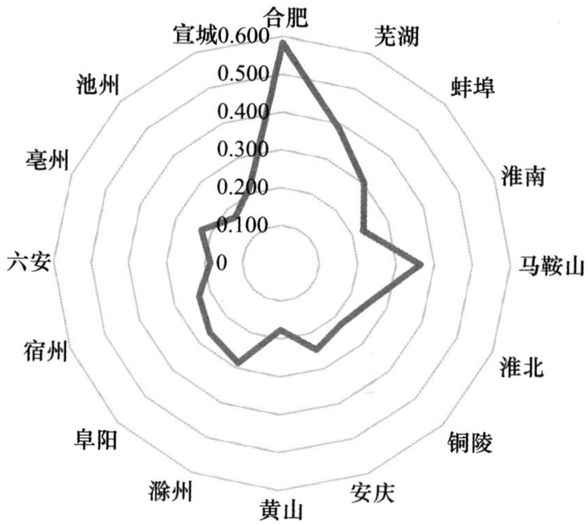

图10—6 2021年安徽省各城市综合经济竞争力

资料来源：中国社会科学院城市与竞争力指数数据库。

（二）可持续竞争力的省内格局及其变化

合肥、芜湖、马鞍山、蚌埠4个城市的可持续竞争力排名在前100名以内，其中，合肥的可持续竞争力排名最高，位于第16位。大部分城市在2021年的排名显著高于2020年的排名，只有淮北、安庆和黄山的可持续竞争力在下降（见表10—10、表10—11）。

皖北各城市的可持续竞争力不断提升。蚌埠、淮南、宿州、阜阳、亳州等皖北城市的可持续竞争力持续提升，其中阜阳市大幅提升了78位，不断缩小与皖南各城市的整体差距。

表 10—10　　2021 年安徽省各城市可持续竞争力情况

	可持续竞争力		综合人口增量竞争力		人口密度竞争力	
	指数	排名	指数	排名	指数	排名
合肥	0.582	16	0.704	11	0.528	28
芜湖	0.387	51	0.376	67	0.446	45
蚌埠	0.303	93	0.292	127	0.368	84
淮南	0.230	168	0.197	205	0.318	126
马鞍山	0.364	62	0.370	71	0.412	60
淮北	0.255	143	0.188	214	0.366	85
铜陵	0.224	174	0.124	261	0.362	88
安庆	0.246	152	0.258	151	0.301	145
黄山	0.176	222	0.161	236	0.256	195
滁州	0.286	111	0.317	106	0.322	120
阜阳	0.261	134	0.301	119	0.294	155
宿州	0.231	166	0.255	158	0.278	173
六安	0.185	211	0.204	200	0.238	215
亳州	0.227	170	0.246	164	0.276	175
池州	0.170	224	0.148	246	0.255	197
宣城	0.217	183	0.231	178	0.272	177

资料来源：中国社会科学院城市与竞争力指数数据库。

表 10—11　　安徽省各城市可持续竞争力排名变化情况

	2021 年数据	2021 年排名	2020 年数据	2020 年排名	排名差
合肥	0.582	16	0.532	22	6
芜湖	0.387	51	0.311	77	26
蚌埠	0.303	93	0.251	120	27
淮南	0.230	168	0.177	205	37
马鞍山	0.364	62	0.264	112	50
淮北	0.255	143	0.228	141	-2
铜陵	0.224	174	0.176	207	33
安庆	0.246	152	0.228	142	-10
黄山	0.176	222	0.186	193	-29

续表

	2021 年数据	2021 年排名	2020 年数据	2020 年排名	排名差
滁州	0. 286	111	0. 206	173	62
阜阳	0. 261	134	0. 171	212	78
宿州	0. 231	166	0. 182	198	32
六安	0. 185	211	0. 156	226	15
亳州	0. 227	170	0. 158	222	52
池州	0. 170	224	0. 144	235	11
宣城	0. 217	183	0. 180	201	18

资料来源：中国社会科学院城市与竞争力指数数据库。

四 可持续竞争力解释

经济活力驱动。安徽省各城市的经济活力指数与排名大多领先于可持续竞争力指数与排名，可以看出安徽省各城市可持续竞争力的提升是经济活力驱动的结果。环境韧性得分整体较高，有 6 个城市的排名居前 100 位，如铜陵高居第 45 位，马鞍山位居第 58 位。社会和谐方面，合肥、芜湖和黄山位列前 100 位。科技创新方面，只有合肥和芜湖位列前 100 位。全球联系方面，有 5 个城市位列前 100 位（见表 10 – 12）。

表 10—12　　2021 年安徽省各城市可持续竞争力解释性指标

	经济活力		环境韧性		社会和谐		科技创新		全球联系	
	指数	排名	指数	排名	指数	排名	指数	排名	指数	排名
合肥	0. 675	22	0. 558	62	0. 692	44	0. 669	13	0. 689	18
芜湖	0. 450	82	0. 572	51	0. 585	71	0. 306	74	0. 204	126
蚌埠	0. 361	130	0. 539	77	0. 485	110	0. 231	103	0. 176	162
淮南	0. 273	192	0. 491	122	0. 413	155	0. 220	114	0. 114	240
马鞍山	0. 548	48	0. 563	58	0. 431	143	0. 216	116	0. 254	98
淮北	0. 324	156	0. 519	92	0. 392	169	0. 188	142	0. 186	144
铜陵	0. 327	148	0. 583	45	0. 349	194	0. 175	158	0. 150	189
安庆	0. 400	104	0. 489	124	0. 491	105	0. 180	150	0. 200	131

续表

	经济活力		环境韧性		社会和谐		科技创新		全球联系	
	指数	排名	指数	排名	指数	排名	指数	排名	指数	排名
黄山	0.433	88	0.363	265	0.530	89	0.210	122	0.328	68
滁州	0.474	68	0.462	165	0.330	205	0.161	173	0.263	94
阜阳	0.306	166	0.476	139	0.445	136	0.194	134	0.237	103
宿州	0.184	245	0.395	248	0.344	196	0.078	254	0.283	82
六安	0.240	217	0.438	200	0.433	142	0.049	279	0.103	254
亳州	0.175	251	0.464	158	0.364	184	0.063	268	0.106	251
池州	0.399	106	0.504	110	0.223	262	0.109	231	0.193	136
宣城	0.364	127	0.471	147	0.352	192	0.118	223	0.185	146

资料来源：中国社会科学院城市与竞争力指数数据库。

强省会战略的驱动。长期以来安徽省城市发展水平较低，而且缺少首位城市，或者首位城市不够强大，让安徽省在全国排名中处于劣势。支持合肥进一步提升在全国省会中的地位是安徽省委、省政府的发展目标之一，在一系列政策措施的支持下，强省会战略取得了明显的效果，合肥的可持续竞争力远远超过其他城市。

皖北崛起战略的有效实施。安徽省针对皖北地区经济社会发展相对落后的现实，多年来把加快皖北振兴和崛起作为推动区域协调发展的战略重点，加大财税、要素支持和合作共建力度，皖北地区经济社会发展取得显著成就，有力地促进了皖北各城市可持续竞争力的提升。

五　中心城市：合肥

合肥是安徽省的省会，其综合经济竞争力在全国排名第 24 位，第 2 位的芜湖排名第 43 位。具体来看，合肥在当地要素、生活环境、营商软环境、营商硬环境、全球联系等分项全面超过芜湖（见图 10—7）。其在 35 个大中城市中的排名处于中等水平。

可持续竞争力方面，合肥在全国排名第 16 位，第 2 位的芜湖排名第 51 位，均比 2020 年有较大幅度的提升。具体来看，合肥在科技创新和全

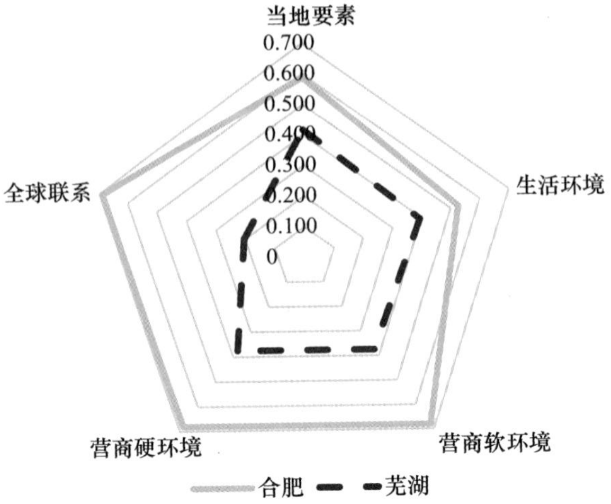

图 10—7 2021 年合肥、芜湖综合经济竞争力指数对比

球联系等分项全面超过芜湖，但在环境韧性分项得分要落后于芜湖，在社会和谐方面差距不大（见图 10—8）。合肥在 35 个大中城市中的排名处于中等偏上水平。

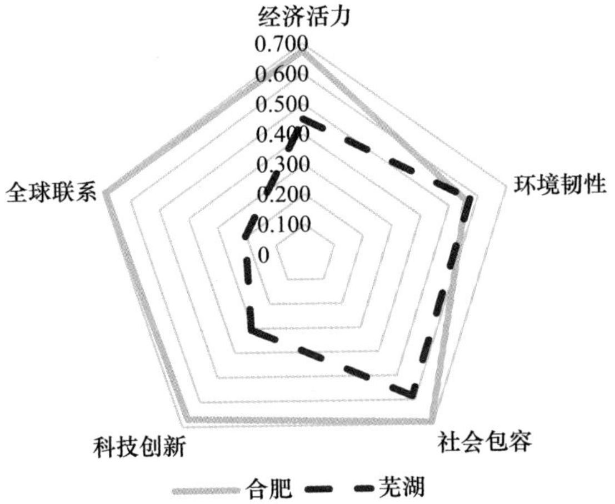

图 10—8 2021 年合肥、芜湖可持续竞争力指数对比

未来需要进一步提升省会城市合肥的首位度，进而发挥合肥省会城市、中心城市对都市圈城市的辐射带动作用，短期内可能会继续放大虹吸效应，但长期来看有助于进一步提升合肥的带动力和承载力，强化对周边城市特别是淮南、六安等城市的辐射带动作用。同时，加大芜湖作为省域副中心城市的建设力度。

第三节　中国城市竞争力(河南省)报告

河南省位于我国中东部、黄河中下游，历史文化悠久，是中华民族和华夏文明的重要发祥地。河南省是全国农业大省和粮食转化加工大省，人口众多，劳动力资源丰富，消费市场巨大；同时地理位置优越，素有“九州腹地，十省通衢”之称，是全国重要的综合交通枢纽和人流、物流、信息流中心。2020 年，河南省 GDP 总量达 54997.07 亿元，比 2019 年增长 1.3%。三次产业结构为 9.7：41.6：48.7，第三产业增加值占生产总值的比重较 2019 年提高了 0.2 个百分点。人均生产总值 55435 元，较 2019 年略降 1.7%。2020 年年末河南省常住人口为 9936.6 万人，其中城镇常住人口 5507.9 万人，常住人口城镇化率 55.43%，比 2019 年年末提高 2.22 个百分点。

一　综合经济竞争力表现及其变化

全省地位：处于全国中游水平，综合经济竞争力有所提升。从整体上看，2021 年河南省综合经济竞争力处于全国中游水平，前有郑州、洛阳等全国排名前百名城市领跑，其余城市排名基本处于第 100—200 位之间；与 2020 年相比，河南省各个城市的综合经济竞争力，不论是指数数值还是具体排名，均有不同幅度的上升，整体呈现出质量不断提升、排名不断超越的健康发展态势。

省内格局：郑州领跑，分化加剧。2021 年，河南省综合经济竞争力排名前 3 名的城市为郑州、洛阳、许昌，其中郑州作为河南省的中心城市遥遥领先，全国排名第 21 名；其余城市排名基本处于第 100—200 位。与 2020 年相比，除濮阳、安阳和三门峡三市分别下降 5 个、12 个、4 个位次以外，其余城市均有所提升。从地域分布来看，河南省出现了中心城市和周边城市的分化，中部、北部区域占地面积较小的城市如郑州、

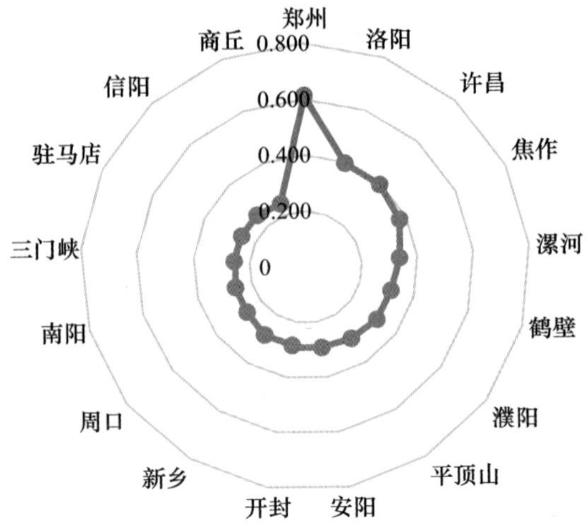

图 10—9 2021 年河南省各城市综合经济竞争力

资料来源：中国社会科学院城市与竞争力指数数据库。

洛阳等综合经济竞争力较强，而南部占地面积较大的周边城市如周口、南阳、驻马店、信阳等的综合经济竞争力较弱，排名较为靠后。

表 10—13 2021 年河南省各城市综合经济竞争力情况

	综合经济竞争力		综合经济密度竞争力		综合经济增量竞争力	
	指数	排名	指数	排名	指数	排名
郑州	0.614	21	0.545	30	0.487	12
洛阳	0.396	64	0.382	83	0.276	39
许昌	0.395	66	0.411	63	0.222	62
焦作	0.376	72	0.404	72	0.191	97
漯河	0.336	96	0.380	86	0.142	157
鹤壁	0.315	109	0.372	91	0.107	207
濮阳	0.315	110	0.349	106	0.148	146
平顶山	0.302	120	0.317	125	0.175	116
安阳	0.292	128	0.306	138	0.174	118
开封	0.284	137	0.292	145	0.181	105
新乡	0.284	138	0.280	156	0.200	91
周口	0.264	154	0.246	184	0.216	69

续表

	综合经济竞争力		综合经济密度竞争力		综合经济增量竞争力	
	指数	排名	指数	排名	指数	排名
南阳	0.261	157	0.235	194	0.227	59
三门峡	0.256	161	0.283	153	0.131	180
驻马店	0.254	165	0.241	187	0.202	87
信阳	0.254	166	0.242	186	0.199	92
商丘	0.243	172	0.223	209	0.208	77

资料来源：中国社会科学院城市与竞争力指数数据库。

二　综合经济竞争力解释

全球联系指标表现突出，营商硬环境有所下降。在综合经济竞争力解释性指标中，河南省各城市在全球联系方面的表现尤为突出，但是相较2020年，营商硬环境总体水平有所下降，且当地要素、生活环境等指标整体排名比较靠后，近两年并未有较大改善，从而对河南省的综合经济竞争力产生了一定的影响。

基础设施差距造成城市间综合经济竞争力分化加剧。作为河南省综合经济竞争力的第1名，郑州的五个分项指标均处于领先地位；第2名的洛阳，五个分项指标的全国排名也都在前80位；而它们较强的综合经济竞争力大多是得益于其较高的营商硬环境指数，均在全国排名第100多位，深层次原因在于其较高的电力充沛度和机场设施指数；同时，河南省综合经济竞争力较弱的周边城市，其营商硬环境指数排名大都分布在第100—200位，其深层次原因可能在于较低的网络信息传输速度和航运便利度指数。值得注意的是，在领跑城市的各项指标均呈现积极上升态势的同时，综合经济竞争力较弱的几个周边城市如三门峡、鹤壁、驻马店等出现了指标倒退的情况。中心城市与周边城市的分化趋势，不仅影响着河南省各个城市经济发展的均衡，也影响着河南省综合经济竞争力的成长。

表 10—14　　2021 年河南省各城市综合经济竞争力解释性指标

	当地要素		生活环境		营商软环境		营商硬环境		全球联系	
	指数	排名	指数	排名	指数	排名	指数	排名	指数	排名
郑州	0.542	25	0.620	39	0.663	22	0.531	29	0.678	20
南阳	0.505	32	0.363	150	0.378	96	0.326	119	0.280	84
安阳	0.424	56	0.201	254	0.321	125	0.327	117	0.249	100
洛阳	0.419	57	0.547	62	0.425	72	0.394	81	0.497	42
新乡	0.376	79	0.251	228	0.263	174	0.188	214	0.196	134
开封	0.338	99	0.255	225	0.329	121	0.313	129	0.174	164
信阳	0.335	104	0.326	178	0.335	118	0.118	258	0.270	88
许昌	0.331	107	0.266	221	0.262	175	0.306	133	0.187	141
焦作	0.322	112	0.362	151	0.276	165	0.220	184	0.143	199
平顶山	0.319	119	0.251	229	0.246	196	0.159	234	0.165	173
濮阳	0.216	193	0.174	262	0.214	232	0.339	111	0.134	211
商丘	0.213	196	0.216	247	0.213	234	0.180	217	0.184	148
漯河	0.176	215	0.220	245	0.234	209	0.235	175	0.147	196
驻马店	0.173	219	0.239	235	0.167	270	0.175	221	0.126	224
周口	0.165	225	0.275	216	0.243	198	0.157	235	0.147	195
鹤壁	0.144	245	0.072	284	0.291	151	0.366	94	0.161	176
三门峡	0.092	268	0.269	217	0.249	194	0.199	203	0.182	150

资料来源：中国社会科学院城市与竞争力指数数据库。

三　可持续竞争力表现及其变化

全省地位：处于全国中游水平，可持续竞争力有所提升。2021 年河南省可持续竞争力总体处于全国中游水平，有 8 个城市位列全国前百名，其余城市分布于第 100—200 名；与 2020 年相比，河南省各城市的可持续竞争力以及各项指数数值与具体排名均有不同幅度的上升，整体呈现出质量与排名齐头并进的积极发展态势。

省内格局：郑州领跑全省，周口进步明显，形成“中心强、周边弱”的分化格局。2021 年河南省可持续竞争力排名前三位的城市分别是郑州、洛阳、焦作，全国排名分别为第 18 位、第 61 位、第 65 位，相较于 2020 年均有不同程度的提高。河南省可持续竞争力全国排名进步最大的是周口，从 2020 年的第 163 名上升到第 126 名，提高了 37 名。河南省可持续竞争力排名较靠后的三个城市分别是鹤壁、驻马店、三门峡，其全国排

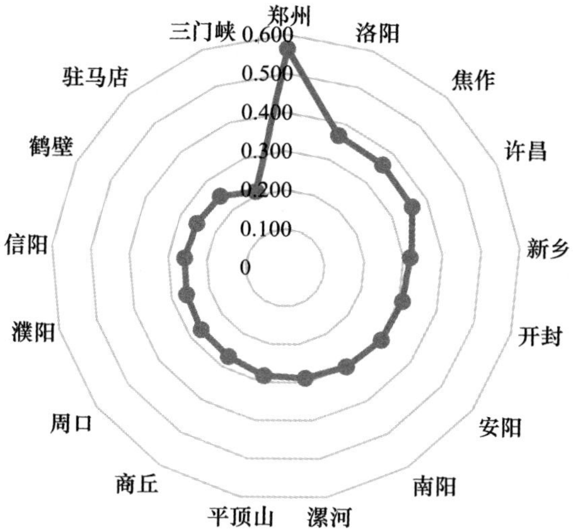

图 10—10　2021 年河南省各城市可持续竞争力

资料来源：中国社会科学院城市与竞争力指数数据库。

名分别为第 145 位、第 150 位、第 191 位。从地域分布来看，河南省大致上形成了“中心强、周边弱”的分化格局。

表 10—15　　2021 年河南省各城市可持续竞争力情况

	可持续竞争力		综合人口增量竞争力		综合人口密度竞争力	
	指数	排名	指数	排名	指数	排名
郑州	0. 564	18	0. 643	15	0. 542	22
洛阳	0. 366	61	0. 426	54	0. 375	77
焦作	0. 361	65	0. 323	102	0. 441	48
许昌	0. 358	69	0. 341	89	0. 423	55
新乡	0. 318	84	0. 348	82	0. 353	98
开封	0. 309	90	0. 312	111	0. 365	87
安阳	0. 306	92	0. 322	103	0. 352	99
南阳	0. 298	97	0. 375	68	0. 300	147
漯河	0. 289	109	0. 222	186	0. 397	63
平顶山	0. 283	112	0. 296	120	0. 332	110
商丘	0. 270	124	0. 310	114	0. 301	144
周口	0. 267	126	0. 310	113	0. 296	151

续表

	可持续竞争力		综合人口增量竞争力		综合人口密度竞争力	
	指数	排名	指数	排名	指数	排名
濮阳	0.261	135	0.246	165	0.333	108
信阳	0.258	139	0.315	108	0.278	172
鹤壁	0.253	145	0.174	224	0.372	80
驻马店	0.248	150	0.292	126	0.277	174
三门峡	0.210	191	0.203	201	0.281	167

资料来源：中国社会科学院城市与竞争力指数数据库。

四 可持续竞争力解释

整体向好发展，科技创新与社会和谐差异造成分化加剧。河南省可持续竞争力的经济活力、环境韧性和全球联系方面表现较好，与2020年相比，河南省整体上的综合可持续竞争力在向上发展，但是在科技创新以及社会和谐方面，领跑城市与其他城市之间的差异较大。部分排名靠后的城市出现指标倒退的现象，存在着中心城市与周边城市的分化趋势。

郑州全面领先，环境韧性是洛阳可持续竞争力提升的短板。郑州可持续竞争力排在河南省首位，其在经济活力、环境韧性、社会和谐、科技创新、全球联系五个分项方面也都位列榜首，原因在于郑州作为河南省省会，在环境、科技、开放等方面实力显著强于省内其他城市。洛阳在经济活力、社会和谐、全球联系三个方面排名均为河南省第二名，科技创新为河南省第三名，且以上四项都位于全国100名以内；但其环境韧性排名较为落后，为全国第156名，这主要是因为洛阳的交通便捷程度较低。河南省可持续竞争力排名较为靠后的驻马店等经济活力较差，与郑州、洛阳等城市差距较大，主要原因在于经商便利度较低、青年人才较少。

表10—16　　2021年河南省各城市可持续竞争力解释性指标

	经济活力		环境韧性		社会和谐		科技创新		全球联系	
	指数	排名	指数	排名	指数	排名	指数	排名	指数	排名
郑州	0.699	18	0.562	59	0.819	17	0.564	24	0.678	20
洛阳	0.463	74	0.464	156	0.674	47	0.363	57	0.497	42

续表

	经济活力		环境韧性		社会和谐		科技创新		全球联系	
	指数	排名	指数	排名	指数	排名	指数	排名	指数	排名
鹤壁	0.391	109	0.502	113	0.190	269	0.130	207	0.161	176
许昌	0.384	115	0.506	107	0.401	161	0.194	133	0.187	141
焦作	0.381	118	0.517	96	0.424	148	0.189	141	0.143	199
信阳	0.350	133	0.403	243	0.413	156	0.242	96	0.270	88
漯河	0.345	134	0.530	84	0.326	207	0.063	271	0.147	196
南阳	0.342	137	0.351	271	0.539	84	0.359	58	0.280	84
三门峡	0.331	145	0.411	234	0.293	230	0.066	266	0.182	150
开封	0.311	162	0.471	148	0.466	123	0.278	82	0.174	164
安阳	0.309	164	0.450	187	0.308	220	0.378	54	0.249	100
新乡	0.303	169	0.427	212	0.404	160	0.263	88	0.196	134
平顶山	0.275	187	0.466	152	0.410	158	0.196	132	0.165	173
商丘	0.258	209	0.453	181	0.290	233	0.089	245	0.184	148
周口	0.238	218	0.461	166	0.484	111	0.108	232	0.147	195
濮阳	0.218	230	0.487	128	0.364	183	0.087	247	0.134	211
驻马店	0.198	239	0.458	170	0.443	138	0.118	222	0.126	224

资料来源：中国社会科学院城市与竞争力指数数据库。

第四节　中国城市竞争力(山西省)报告

山西省位于太行山以西，黄河以东，古称河东，是一个由许多复杂山脉构成的高台地，简称“晋”，是中华民族发祥地之一，具有丰富的煤炭储量和旅游资源。山西省2020年的GDP总量达17651.93亿元，比2019年增长3.6%，人均地区生产总值47334元。2020年年末全省常住人口3491.56万，占全国人口比重的2.47%。其中，城镇常住人口2183.15万，占常住人口比重的62.53%，比2019年年末提高2.98个百分点。截至2020年年末，58个贫困县全部摘帽，7993个贫困村全部退出，329万贫困人口全部达到脱贫标准。2020年山西省全省上下深入学习贯彻习近平总书记视察山西时的重要讲话、重要指示和“三篇光辉文献”，坚持稳中求进工总基调，坚持“四为四高两同步”总体思路和要求，统筹疫情防控和经济社会发展，脱贫攻坚实现决战决胜，经济运行实现转型发展入轨并呈现强劲态势，决胜全面建成小康社会取得决定性成就。

一 综合经济竞争力表现及其变化

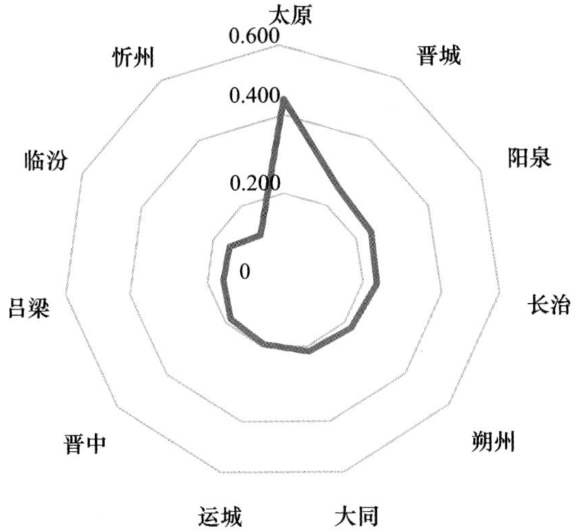

图 10—11 2021 年山西省各城市综合经济竞争力

资料来源：中国社会科学院城市与竞争力指数数据库。

全省地位：总体处于全国中下水平。2021 年山西省综合经济竞争力总体处于全国中下游水平，太原市全国排名前 50 位，其余城市分布在第 160—260 位，相较 2020 年变化不大，排名变动幅度均在 10 位以内。

省内格局：太原领跑，东强西弱。山西省综合经济竞争力排名前 3 名的城市为太原、晋城和阳泉，太原排名第 46 位，继续领跑全省，领先排名第 164 位的晋城 118 个位次；除太原外，其余城市综合经济竞争力排名均在全国中间位次第 145 位之后，晋城、阳泉、长治、朔州、大同的城市竞争力排名在第 160—210 位，运城、晋中、吕梁、临汾和忻州的城市竞争力排名在第 210—260 位，省内大致呈现出东部强、西部弱的局面。

表 10—17　　2021 年山西省各城市综合经济竞争力情况

	综合经济竞争力		综合经济增量竞争力		综合经济密度竞争力	
	指数	排名	指数	排名	指数	排名
太原	0.441	46	0.259	43	0.450	51
晋城	0.254	164	0.128	182	0.282	154
阳泉	0.241	174	0.083	239	0.290	147
长治	0.235	182	0.139	163	0.251	176
朔州	0.222	197	0.098	219	0.257	171
大同	0.213	206	0.124	190	0.232	201
运城	0.193	217	0.138	165	0.198	220
晋中	0.184	222	0.140	160	0.185	227
吕梁	0.159	235	0.133	174	0.156	243
临汾	0.154	240	0.125	188	0.155	244
忻州	0.111	257	0.115	199	0.105	268

资料来源：中国社会科学院城市与竞争力指数数据库。

二　综合经济竞争力解释

营商软环境提升明显，当地要素与全球联系制约综合经济竞争力的提升。山西省各城市综合经济竞争力的营商硬环境和营商软环境方面表现较好，相较 2020 年，营商硬环境指标保持良好态势，营商软环境指标提升较大，而生活环境、当地要素以及全球联系竞争力方面整体排名都比较落后，改善效果不明显，从而影响了山西省的综合经济竞争力。

营商硬环境差异导致省内综合经济竞争力呈现东强西弱格局。在营商硬环境方面，太原、大同、晋中和长治 4 个城市排名在第 100 位以内，这 4 个城市的营商软环境指标也均处于上游水平，其中晋中的生活环境指标位于省内第 2 名，但其当地要素、全球联系处于落后水平，导致晋中的综合经济竞争力在省内 11 个城市中排名第 9 位；位于西部的城市如忻州、临汾和吕梁，其生活环境、营商软环境指标在各个城市中表现较好，但综合竞争力排名落后，原因在于营商硬环境指标较弱；太原领跑的原因在于其各项指标均处于领先位置。由此可见，山西省各个城市综合经济竞争力的各项指标发展不均衡，影响了其在全国的综合地位，而营商硬环境指标的强弱是造成省内综合经济竞争力东强西弱的重要原因。

表 10—18　　2021 年山西省各城市综合经济竞争力解释性指标

	当地要素		生活环境		营商软环境		营商硬环境		全球联系	
	指数	排名	指数	排名	指数	排名	指数	排名	指数	排名
太原	0.475	40	0.464	93	0.565	38	0.523	31	0.563	32
大同	0.286	144	0.227	242	0.377	97	0.459	58	0.178	160
阳泉	0.151	237	0.051	286	0.224	223	0.211	193	0.101	261
长治	0.279	156	0.301	191	0.283	153	0.405	79	0.156	184
晋城	0.286	145	0.305	187	0.214	230	0.161	233	0.129	218
朔州	0.085	274	0.174	261	0.187	256	0.235	174	0.080	270
晋中	0.188	211	0.398	125	0.314	129	0.442	64	0.142	201
运城	0.251	174	0.282	205	0.345	113	0.196	205	0.210	119
忻州	0.290	141	0.286	200	0.237	204	0.174	222	0.153	187
临汾	0.156	233	0.329	174	0.314	132	0.129	250	0.178	158
吕梁	0.086	272	0.316	181	0.302	139	0.149	241	0.147	194

资料来源：中国社会科学院城市与竞争力指数数据库。

三　可持续竞争力表现及其变化

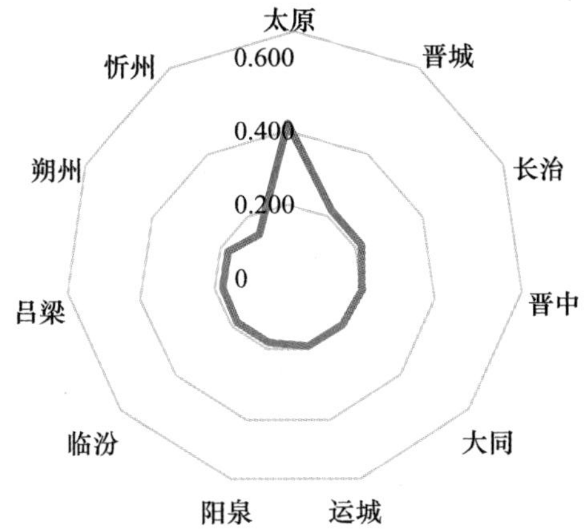

图 10—12　2021 年山西省各城市可持续竞争力

资料来源：中国社会科学院城市与竞争力指数数据库。

全省地位：处于全国中下游水平。2021 年山西省可持续竞争力总体处于全国中下游水平。省内除太原市进入全国排名前 50 位之外，其余城市均分布在第 180—240 位，相较 2020 年排名总体呈现小幅下降趋势。

省内格局：太原领跑全省，朔州有所退步。山西省可持续竞争力排旬前3名的城市为太原、晋城和长治，太原排名第43位，继续领跑全省，领先排名第181位的晋城138个位次；除太原外，其余城市综合经济竞争力排名均在全国中间位次第145位之后。相较2020年，除运城、忻州和太原分别有2名、4名、5名的小幅进步之外，其余城市均出现落后，其中朔州排名退步了25位，倒退幅度最大，导致其在省内的排名由第5位下降为第10位。

表10—19　　2021年山西省各城市可持续竞争力情况

	可持续竞争力		综合人口增量竞争力		综合人口密度竞争力	
	指数	排名	指数	排名	指数	排名
太原	0.421	43	0.451	44	0.448	44
晋城	0.219	181	0.215	193	0.287	160
长治	0.218	182	0.241	169	0.266	185
晋中	0.204	199	0.242	168	0.241	212
大同	0.194	205	0.216	192	0.244	208
运城	0.192	206	0.222	185	0.236	218
阳泉	0.182	214	0.135	255	0.284	164
临汾	0.182	215	0.223	184	0.220	228
吕梁	0.178	218	0.217	191	0.217	230
朔州	0.177	221	0.167	231	0.253	200
忻州	0.142	240	0.180	219	0.185	248

资料来源：中国社会科学院城市与竞争力指数数据库。

四　可持续竞争力解释

经济活力增强，环境韧性落后。山西省可持续竞争力的经济活力方面表现较好，相较2020年，各个城市的环境韧性指标排名整体呈现出比较明显的倒退局面，社会和谐、全球联系指标变化不大，而各个城市的科技创新能力差异较大。

科技创新是造成城市间分化与不平衡加剧的重要原因。太原的可持续竞争力全面发展，在经济活力、社会和谐、科技创新、全球联系四个分项方面都排在山西省首位，环境韧性排在省内第2位，但其余城市的各项指标呈现出不平衡的态势。朔州的环境韧性排名为全国第 67 位，居于省内首位，但其余四项指标均在第 220 名之后，导致环境韧性优势无法被利用；省内中部地区城市如晋中、吕梁、长治的经济活力相对更强，但吕梁因科技创新指标排名为全国第 273 位，较为落后，导致其综合可持续竞争力在省内排名靠后；而晋城的综合可持续竞争力在省内排名第 2 位，正是得益于其科技创新较强，在全国排名第 90 位，由此可见，科技创新能力对山西省各个城市的可持续竞争力具有至关重要的作用。

表 10—20　　2021 年山西省各城市可持续竞争力解释性指标

	经济活力		环境韧性		社会和谐		科技创新		全球联系	
	指数	排名	指数	排名	指数	排名	指数	排名	指数	排名
太原	0.577	38	0.531	83	0.705	41	0.387	51	0.563	32
大同	0.343	136	0.415	227	0.461	126	0.191	139	0.178	160
阳泉	0.222	226	0.432	206	0.234	255	0.072	260	0.101	261
长治	0.316	161	0.478	137	0.373	179	0.160	175	0.156	184
晋城	0.304	168	0.468	149	0.306	223	0.255	90	0.129	218
朔州	0.235	220	0.550	67	0.259	244	0.055	278	0.080	270
晋中	0.324	154	0.427	213	0.440	140	0.161	172	0.142	201
运城	0.304	167	0.365	263	0.469	117	0.144	193	0.210	119
忻州	0.278	184	0.419	220	0.306	222	0.200	129	0.153	187
临汾	0.272	193	0.417	225	0.466	121	0.113	226	0.178	158
吕梁	0.324	157	0.442	194	0.369	181	0.061	273	0.147	194

资料来源：中国社会科学院城市与竞争力指数数据库。

第五节　中国城市竞争力（湖北省）报告

一　综合经济竞争力表现及其变化

（一）全省综合经济竞争力表现良好且续航能力强劲

湖北省位于中部地区，自古就有“九省通衢”的美称，是我国中部崛起、长江经济带等国家战略的重要支点。综合来看，湖北省经济发展良好、稳中有进，省内多数城市综合经济密度、综合经济增量全国排名均有进步，但区域经济发展不平衡的情况依然存在，武汉市综合经济竞争力排名遥遥领先其他地级市。

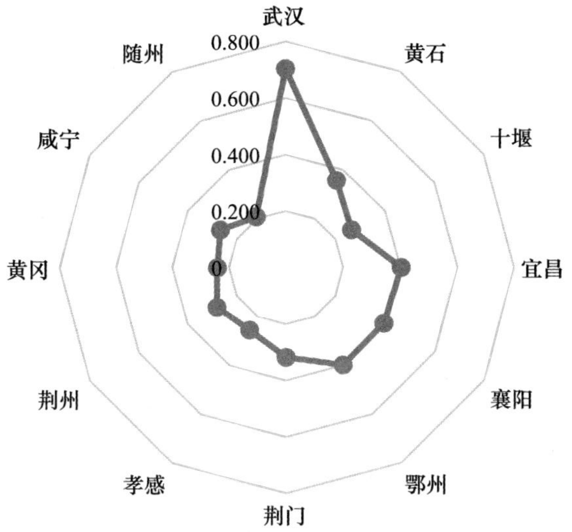

图 10—13 2021 年湖北省主要城市综合经济竞争力

资料来源：中国社会科学院城市与竞争力指数数据库。

（二）区域差异大，分化状态加剧

省内武汉表现突出，各项指标遥遥领先，相比往年，与其他城市的差距拉大。核心城市圈（武汉、鄂州、黄冈、黄石、仙桃、咸宁、孝感、潜江、天门）除武汉外，其他城市表现欠佳，可以说，整个省内格局呈现出非常明显的分化状态。

二 综合经济竞争力解释

（一）综合经济竞争力分项指标表现良好

中心城市武汉的综合经济竞争力的五项解释性指标全国排名均较为靠前，尤其是当地要素与营商软环境及全球联系三项指标，分别排名全国第 9 位、第 9 位和第 15 位。省内其他城市相比武汉有所不足，但整体上处于中游水平。

（二）武汉领跑，营商软环境是重要因素

从表 10—21 中可知，从综合经济竞争力的综合水平来看，武汉在核心城市圈内部也处于绝对领先地位，全国排名第9位，但与武汉相邻的城市表现较差，除黄石、宜昌、襄阳、鄂州外，其余城市排名在百名开外。在当地要素、生活环境、营商软环境、营商硬环境、全球联系方面，武汉也均遥遥领先城市圈的其他城市，排名分别为第9位、第27位、第9位、第42位、第15位，而省内其他城市与武汉相比，差距较大。不仅区域综合经济竞争力不均衡，区域内部影响综合经济竞争力的五项指标的发展水平也不均衡。以武汉为例，连续两年营商软环境表现最好，排名第9位，营商硬环境则还有进一步发展的空间，排名第42位。而宜昌排名靠前，也主要得益于营商软环境。

表10—21 2021年湖北省主要城市综合经济竞争力及其解释性指标

	综合经济竞争力		当地要素		生活环境		营商软环境		营商硬环境		全球联系	
	指数	排名	指数	排名	指数	排名	指数	排名	指数	排名	指数	排名
武汉	0.704	9	0.687	9	0.696	27	0.780	9	0.504	42	0.732	15
黄石	0.356	85	0.281	152	0.324	179	0.224	224	0.164	230	0.129	217
十堰	0.266	152	0.378	77	0.357	155	0.398	84	0.061	285	0.279	85
宜昌	0.403	60	0.357	87	0.465	92	0.496	53	0.298	135	0.263	92
襄阳	0.395	68	0.358	86	0.304	188	0.233	210	0.317	127	0.217	111
鄂州	0.399	62	0.213	197	0.170	265	0.256	184	0.238	171	0.127	220
荆门	0.318	106	0.283	149	0.388	136	0.198	242	0.085	274	0.123	229
孝感	0.256	163	0.249	175	0.279	210	0.323	123	0.391	83	0.190	137
荆州	0.280	140	0.319	120	0.371	146	0.274	168	0.227	178	0.180	155
黄冈	0.241	173	0.233	186	0.348	161	0.257	182	0.122	255	0.133	213
咸宁	0.266	150	0.341	97	0.245	232	0.239	201	0.121	257	0.129	219
随州	0.207	209	0.149	239	0.278	212	0.194	245	0.092	268	0.152	188

资料来源：中国社会科学院城市与竞争力指数数据库。

三 可持续竞争力表现及其变化

（一）全省可持续竞争力稳步提高，潜力充足

与综合经济竞争力类似，湖北省可持续竞争力排名较为靠前，相比2020年，省内综合人口密度竞争力与综合人口增量竞争力均有所提升，

可持续竞争力具有人才优势，但在全省内部，武汉可持续竞争力仍远高于其他城市。

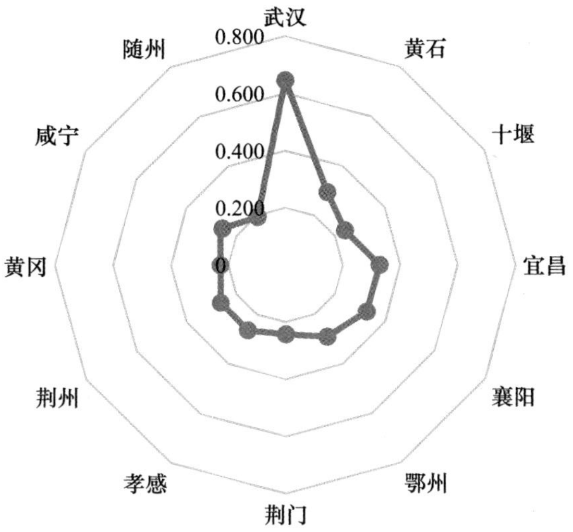

图 10—14　2021 年湖北省主要城市可持续竞争力

资料来源：中国社会科学院城市与竞争力指数数据库。

（二）武汉一城独大，牵引力作用强

第一，省内可持续竞争力也呈现分化状态，武汉仍处于核心领先地位，相对其他地级市，具有绝对优势；第二，可持续竞争力与 2020 年相比，各项指标均上升。

四　可持续竞争力解释

（一）全省可持续竞争力解释性指标整体表现良好

湖北的中心城市武汉可持续竞争力从 2020 年的全国第 10 位上升到 2021 年的第 7 位，在经济活力、社会和谐、科技创新这三项解释性指标上均有提升，分别为全国第 11 位、第 6 位、第 6 位，全球联系与环境韧性指标排名略靠后而综合来看，省内其他城市相比武汉有所不足，但整体上在全国所有城市中处于中游水平。

（二）武汉一枝独秀，社会和谐或成重要指标

由表 10—22 可得，武汉在湖北省内部仍处于绝对领先地位，全国排名第 7 位，且经济活力、环境韧性、社会和谐、科技创新、全球联系等

各项指标排名均遥遥领先城市圈的其他城市，分别排名第 11 位、第 65 位、第 6 位、第 6 位、第 15 位，但五项指标中，社会和谐与其他地级市的差距更大。

表 10—22 2021 年湖北省主要城市可持续竞争力及其解释性指标

	可持续竞争力		经济活力		环境韧性		社会和谐		科技创新		全球联系	
	指数	排名	指数	排名	指数	排名	指数	排名	指数	排名	指数	排名
武汉	0.646	7	0.756	11	0.554	65	0.891	6	0.812	6	0.732	15
黄石	0.293	103	0.334	143	0.501	115	0.270	239	0.174	159	0.129	217
十堰	0.240	156	0.457	76	0.457	173	0.458	129	0.276	84	0.279	85
宜昌	0.328	80	0.531	51	0.434	204	0.595	69	0.251	93	0.263	92
襄阳	0.327	81	0.323	158	0.395	247	0.539	85	0.211	121	0.217	111
鄂州	0.291	107	0.426	90	0.544	69	0.226	259	0.120	218	0.127	220
荆门	0.243	153	0.295	173	0.416	226	0.397	165	0.165	166	0.123	229
孝感	0.264	131	0.408	100	0.398	245	0.337	203	0.207	125	0.190	137
荆州	0.263	133	0.270	197	0.408	238	0.526	91	0.209	123	0.180	155
黄冈	0.228	169	0.246	213	0.338	277	0.515	97	0.191	138	0.133	213
咸宁	0.256	141	0.326	153	0.379	259	0.360	187	0.233	101	0.129	219
随州	0.194	204	0.280	182	0.410	236	0.226	261	0.063	269	0.152	188

资料来源：中国社会科学院城市与竞争力指数数据库。

五 中心城市武汉综合经济竞争力与可持续竞争力发展较好

（一）武汉综合经济竞争力全面领先，营商软环境领跑全省

湖北的中心城市武汉在综合经济竞争力方面，全国排名第 9 位，在 35 个大中城市中居于第 8 位；省内第二城市宜昌全国排名第 65 位，与武汉差距较大。这主要是因为，从综合经济竞争力的 5 个分项指标来看，武汉的当地要素、生活环境、营商软环境、营商硬环境与全球联系均属于全国前列，排名分别为第 9 位、第 27 位、第 9 位、第 42 位、第 15 位，均领先省内第二城市宜昌超 50 个位次，宜昌仍有较大追赶空间。

（二）武汉可持续竞争力发展势头强劲，社会和谐优势明显

在可持续竞争力方面，武汉综合可持续竞争力全国排名第 7 位，在全国 35 个大中城市中排名第 7 位；省内第二城市宜昌全国排名第 80 位，

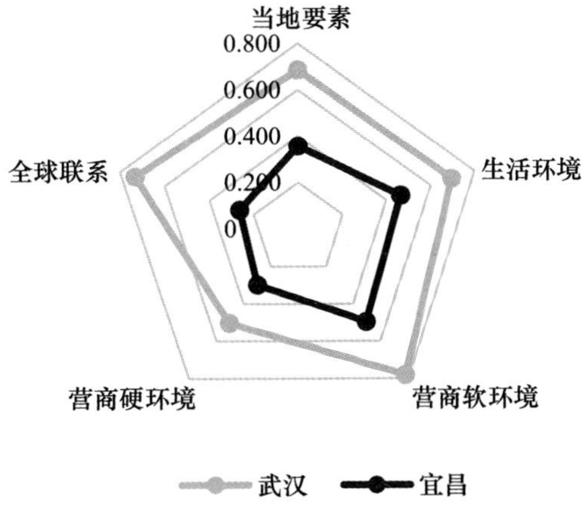

图 10—15　2021 年武汉、宜昌综合经济竞争力解释性指标

资料来源：中国社会科学院城市与竞争力指数数据库。

与武汉相差较大，但与 2020 年相比，有所提升。这主要是因为，武汉可持续竞争力五个分项指标在全国排名靠前，社会和谐、科技创新、经济活力、全球联系与环境韧性分别为全国第 6 位、第 6 位、第 11 位、第 15 位和第 65 位，均领先于省内第二城市宜昌。

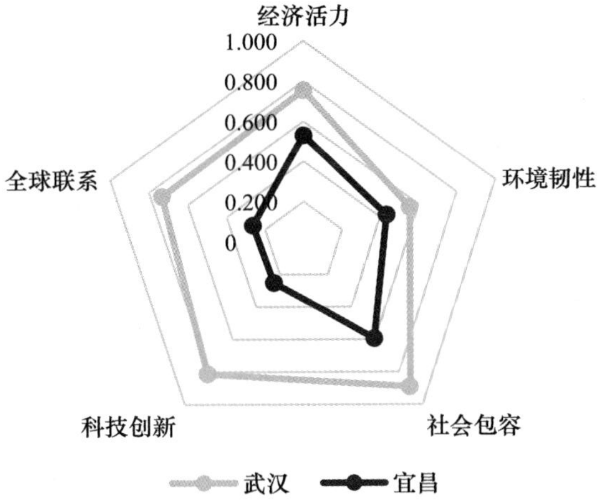

图 10—16　2021 年武汉、宜昌可持续竞争力解释性指标

资料来源：中国社会科学院城市与竞争力指数数据库。

第六节 中国城市竞争力(湖南省)报告

一 综合经济竞争力表现及其变化

(一)湖南省整体综合经济竞争力呈现出东强西弱的趋势

湖南省位于长江中游、洞庭湖以南,是我国东南腹地。近年来,从综合经济竞争力方面来看,湖南省综合经济竞争力格局有提升空间和集聚趋势。长沙城市圈综合经济竞争力整体呈现"阶梯式"格局,长沙遥遥领先,湘潭、株洲、岳阳、衡阳、常德处于中间水平,张家界、怀化、永州和邵阳发展则较为落后。

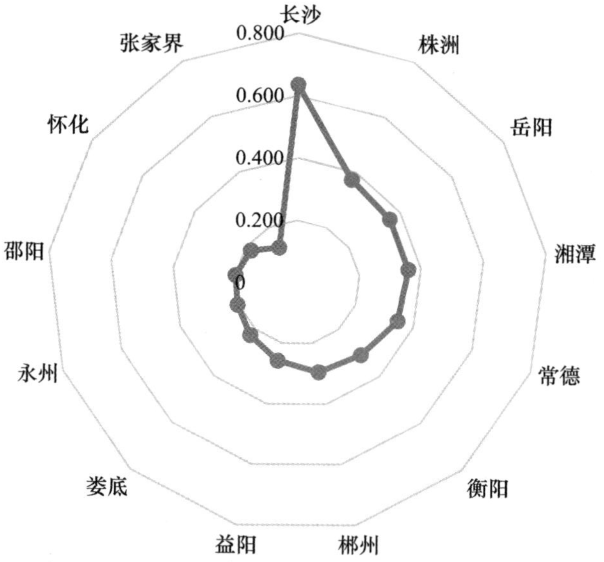

图 10—17 2021 年湖南省各城市综合经济竞争力

资料来源:中国社会科学院城市与竞争力指数数据库。

(二)各城市综合经济竞争力指数整体有所上升,排名不佳

根据表 10—23 反映的情况可以看出,湖南省各个城市的综合经济竞争力指数大多数都是呈现上升的态势,但是值得注意的一点是,除长沙、湘潭、娄底的排名未发生变化,株洲和怀化排名上升 10 位以内的位次以外,各个城市的综合经济竞争力指数和 2020 年同期比较的排名都出现了

下降，说明湖南省各个城市虽然综合经济竞争力呈现向好态势，但是相对于全国城市的发展速度而言，并不具备优势。

表 10—23　2021 年和 2020 年湖南省各城市综合经济竞争力情况

	2021 年指数	排名	2020 年指数	排名	排名差
长沙	0.635	16	0.639	16	0
株洲	0.373	75	0.358	82	7
岳阳	0.360	82	0.386	70	-12
湘潭	0.359	83	0.358	83	0
常德	0.346	88	0.381	72	-16
衡阳	0.309	113	0.337	96	-17
郴州	0.295	127	0.309	118	-9
益阳	0.258	160	0.269	148	-12
娄底	0.225	194	0.225	194	0
永州	0.203	212	0.218	205	-7
邵阳	0.199	215	0.225	195	-20
怀化	0.181	225	0.180	228	3
张家界	0.127	248	0.139	247	-1

资料来源：中国社会科学院城市与竞争力指数数据库。

二　综合经济竞争力解释

（一）整体上看，东部城市分项指标表现良好

2021 年，湖南省综合经济竞争力实力最强的是省会长沙，全国排名在第 16 位，在当地要素、生活环境、营商环境以及全球联系这些因素中，长沙都遥遥领先于省内其他城市；另外个别城市表现亮眼，有 5 个城市跻身综合经济竞争力的百名以内，主要是长沙、株洲、湘潭、岳阳以及常德这些城市。

（二）总体格局各项指标差距明显

湖南省跻身百强的城市在当地要素、营商软环境、营商硬环境这三项指标上明显具有比较优势，提升了城市竞争力水平。发展速度比较落后的城市在这三项指标中上升趋势不明显，说明这些城市需要政府出台更多的政策支撑当地发展。

表10—24 2021年湖南省各城市综合经济竞争力及其解释性指标

	综合经济竞争力		当地要素		生活环境		营商软环境		营商硬环境		全球联系	
	指数	排名	指数	排名	指数	排名	指数	排名	指数	排名	指数	排名
长沙	0.635	16	0.591	17	0.723	23	0.731	15	0.444	63	0.647	21
株洲	0.373	75	0.374	80	0.400	122	0.442	65	0.381	88	0.378	56
湘潭	0.359	83	0.343	94	0.376	140	0.483	57	0.248	164	0.275	87
衡阳	0.309	113	0.353	89	0.449	99	0.400	83	0.244	166	0.251	99
邵阳	0.199	215	0.158	231	0.287	198	0.294	145	0.077	278	0.155	185
岳阳	0.360	82	0.344	92	0.345	164	0.395	86	0.099	264	0.186	143
常德	0.346	88	0.351	90	0.448	100	0.383	93	0.311	131	0.185	145
张家界	0.127	248	0.131	252	0.397	126	0.333	120	0.293	141	0.294	77
益阳	0.258	160	0.269	162	0.361	153	0.271	169	0.090	271	0.125	225
郴州	0.295	127	0.290	140	0.267	220	0.231	216	0.193	208	0.148	193
永州	0.203	212	0.164	226	0.263	222	0.187	257	0.090	270	0.111	243
怀化	0.181	225	0.125	255	0.393	130	0.253	188	0.061	286	0.158	182
娄底	0.225	194	0.153	235	0.282	206	0.252	190	0.114	260	0.123	230

资料来源：中国社会科学院城市与竞争力指数数据库。

三 可持续竞争力表现及其变化

（一）可持续竞争力呈现出多擎驱动格局

在可持续竞争力指标上，长株潭城市群以及岳阳、常德表现较好，成为带动湖南省可持续发展的中坚力量，这些地区相对于其他城市表现最好。

（二）可持续竞争力排名不断提高

根据排行榜，长沙位居全国第17位，为湖南省唯一进入前20强的城市，跟2020年竞争力排名相比上升9位。除此之外，跻身百名榜单的城市湘潭、株洲、岳阳、常德，分别位列排行榜第77位、第83位、第91位、第99位。另外，除了湘潭、郴州、益阳以外，各个城市的可持续竞争力的排名都上升了，其中永州和邵阳分别上升了25个和20个位次。

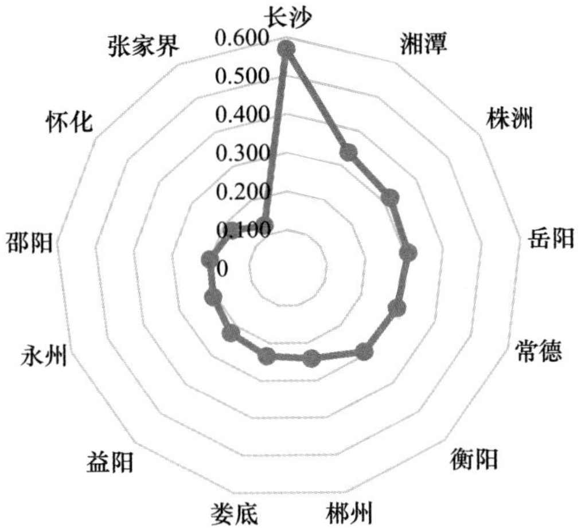

图 10—18　2021 年湖南省各城市可持续竞争力

资料来源：中国社会科学院城市与竞争力指数数据库。

表 10—25　　2021 年和 2020 年湖南省各城市可持续竞争力情况

	2021 年指数	排名	2020 年指数	排名	排名差
长沙	0. 570	17	0. 513	26	9
湘潭	0. 338	77	0. 322	72	－5
株洲	0. 319	83	0. 294	88	5
岳阳	0. 309	91	0. 286	93	2
常德	0. 297	99	0. 272	102	3
衡阳	0. 291	105	0. 263	113	8
郴州	0. 242	155	0. 225	145	－10
娄底	0. 234	163	0. 208	167	4
益阳	0. 223	176	0. 205	175	－1
永州	0. 207	194	0. 160	219	25
邵阳	0. 202	200	0. 159	220	20
怀化	0. 174	223	0. 147	233	10
张家界	0. 127	249	0. 115	253	4

资料来源：中国社会科学院城市与竞争力指数数据库。

四 可持续竞争力解释

（一）可持续竞争力分项指标稳步提升

从单个城市的角度来看，2021 年，可持续竞争力最强的是长沙，排名在全国第 17 位，在经济活力、环境韧性、社会和谐、科技创新以及全球联系这些因素中，长沙都遥遥领先于省内其他城市。从区域角度看，长株潭地区、岳阳综合经济竞争力较为领先，可持续竞争力稳步提升，也是带动中部城市群迅速崛起的重要力量。

（二）可持续竞争力解释指标表现良好

长株潭地区、岳阳以及常德在经济活力、社会和谐、科技创新以及全球联系这三个指标中领先其他城市。另外各个城市的科技创新、全球联系这两项指标普遍优于其他三项指标，是可持续竞争力提升的原因，其中表现亮眼的是张家界全球联系指标跻身百强，排名仅次于长沙和株洲，说明旅游产业开放程度进一步增强。

表 10—26　2021 年湖南省各城市可持续竞争力及其解释性指标

	可持续竞争力		经济活力		环境韧性		社会和谐		科技创新		全球联系	
	指数	排名	指数	排名	指数	排名	指数	排名	指数	排名	指数	排名
长沙	0.570	17	0.713	14	0.570	52	0.800	22	0.614	17	0.647	21
湘潭	0.338	77	0.491	62	0.526	86	0.479	113	0.303	75	0.275	87
株洲	0.319	83	0.471	71	0.481	133	0.452	133	0.353	61	0.378	56
岳阳	0.309	91	0.452	80	0.440	197	0.495	102	0.201	128	0.186	143
常德	0.297	99	0.418	93	0.439	198	0.461	125	0.306	73	0.185	145
衡阳	0.297	99	0.391	110	0.441	196	0.487	108	0.232	102	0.251	99
张家界	0.127	249	0.324	155	0.418	222	0.353	191	0.069	263	0.294	77
邵阳	0.202	200	0.294	174	0.359	269	0.389	171	0.122	216	0.155	185
益阳	0.223	176	0.277	185	0.428	209	0.397	166	0.150	186	0.125	225
怀化	0.174	223	0.263	205	0.397	246	0.312	218	0.107	233	0.158	182
娄底	0.234	163	0.241	216	0.451	186	0.420	152	0.120	219	0.123	230
永州	0.207	194	0.216	231	0.390	252	0.361	186	0.111	227	0.111	243
郴州	0.242	155	0.215	232	0.460	168	0.292	232	0.159	176	0.148	193

资料来源：中国社会科学院城市与竞争力指数数据库。

五　长沙市综合经济竞争力和可持续竞争力均衡发展

长沙市优势十分明显，在综合经济竞争力方面，全国排名第 16 位，在 35 个大中城市中居于第 12 位。这主要是因为，从综合经济竞争力的 5 项解释指标来看，长沙的当地要素、生活环境、营商软环境、全球联系四个指标都表现亮眼，排名分别为第 17 位、第 23 位、第 15 位、第 21 位，对于营商硬环境指标，除了长沙和株洲分别位于第 63 位、第 88 位以外，其他城市都在百名开外，仍需要提高。

在可持续竞争力方面，长沙可持续竞争力排名全国第 17 位，在 35 个大中城市中居于第 13 位，对于同属于长株潭城市圈的湘潭，“两强追赶”的趋势也在逐步形成，湘潭排名第 77 位，和省会长沙相比，仍然具有差距，这主要是因为长沙在经济活力、环境韧性、社会和谐、科技创新、经济活力、全球联系各项指标中都保持优势地位。

第十一章

中国（西南地区）城市竞争力报告

陈博宇　王雅琦　王云辉*

第一节　中国城市竞争力（广西壮族自治区）报告

广西壮族自治区作为我国面向东盟的开放合作高地和国内国际双循环的重要节点枢纽，近年来经济水平保持总体平稳、稳中向好的发展态势。在新冠肺炎疫情蔓延的背景下，2020 年全区生产总值（GDP）22156.69 亿元，按可比价格计算，比 2019 年增长 3.7%。分产业看，第一产业增加值 3555.82 亿元，比 2019 年增长 5.0%；第二产业增加值 7108.49 亿元，比 2019 年增长 2.2%；第三产业增加值 11492.38 亿元，比 2019 年增长 4.2%。2020 年，自治区全面贯彻落实党的十九大精神，坚持稳中求进工作总基调，坚持新发展理念，坚持以供给侧结构性改革为主线，按照高质量发展的要求统筹做好经济社会发展各项工作，全区经济社会运行呈现稳中有进、稳中向好的发展态势，民生福祉持续改善，取得了四大战役的全面胜利，各项社会事业繁荣发展，困扰壮乡千百年的绝对贫困问题得到了解决。

一　综合经济竞争力表现及其变化

全区综合经济竞争力整体偏弱。纵览全区，广西的综合经济密度以

---

* 本章四川省、广西壮族自治区、重庆市部分由陈博宇撰写，海南省、贵州省、云南省部分由王雅琦和王云辉撰写。

及综合经济增量均低于全国平均水平，综合经济竞争力得分在省级行政区排名中靠后，处于下游水平。从图11—1来看广西壮族自治区内城市综合经济竞争力总体不强，竞争力指数均在0.400以下，除南宁、北海与桂林外，其余城市指数均低于0.300，整体表现不尽如人意。

三足鼎立局面逐渐形成，桂林直逼北海。从空间上来看，南宁、北海、桂林三市的综合经济竞争力最强，在全国分别排名第84位、第108位和第111位。值得一提的是，与2020年相比，省内排名属于中游的桂林发展迅速，由区内第7位跃升至第3位，城市综合经济竞争力指数直逼北海。处于第二梯队的是玉林（第180位）、贺州（第193位）、梧州（第195位）、河池（第202位）、柳州（第203位）。剩余城市属于第三梯队。值得注意的是以南宁、柳州、钦州和北海这几个城市为轴线，位于其东西两侧的其他城市的综合经济竞争力指数都相对较低。

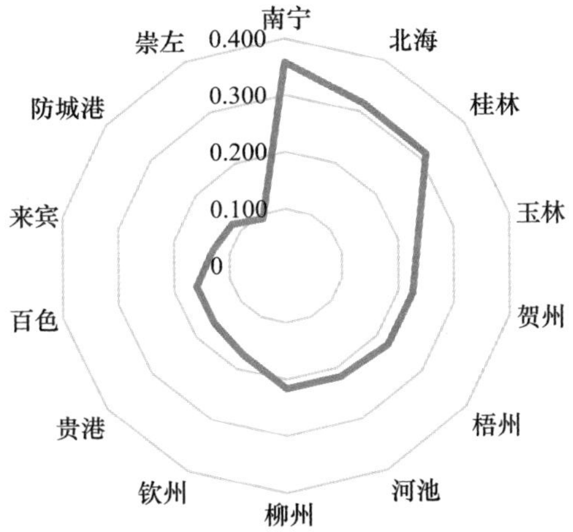

图11—1　2021年广西壮族自治区各城市综合经济竞争力

资料来源：中国社会科学院城市与竞争力指数数据库。

二　综合经济竞争力解释

区域内城市得分全面偏低。除南宁、柳州和桂林等城市外，区域内的其他城市在当地要素、生活环境、营商软环境、营商硬环境和全球联系五个方面的得分都相对较低，致使其城市竞争力指数水平低，导致区域整体的综合经济竞争力指数在全国处于下游位置。由于区域内经济基础薄弱，第一产业与第二产业对经济增长贡献率较低，且区内资源过度分散，各个城市资源禀赋差异较大，大部分城市的综合经济竞争力短期内难以实现快速提升。

表 11—1 2021 年广西壮族自治区各城市综合经济竞争力及其解释性指标

	综合经济竞争力		当地要素		生活环境		营商软环境		营商硬环境		全球联系	
	指数	排名	指数	排名	指数	排名	指数	排名	指数	排名	指数	排名
南宁	0.359	84	0.442	47	0.593	44	0.562	39	0.408	75	0.511	41
桂林	0.313	111	0.400	68	0.609	43	0.481	58	0.361	98	0.364	59
柳州	0.216	203	0.344	93	0.588	47	0.386	90	0.368	93	0.217	112
梧州	0.225	195	0.244	177	0.399	124	0.255	186	0.261	159	0.160	179
北海	0.316	108	0.240	179	0.326	176	0.236	205	0.431	69	0.266	89
玉林	0.236	180	0.208	198	0.420	116	0.205	239	0.200	201	0.159	181
贺州	0.226	193	0.198	205	0.337	169	0.131	284	0.216	188	0.126	222
钦州	0.173	226	0.195	207	0.410	120	0.240	200	0.130	249	0.171	166
河池	0.217	202	0.172	220	0.407	121	0.171	267	0.065	282	0.102	260
百色	0.160	234	0.118	258	0.412	119	0.178	264	0.089	272	0.137	206
来宾	0.129	247	0.090	270	0.303	190	0.153	276	0.324	122	0.111	245
崇左	0.092	271	0.085	273	0.354	157	0.164	273	0.151	239	0.136	209
防城港	0.118	254	0.083	277	0.307	185	0.188	253	0.167	228	0.184	147
贵港	0.160	232	0.073	281	0.209	250	0.189	252	0.220	185	0.127	221

资料来源：中国社会科学院城市与竞争力指数数据库。

桂林各项指标相对均衡，发展有潜力。南宁作为广西壮族自治区的首府，在当地要素、生活环境、营商软环境和全球联系方面具有明显的优势，因此其城市综合经济竞争力最强。而桂林作为世界知名的旅游目的地城市，全球曝光率较高、城市发展较为全面，全球联系竞争力高，生活环境、营商软实力以及当地要素不仅在省内处于领先水平，在全国排名中也处于上游位置。而其营商硬环境排名相对靠后，主要归咎于其电力充沛度、交通便捷度以及网络信息传输速度等分项指标较低。

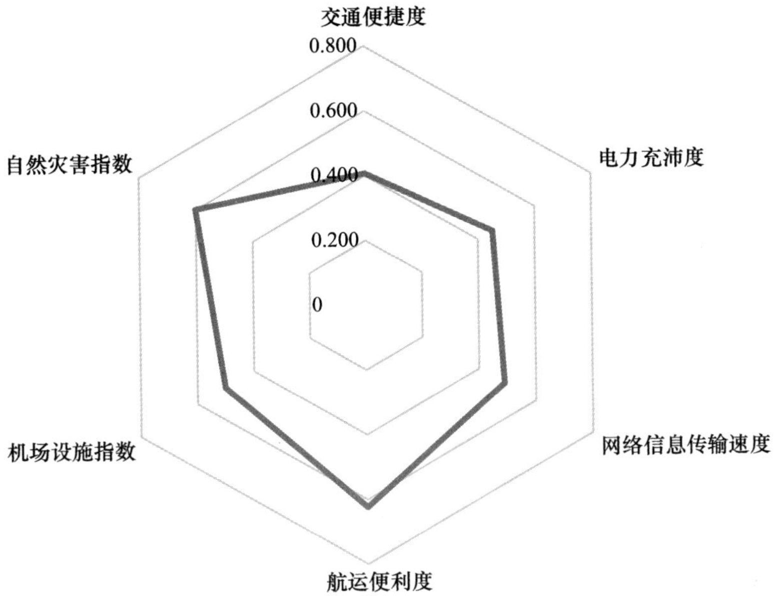

图 11—2　2021 年桂林营商硬环境竞争力

三　可持续竞争力表现及其变化

全区可持续竞争力相对较弱，且差异较大。区域内可持续竞争力的得分和排名分布较为分散，且综合竞争力较弱，区内的南宁（第 75 位）、柳州（第 106 位）、北海（第 117 位）三个城市的可持续竞争力处于全国排名的中上游位置，其余城市大多处于中下甚至下游的水平，桂林在此排名中处于全国中游水平（第 157 位）。

区内大部分城市得分有所提高，桂林、北海的名次再次互换。从绝对得分来看，区域内大部分城市指数有所增高。同 2020 年相同，南宁、柳州、北海、桂林四个城市再次包揽前四的位置，其余城市得分较低，且差异性不大。值得一提的是，2020 年反超北海的桂林，2021 年被北海反超，第 3 名、第 4 名的位置再次对调。

四　可持续竞争力解释

区域内城市可持续竞争力两极分化严重，整体提升面临诸多挑战。区域内绝大多数城市在经济活力、环境韧性、社会和谐、科技创新和全球联系五个解释性指标上的得分在全国范围内都处于中下游水平。即便

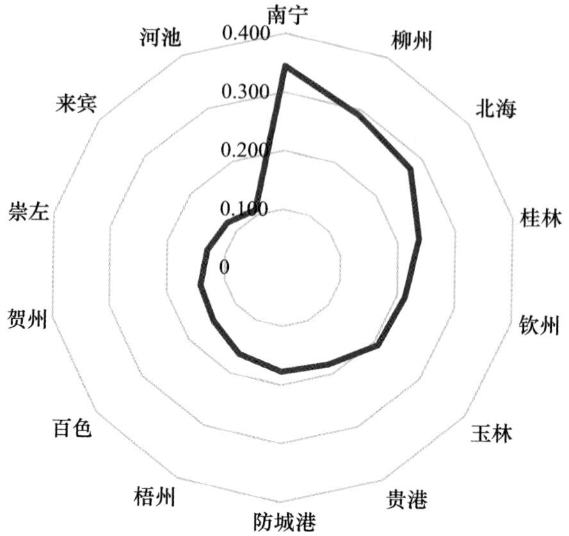

图 11—3 2021 年广西壮族自治区各城市可持续竞争力

资料来源：中国社会科学院城市与竞争力指数数据库。

是排名相对靠前的四个城市中，也仅有南宁在各指标上的表现相对较好，而北海、柳州和桂林仅在个别指标上的得分相对较高。全区可持续竞争力的提升在多个维度受到制约，整体水平难升易降。

逐项突破，逐步提升区内可持续竞争力。无论是从全区内部城市间的横向比较来看，还是从单个城市的纵向变化来看，当各个城市在可持续竞争力各个解释性指标上得分都较低时，往往少数几个因素的增加对于城市可持续竞争力具有较大的正向影响。例如，桂林的多项指标相较于 2020 年都有了全面的提升，北海在经济活力、环境韧性、科技创新指标均下降的情况下，仅凭着环境韧性的大幅增长和全球联系竞争力的小幅增长，在排名上再次反超桂林，重夺区内可持续竞争力第 3 名的位置。

表 11—2 2021 年广西壮族自治区各城市可持续竞争力解释性指标

	经济活力		环境韧性		社会和谐		科技创新		全球联系	
	指数	排名	指数	排名	指数	排名	指数	排名	指数	排名
南宁	0.501	59	0.504	109	0.664	48	0.450	39	0.511	41
北海	0.454	78	0.583	44	0.000	291	0.132	204	0.266	89

续表

	经济活力		环境韧性		社会和谐		科技创新		全球联系	
	指数	排名	指数	排名	指数	排名	指数	排名	指数	排名
柳州	0.453	79	0.512	100	0.559	81	0.281	80	0.217	112
桂林	0.374	120	0.422	216	0.644	56	0.309	71	0.364	59
防城港	0.285	181	0.557	63	0.140	276	0.077	256	0.184	147
钦州	0.260	207	0.481	132	0.350	193	0.190	140	0.171	166
百色	0.220	229	0.414	228	0.292	231	0.078	255	0.137	206
贺州	0.209	235	0.480	134	0.146	275	0.133	202	0.126	222
贵港	0.206	237	0.468	150	0.212	266	0.024	286	0.127	221
河池	0.180	247	0.434	202	0.285	234	0.090	244	0.102	260
崇左	0.176	250	0.490	123	0.231	257	0.078	253	0.136	209
梧州	0.165	254	0.467	151	0.391	170	0.149	187	0.160	179
来宾	0.163	255	0.449	189	0.148	274	0.094	242	0.111	245
玉林	0.143	264	0.452	183	0.321	211	0.188	143	0.159	181

资料来源：中国社会科学院城市与竞争力指数数据库。

第二节　中国城市竞争力(四川省)报告

作为支撑“一带一路”建设和长江经济带发展的纽带与核心腹地，四川省始终坚持“农业多贡献、工业挑大梁、投资唱主角、消费促升级”的工作思路。近年来，全省经济逐季回升、稳定向好。2020 年，全省实现地区生产总值4.86 万亿元，居全国第6 位，增长3.8%，比全国高1.5 个百分点，地方一般公共预算收入4258 亿元，增长4.6%，城乡居民人均可支配收入分别增长5.8%、8.6%。在“十三五”时期，四川省大力推动经济转型升级，地区生产总值年均增长7%，首次实现3 年上一个万亿元台阶。质量效益明显提升，地方一般公共预算收入年均增长7.8%，五大支柱产业营业收入达4.2 万亿元，三次产业结构由12.1∶43.5∶44.4 调整为11.4∶36.2∶52.4。创新动能加快释放，高新技术企业超8000 家，高新技术产业营业收入近2 万亿元，科技对经济增长贡献率达60%，7 个区域中心城市经济总量均超过2000 亿元。

一 综合经济竞争力表现及其变化

全省综合经济竞争力有所提升，得益于综合经济增量。近年来，四川省的综合经济竞争力略有提升，主要得益于综合经济增量的排名总体上有着不错的提升，而综合经济密度的得分和排名相对不理想。同时，由于省内城市的综合经济竞争力指标总体不高，四川省在我国省级行政区的综合经济竞争力的排名相对落后。

成都继续一家独大，其余城市分布均匀。成都是四川省的核心城市，也是国家中心城市。与2020年相同，作为省会城市的成都的综合经济竞争力指数继续稳居第1，位列全国第12位。区域内其他城市的排名远落后于成都，区域内其他城市从第100位至第268位均匀分布。其中，7个区域中心城市的排名分别如下：德阳市（第100位）、宜宾市（第116位）、绵阳市（第123位）、泸州市（第141位）、乐山市（第148位）、南充市（第177位）、达州市（第216位）。值得注意的是，随着2021年四川省五大经济区“十四五”规划的发布，同处一个经济区的城市之间将产生何种“化学反应”还有待观察。

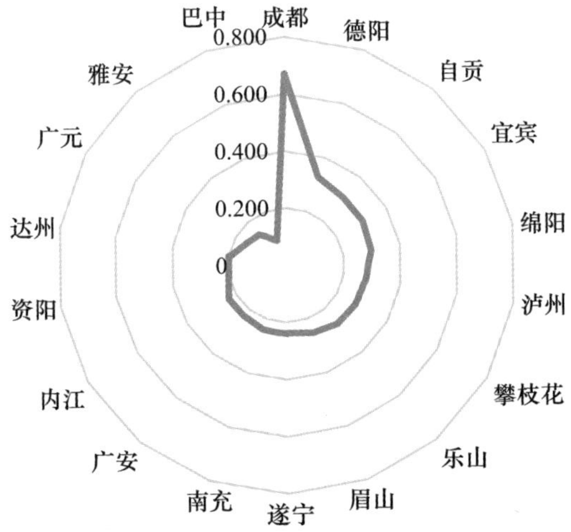

图11—4 2021年四川省各城市综合经济竞争力

资料来源：中国社会科学院城市与竞争力指数数据库。

二　综合经济竞争力解释

区域内城市得分全面偏低，存在“偏科”问题。除了成都外，区域内的其他城市在当地要素、生活环境、营商软环境、营商硬环境和全球联系五个方面的得分大多处于中下游，甚至下游水平。有些城市出现单项高、其余项低的“偏科”情况，如绵阳的营商软环境全国排名第64位，而营商硬环境和全球联系竞争力却分别处于第148位和第124位。总体来说，省内城市的营商硬环境在五个指标中表现最好，而全球联系竞争力排名表现最不理想。各解释性指标的偏弱直接导致了城市竞争力指数的低水平。

表11—3　　2021年四川省各城市综合经济竞争力解释性指标

	当地要素		生活环境		营商软环境		营商硬环境		全球联系	
	指数	排名	指数	排名	指数	排名	指数	排名	指数	排名
成都	0.688	8	0.781	14	0.753	12	0.593	20	0.740	14
绵阳	0.387	75	0.374	143	0.446	64	0.282	148	0.205	124
泸州	0.321	117	0.328	175	0.372	99	0.284	147	0.190	138
宜宾	0.314	122	0.309	184	0.347	111	0.115	259	0.201	130
南充	0.303	129	0.442	104	0.346	112	0.287	143	0.199	132
德阳	0.302	130	0.356	156	0.277	164	0.192	209	0.118	235
眉山	0.291	139	0.321	180	0.228	218	0.323	124	0.116	236
乐山	0.260	166	0.303	189	0.282	156	0.151	240	0.112	242
自贡	0.255	169	0.232	239	0.294	147	0.153	237	0.115	237
达州	0.251	172	0.283	204	0.294	146	0.287	144	0.172	165
遂宁	0.248	176	0.349	160	0.223	225	0.297	136	0.097	263
攀枝花	0.232	187	0.391	133	0.322	124	0.197	204	0.161	177
内江	0.218	191	0.233	238	0.245	197	0.205	197	0.113	241
资阳	0.148	240	0.164	266	0.204	240	0.223	182	0.114	239
广元	0.146	242	0.372	144	0.279	158	0.246	165	0.135	210
雅安	0.123	256	0.341	167	0.277	163	0.103	262	0.107	249
广安	0.100	264	0.313	183	0.214	231	0.294	139	0.123	228
巴中	0.030	288	0.281	207	0.243	199	0.000	291	0.133	212

资料来源：中国社会科学院城市与竞争力指数数据库。

成都遥遥领先，与其他城市稳步提升。成都作为四川省的极核城市，其当地要素、生活环境、营商软环境和全球联系在全国名列前茅，在省内更具压倒性优势。以 7 个区域中心城市为首的其他城市的指标评分有升有降，但总体保持稳步上升的态势。

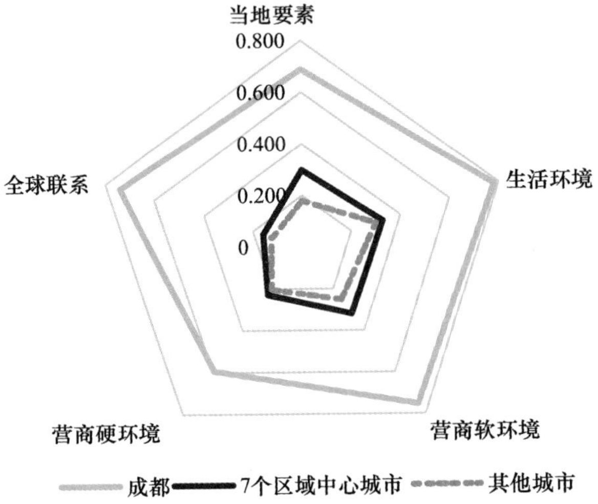

图 11—5 2021 年四川省主要城市综合经济竞争力解释性指标

资料来源：中国社会科学院城市与竞争力指数数据库。

三 可持续竞争力表现及其变化

省内城市可持续竞争力总体小幅提升，宜宾排名上升，自贡下降至第 5 位。成都作为省内的核心城市，可持续竞争力遥遥领先。德阳指数数值略有提升，全国位列第 94 位，排名保持不变。宜宾指数提升明显，省内排名从第 6 位上升至第 4 位，而自贡由第 3 位下降至第 5 位，其余城市的指数大多稍有提升，排名变动不大。值得一提的是，资阳和攀枝花的指标下降明显，其综合人口增量与综合人口密度指标也剧烈下降。其中，资阳作为传统工业地区，轨道交通和汽车是资阳的第一大产业，近年来，其铁路、载货汽车、发动机产量连年下滑，对经济影响较大。同时，攀枝花离经济中心较远，且具有人口少、辖地小的“先天缺陷”，对经济发展不利。

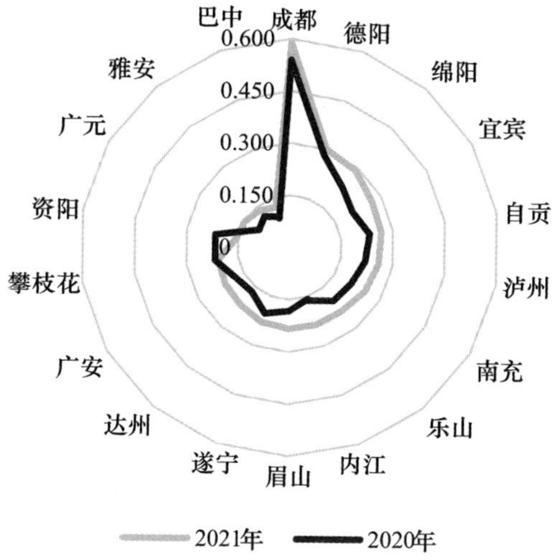

图 11—6　四川省各城市可持续竞争力指数

资料来源：中国社会科学院城市与竞争力指数数据库。

四　可持续竞争力解释

科技创新和全球联系是全省弱项。成都全方位领跑，绵阳多项指标在省内都处于领先位置。其余城市在经济活力、环境韧性、社会和谐、科技创新和全球联系上的得分都比较接近。总体来看，全省在经济活力、环境韧性和社会和谐上的得分都相对较高，但是在科技创新和全球联系上的得分相对偏低。科技创新对于城市可持续发展非常重要，这可能是制约全省可持续竞争力发展的重要原因。

表 11—4　　2021 年四川省各城市可持续竞争力解释性指标

	经济活力		环境韧性		社会和谐		科技创新		全球联系	
	指数	排名	指数	排名	指数	排名	指数	排名	指数	排名
成都	0. 700	17	0. 617	28	0. 887	10	0. 691	11	0. 740	14
自贡	0. 321	159	0. 460	169	0. 339	202	0. 176	153	0. 115	237
攀枝花	0. 447	83	0. 621	24	0. 263	243	0. 149	189	0. 161	177
泸州	0. 434	87	0. 427	211	0. 359	189	0. 207	126	0. 190	138
德阳	0. 384	114	0. 506	106	0. 430	144	0. 173	162	0. 118	235

续表

	经济活力		环境韧性		社会和谐		科技创新		全球联系	
	指数	排名	指数	排名	指数	排名	指数	排名	指数	排名
绵阳	0.484	64	0.421	218	0.581	72	0.266	86	0.205	124
广元	0.327	147	0.419	219	0.397	164	0.130	208	0.135	210
遂宁	0.279	183	0.493	117	0.427	145	0.144	194	0.097	263
内江	0.289	178	0.489	126	0.265	242	0.131	206	0.113	241
乐山	0.364	128	0.361	268	0.436	141	0.132	203	0.112	242
南充	0.340	139	0.456	176	0.566	77	0.216	117	0.199	132
眉山	0.329	146	0.475	140	0.275	236	0.182	147	0.116	236
宜宾	0.413	98	0.382	258	0.321	210	0.164	169	0.201	130
广安	0.270	196	0.489	127	0.248	246	0.083	251	0.123	228
达州	0.333	144	0.492	119	0.249	245	0.142	195	0.172	165
雅安	0.326	152	0.458	171	0.248	247	0.170	164	0.107	249
巴中	0.237	219	0.417	224	0.305	224	0.000	291	0.133	212
资阳	0.247	212	0.466	153	0.155	273	0.135	201	0.114	239

资料来源：中国社会科学院城市与竞争力指数数据库。

成都继续领跑，成为西南翘楚。成都的综合经济竞争力和可持续竞争力较强，在全国地级城市中分别排第12位和第14位。排名在成都之前的城市均是中东部强市，在综合经济竞争力和可持续竞争力的排名上，成都遥遥领先，与成都竞争西南地区经济中心的重庆（第28位和第32位）、贵阳（第52位和第47位）、昆明（第48位和第46位）均在成都之后。从这一点来看，成都是当之无愧的西南地区的中心城市。但是，成都作为四川的中心城市，一直以来都是一城独大，无论是综合经济竞争力还是可持续竞争力，在全国排名上都领先省内第二大城市绵阳100名左右，这种格局一直没有改善。需要进一步发挥好成都的辐射带动作用，实现区域协调发展。

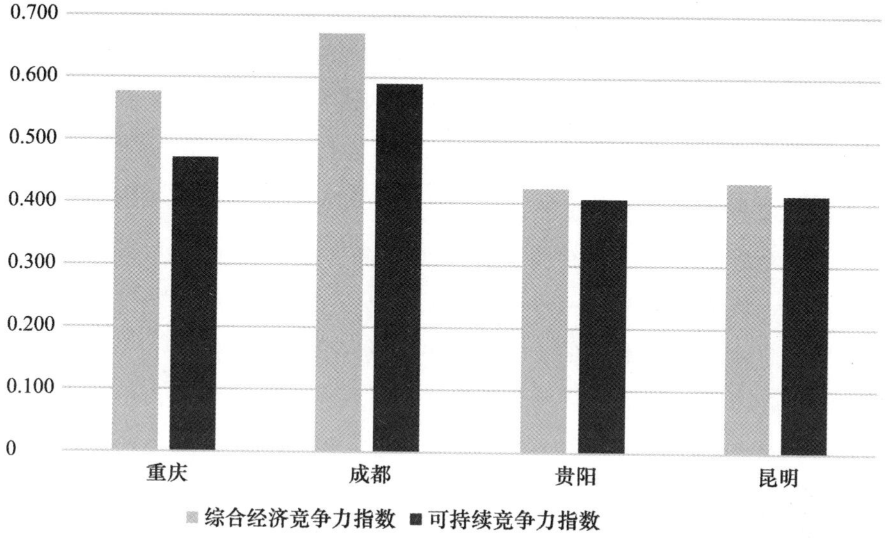

图 11—7　2021 年西南地区中心城市综合经济竞争力和可持续竞争力

资料来源：中国社会科学院城市与竞争力指数数据库。

第三节　中国城市竞争力(重庆市)报告

作为我国中西部唯一的直辖市和国家中心城市之一，重庆毫无悬念地成为我国内陆地区的对外开放高地，在推动共建“一带一路”中发挥着带动作用。近年来，重庆充分发挥其地理区位优势、产业资源禀赋以及完善的开放平台体系，综合实力增长显著。2020 年，地区生产总值达到 2.5 万亿元、五年年均增长 7.2%，人均地区生产总值超过 1 万美元，固定资产投资、社会消费品零售总额、进出口总值年均分别增长 7.6%、9%、7%，规模以上工业增加值年均增长 6.4%，高技术产业和战略性新兴产业对工业的增长贡献率分别达到 37.9%、55.7%，服务业增加值占地区生产总值比重达到 52.8%。习近平总书记在视察重庆时提出，重庆是西部大开发的重要战略支点，处在“一带一路”和长江经济带的联结点上，要求重庆建设内陆开放高地，成为山清水秀美丽之地。身处新时代，面对新要求，山城重庆全面融入共建“一带一路”，全力构建新形势下国内国际双循环战略枢纽。以系列举措发挥区域辐射带动作用，强化在“一带一路”经济带和长江经济带“Y”字形大通道关键节点城市地位；积极推动产业链重构，构建融入全球价值链产业链的产业体系；加快内陆开放高地建设，培育独特的合作新优势。

一 综合经济竞争力表现及其变化

综合经济竞争力排名有所上升。2021 年，重庆市的综合经济竞争力略有提升，从全国第 30 位上升至第 28 位，主要得益于综合经济密度竞争力的排名总体上有着不错的提升，而综合经济增量的指标和排名继续保持全国领先位置，从第 5 位上升至第 4 位。在全国 4 个直辖市中，重庆在上海和北京之后，位列第 3，并进一步与排名第 4 的天津拉大差距。

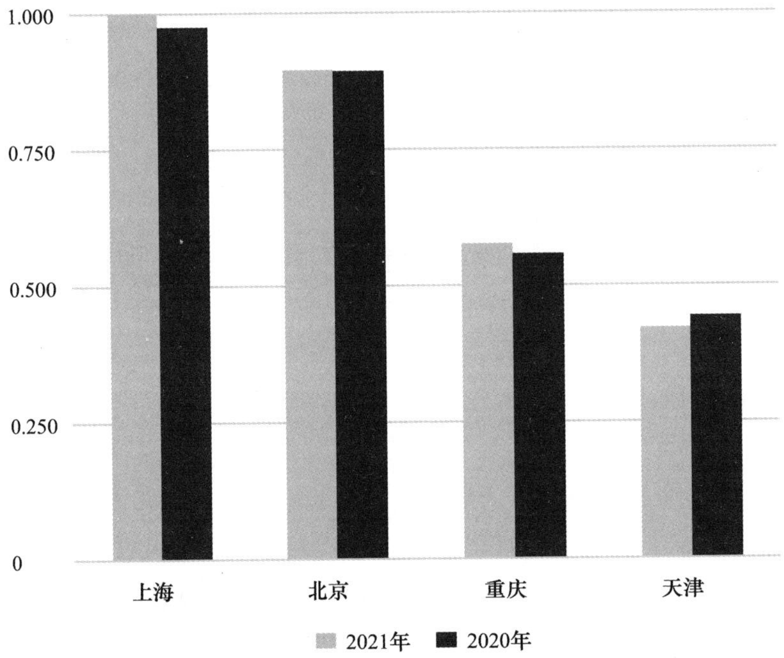

图 11—8 2020—2021 年四个直辖市综合经济竞争力指数变化

资料来源：中国社会科学院城市与竞争力指数数据库。

在西南地区中心城市中，重庆稳居第 2 位，并与成都差距缩小。在西南地区的四个中心城市的竞争力排名中，昆明反超贵阳排名第 3，但仍与重庆差距较大，短时间内难以对其造成威胁。同时，重庆与成都间的指数差距与排名差距均进一步缩小。从综合经济增量竞争力来看，重庆（第 4 名）还略高于四川（第 6 名），而它们的主要差距在于综合经济密度竞争力，重庆的排名（第 93 位）远低于成都（第 34 位）。

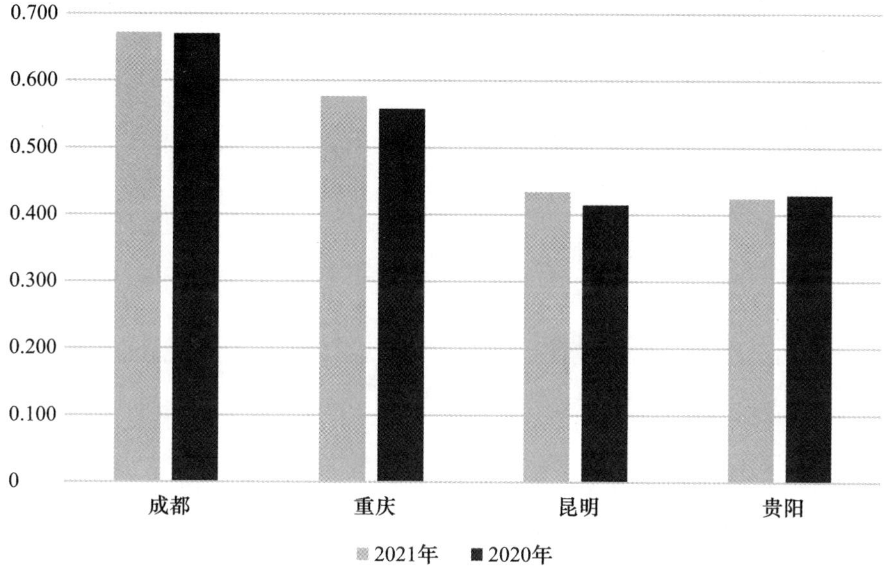

图 11—9　2020—2021 年西南地区中心城市综合经济竞争力指数变化

资料来源：中国社会科学院城市与竞争力指数数据库。

二　综合经济竞争力解释

经济发展基础好，营商硬环境需优化。2021 年，重庆市的综合经济竞争力得分有所提升。总体来看，重庆在各解释性指标项中的表现良好，处于国内领先水平。其中，当地要素、生活环境、营商软环境和全球联系的得分较高，均处于全国排名前 20 的范围内。值得注意的是，营商环境的变动较大。其中，营商软环境有着较为明显的提升，从第 22 位上升至第 16 位。然而，营商硬环境却由 2020 年的第 41 位下降至第 86 位，与其竞争城市有着较大的差距。因此，其营商硬环境是影响重庆经济发展的主要短板。

表 11—5 2021 年各城市综合经济竞争力解释性指标

	当地要素		生活环境		营商软环境		营商硬环境		全球联系	
	指数	排名	指数	排名	指数	排名	指数	排名	指数	排名
四个直辖市										
重庆	0.667	11	0.769	16	0.730	16	0.389	86	0.713	17
北京	0.851	4	0.742	17	1.000	1	0.833	4	0.901	3
上海	0.913	2	0.974	2	0.940	3	1.000	1	1.000	1
天津	0.646	12	0.527	73	0.755	10	0.649	16	0.827	6
西南地区中心城市										
重庆	0.667	11	0.769	16	0.730	16	0.389	86	0.713	17
成都	0.688	8	0.781	14	0.753	12	0.593	20	0.740	14
昆明	0.493	34	0.828	7	0.627	29	0.583	21	0.585	29
贵阳	0.442	48	0.610	41	0.535	45	0.425	70	0.476	44

资料来源：中国社会科学院城市与竞争力指数数据库。

三 可持续竞争力表现及其变化

重庆在四个直辖市中排名第 4，与 2020 年相同，与天津的差距进一步缩小。值得注意的是，随着天津可持续竞争力指数的下降，以及重庆可持续竞争力指数的上升，第 3 名、第 4 名的差距进一步缩小。但是第 3 名、第 4 名的可持续竞争力指数与位列第 1 名、第 2 名的上海和北京仍有着较大的差距。重庆可持续竞争力排名的上升主要得益于其综合人口排名的上升，而综合人口增量的全国排名与 2020 年保持一致。

重庆在西南地区中心城市中位列第 2。重庆在西南地区中心城市中的排名继续稳居第 2，对第 3 名、第 4 名的昆明和贵阳有着一定的领先优势，但是与排名第 1 的成都相比仍有较大差距。值得一提的是，虽然重庆在综合人口密度的全国排名上有所提高，但是其第 81 位的排名在四个城市中最靠后。在其余三个城市的综合人口密度的排名分别为成都第 20 位、贵阳第 57 位、昆明第 68 位。

四 可持续竞争力解释

环境韧性竞争力成为最大短板，经济活力仍需继续提高。在五个解

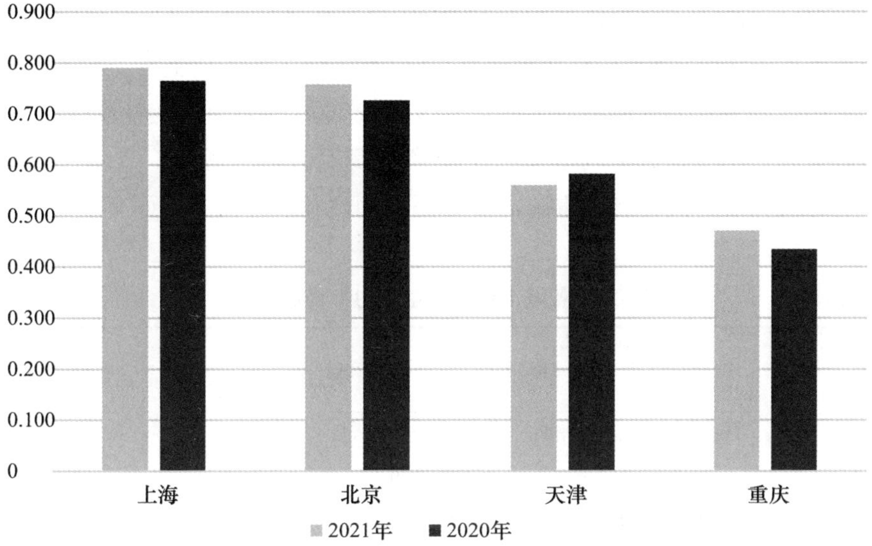

图 11—10　2020—2021 年四个直辖市可持续竞争力指数变化

资料来源：中国社会科学院城市与竞争力指数数据库。

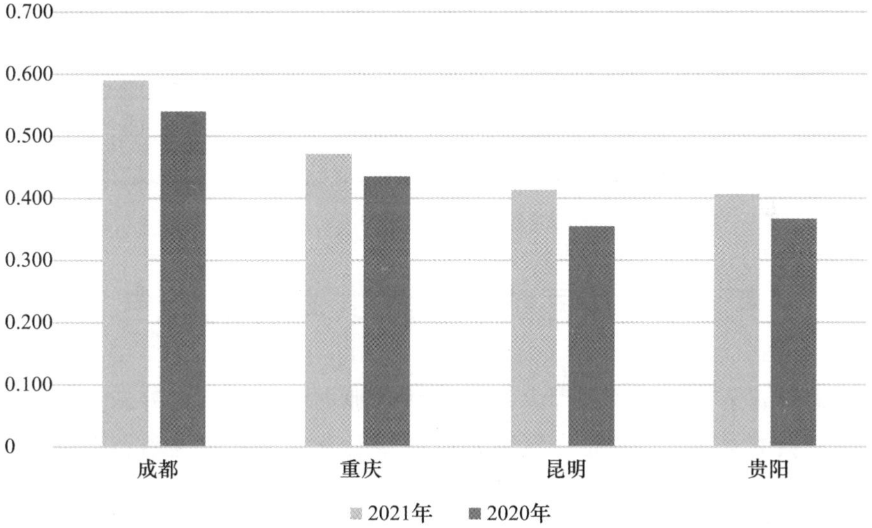

图 11—11　2020—2021 年西南地区中心城市可持续竞争力指数变化

资料来源：中国社会科学院城市与竞争力指数数据库。

释性指标中，社会和谐得分最高，位列全国第 4 位；科技创新和全球联系的得分较高，在全国排名均在前 20 名内；环境韧性的得分最低，在全国排名第 108 位，相较 2020 年的第 49 位有了较大的幅度下滑，与其竞争对手们的差距较大；经济活力的排名虽然较 2020 年有了一定幅度的提高，但是重庆在这一指标上与北京、上海和成都存在较大差距。要进一步提升可持续竞争力的排名，重庆需要在环境韧性和经济活力方面有所提升。

表 11—6　　2021 年各城市可持续竞争力解释性指标

	经济活力		环境韧性		社会和谐		科技创新		全球联系	
	指数	排名	指数	排名	指数	排名	指数	排名	指数	排名
四个直辖市										
重庆	0. 645	28	0. 505	108	0. 909	4	0. 609	18	0. 713	17
北京	0. 952	2	0. 566	55	0. 953	3	1. 000	1	0. 901	3
上海	0. 879	4	0. 699	7	1. 000	1	0. 892	2	1. 000	1
天津	0. 574	40	0. 564	57	0. 838	16	0. 616	16	0. 827	6
西南地区中心城市										
重庆	0. 645	28	0. 505	108	0. 909	4	0. 609	18	0. 713	17
成都	0. 700	17	0. 617	28	0. 887	10	0. 691	11	0. 740	14
昆明	0. 664	25	0. 604	37	0. 760	29	0. 398	50	0. 585	29
贵阳	0. 597	33	0. 627	21	0. 561	79	0. 426	44	0. 476	44

资料来源：中国社会科学院城市与竞争力指数数据库。

第四节　中国城市竞争力（海南省）报告

海南省坚持新的发展理念，克服新冠肺炎疫情的重大冲击，统筹经济和社会的发展，特别是自贸港建设的顺利开局，有效推动经济结构优化，促进经济发展的效益不断提升。2020 年年末海南省地区生产总值 5532. 39 亿元，比 2019 年增长了 3. 5%，其中第一产业增加值 1135. 98 亿元，增长 2. 0%；第二产业增加值 1055. 26 亿元，下降 1. 2%；第三产业增加值 3341. 15 亿元，增长 5. 7%。三次产业结构优化为 20. 5 ：19. 1 ：60. 4。2020 年年末全省常住居民人均可支配收入 27904 元，比 2019 年名义增长 4. 6%，其中城镇常住居民人均可支配收入 37097 元，名义增长

3.0%；农村常住居民人均可支配收入16279元，名义增长7.7%。海南经济发展稳步增长态势明显，自贸港的建设也为海南未来发展增加新的动能。

一　综合经济竞争力表现及其变化

海南各城市综合经济竞争力整体保持平稳，综合经济密度优势明显。2021年海口和三亚竞争力指数分别为0.365和0.297，排名全国第80位和第125位，与2020年排名基本持平。海口和三亚综合经济密度表现较好，综合经济密度竞争力的指数分别为0.411和0.361，排名全国第64位和第95位，与2020年基本持平。海南的综合经济密度在全国处于中等偏上的水平，但综合经济增量表现相对较弱。海口和三亚的综合经济增量分别为0.154和0.085，排名全国第140位和第236位，较2020年排名分别提升了1位和7位，有稳步增长的趋势，未来有好的发展趋势。

表11—7　　2021年海南省各城市综合经济竞争力情况

	综合经济竞争力		综合经济密度竞争力		综合经济增量竞争力	
	指数	排名	指数	排名	指数	排名
海口	0.365	80	0.411	64	0.154	140
三亚	0.297	125	0.361	95	0.085	236

资料来源：中国社会科学院城市与竞争力指数数据库。

二　综合经济竞争力解释

海南综合经济竞争力聚集效应明显，扩散效应不明显。从海南各城市的综合经济竞争力解释性指标来看，海南各城市综合经济竞争力差异比较明显。整体来看，海口的综合经济竞争力指数为0.363，全国排名第84位，处于中等偏上的位置；而三亚的综合经济竞争力指数为0.213，全国排名第203位，排名相对靠后。其中，海口综合经济竞争力各解释性指标明显优于三亚，特别是在全球联系、当地要素和营商硬环境方面。海口在当地要素竞争力方面全国位列第74位，优于三亚110位；海口在营商硬环境和全球联系方面也优于三亚40位左右；但在生活环境和营商软环境方面，海口和三亚的差距相对较小。

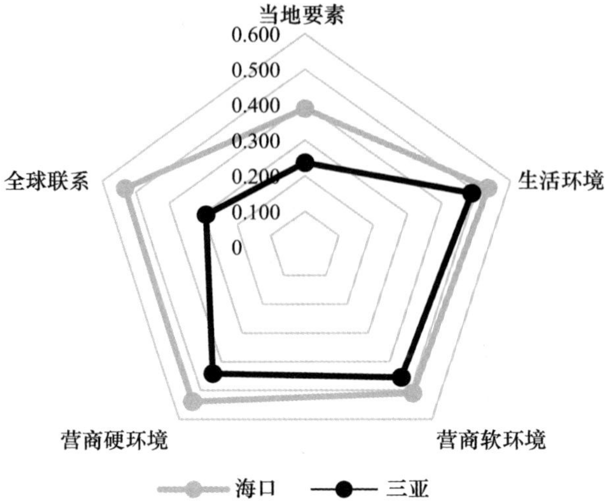

图 11—12 2021 年海口、三亚综合经济竞争力解释性指标

资料来源：中国社会科学院城市与竞争力指数数据库。

三 可持续竞争力表现及其变化

海南各城市可持续竞争力分化较大，人口密度竞争力强于人口增量竞争力。2021 年海口和三亚的可持续竞争力指数分别为 0. 371 和 0. 274，全国排名分别为第 58 位和第 119 位，相较 2020 年分别提升了 4 位和 11 位，有一定的增长势头。其中，海口和三亚的综合人口增量竞争力分别在全国排名第 88 位和第 190 位，相比 2020 年，海口提升了 16 位，三亚提升了 37 位，海南省在综合人口增量竞争力方面提升明显；而在综合人口密度竞争力方面，海口和三亚全国排名分别为第 47 位和第 76 位，与 2020 年排名基本持平。

表 11—8 2021 年海南省各城市可持续竞争力情况

	可持续竞争力		综合人口增量竞争力		综合人口密度竞争力	
	指数	排名	指数	排名	指数	排名
海口	0. 371	58	0. 342	88	0. 444	47
三亚	0. 274	119	0. 217	190	0. 375	76

资料来源：中国社会科学院城市与竞争力指数数据库。

四　可持续竞争力解释

海南各城市可持续竞争力差异主要集中在科技创新和社会和谐上，而环境韧性和经济活力方面差异较小。在科技创新和社会和谐方面，海口的指数分别为0.277（全国第83位）和0.573（全国第74位），而三亚的指数分别为0.162（全国第171位）和0.316（全国第214位），海口明显优于三亚，两城市差异特别明显；在环境韧性和经济活力方面，海口的指数分别为0.567（全国第54位）和0.555（全国第47位），而三亚的指数分别为0.637（全国第16位）和0.583（全国第35位）。三亚优于海口，但两城市差距不大。其中，在科技创新方面的差距主要集中在专利申请数量，而在社会和谐方面主要集中在人均医疗机构数量方面。

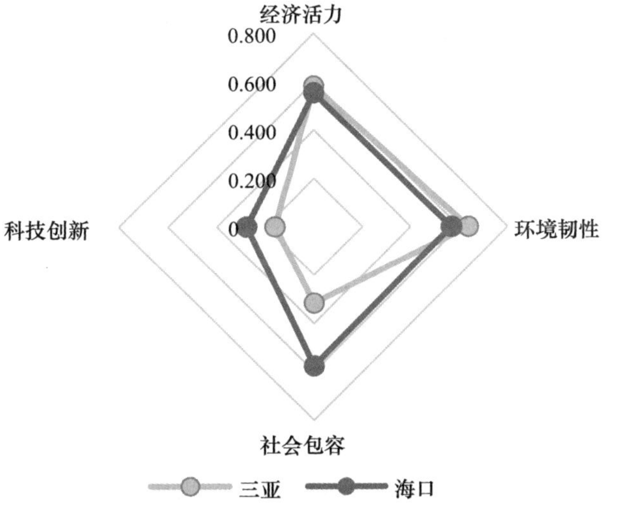

图11—13　2021年三亚、海口可持续竞争力解释性指标

资料来源：中国社会科学院城市与竞争力指数数据库。

第五节　中国城市竞争力(云南省)报告

云南扎实做好“六稳”工作，全面落实“六保”任务，全省经济呈现强劲的复苏态势。2020年年末，云南省的地区生产总值为24521.90亿元，比2019年增长4.0%，高于全国1.7个百分点。其中，第一产业增加值3598.91亿元，增长5.7%；第二产业增加值8287.54亿元，增长3.6%，第三产业增加值12635.45亿元，增长3.8%。三次产业结构为14.7∶33.8∶51.5。2020年全年居民人均可支配收入23295元，比2019年增长5.5%。

一 综合经济竞争力表现及其变化

城市综合经济竞争力排名有升有降，尽管升幅大于降幅，但除昆明外全省综合经济竞争力排名偏低。2021年昭通、普洱和丽江的排名分别下降4位、3位和4位，其余城市排名都有不同程度的上升。进一步分析发现，2021年云南各城市综合经济增量排名均有不同程度的上升，但是在综合经济密度方面排名有升有降。特别是综合经济竞争力下降的3个城市，他们下降主要因为综合经济密度下降明显。云南绝大多数城市的综合经济增量和综合经济密度都在全国排名200位以后，整体排名靠后，因而短期内提升云南整体的综合经济竞争力依旧比较困难。

昆明作为云南的省会，综合经济竞争力指数为0.434，全国排名第48位，遥遥领先于其他城市。相较2020年，昆明的排名提升了10个位次，其中在综合经济增量和综合经济密度两个方面分别提升了6位和2位，整体发展处于上升的趋势。玉溪、曲靖、保山和临沧的排名有所提升，分别提升了24位、14位、12位和4位。

二 综合经济竞争力解释

云南省各城市综合经济竞争力各解释性指标总体得分偏低，在全国的排名较为靠后。云南省各城市综合经济竞争力整体偏低的原因主要是云南各城市的当地要素、营商软环境、营商硬环境和全球联系的得分较低，排名处于全国的中等偏下水平。尽管一半以上的城市生活环境排名较为靠前，但是其余解释性指标排名较靠后，因此云南省整体综合经济竞争力排名较为靠后。从云南省三级解释性指标来看，云南省的薄弱点主要集中在直接市场融资便利度、学术论文指数、社会安全指数、开放程度指数、大学指数、航运便利度、电力充沛度、航运联系度等方面，整体上制约了云南省的发展。

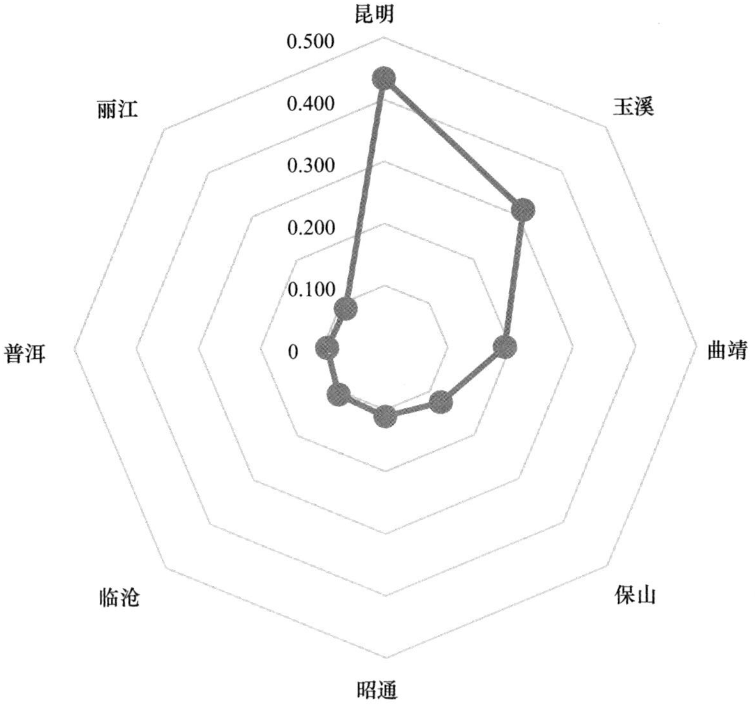

图 11—14　2021 年云南省各城市综合经济竞争力

资料来源：中国社会科学院城市与竞争力指数数据库。

昆明综合经济竞争力各项解释性指标一枝独秀，全面领先于云南省其他城市。昆明综合经济竞争力各项解释性指标排名均在全国前 35 位以内，领先于全省城市的发展，位于全省各项城市排名第 1 位。但其他城市与昆明各项差距很大，说明云南省内部各城市的分化比较严重，需要保持优势的同时，努力缩小各城市之间的差距。

表 11—9　　2021 年云南省各城市综合经济竞争力解释性指标

	当地要素		生活环境		营商软环境		营商硬环境		全球联系	
	指数	排名	指数	排名	指数	排名	指数	排名	指数	排名
昆明	0.493	34	0.828	7	0.627	29	0.583	21	0.585	29
玉溪	0.283	150	0.533	69	0.307	134	0.240	168	0.139	204
曲靖	0.259	167	0.456	95	0.283	155	0.234	177	0.124	227

续表

	当地要素		生活环境		营商软环境		营商硬环境		全球联系	
	指数	排名	指数	排名	指数	排名	指数	排名	指数	排名
保山	0.231	188	0.511	76	0.269	170	0.078	277	0.107	250
丽江	0.177	214	0.543	65	0.349	109	0.286	145	0.220	108
昭通	0.168	222	0.285	202	0.228	219	0.271	153	0.111	244
临沧	0.106	261	0.278	213	0.101	286	0.052	287	0.041	286
普洱	0.095	267	0.434	110	0.000	291	0.200	200	0.035	289

资料来源：中国社会科学院城市与竞争力指数数据库。

三 可持续竞争力表现及其变化

云南省各城市可持续竞争力排名均有上升，但是全省城市可持续竞争力整体排名较靠后。2021 年，云南省曲靖的可持续竞争力的排名提升最多，为 35 位，临沧的可持续竞争力排名提升最少，为 7 位。从可持续竞争力中的二级指标来看，人口密度的排名全都处于上升状态，但是整体排名还是偏后；人口增量除了玉溪排名有所下降，其余城市均有所上升。由于省内大部分城市人口增量和人口密度排名比较靠后，云南省内大部分城市可持续竞争力依旧偏低。

进一步分析发现，昆明作为云南的省会，其排名遥遥领先于其他城市，云南省排名第 2 位及第 3 位的玉溪和曲靖与昆明相差较大。昆明 2021 年的可持续竞争力指数为 0.414，全国排名第 46 位，较 2020 年上升了 13 位。具体分析，昆明在人口增量和人口密度两个层面分别提升了 17 位和 13 位。

四 可持续竞争力解释

从可持续竞争力的解释性指标来看，云南省各城市的指标总体偏低。云南省可持续竞争力解释性指标中的社会和谐和全球联系，只有昆明进入了前 100 强。经济活力、环境韧性和科技创新也只有 3 个城市进入了 100 强，其余城市排名均比较靠后。进一步分析可持续竞争力的三级解释性指标可知，云南省的电力充沛度、经商便利度、社会安全指数和开放指数等方面表现欠佳。

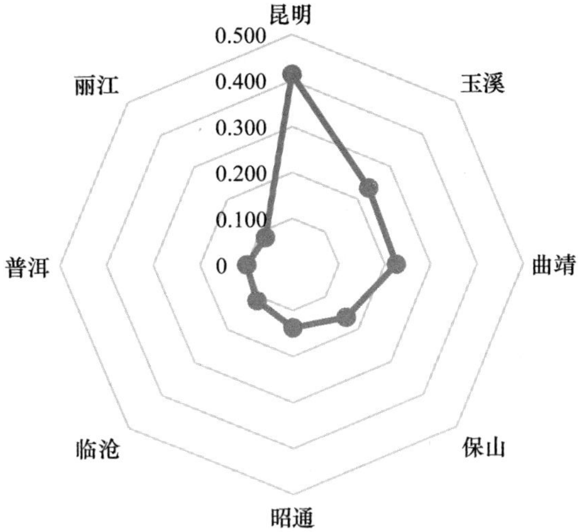

图 11—15　2021 年云南省各城市可持续竞争力

资料来源：中国社会科学院城市与竞争力指数数据库。

昆明的经济活力、环境韧性、社会和谐、科技创新和全球联系这五个方面的排名进入了全国前 50 强，与省内其他城市差距比较大。除昆明以外其他城市的差距较小，各城市的可持续竞争力也在竞争中整体有了提升。

表 11—10　　2021 年云南省各城市可持续竞争力解释性指标

	经济活力		环境韧性		社会和谐		科技创新		全球联系	
	指数	排名	指数	排名	指数	排名	指数	排名	指数	排名
昆明	0.664	25	0.604	37	0.760	29	0.398	50	0.585	29
玉溪	0.451	81	0.517	94	0.457	130	0.175	156	0.139	204
丽江	0.444	85	0.462	163	0.340	200	0.110	230	0.220	108
保山	0.398	107	0.489	125	0.247	249	0.308	72	0.107	250
曲靖	0.327	149	0.486	130	0.400	163	0.125	213	0.124	227
昭通	0.263	204	0.412	232	0.237	253	0.070	262	0.111	244
临沧	0.207	236	0.475	143	0.059	287	0.084	249	0.041	286
普洱	0.182	246	0.369	262	0.156	272	0.082	252	0.035	289

资料来源：中国社会科学院城市与竞争力指数数据库。

第六节 中国城市竞争力(贵州省)报告

贵州省坚持以脱贫攻坚统揽经济社会发展全局，牢牢守好发展和生态两条底线，打好三大攻坚战，实施三大战略行动，建设三大国家级试验区，促进经济社会的发展。2020 年年末贵州省地区生产总值 17826.56 亿元，比 2019 年增长 4.5%。其中，第一产业增加值 2539.88 亿元，增长 6.3%；第二产业增加值 6211.62 亿元，增长 4.3%；第三产业增加值 9075.07 亿元，增长 4.1%。第一产业增加值占地区生产总值的比重为 14.2%，比 2019 年提高 0.6 个百分点；第二产业增加值占地区生产总值的比重为 34.8%，比 2019 年下降 0.8 个百分点；第三产业增加值占地区生产总值的比重为 50.9%，比 2019 年提高 0.1 个百分点。

一 综合经济竞争力表现及其变化

贵州省各城市综合经济竞争力普遍偏低，而且整体呈现衰退趋势。贵州省 2021 年较 2020 年除了安顺以外其他城市都出现了下降的情况，具体表现为贵阳排名下降 2 位，遵义下降 18 位，六盘水下降了 26 位。与此同时，贵州省各城市中除了贵阳市进入了全国前 100 强，其余各城市都位于全国 100 位以外。进一步分析发现各城市的综合经济密度下降明显，而且排名都相对比较靠后。而经济增长方面各城市有升有降，贵阳和遵义排名相对比较靠前。

从省内城市来看贵阳一枝独秀，遥遥领先于其他城市，遵义和六盘水发展退步明显。2021 年贵阳市的综合经济竞争力指数为 0.424，全国排名第 52 名，较 2020 年退步了 2 位。其中贵阳市的排名退步主要原因是综合经济增量下滑明显。而遵义市的下滑是因为综合经济密度下滑明显，而六盘水市的下滑是因为综合经济增量和综合经济密度的双重下滑导致的。

二 综合经济竞争力解释力

贵州省综合经济竞争力解释性指标整体偏低且分化严重。综合经济竞争力五个分项指标中仅有贵阳在四个分项中进入全国前 50 位，其余城

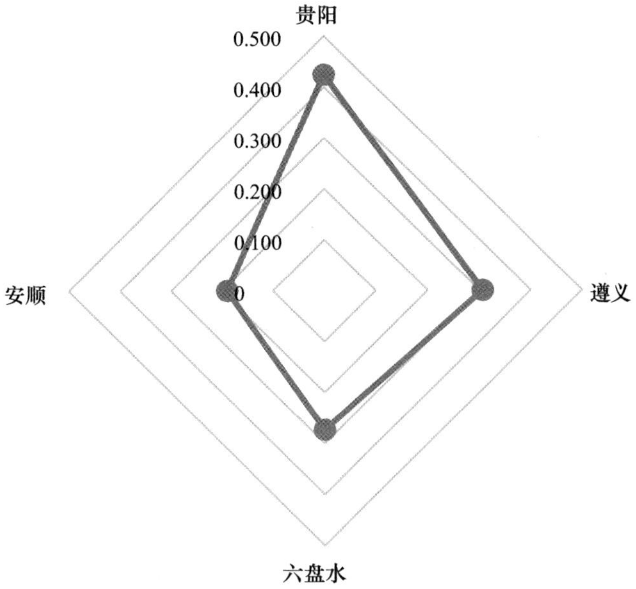

图 11—16　2021 年贵州省各城市综合经济竞争力

资料来源：中国社会科学院城市与竞争力指数数据库。

市均在全国前 50 位以外。贵州省各个城市在生活环境、营商软环境和全球联系这三项指标中分化明显，贵州和遵义处于中等偏上的发展水平，而六盘水和安顺则处于中等偏下水平。在当地要素和营商硬环境方面，只有贵阳一个城市一枝独秀，遥遥领先于其他城市。

表 11—11　　2021 年贵州省各城市综合经济竞争力解释性指标

	当地要素		生活环境		营商软环境		营商硬环境		全球联系	
	指数	排名	指数	排名	指数	排名	指数	排名	指数	排名
贵阳	0. 442	48	0. 610	41	0. 535	45	0. 425	70	0. 476	44
遵义	0. 325	109	0. 554	60	0. 416	75	0. 079	276	0. 262	95
六盘水	0. 203	201	0. 346	163	0. 184	260	0. 124	252	0. 091	265
安顺	0. 166	224	0. 088	278	0. 250	192	0. 185	216	0. 138	205

资料来源：中国社会科学院城市与竞争力指数数据库。

三 可持续竞争力表现及其变化

贵州省可持续竞争力整体偏低，但大部分城市有向好的发展趋势。观察贵州省可持续竞争力的指数发现除了六盘水市，贵阳市、遵义市和安顺市排名均有所上升。其中，贵州省各城市可持续竞争力上升的主要原因是人口增量提升显著。而在人口密度方面贵州省除遵义以外全国排名均有所下降。

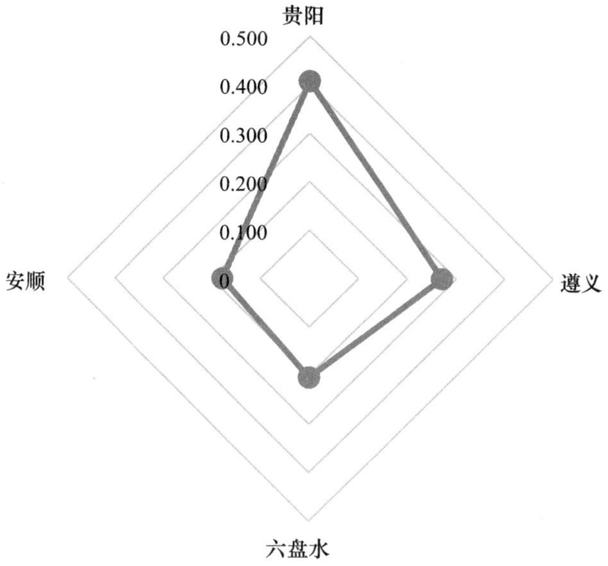

图 11—17 2021 年贵州省各城市可持续竞争力

资料来源：中国社会科学院城市与竞争力指数数据库。

贵阳在贵州省所有城市中排名领先，而遵义在贵州省所有城市中发展势头最为迅猛。2021 年贵阳市可持续竞争力的指数为 0. 407，全国排名为第 47 位，处于全国中等偏上水平。2021 年遵义市可持续竞争力的指数为 0. 271（全国第 121 位），但是相较 2020 年的遵义市排名上升了 32 位。

四 可持续竞争力解释

社会和谐和科技创新制约城市可持续竞争力的提升。从排名上看，在社会和谐和科技创新两个方面仅有贵阳位于全国前100强之内，其余城市的排名均为中等偏下。贵州省各城市的分化比较严重，贵阳市在各项指标中都遥遥领先，但是遵义市、六盘水市和安顺市则在不同分项中各有优势。从具体的三项指标来看，贵州省在劳动生产率、自然灾害指数、社会安全指数等方面表现较弱，还需要进一步提升。

表11—12　　2021年贵州省各城市可持续竞争力解释性指标

	经济活力		环境韧性		社会和谐		科技创新		全球联系	
	指数	排名	指数	排名	指数	排名	指数	排名	指数	排名
贵阳	0.597	33	0.627	21	0.561	79	0.426	44	0.476	44
遵义	0.523	52	0.480	135	0.471	116	0.224	111	0.262	95
六盘水	0.289	177	0.531	82	0.223	263	0.116	224	0.091	265
安顺	0.263	203	0.515	98	0.077	286	0.042	283	0.138	205

第十二章

中国（西北地区）城市竞争力报告

杨　杰　李　冕*

第一节　中国城市竞争力（内蒙古自治区）报告

一　综合经济竞争力表现及其变化

（一）综合经济竞争力总体提升

2021 年，内蒙古城市综合经济竞争力较 2020 年总体提升。内蒙古 9 个城市中，有 7 个城市综合经济竞争力排名较 2020 年有所提升，其中提升幅度最大的是乌海，较 2020 年上升了 22 位，提升幅度最小的是包头，仅上升了 1 位，其余 2 个城市中，呼和浩特排名与 2020 年持平，呼伦贝尔排名较 2020 年下降了 1 位。

（二）综合经济竞争力呈首尾稳定中间抬升格局

较 2020 年，内蒙古城市综合经济竞争力最强的呼和浩特与最弱的呼伦贝尔、巴彦淖尔和乌兰察布，综合经济竞争力排名基本稳定，一首一尾均较 2020 年变化不大。相对而言，综合经济竞争力水平居于二者之间的包头、乌海、赤峰、通辽和鄂尔多斯综合经济竞争力均有所提升，特别是乌海、赤峰、通辽和鄂尔多斯，排名提升均在 10 位及以上。

---

* 本章陕西省、甘肃省、内蒙古自治区部分由杨杰撰写；青海省、宁夏回族自治区、新疆维吾尔自治区部分由李冕撰写。

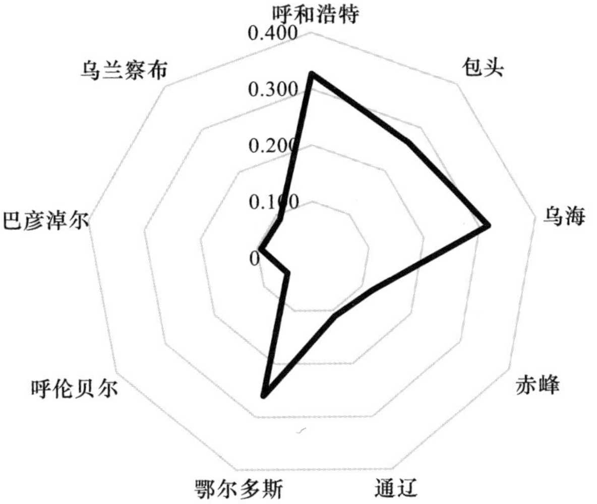

图 12—1　2021 年内蒙古自治区各城市综合经济竞争力

资料来源：中国社会科学院城市与竞争力指数数据库。

二　综合经济竞争力解释

表 12—1　2021 年内蒙古自治区各城市综合经济竞争力及其解释性指标

	综合经济竞争力		当地要素		生活环境		营商软环境		营商硬环境		全球联系	
	指数	排名	指数	排名	指数	排名	指数	排名	指数	排名	指数	排名
呼和浩特	0. 327	101	0. 369	83	0. 399	123	0. 526	46	0. 487	48	0. 478	43
包头	0. 265	153	0. 337	102	0. 292	195	0. 425	73	0. 379	89	0. 333	65
乌海	0. 316	107	0. 060	285	0. 065	285	0. 257	183	0. 189	212	0. 102	258
赤峰	0. 119	253	0. 277	159	0. 300	192	0. 261	177	0. 391	84	0. 161	178
通辽	0. 111	259	0. 160	230	0. 237	237	0. 267	173	0. 401	80	0. 137	208
鄂尔多斯	0. 260	158	0. 176	216	0. 351	159	0. 434	67	0. 164	231	0. 214	116
呼伦贝尔	0. 053	283	0. 097	266	0. 089	277	0. 319	127	0. 098	265	0. 169	167
巴彦淖尔	0. 093	269	0. 044	287	0. 118	271	0. 212	235	0. 062	283	0. 089	267
乌兰察布	0. 090	272	0. 069	283	0. 081	283	0. 138	283	0. 214	189	0. 068	279

（一）营商软环境普遍改善带动综合经济竞争力提升

2021 年，内蒙古城市中除呼和浩特和乌兰察布的营商软环境排名分别下降8位和15位外，其余7个城市的营商软环境排名均有提升。在内蒙古多数城市当地要素和生活环境普遍下降，营商硬环境和全球联系升降基本各半的情况下，营商软环境的普遍改善成为带动综合经济竞争力提升的主要因素。其中，乌海、通辽、赤峰、巴彦淖尔和鄂尔多斯改善幅度均较大，营商软环境排名分别上升了52位、42位、25位、19位和17位。

（二）营商环境和全球联系提升共同推动中间抬升

综合经济竞争力居于中间的包头、乌海、赤峰、通辽和鄂尔多斯5个城市，综合经济竞争力总体上升主要是由营商软环境、营商硬环境和全球联系的总体提升推动的。5个城市的营商软环境排名均上升。营商硬环境除乌海外，均有大幅上升，其中通辽上升了133位，包头上升了98位，赤峰上升了86位，鄂尔多斯上升了15位。全球联系除包头和鄂尔多斯外，也均大幅上升，通辽上升了35位，乌海上升了30位，赤峰上升了26位。

三 可持续竞争力表现及其变化

（一）可持续竞争力水平总体较低且有所下降

2021年，内蒙古城市可持续竞争力水平总体较低。排名最高的城市呼和浩特也仅位列第89位，其次的包头为第144位，其余7个城市排名均在200名之后。且相较2020年，多数城市的可持续竞争力排名有所下降。除乌海、赤峰和乌兰察布排名分别上升77位、10位和1位外，其余6个城市排名均下降，其中鄂尔多斯、呼伦贝尔和包头降幅较大，分别下降了84位、24位和21位。

（二）可持续竞争力差异呈收敛格局

较2020年，内蒙古城市间的可持续竞争力差异有所收敛。这一收敛是由两个方面的共同作用导致的，一方面头部下沉，可持续竞争力排名在150名之前的城市，由2020年的3个减少为2个，且排名均有所下降；另一方面中间扩大，可持续竞争力排名在150—250位的城市，由2020年的1个增加到4个。

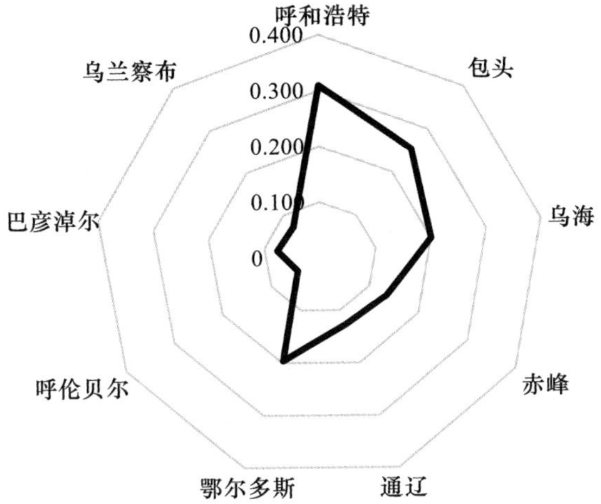

图 12—2　2021 年内蒙古自治区各城市可持续竞争力

资料来源：中国社会科学院城市与竞争力指数数据库。

四　可持续竞争力解释

表 12—2　2021 年内蒙古自治区各城市可持续竞争力及其解释性指标

	可持续竞争力		经济活力		环境韧性		社会和谐		科技创新		全球联系	
	指数	排名	指数	排名	指数	排名	指数	排名	指数	排名	指数	排名
呼和浩特	0.309	89	0.480	65	0.464	157	0.622	63	0.264	87	0.478	43
包头	0.254	144	0.390	112	0.308	281	0.492	104	0.196	131	0.333	65
乌海	0.201	201	0.371	122	0.456	177	0.126	280	0.056	277	0.102	258
赤峰	0.135	244	0.226	225	0.289	287	0.270	238	0.176	154	0.161	178
通辽	0.128	248	0.159	256	0.378	260	0.331	204	0.120	217	0.137	208
鄂尔多斯	0.196	203	0.574	41	0.384	257	0.424	149	0.015	289	0.214	116
呼伦贝尔	0.046	288	0.271	195	0.000	291	0.214	265	0.069	264	0.169	167
巴彦淖尔	0.077	275	0.221	228	0.293	286	0.198	268	0.022	287	0.089	267
乌兰察布	0.073	276	0.094	274	0.344	273	0.236	254	0.062	272	0.068	279

（一）环境韧性和社会和谐较差拖累可持续竞争力

内蒙古城市在经济活力、环境韧性、社会和谐、科技创新和全球联系几个方面的总体水平均较低，使得可持续竞争力总体水平较低。其中，环境韧性和社会和谐方面，较 2020 年，除通辽的社会和谐排名有所上升外，其余城市在这两个方面的排名均下降，导致可持续竞争力总体下降。

（二）四大方面均收敛带动可持续竞争力收敛

较 2020 年，内蒙古城市间在经济活力、环境韧性、科技创新和全球联系四大方面差异均呈收敛格局，只有社会和谐差异略有扩大。其中，环境韧性方面的差异收敛程度最大，其次是科技创新方面，再次是全球联系方面，最后是经济活力方面。

第二节 中国城市竞争力（陕西省）报告

一 综合经济竞争力表现及其变化

（一）综合经济竞争力总体略有下降

2021 年，陕西城市综合经济竞争力较 2020 年略有下降。陕西 10 个城市中，除铜川和商洛综合经济竞争力排名略有上升外，其余 8 个城市排名均有所下降，但总体降幅不大。其中，咸阳和延安分别下降了 29 位

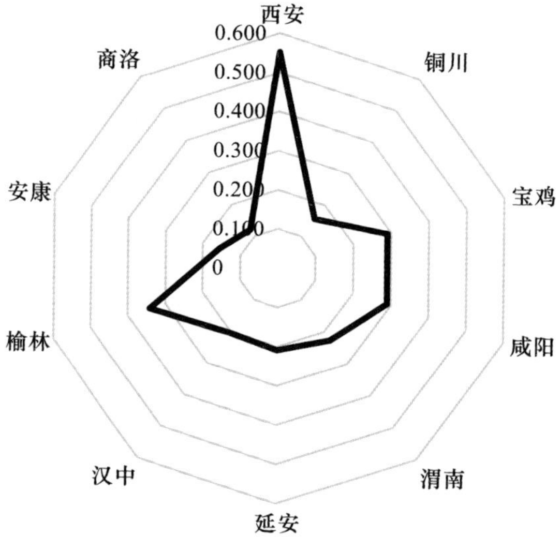

图 12—3 2021 年陕西省各城市综合经济竞争力

资料来源：中国社会科学院城市与竞争力指数数据库。

和10位，降幅较大，其余6个城市降幅均在10位以内。

（二）省内综合经济竞争力呈金字塔格局

塔尖上2个城市是西安和榆林，综合经济竞争力分别排名第32位和第91位，塔中部3个城市是宝鸡、咸阳和渭南，综合经济竞争力排名依次为第132位、第133位和第192位，塔下部5个城市是延安、汉中、铜川、安康和商洛，综合经济竞争力排名依次为第208位、第211位、第237位、第239位和第252位。

二　综合经济竞争力解释

表12—3　　2021年陕西省各城市综合经济竞争力及其解释性指标

	综合经济竞争力		当地要素		生活环境		营商软环境		营商硬环境		全球联系	
	指数	排名	指数	排名	指数	排名	指数	排名	指数	排名	指数	排名
西安	0.552	32	0.596	16	0.655	34	0.754	11	0.623	17	0.757	13
铜川	0.157	237	0.015	290	0.176	260	0.231	214	0.257	161	0.132	214
宝鸡	0.290	132	0.294	133	0.445	102	0.297	141	0.195	206	0.148	192
咸阳	0.289	133	0.293	135	0.392	131	0.412	76	0.456	61	0.321	70
渭南	0.226	192	0.153	236	0.331	173	0.252	189	0.377	90	0.165	172
延安	0.209	208	0.243	178	0.359	154	0.314	131	0.344	110	0.215	114
汉中	0.204	211	0.173	218	0.397	127	0.256	185	0.269	157	0.179	156
榆林	0.342	91	0.214	195	0.475	86	0.348	110	0.409	74	0.167	171
安康	0.155	239	0.147	241	0.353	158	0.232	213	0.277	151	0.169	168
商洛	0.120	252	0.121	257	0.083	282	0.234	207	0.190	211	0.153	186

（一）生活环境趋于恶化严重损害综合经济竞争力

较2020年，陕西城市的生活环境总体趋于恶化。其中，除安康生活环境排名未变，商洛排名下降8位外，其余8个城市生活环境排名均下降超过10位。在营商软环境、营商硬环境和全球联系三大方面，大多数城市排名上升的情况下，生活环境的恶化仍导致了综合经济竞争力总体的下降。

（二）各城市综合经济竞争力强弱主因各异

塔尖的西安作为陕西综合经济竞争力最强的城市，在当地要素、生活环境、营商软环境、营商硬环境和全球联系方面均处于绝对领先地位，榆林的综合经济竞争力较强主要得益于生活环境、营商软环境和营商硬环境方面较为领先。宝鸡居于塔中部，主要得益于当地要素、生活环境和营商软环境方面表现较好，咸阳则受当地要素和生活环境拖累，渭南主要是凭借营商硬环境。塔下部 5 个城市则各方面均较弱方面表现较好。

三 可持续竞争力表现及其变化

（一）可持续竞争力总体较低

2021 年，除西安可持续竞争力在省内遥遥领先，全国排名高达第 25 位外，省内其余城市排名均较低。省内可持续竞争力第二强和第三强的咸阳和榆林，全国排名仅位列第 115 位和第 132 位。省内有一半的城市可持续竞争力排在全国 200 名之后。

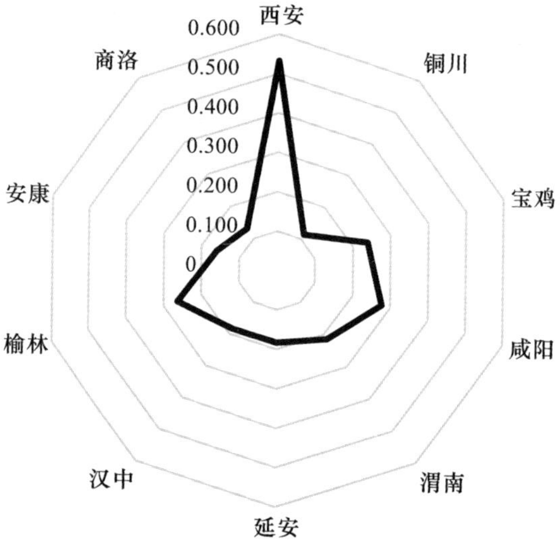

图 12—4 2021 年陕西省各城市可持续竞争力

资料来源：中国社会科学院城市与竞争力指数数据库。

（二）可持续竞争力呈两头略升中间塌陷格局

较2020年，省内可持续竞争力最强的西安排名上升了5位，榆林保持不变，可持续竞争力最弱的铜川、安康和商洛，排名分别上升了18位、5位和2位。其余可持续竞争力位于两者之间的城市则排名基本都有所下降，其中下降幅度较大的有汉中、延安、宝鸡和咸阳，分别下降了55位、31位、24位和23位。渭南下降幅度较小，下降了2位。

四　可持续竞争力解释

表12—4　　2021年陕西省各城市可持续竞争力及其解释性指标

	可持续竞争力		经济活力		环境韧性		社会和谐		科技创新		全球联系	
	指数	排名	指数	排名	指数	排名	指数	排名	指数	排名	指数	排名
西安	0.532	25	0.674	23	0.542	73	0.888	8	0.653	14	0.757	13
铜川	0.113	258	0.291	176	0.441	195	0.226	260	0.034	285	0.132	214
宝鸡	0.239	157	0.366	126	0.429	208	0.517	94	0.175	157	0.148	192
咸阳	0.278	115	0.414	97	0.447	192	0.538	86	0.181	149	0.321	70
渭南	0.214	186	0.264	201	0.434	203	0.371	180	0.125	214	0.165	172
延安	0.183	212	0.382	117	0.453	182	0.388	172	0.217	115	0.215	114
汉中	0.185	210	0.335	141	0.410	235	0.360	188	0.151	184	0.179	156
榆林	0.263	132	0.503	58	0.462	164	0.474	115	0.151	182	0.167	171
安康	0.159	233	0.318	160	0.405	239	0.327	206	0.135	200	0.169	168
商洛	0.130	247	0.259	208	0.344	274	0.124	281	0.119	220	0.153	186

（一）环境韧性和科技创新较差拖累可持续竞争力

陕西城市总体上在环境韧性和科技创新方面较差。环境韧性方面，即便是可持续竞争力最强的西安，也相对较差，全国排名仅第73位，远低于其可持续竞争力第25位的排名，其余环境韧性排名则均在150名之后。科技创新方面，西安非常强劲，全国排名第14位，但其他城市均较弱，除延安和咸阳分列第115位和第149位外，其余城市排名也均在150名之后。

（二）可持续竞争力中间塌陷原因各异

可持续竞争力居于中间的5个城市排名下降原因各异。汉中可持续竞争力下降主要是由于经济活力、社会和谐和科技创新方面下降所致。延安主要是由于环境韧性和社会和谐方面下降。宝鸡主要由于环境韧性和科技创新方面下降。咸阳主要是由于经济活力、环境韧性和社会和谐方面下降。渭南主要是由于经济活力、环境韧性和全球联系方面下降。

第三节 中国城市竞争力（甘肃省）报告

一 综合经济竞争力表现及其变化

（一）综合经济竞争力总体较弱且略有下滑

2021年，甘肃城市综合经济竞争力总体仍较弱。除兰州综合经济竞争力排名在第90位外，省内综合经济竞争力第二强的嘉峪关排名仅为第189位，其余10个城市排名均在240名之后。相较2020年，甘肃城市综合经济竞争力总体上还略有下滑，除金昌排名上升5位外，其余城市排名保持不变或下降。其中有4个城市排名保持不变，4个城市排名均下降了1位，庆阳排名下降了4位，天水排名下降了18位，嘉峪关排名下降了27位。

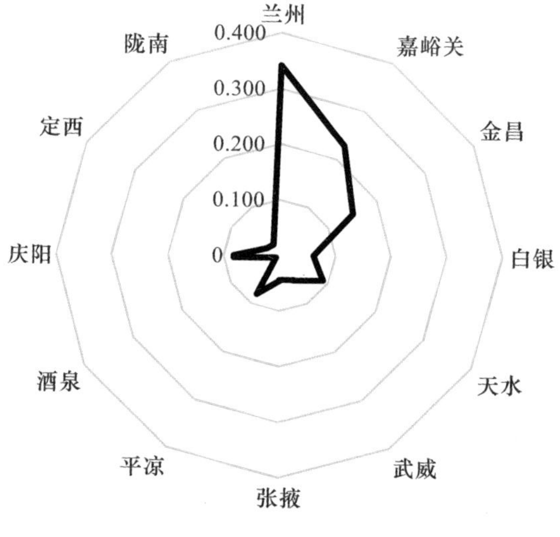

图12—5 2021年甘肃省各城市综合经济竞争力

资料来源：中国社会科学院城市与竞争力指数数据库。

(二) 综合经济竞争力呈低水平集聚格局

兰州作为省内综合经济竞争力最强城市并未表现出较强的引领作用，导致省内城市处于一种低水平集聚发展的局面。除兰州外，省内其他城市的综合经济竞争力水平均处于全国较差水平，没有形成分工协作、有梯度的城市体系，城市综合经济竞争力在低水平上集聚。

二　综合经济竞争力解释

表 12—5　　2021 年甘肃省各城市综合经济竞争力及其解释性指标

	综合经济竞争力		当地要素		生活环境		营商软环境		营商硬环境		全球联系	
	指数	排名	指数	排名	指数	排名	指数	排名	指数	排名	指数	排名
兰州	0.342	90	0.441	49	0.454	96	0.521	47	0.360	99	0.600	27
嘉峪关	0.228	189	0.078	278	0.136	269	0.199	241	0.316	128	0.095	264
金昌	0.151	241	0.083	276	0.111	273	0.188	254	0.067	281	0.070	277
白银	0.061	280	0.138	249	0.217	246	0.225	220	0.273	152	0.102	257
天水	0.090	273	0.277	158	0.341	165	0.184	261	0.097	266	0.121	233
武威	0.051	284	0.143	248	0.084	280	0.139	282	0.011	290	0.062	280
张掖	0.046	285	0.091	269	0.130	270	0.194	247	0.014	288	0.091	266
平凉	0.081	277	0.084	275	0.281	208	0.036	289	0.169	226	0.046	285
酒泉	0.007	290	0.163	228	0.240	234	0.146	278	0.095	267	0.039	287
庆阳	0.082	276	0.194	208	0.208	251	0.225	222	0.327	118	0.114	238
定西	0.026	288	0.145	244	0.092	276	0.194	246	0.014	289	0.102	259
陇南	0.023	289	0.151	238	0.173	263	0.030	290	0.089	273	0.046	284

(一) 缺乏能够提升综合经济竞争力的突出方面

除兰州外，甘肃其他城市在当地要素、生活环境、营商软环境、营商硬环境和全球联系 5 个方面均排名较低，缺乏突出方面。当地要素方面，排名最高的天水仅排在第 158 位，其余城市均在第 200 名之后。生活环境方面，仍是天水最高，排在第 165 位，其他城市仍均在 200 名之后。营商软环境方面，排名最高的白银也仅为第 220 位。营商硬环境方面，庆阳、嘉峪关和白银排名分别在第 118 位、第 128 位和第 152 位，其余城市均在200名之后。全球联系方面，排名最高的天水仅排在第233位。

（二）营商软环境和全球联系的低水平集聚是综合经济竞争力低水平集聚的突出因素

除兰州外，甘肃其他城市综合经济竞争力低水平集聚的突出因素是营商软环境和全球联系。从各方面因素的排名分布情况来看，甘肃其他城市首先在全球联系方面的低水平集聚最为突出，其次是在营商软环境方面，再次是在生活环境和当地要素方面，最后是在营商硬环境方面。

三　可持续竞争力表现及其变化

（一）可持续竞争力总体居于全国最弱之列

除兰州可持续竞争力位于全国第76位外，甘肃其他城市可持续竞争力均居于全国最弱之列。省内可持续竞争力第二强的嘉峪关，全国排名仅为第252位。省内可持续竞争力最弱的酒泉，全国排名在第291位。其他城市排名居于二者之间，均在全国最弱之列。

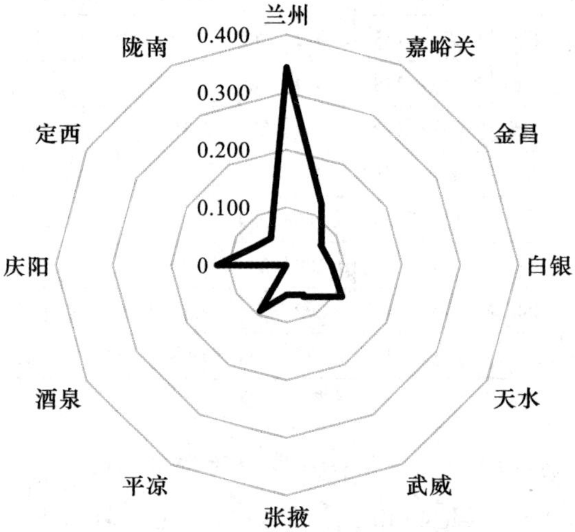

图12—6　2021年甘肃省各城市可持续竞争力

资料来源：中国社会科学院城市与竞争力指数数据库。

（二）可持续竞争力也呈低水平集聚格局

兰州在可持续竞争力方面在全国的排名也并不突出。省内除兰州外的其他城市可持续竞争力更是在低水平上集聚。显示出省内城市发展动力不足，相互之间也无法起到带动作用，在对发展要素的竞争方面，处于一种低水平竞争的局面。

四　可持续竞争力解释

表 12—6　　2021 年甘肃省各城市可持续竞争力及其解释性指标

	可持续竞争力		经济活力		环境韧性		社会和谐		科技创新		全球联系	
	指数	排名	指数	排名	指数	排名	指数	排名	指数	排名	指数	排名
兰州	0.343	76	0.536	49	0.421	217	0.417	153	0.414	47	0.600	27
嘉峪关	0.122	252	0.334	142	0.451	185	0.133	278	0.035	284	0.095	264
金昌	0.069	278	0.353	131	0.336	278	0.129	279	0.103	237	0.070	277
白银	0.079	274	0.167	253	0.302	283	0.297	227	0.047	281	0.102	257
天水	0.111	260	0.118	270	0.363	266	0.321	209	0.192	136	0.121	233
武威	0.060	283	0.141	265	0.244	289	0.211	267	0.068	265	0.062	280
张掖	0.053	286	0.195	240	0.327	280	0.272	237	0.110	228	0.091	266
平凉	0.093	270	0.051	285	0.431	207	0.232	256	0.077	257	0.046	285
酒泉	0.000	291	0.179	248	0.124	290	0.347	195	0.154	179	0.039	287
庆阳	0.120	256	0.170	252	0.453	180	0.248	248	0.178	151	0.114	238
定西	0.063	282	0.117	271	0.298	285	0.306	221	0.127	210	0.102	259
陇南	0.054	284	0.063	284	0.389	253	0.099	283	0.059	276	0.046	284

（一）环境韧性和社会和谐是突出短板

尽管甘肃城市在经济活力、科技创新和全球联系方面均排名较低，但环境韧性和社会和谐方面的短板却更加突出。这主要体现在省内可持续竞争力最强的城市兰州，其在环境韧性方面的全国排名仅为第 217 位，在社会和谐方面的全国排名仅为第 153 位。

（二）全球联系和社会和谐的低水平集聚是可持续竞争力低水平集聚的突出因素

除兰州外，甘肃其他城市可持续竞争力低水平集聚的突出因素是全球联系和社会和谐。从各方面因素的排名分布情况来看，甘肃其他城市在全球联系方面的低水平集聚最为突出，其次是在社会和谐方面，再次是在环境韧性方面，最后是在科技创新和经济活力方面。

第四节 中国城市竞争力（青海省）报告

一 综合经济竞争力表现及其变化

城市综合经济竞争力处于全国中游水平，综合经济密度有所增强，综合经济增量有待提升。西宁是青海城市体系的核心，经济增长对全省贡献率超过一半。2021 年，西宁综合经济竞争力指数为 0. 291，排名第 131 位，处于全国中游水平，较上年提升了 1 位。西宁综合经济竞争力的提升主要体现为综合经济密度的增强，2021 年西宁综合经济密度竞争力指数为 0. 330，较上年提升了 4 位，表明其城市经济的空间集聚程度进一步增强。但西宁综合经济增量竞争力在西北地区的省会（首府）城市中表现较差，且较上年下降了 1 位，综合经济增量有待进一步提升。

二 综合经济竞争力解释

营商软环境和全球联系表现较好。西宁着力打造深化改革开放新高地，培育良好营商环境，开通绿色审批通道，实行省市重点项目容缺办理和告知承诺制度。西宁综合保税区成为青藏高原首个综合保税区，将对西宁乃至青海省扩大对外开放、增强全球联系发挥重要作用。从综合经济竞争力 5 项解释性指标来看，西宁营商软环境和全球联系分别排名第 81 位和第 53 位，均处于全国中游偏上水平。

生活环境竞争力成为主要短板。西宁生活环境竞争力排名第 168 位，在其综合经济竞争力 5 项解释性指标中相对最差。其中，居住指数等具体指标有待改善，特别是气候舒适度指数排名全国 200 位以外，在一定程度上制约了西宁城市综合经济竞争力的提升。

三 可持续竞争力表现及其变化

可持续竞争力下降明显，综合人口增量表现不佳。2021 年，西宁可持续竞争力指数为 0. 258，排名第 138 位，处于全国中游水平，但较上年下降了 10 位。其中，综合人口增量排名全国第 147 位，较上年下降了 9

位，是导致可持续竞争力下降的主要原因，反映出城市发展对人才的吸引力相对不足。

四　可持续竞争力解释

经济活力竞争力表现较好，助力城市可持续发展。从解释性指标来看，西宁经济活力竞争力跻身全国前 100 位，处于中游偏上水平。其中，经商便利度、青年人才比例等指标表现较为突出。去年以来，西宁扎实做好“六稳”工作、全面落实“六保”任务，实施各项助企纾困政策，2020 年为各类市场主体减免税费 46.3 亿元，助力市场主体增强活力，稳住经济社会发展基本盘，推动城市经济可持续发展。

环境韧性和社会和谐竞争力有待改善。在 5 项解释性指标中，西宁环境韧性竞争力和社会和谐竞争力表现相对靠后，分别排名第 174 位和第 159 位，处于全国中游偏下水平。其中，交通便捷度、气候舒适度、社会安全指数等指标排在 200 位以外。未来，西宁市和青海省要继续深入贯彻新发展理念，坚持生态优先绿色发展，促进经济社会发展全面绿色转型，着力补齐民生领域存在的短板，进一步提高人民群众幸福指数。

第五节　中国城市竞争力(宁夏回族自治区)报告

一　综合经济竞争力表现及其变化

综合经济竞争力整体偏弱。宁夏没有城市跻身综合经济竞争力全国前 100 位，表现最好的首府城市银川综合经济竞争力指数为 0.322，排名全国第 104 位。吴忠、固原、中卫三市的综合经济竞争力均排在全国 250 位之后，处于下游水平。宁夏要抓好“十四五”开局，切实推动经济稳定增长，提升城市综合经济竞争力水平。

银川的龙头地位更加凸显。宁夏各城市的综合经济竞争力整体呈现“1 + 1 + 3”的梯度分布格局，银川为全区发展的龙头，石嘴山为第二梯队，而排名靠后的吴忠、固原、中卫为第三梯队。与上年相比，银川的综合经济竞争力排名提升了 2 位，未来有望跻身全国前 100 强，龙头地位更加凸显；石嘴山的综合经济竞争力排名则大幅下降了 19 位，排名全国第 183 位，与银川的差距有所拉大；综合经济竞争力排名靠后的三市尚未出现明显起色，未来需要加快追赶步伐。

二 综合经济竞争力解释

表12—7 2021年宁夏回族自治区各城市综合经济竞争力解释性指标

	当地要素		生活环境		营商软环境		营商硬环境		全球联系	
	指数	排名	指数	排名	指数	排名	指数	排名	指数	排名
银川	0.360	85	0.469	89	0.397	85	0.366	95	0.432	47
石嘴山	0.202	202	0.000	291	0.193	249	0.179	219	0.052	283
吴忠	0.134	251	0.013	290	0.169	269	0.308	132	0.108	248
固原	0.076	279	0.162	267	0.171	268	0.170	224	0.073	274
中卫	0.161	229	0.020	289	0.261	176	0.107	261	0.256	97

宁夏各城市的当地要素竞争力与综合经济竞争力整体格局基本匹配。从解释性指标来看，当地要素竞争力的表现与整体综合经济竞争力格局匹配度较高，区内首位的银川排名全国第85位，优势非常明显，石嘴山排名全国第202位，而后三位的吴忠、固原、中卫均排在全国250位之后。由此可见，资金、人才、技术等要素的集聚对于城市经济发展具有重要的推动作用，欠发达地区更加有必要创新模式、强化措施，积极主动搭建吸引要素集聚的平台载体，高标准、高水平地提升城市综合经济竞争力。

生活环境竞争力亟待提升。宁夏的生活环境竞争力表现不佳，已经成为制约综合经济竞争力的主要短板。除了首府城市银川外，其他4个城市的生活环境均排在全国250位之后，中卫、吴忠和石嘴山的排名更是在全国垫底，特别是医疗健康机构指数等指标差距较大，未来要进一步突出民生改善，切实提升公共服务、优化生活环境，尽快补齐短板。

三 可持续竞争力表现及其变化

银川一枝独秀，两极分化明显。银川可持续竞争力跻身全国前100强，排名第85位。其他4个城市均处于全国下游水平，其中石嘴山较上年大幅下降了13位，而吴忠、固原、中卫均排在全国250位之后。宁夏可持续竞争力表现整体有待提升，未来要着力推动区域协调发展，增强可持续发展能力。

宁夏综合人口向银川集聚的趋势较为明显。宁夏可持续竞争力的分化主要体现在综合人口增量的表现上，首府城市银川的综合人口增量跻身全国前100位，排名第77位，而其他4个城市均排在全国250位之后，两极分化较为突出。这可能在一定程度上反映出，区内人才向银川集聚的趋势明显，其他城市的人才吸引力相对不足。

四　可持续竞争力解释

表12—8　2021年宁夏回族自治区各城市可持续竞争力解释性指标

	经济活力		环境韧性		社会和谐		科技创新		全球联系	
	指数	排名	指数	排名	指数	排名	指数	排名	指数	排名
银川	0.518	55	0.448	191	0.312	217	0.278	81	0.432	47
石嘴山	0.268	199	0.475	142	0.032	290	0.140	196	0.052	283
吴忠	0.261	206	0.385	256	0.033	289	0.131	205	0.108	248
固原	0.215	233	0.426	214	0.124	282	0.099	238	0.073	274
中卫	0.301	170	0.363	267	0.056	288	0.119	221	0.256	97

科技创新是推动可持续发展的强大引擎。从解释性指标来看，宁夏各城市的科技创新竞争力与可持续竞争力的整体变现匹配度较高。其中，银川的科技创新竞争力跻身全国前100强，排名第81位，而其他城市中，除了石嘴山排名全国第196位外，其他城市均排在200位之后。这进一步表明，创新是引领发展的第一动力。西部欠发达地区在由要素驱动向创新驱动迈进过程中所面临的一个共性问题是，科技创新的支撑力不强。对此，宁夏要进一步突出创新引领，加大政府科技投入力度，提高企业科研投入强度，实行创新攻关任务“揭榜挂帅”，以科技创新为可持续发展注入强大动能。

社会和谐竞争力仍旧是可持续竞争力提升的主要掣肘。与上年相比，宁夏的社会和谐竞争力并未出现明显改观，包括首府银川在内，所有城市的社会和谐竞争力均排在全国200位之后，仍是制约可持续竞争力的主要短板，未来宁夏要进一步推动包容性发展，聚焦薄弱环节，抓紧补齐短板。

第六节 中国城市竞争力（新疆维吾尔自治区）报告

一 综合经济竞争力表现及其变化

综合经济竞争力整体处于全国中游偏上水平。2021 年，乌鲁木齐和克拉玛依的综合经济竞争力指数分别为 0.368 和 0.341，排名全国第 77 位和第 92 位，均跻身全国前 100 强，处于中游偏上水平。其中，综合经济密度竞争力表现较好，乌鲁木齐和克拉玛依分别排名全国第 80 位和第 62 位，城市经济集聚程度具备一定优势。

城市表现较为均衡。克拉玛依的综合经济竞争力在全国的排名较上年提升了 2 位，与乌鲁木齐的排名差距较上年缩小了 10 位，城市表现更加均衡。其中，乌鲁木齐的综合经济增量竞争力和综合经济密度竞争力均排进全国前 100 位，克拉玛依的综合经济密度竞争力表现较好。

二 综合经济竞争力解释

表 12—9 2021 年新疆维吾尔自治区各城市综合经济竞争力解释性指标

	当地要素		生活环境		营商软环境		营商硬环境		全球联系	
	指数	排名	指数	排名	指数	排名	指数	排名	指数	排名
乌鲁木齐	0.428	54	0.375	142	0.430	70	0.211	194	0.518	39
克拉玛依	0.145	243	0.172	264	0.296	143	0.217	187	0.103	255

营商硬环境有所改善，但仍有较大提升空间。乌鲁木齐和克拉玛依的营商硬环境排名均较上年有所进步，由全国 200 位之后提升至 200 位以内，但仍处于中游偏下水平，特别是乌鲁木齐的营商硬环境较其他解释性指标表现存在明显差距。营商硬环境制约城市综合经济竞争力的提升在西北地区具有一定共性，未来新疆要以交通运输、电力、信息化等关键领域基础设施建设为抓手，全面提升区域互联互通水平，着力提升营商硬环境竞争力。

乌鲁木齐首位度较高，有望充分发挥辐射带动作用。从解释性指标来看，除了营商硬环境外，乌鲁木齐各项排名均大幅领先克拉玛依，区内首位度较高。未来新疆应着力培育乌鲁木齐都市圈，以乌鲁木齐为中心加强区域经济合作和产业链分工协作，充分辐射带动克拉玛依等其他城市联动发展。

三　可持续竞争力表现及其变化

乌鲁木齐的可持续竞争力在西北地区仅次于西安。2021 年，乌鲁木齐可持续竞争力指数为 0.360，排名全国第 66 位，处于中游偏上水平，在西北地区仅次于西安，表现好于兰州、银川、西宁等其他省会（首府）城市。克拉玛依排名全国第 208 位，与乌鲁木齐存在较大差距。

综合人口增量分化明显。克拉玛依可持续竞争力与乌鲁木齐存在的差距主要体现为综合人口增量的明显分化，乌鲁木齐的综合人口增量排名全国第 55 位，领先克拉玛依 192 位，排名差距较上年扩大了 4 位，在一定程度上表明乌鲁木齐具有相对较强的人才吸引力。

四　可持续竞争力解释

表 12—10　2021 年新疆维吾尔自治区各城市可持续竞争力解释性指标

	经济活力		环境韧性		社会和谐		科技创新		全球联系	
	指数	排名	指数	排名	指数	排名	指数	排名	指数	排名
乌鲁木齐	0.592	34	0.401	244	0.362	185	0.287	77	0.518	39
克拉玛依	0.581	36	0.509	101	0.138	277	0.114	225	0.103	255

全球联系是可持续竞争力分化的重要原因。从可持续竞争力的各项解释性指标来看，全球联系的分化最为明显，乌鲁木齐的全球联系竞争力进入全国前 50 位，而克拉玛依则排在 250 位之后。随着积极融入丝绸之路经济带核心区建设，乌鲁木齐加速推进国际陆港区建设，中欧班列通达中亚及欧洲多个国家和城市，全球联系竞争力已经跻身全国上游水平。而克拉玛依与乌鲁木齐相比还存在较大差距，未来应主动融入乌鲁木齐都市圈，积极参与丝绸之路经济带核心区建设，不断扩大对外开放。

城市经济活力较强，为可持续发展注入动力。近年来，新疆经济发展的活力持续增强，综合经济实力不断跃上新台阶。从各项解释性指标来看，新疆的经济活力竞争力表现最好，乌鲁木齐和克拉玛依分别排名全国第34位和第36位，总体处于全国上游水平。未来新疆要把握好丝绸之路经济带核心区、西部大开发重点地区、国家向西开放的前沿和“三基地一通道”等发展定位，促进各项支持政策叠加增效，进一步推动经济高质量发展。

第十三章

中国(粤港澳地区)城市竞争力报告

刘成昆　刘笑男*

第一节　中国城市竞争力(广东省)报告

一　综合经济竞争力表现及其变化

(一) 综合经济竞争力的全省地位及其变化

2021 年广东省城市竞争力总体处于全国上游水平。全省有 9 个城市的综合经济竞争力进入全国 100 强，和浙江进入百强城市的数量相同，比江苏进入百强城市的数量少 3 个。全国前 10 强城市的数量比浙江多，比江苏省少 1 个城市，然而广东前 10 强城市的综合竞争力强于江苏。省内深圳、广州、佛山、东莞、珠海等珠三角核心城市在综合经济竞争力总体和分项方面均表现优异，只有全球联系相对处于短板地位。

(二) 综合经济竞争力的省内格局及其变化

2021 年深圳城市综合经济竞争力指数为 0.975，仅次于上海，全国排名第 2 位，比去年排名下降 1 位。广州和佛山综合经济竞争力的地位较为稳固，在全国的排名和去年保持持平，而东莞和珠海的综合经济竞争力排名比去年略有提升。汕尾、韶关、梅州、揭阳等城市的综合经济竞争力比去年略有下降。珠三角核心区城市综合经济竞争力略有上升，珠三角非核心区城市综合经济竞争力略有下降，珠三角核心区城市综合经济竞争力和非珠三角核心区城市的综合经济竞争力的差距略有轻微扩大。

---

* 本章广东省部分由刘笑男撰写,香港和澳门特别行政区部分由刘成昆撰写。

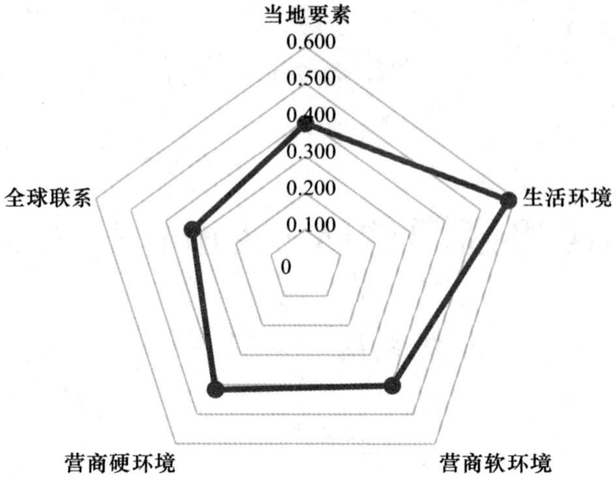

图 13—1 2021 年广东省综合经济竞争力

资料来源：中国社会科学院城市与竞争力指数数据库。

表 13—1 2021 年广东省各城市综合经济竞争力指数和排名

	指数	排名
深圳	0. 975	2
广州	0. 817	5
佛山	0. 657	14
东莞	0. 629	17
珠海	0. 598	23
中山	0. 505	38
惠州	0. 416	56
江门	0. 367	78
汕头	0. 366	79
茂名	0. 324	102
揭阳	0. 302	119
肇庆	0. 292	130
阳江	0. 276	144
潮州	0. 266	151
湛江	0. 262	156
清远	0. 219	199

续表

	指数	排名
汕尾	0.218	200
韶关	0.218	201
云浮	0.169	230
梅州	0.160	233
河源	0.145	242

资料来源：中国社会科学院城市与竞争力指数数据库。

表 13—2　2020—2021 年广东省各城市综合经济竞争力排名变化情况

	2021 年数据	排名	2020 年数据	排名	排名差
深圳	0.975	2	1.000	1	-1
广州	0.817	5	0.825	5	0
佛山	0.657	14	0.646	14	0
东莞	0.629	17	0.613	19	2
珠海	0.598	23	0.581	24	1
中山	0.505	38	0.531	36	-2
惠州	0.416	56	0.428	51	-5
江门	0.367	78	0.365	79	1
汕头	0.366	79	0.366	78	-1
茂名	0.324	102	0.325	107	5
揭阳	0.302	119	0.315	113	-6
肇庆	0.292	130	0.289	133	3
阳江	0.276	144	0.269	147	3
潮州	0.266	151	0.269	150	-1
湛江	0.262	156	0.268	151	-5
清远	0.219	199	0.220	202	3
汕尾	0.218	200	0.235	181	-19
韶关	0.218	201	0.230	188	-13
云浮	0.169	230	0.166	233	3
梅州	0.160	233	0.186	224	-9
河源	0.145	242	0.145	244	2

资料来源：中国社会科学院城市与竞争力指数数据库。

二 综合经济竞争力解释

（一）综合经济竞争力的全省地位及其变化的解释

在广东省城市综合经济竞争力5个分项指标中，广州和深圳这两个城市的所有指标均进入全国前10。从分项指标的均值及变异系数发现，广东城市的生活环境和营商硬环境总体表现较为优异，这两个分项指标进入前百强的数量分别为16个和11个；当地要素和营商软环境表现次之，这两个分项指标进入前百强的数量均为9个；全球联系的表现欠佳，进入全国百强城市的数量有10个。

（二）综合经济竞争力的省内格局及其变化的解释

广东省城市内部综合经济竞争力及其分项指标高低分布不均衡，存在一定的分化，这些分化既有珠三角核心区和非珠三角核心区城市之间的分化，又有珠三角核心区城市内部的分化，还有非珠三角核心区城市的分化。例如，广州和深圳作为超级大城市，综合经济竞争力及其各分项指标远远领先于其他城市；江门的营商软环境，肇庆的当地要素、营商软环境、营商硬环境和全球联系的全国排名均没进入100强，与珠三角的其他城市存在一定的差距；汕头市的综合经济竞争力及其分项指标整体排名较高，优越于非珠三角核心区的其他城市。

表13—3　　2021年广东省各城市综合经济竞争力解释性指标

	当地要素		生活环境		营商软环境		营商硬环境		全球联系	
	指数	排名	指数	排名	指数	排名	指数	排名	指数	排名
深圳	1.000	1	0.802	8	0.835	6	0.942	2	0.891	4
广州	0.759	5	0.910	3	0.822	7	0.795	5	0.857	5
东莞	0.602	15	0.801	9	0.518	48	0.753	10	0.527	37
佛山	0.577	19	0.777	15	0.493	55	0.497	46	0.288	80
中山	0.529	27	0.732	19	0.401	82	0.559	24	0.386	54
珠海	0.527	28	0.588	46	0.677	20	0.530	30	0.514	40
惠州	0.432	52	0.674	30	0.464	60	0.195	207	0.353	63
汕头	0.411	66	0.589	45	0.479	59	0.519	36	0.354	62
江门	0.372	82	0.547	63	0.368	102	0.441	67	0.278	86

续表

	当地要素		生活环境		营商软环境		营商硬环境		全球联系	
	指数	排名	指数	排名	指数	排名	指数	排名	指数	排名
湛江	0.337	100	0.392	132	0.431	69	0.462	56	0.316	72
肇庆	0.329	108	0.624	37	0.345	114	0.311	130	0.210	121
清远	0.304	127	0.560	55	0.335	119	0.348	108	0.205	123
茂名	0.292	138	0.523	75	0.236	206	0.153	238	0.142	200
梅州	0.281	153	0.579	49	0.175	266	0.348	106	0.141	202
揭阳	0.263	165	0.484	83	0.302	138	0.420	71	0.210	120
韶关	0.257	168	0.545	64	0.296	142	0.224	181	0.181	152
潮州	0.251	171	0.450	97	0.304	136	0.417	73	0.211	118
阳江	0.216	192	0.389	134	0.292	150	0.147	243	0.183	149
云浮	0.167	223	0.441	105	0.239	202	0.285	146	0.164	174
河源	0.156	232	0.417	117	0.231	215	0.237	172	0.187	142
汕尾	0.130	253	0.379	139	0.232	212	0.167	227	0.189	139

资料来源：中国社会科学院城市与竞争力指数数据库。

三　可持续竞争力表现及其变化

（一）可持续竞争力的全省地位及其变化

2021年广东省可持续竞争力普遍较好，总体排名处于全国上游，进入全国100强的城市的数量是10个，比去年增加了1个城市。与江苏和浙江可持续竞争力进入全国前100名的城市的数量相比，广东省比浙江省多1个城市，比江苏省少3个城市。广东进入全国10强城市的数量与浙江省一致，然而广东10强城市的可持续竞争力强于江苏。广东城市可持续竞争力的社会和谐与环境韧性相对较高，但是，科技创新和经济活力得分均值较低，是制约广东省可持续竞争力水平整体提升的重要因素。

（二）可持续竞争力的省内格局及其变化

2021年广东省各城市可持续竞争力分布不均衡，相比于去年，各城市有升有降，降幅略微大于升幅，茂名、珠海、梅州等7个城市的可持续竞争力有上升的趋势，韶关、潮州、阳江、揭阳等12个城市的可持续竞争力有下降的趋势。广州和深圳的社会和谐全国排名分别为第11位和第20位，除此之外，广州和深圳的可持续竞争力及其分项指标均在全国

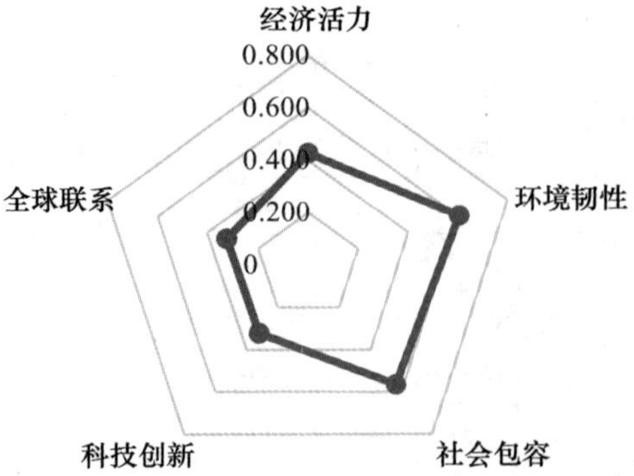

图 13—2 2021 年广东省可持续竞争力指数

资料来源：中国社会科学院城市与竞争力指数数据库。

排名前 10 强，具有较强的竞争优势。东莞和佛山的可持续竞争力进入全国前 20 强，珠海和中山的可持续竞争力进入全国前 50 强。广东省可持续竞争力表现较好的城市主要分布在珠三角核心区。

表 13—4 2021 年广东省各城市可持续竞争力指数和排名

	指数	排名
深圳	0. 914	2
广州	0. 723	6
东莞	0. 593	13
佛山	0. 585	15
珠海	0. 546	23
中山	0. 508	29
惠州	0. 374	56
汕头	0. 368	60
江门	0. 325	82
茂名	0. 298	98
湛江	0. 287	110
揭阳	0. 260	136

续表

	指数	排名
肇庆	0.255	142
潮州	0.235	162
阳江	0.220	180
清远	0.210	192
汕尾	0.206	196
韶关	0.186	209
云浮	0.179	217
梅州	0.163	230
河源	0.162	231

资料来源：中国社会科学院城市与竞争力指数数据库。

表 13—5　　　2021 年广东省各城市可持续竞争力排名变化情况

	2021 年数据	排名	2020 年数据	排名	排名差
深圳	0.914	2	0.901	2	0
广州	0.723	6	0.685	6	0
东莞	0.593	13	0.577	15	2
佛山	0.585	15	0.574	16	1
珠海	0.546	23	0.481	28	5
中山	0.508	29	0.523	23	-6
惠州	0.374	56	0.374	52	-4
汕头	0.368	60	0.346	61	1
江门	0.325	82	0.302	80	-2
茂名	0.298	98	0.273	101	3
湛江	0.287	110	0.270	105	-5
揭阳	0.260	136	0.250	122	-14
肇庆	0.255	142	0.240	131	-11
潮州	0.235	162	0.233	135	-27
阳江	0.220	180	0.213	159	-21
清远	0.210	192	0.190	188	-4
汕尾	0.206	196	0.185	194	-2
韶关	0.186	209	0.226	143	-66

续表

	2021 年数据	排名	2020 年数据	排名	排名差
云浮	0. 179	217	0. 156	227	10
梅州	0. 163	230	0. 142	237	7
河源	0. 162	231	0. 154	229	-2

资料来源：中国社会科学院城市与竞争力指数数据库。

四 可持续竞争力解释

（一）可持续竞争力的全省地位及其变化的解释

在广东省可持续竞争力的分项指标中，环境韧性和社会和谐的平均得分较高，环境韧性排名中有 4 个城市进入全国 10 强，比去年略有下降；经济活力排名中有 3 个城市进入全国 10 强，科技创新和全球联系有两个城市进入全国 10 强，均和去年保持持平。此外，观察进入全国 100 强的城市数量发现，环境韧性和社会和谐表现较好，进入 100 强城市的数量分别是 18 个和 13 个；全球联系和科技创新方面，进入 100 强城市的数量分别是 10 个和 9 个；经济活力方面，进入 100 强城市的数量是 8 个。

（二）可持续竞争力的省内格局及其变化的解释

广东省内城市可持续竞争力分项指标高低分布不均衡，在经济活力、科技创新、全球联系方面，珠三角核心区的城市更为领先；在环境韧性、社会和谐方面，珠三角核心区城市和省内其他城市的表现较为均衡；在非珠三角核心区的城市中，汕头整体实力较强，其对应的环境韧性全国排名第 10 位，全球联系全国排名第 62 位，科技创新、社会和谐和经济活力全国排名均位于第 70—80 位。

表 13—6　　2021 年广东省各城市可持续竞争力解释性指标

	经济活力		环境韧性		社会和谐		科技创新		全球联系	
	指数	排名	指数	排名	指数	排名	指数	排名	指数	排名
深圳	1. 000	1	0. 937	3	0. 814	20	0. 870	3	0. 891	4
广州	0. 837	5	0. 709	6	0. 884	11	0. 800	7	0. 857	5
珠海	0. 799	10	0. 640	15	0. 602	66	0. 600	19	0. 514	40
东莞	0. 676	21	0. 729	4	0. 682	45	0. 596	20	0. 527	37

续表

	经济活力		环境韧性		社会和谐		科技创新		全球联系	
	指数	排名	指数	排名	指数	排名	指数	排名	指数	排名
佛山	0.564	45	0.673	13	0.798	23	0.575	23	0.288	80
惠州	0.493	61	0.608	34	0.650	51	0.416	46	0.353	63
汕头	0.455	77	0.694	10	0.580	73	0.309	70	0.354	62
中山	0.427	89	0.684	11	0.716	35	0.443	43	0.386	54
江门	0.397	108	0.573	49	0.644	55	0.229	104	0.278	86
湛江	0.369	124	0.582	48	0.524	92	0.215	118	0.316	72
肇庆	0.340	138	0.540	75	0.625	60	0.226	108	0.210	121
清远	0.306	165	0.491	121	0.609	64	0.257	89	0.205	123
潮州	0.288	179	0.612	33	0.383	175	0.151	185	0.211	118
韶关	0.275	186	0.474	144	0.564	78	0.176	155	0.181	152
云浮	0.274	190	0.513	99	0.359	190	0.059	275	0.164	174
揭阳	0.274	191	0.614	31	0.442	139	0.127	211	0.210	120
阳江	0.272	194	0.521	90	0.450	134	0.103	236	0.183	149
汕尾	0.268	198	0.606	36	0.297	228	0.094	243	0.189	139
河源	0.263	202	0.491	120	0.315	215	0.136	198	0.187	142
茂名	0.257	210	0.522	89	0.488	107	0.178	152	0.142	200
梅州	0.148	263	0.524	87	0.427	146	0.183	146	0.141	202

资料来源：中国社会科学院城市与竞争力指数数据库。

第二节　中国城市竞争力(香港特别行政区)报告

香港是国际商业、贸易和金融枢纽城市，土地面积 1110.2 平方公里（2021 年数据），人口 748.18 万人（2020 年数据）。随着全球经济状况改善和本地疫情减退，香港经济在 2021 年第二季度继续复苏，实质本地生产总值增长率为 7.6%，全年经济预测上调至 5.5%—6.5%。2021 年 9 月 6 日，《全面深化前海深港现代服务业合作区改革开放方案》发布，明确了要推动毗邻香港的前海合作区全面深化改革开放，在粤港澳大湾区建设中更好发挥示范引领作用。2021 年 10 月 6 日香港特首林郑月娥在《施政报告》中宣布，特区政府将在香港北部约 300 平方公里建设宜居宜业宜游的都会区，额外开拓约600公顷用地作住宅和产业用途，可容纳约250万人居住。《施政报告》指出，“北部都会区”是在“一国两制”下首份在空间观念及策略思维上跨越港深两地行政界线的策略和纲领，与深圳协同发展，与大湾区协同发展，这标志着香港彻底融入国家发展大局。

一 香港综合经济竞争力总体表现

2021年香港综合经济竞争力指数为0.969，在全国291个地级及以上城市中排名第3位，比2020年降了1位。构成综合经济竞争力的综合经济增量竞争力指数为0.492，名列全国第11位，综合经济密度竞争力指数为1.0，位居全国榜首。

与代表性城市（深圳、澳门、台北等）相比，香港在综合经济竞争力方面表现优异，仅次于上海和深圳，高于北京（第4位）。综合经济竞争力的各分项表现略有差异，香港的当地要素全国排名第3位，低于深圳和上海；香港的生活环境全国排名第4位，次于台北（第1位）和上海（第2位）；香港的营商软环境全国排名第2位，仅次于北京；香港的营商硬环境全国排名第3位，低于上海和深圳；香港的全球联系全国排名第2位，仅次于上海。

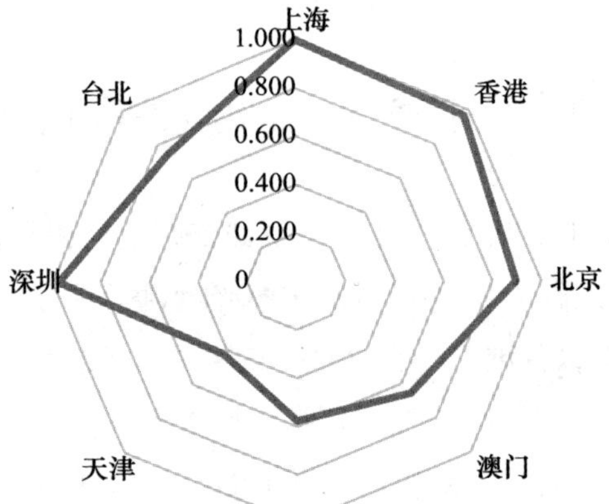

图13—3 2021年香港和代表性城市综合经济竞争力

二　香港综合经济竞争力分项解释

(一) 当地要素足够丰裕

香港资本要素充足，间接市场融资便利度居全国首位，直接融资市场次于深圳和上海；技术要素雄厚，论文发表数量位列全国第3位，次于北京和上海，专利数量位居全国第4位，低于深圳、北京和上海；人力资源要素方面，劳动力总数相对滞后，全国排名第66位，但青年人才比例指数相对较好，全国排名第13位。

(二) 生活环境总体宜居

香港拥有优渥的人文环境、优良的医疗环境、良好的生态环境，其中环境优良度指数位列全国首位；文化设施指数和健体休闲设施指数均进入全国10强；历史文化指数、医疗健康机构指数、气候舒适程度和市民消费水平都处于全国20位上下；唯有居住指数排名第289位，几近倒数。

(三) 营商软环境十分优良

在“一国两制”的基础上，香港长期保持有利营商的制度优势。香港在市场化、开放度和产权保护三个指数表现卓越，雄踞全国第1位；在大学指数排名全国第4位，低于北京和上海；经商便利度指数排名全国第6位；社会安全指数稍低，排名全国第69位。

(四) 营商硬环境整体尚好

香港在电力充沛度、机场设施指数和航运便利度方面均进入全国前10位；自然灾害指数全国居中；但在交通便捷度和网络信息传输速度方面排名落后。

(五) 全球联系非常发达

香港科创企业联系度位居全国第1位；金融企业联系度和网络热度均列全国第2位；航运联系度位居全国第3位，次于上海；科研人员联系度和航运便利度均排进全国10强。

表 13—7　　2021 年香港和代表性城市综合经济竞争力情况

	综合经济竞争力		综合经济增量竞争力		综合经济密度竞争力	
	指数	排名	指数	排名	指数	排名
香港	0.969	3	0.492	11	1.000	1
台北	0.743	7	0.283	38	0.825	4
澳门	0.655	15	0.075	246	0.827	3
北京	0.896	4	0.967	2	0.641	16
天津	0.422	53	0.000	291	0.569	27
上海	1.000	1	1.000	1	0.756	5
重庆	0.577	28	0.724	4	0.365	93
深圳	0.975	2	0.811	3	0.829	2

资料来源：中国社会科学城市与竞争力指数数据库。

表 13—8　　2021 年香港和代表性城市综合经济竞争力解释性指标

	当地要素		生活环境		营商软环境		营商硬环境		全球联系	
	指数	排名	指数	排名	指数	排名	指数	排名	指数	排名
香港	0.852	3	0.901	4	0.999	2	0.844	3	0.950	2
台北	0.755	6	1.000	1	0.925	4	0.760	8	0.635	23
澳门	0.343	96	0.649	35	0.652	25	0.753	9	0.639	22
北京	0.851	4	0.742	17	1.000	1	0.833	4	0.901	3
天津	0.646	12	0.527	73	0.755	10	0.649	16	0.827	6
上海	0.913	2	0.974	2	0.940	3	1.000	1	1.000	1
重庆	0.667	11	0.769	16	0.730	16	0.389	86	0.713	17
深圳	1.000	1	0.802	8	0.835	6	0.942	2	0.891	4

资料来源：中国社会科学城市与竞争力指数数据库。

三　可持续竞争力总体表现

2021 年香港可持续竞争力指数为 1.0，在全国 289 个地级及以上城市中排名第 1 位，延续了 2020 年度的首位排名，构成可持续竞争力的两个分项综合人口增量指数和综合人口密度指数均为 1.0，均列全国首位。

香港可持续竞争力各分项表现略有差异，香港的环境韧性全国排名第1位；香港的全球联系位居全国第2位，仅次于上海；香港的科技创新位列全国第4位，稍逊于北京和深圳；香港的经济活力仅次于深圳和北京，位居全国第3位；香港的社会和谐排名稍低，位列全国第43位。

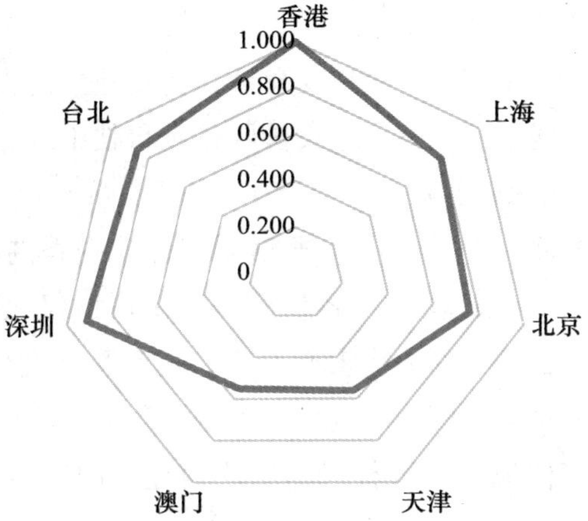

图13—4　2021年香港和代表性城市可持续竞争力

四　可持续竞争力分项解释

（一）经济活力不断激发

香港的经济活力依然十足，全国排名仅次于深圳和北京，尤其在产权保护指数和劳动生产率方面位列全国首位，经商便利度（第6位）和青年人才比例方面（第13位）也处于全国城市前列。但经济增长率排名落后，仅为第224位。

（二）环境韧性全国领先

香港在环境韧性上领先全国所有城市，更是在生态多样性和环境优良度指数方面优于全国其他城市，电力充沛度位列全国第3位，气候舒适度指数也位于全国城市前列（第21位）。但交通便捷度和自然灾害指数排名相对落后。

（三）社会和谐有序改善

香港的开放度指数全国排名第1，历史文化指数和医疗健康机构指数排名居前，分列第16位和第20位；社会安全指数略低，排在第69位；

但社会公平指数和居住指数排名倒数，分别为第291位和第289位。随着特区政府在民生措施的深化和推动，以及“北部都会区”的规划建设，社会公平和居屋问题将朝着良好方向改善。

（四）科技创新持续推动

香港科技创新基础雄厚，在学术论文指数和文化设施指数均列全国第3位，专利申请指数和大学指数同列全国第4位，科技企业指数亦进入全国10强。“北部都会区”的开发建设，将促进香港与深圳协同发展，与粤港澳大湾区协同发展，共同建设国际创新科技中心。

（五）全球联系继续拓展

在全球联系方面，香港位居全国第2位，其中香港科创企业联系度居于全国首位，金融企业联系度名列全国第2位，仅次于北京，网络热度同样位居第2位，高于其他代表性城市，航运联系度位居全国第3位，次于上海；科研人员联系度和航运便利度分列第7位和第9位。香港成为联系国家和世界其他地方不可替代的门户角色，同时也让香港积极参与国家的经济发展，将香港经济推上更高台阶。

表13—9　　2021年香港和代表性城市可持续竞争力情况

	可持续竞争力		综合人口增量		综合人口密度	
	指数	排名	指数	排名	指数	排名
香港	1.000	1	1.000	1	1.000	1
台北	0.860	3	0.853	4	0.877	4
澳门	0.551	21	0.116	264	0.907	3
北京	0.758	5	0.882	3	0.687	6
天津	0.560	19	0.630	17	0.546	21
上海	0.791	4	0.843	5	0.770	5
重庆	0.471	32	0.667	14	0.372	81
深圳	0.914	2	0.928	2	0.910	2

表 13—10　　2021 年香港和代表性城市可持续竞争力解释性指标

	经济活力		环境韧性		社会和谐		科技创新		全球联系	
	指数	排名	指数	排名	指数	排名	指数	排名	指数	排名
香港	0.941	3	1.000	1	0.697	43	0.842	4	0.950	2
台北	0.811	8	0.680	12	0.995	2	0.703	9	0.635	23
澳门	0.707	16	0.959	2	0.663	49	0.414	49	0.639	22
北京	0.952	2	0.566	55	0.953	3	1.000	1	0.901	3
天津	0.574	40	0.564	57	0.838	16	0.616	16	0.827	6
上海	0.879	4	0.699	7	1.000	1	0.892	2	1.000	1
重庆	0.645	28	0.505	108	0.909	4	0.609	18	0.713	17
深圳	1.000	1	0.937	3	0.814	20	0.870	3	0.891	4

资料来源：中国社会科学城市与竞争力指数数据库。

第三节　中国城市竞争力(澳门特别行政区)报告

澳门是典型的微型城市经济体，截至 2020 年年末，澳门土地面积为 32.9 平方公里，人口 68.31 万人。受新冠肺炎疫情影响，2020 年澳门本地生产总值为 1943.98 亿澳门元，实质收缩了 56.3%，人均本地生产总值为 28.53 万澳门元，实质下跌 56.8%，主要原因是入境旅客下跌 85%，令博彩业毛收入下跌 79.2%。澳门经济呈现出人均或地均 GDP 高，但波动性大的特征。拓展澳门发展空间，加强区域合作有助于减缓澳门的经济波动。2020 年 3 月 18 日零时起，横琴口岸澳方口岸区及相关延伸区共计 66428 平方米，正式启用并适用澳门特别行政区法律实施管辖；2020 年 8 月，横琴口岸新旅检区域开通，澳门莲花口岸迁至新横琴口岸，实行“合作查验、一次放行”通关模式。旨在推动澳门经济适度多元发展的琴澳合作正在逐步深化。

一　综合经济竞争力持平，亟待提升在大湾区的中心城市地位

2021 年澳门综合经济竞争力指数为 0.655，在全国 294 个地级及以上城市中排名第 15 位，与上一年度持平。构成综合经济竞争力的综合经济增量竞争力指数为 0.075，位列全国第 246 位，综合经济密度竞争力指数

为0.827，高居全国第3位。

2019年2月18日《粤港澳大湾区发展规划纲要》发布，粤港澳大湾区包括港澳和珠三角9市，其中广州、深圳、香港和澳门为大湾区的4个中心城市，其余7个为节点城市。与其他三个中心城市相比，澳门的综合经济竞争力名次最低，香港和深圳的综合经济竞争力位居全国第一、二名，广州名列全国第5位；而节点城市佛山的综合经济竞争力（排名第14位）亦超越澳门，另一节点城市东莞的综合经济竞争力（排名第17位）紧逼澳门。

澳门以博彩业为主导的产业结构单一，且在新冠肺炎疫情冲击下引致澳门经济骤降。为推动澳门经济多元发展，澳门需要更大的发展空间，以区域合作促进产业多元。毗邻澳门的横琴新区为澳门区域合作、发展新兴产业带来了最直接的空间。2021年9月5日《横琴粤澳深度合作区建设总体方案》发布，将横琴新区全面升级为促进澳门经济适度多元发展的前沿，并对科技研发和高端制造产业、中医药等澳门品牌工业、文旅会展商贸产业和现代金融产业进行规划布局，为澳门提高综合经济竞争力、提升在大湾区建设中的核心引擎作用注入了新动能。

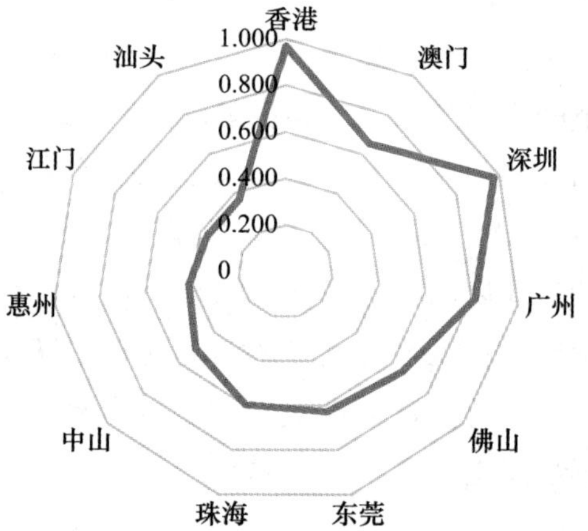

图13—5 2021年澳门和大湾区城市综合经济竞争力

二 宜商和外联优势较明显，当地要素短板凸显

即便受新冠肺炎疫情的影响，澳门GDP实质收缩，依然凭借33平方

公里的土地、68万人口，创造出远高于其他城市的人均GDP及土地单位产值，维持了与去年同样的综合经济竞争力排名（第15位），这主要源于营商硬环境、全球联系和营商软环境这三个解释分项的排名居前，分列第9位、第22位和第25位。

澳门综合经济竞争力的短板在于当地要素，排名第96位，此项在大湾区城市中仅略高于肇庆（第108位），而大幅落后于大湾区的中心城市深圳（第1位）、香港（第3位）和广州（第5位），与大湾区多数节点城市相比也有较大差距。

在构成当地要素的分项中，澳门的劳动力总数和直接市场融资便利度均偏低，分列全国第289位和第225位。2020年年末澳门劳动人口39.97万人（本地劳动居民29.24万人），受新冠肺炎疫情影响，本地居民失业率上升，外地雇员亦有所减少；澳门的金融机构组成较为单一，主要是银行和保险公司，还没有外汇、黄金和证券市场等资本市场，间接市场融资便利度较高（第20位）而直接市场融资便利度偏低。

表13—11　　　2021年澳门和大湾区城市综合经济竞争力情况

	综合经济竞争力		综合经济增量竞争力		综合经济密度竞争力	
	指数	排名	指数	排名	指数	排名
广州	0.817	5	0.669	5	0.705	6
深圳	0.975	2	0.811	3	0.829	2
珠海	0.598	23	0.242	53	0.660	10
佛山	0.657	14	0.392	23	0.653	12
江门	0.367	78	0.209	74	0.382	84
肇庆	0.292	130	0.155	136	0.315	126
惠州	0.416	56	0.250	48	0.422	58
东莞	0.629	17	0.396	22	0.615	18
中山	0.505	38	0.192	96	0.570	26
香港	0.969	3	0.492	11	1.000	1
澳门	0.655	15	0.075	246	0.827	3

资料来源：中国社会科学城市与竞争力指数数据库。

表 13—12　2021 年澳门和大湾区城市综合经济竞争力解释性指标

	当地要素		生活环境		营商软环境		营商硬环境		全球联系	
	指数	排名	指数	排名	指数	排名	指数	排名	指数	排名
广州	0.759	5	0.910	3	0.822	7	0.795	5	0.857	5
深圳	1.000	1	0.802	8	0.835	6	0.942	2	0.891	4
珠海	0.527	28	0.588	46	0.677	20	0.530	30	0.514	40
佛山	0.577	19	0.777	15	0.493	55	0.497	46	0.288	80
江门	0.372	82	0.547	63	0.368	102	0.441	67	0.278	86
肇庆	0.329	108	0.624	37	0.345	114	0.311	130	0.210	121
惠州	0.432	52	0.674	30	0.464	60	0.195	207	0.353	63
东莞	0.602	15	0.801	9	0.518	48	0.753	10	0.527	37
中山	0.529	27	0.732	19	0.401	82	0.559	24	0.386	54
香港	0.852	3	0.901	4	0.999	2	0.844	3	0.950	2
澳门	0.343	96	0.649	35	0.652	25	0.753	9	0.639	22

三　可持续竞争力延续下滑，有赖横琴粤澳深合区止跌企稳

2021 年澳门可持续竞争力指数为 0.551，在全国 291 个城市中排名第 21 位，与 2020 年度（第 19 位）相比名次略有下滑，构成可持续竞争力的两个分项综合人口增量指数为 0.116，名列第 264 位；综合人口密度指数为 0.907，位居第 3 位。澳门的可持续竞争力低于大湾区的中心城市香港（第 1 位）、深圳（第 2 位）和广州（第 6 位），亦低于节点城市东莞（第 13 位）和佛山（第 15 位），并被珠海（第 23 位）紧追其后。

澳门发展的瓶颈在于土地刚性，与澳门仅一水一桥之隔的横琴新区面积约 106 平方公里，较澳门的 33 平方公里区域明显扩大，具有区域深化合作的先天优势，其建设的初心就是为澳门产业多元发展创造条件，在横琴新区基础上升级的横琴粤澳深度合作区将采用共商共建共管共享体制机制，成为促进澳门经济适度多元发展的重要平台，为澳门可持续发展注入重要动力。

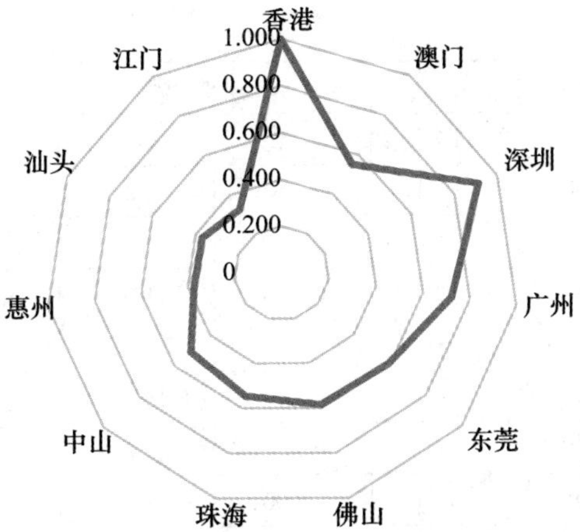

图13—6　2021年澳门和大湾区城市可持续竞争力

四　环境韧性占优，科技创新仍待提升

香港、澳门和深圳的环境韧性包揽全国前三，显示了三地在经济增长的同时兼顾了良好的生态环境。澳门可持续竞争力的其他分项均低于其他中心城市，尤其在科技创新方面，排名第49位，远低于深圳（第3位）、香港（第4位）和广州（第7位），并低于多数节点城市，仅高于江门（第104位）和肇庆（第108位）。

澳门科技创新排名偏低，主要是专利申请指数（第101位）和科技企业指数（第55位）较低。澳门已有10所院校，拥有4个国家重点实验室，但在产学研上表现尚不足。横琴粤澳深度合作区将围绕澳门的产业结构，致力于发展科研和高端制造产业，将成为澳门产学研最好的落地之处，从而助力澳门通过提高科技创新能力而不断提升可持续竞争力。

表13—13　　2021年澳门和大湾区城市可持续竞争力情况

	可持续竞争力		综合人口增量		综合人口密度	
	指数	排名	指数	排名	指数	排名
广州	0.723	6	0.821	6	0.674	7
深圳	0.914	2	0.928	2	0.910	2
珠海	0.546	23	0.491	36	0.624	14

续表

	可持续竞争力		综合人口增量		综合人口密度	
	指数	排名	指数	排名	指数	排名
佛山	0. 585	15	0. 602	22	0. 607	15
江门	0. 325	82	0. 350	79	0. 362	90
肇庆	0. 255	142	0. 296	121	0. 287	159
惠州	0. 374	56	0. 437	50	0. 380	73
东莞	0. 593	13	0. 583	23	0. 634	11
中山	0. 508	29	0. 470	39	0. 577	18
香港	1. 000	1	1. 000	1	1. 000	1
澳门	0. 551	21	0. 116	264	0. 907	3

表 13—14　　2021 年澳门和大湾区城市可持续竞争力解释性指标

	经济活力		环境韧性		社会和谐		科技创新		全球联系	
	指数	排名	指数	排名	指数	排名	指数	排名	指数	排名
广州	0. 837	5	0. 709	6	0. 884	11	0. 800	7	0. 857	5
深圳	1. 000	1	0. 937	3	0. 814	20	0. 870	3	0. 891	4
珠海	0. 799	10	0. 640	15	0. 602	66	0. 600	19	0. 514	40
佛山	0. 564	45	0. 673	13	0. 798	23	0. 575	23	0. 288	80
江门	0. 397	108	0. 573	49	0. 644	55	0. 229	104	0. 278	86
肇庆	0. 340	138	0. 540	75	0. 625	60	0. 226	108	0. 210	121
惠州	0. 493	61	0. 608	34	0. 650	51	0. 416	46	0. 353	63
东莞	0. 676	21	0. 729	4	0. 682	45	0. 596	20	0. 527	37
中山	0. 427	89	0. 684	11	0. 716	35	0. 443	43	0. 386	54
香港	0. 941	3	1. 000	1	0. 697	43	0. 842	4	0. 950	2
澳门	0. 707	16	0. 959	2	0. 663	49	0. 414	49	0. 639	22

资料来源：中国社会科学城市与竞争力指数数据库。

附　　录

倪鹏飞　侯庆虎　徐海东

一　城市综合经济竞争力

（一）城市综合经济竞争力的分析框架

城市综合经济竞争力分成显示性指标和解释性指标，解释性指标用来对综合经济竞争力显示性指标进行解释。

（二）城市综合经济竞争力的显示性评价标准和指标

综合经济竞争力是一个城市与其他城市相比较，更快、更多、更好地创造财富并为居民提供福利的能力。报告使用两类指标来表现城市综合经济竞争力。第一类指标是综合经济密度指数，核心指标为地均 GDP，这一指标反映经济效率，同时用人均 GDP 这一反映发展水平的综合指标作为辅助指标强化效率。第二类指标是综合经济增量指数，核心指标为五年的综合经济增量，反映创造财富的规模和增速，同时考虑增量的波动性，用当期经济规模作为辅助指标提升增量的稳定性。指标体系见表 1。

表 1　　城市综合经济竞争力显示性指标体系

	具体指标	数据来源
综合经济密度指数	核心指标：地均 GDP	CEIC 数据库、国家统计局
	辅助指标：人均 GDP	CEIC 数据库、国家统计局
综合经济增量指数	核心指标：五年 GDP 增量	CEIC 数据库、国家统计局
	辅助指标：当期 GDP 规模	CEIC 数据库、国家统计局

（三）城市综合经济竞争力的解释性评价标准和指标

基于投入的视角，从经济学基本逻辑出发，建立影响城市综合经济竞争力的5要素城市竞争力模型。当地要素实际是直接供给，具体包括人才、科技和金融要素，是城市竞争与发展的主体力量，是决定城市竞争力的推动力量。生活环境实际是指当地的需求，反映了当地市场的需求大小和消费能力，是城市竞争力的拉动力量。城市营商硬环境包括基础设施和生态环境等，是营商的基本条件，决定营商的便利性。城市营商软环境包括制度、文化以及社会安全，影响城市的生产和交易成本。全球联系包含了城市与外部各方面的联系，决定着城市利用外部要素的能力。这个分析框架以企业（产业）主体为中心，以主体内外联系为主线，以主体交往制度为基础，以主体供求为内容，综合了影响城市竞争力的主体与环境、供给与需求、存量与增量、软件与硬件、内部与外部等多维因素。

按照抓住关键因素以及数据可得性等原则，选择5个方面32个指标，构建城市综合经济竞争力的解释性指标体系（见表2）。

表2　　城市综合经济竞争力的解释性指标体系

一级指标	二级指标	指标内容	数据来源
当地要素竞争力	间接市场融资便利度指数	营商环境报告之金融可得性指标经城市修正	世界银行、网络爬虫数据
	直接市场融资便利度指数	交易所交易额数据及全球上市公司数据计算	网站查取
	学术论文指数	发表论文数量	Web of Science 网站根据城市查取
	专利申请指数	专利申请数量	WIPO 网站根据城市查取
	青年人才比例指数	青年（16—45岁）人口占比经人均GDP调整	经济学人智库（EIU）全球城市数据库
	劳动力指数	劳动人口（15—59岁）总数	经济学人智库（EIU）全球城市数据库

续表

一级指标	二级指标	指标内容	数据来源
生活环境竞争力	历史文化指数	博物馆数量	地图爬虫数据
	医疗健康机构指数	人均医疗机构数量经过全民健康覆盖（UHC）指数修正	地图爬虫数据 网站查取
	气候舒适度指数	气温、降水、灾害天气、能见度四项指标打分合成计算	全球环境信息统计数据库
	环境优良度指数	PM2.5、人均CO_2排放量、人均SO_2排放量三项指标合成计算并经人均 GDP 修正	全球环境信息统计数据库
	市民消费水平指数	人均可支配收入经基尼系数修正	经济学人智库（EIU）全球城市数据库网络爬虫数据
	居住指数	房价收入比逆向处理	Numbeo 网站
	健体休闲设施指数	高尔夫球场数量	地图爬虫数据
	文化设施指数	图书馆数量除以城市面积	地图爬虫数据
营商软环境竞争力	社会安全指数	犯罪率数据	Numbeo 网站 各城市人民检察院工作报告
	市场化指数	经济自由度指数经航线数及人均 GDP 修正	经济自由度报告 网站查取计算 经济学人智库（EIU）全球城市数据库
	开放度指数	星巴克、麦当劳、沃尔玛数量计算	地图爬虫数据
	产权保护指数	国际产权保护报告经城市产权关键词修正	国际产权保护报告 城市关键词爬虫
	大学指数	各城市最好大学排名分类打分并经城市大学数量调整	Webometrics 网站查取 地图爬虫数据
	经商便利度指数	世界银行营商环境指数经航线数调整	世界银行 网站查取计算

续表

一级指标	二级指标	指标内容	数据来源
营商硬环境竞争力	交通便捷度指数	Numbeo 交通数据经城市交通话题舆情爬虫数据调整	Numbeo 网站 网络爬虫数据
	电力充沛度指数	夜间灯光数据提取计算	夜间灯光地图
	信息传输速度指数	网速提取计算	网络爬虫
	航运便利度指数	与 100 大港的距离	网站查取计算
	机场设施指数	机场基础设施综合评分	World Airport 数据库
	自然灾害指数	根据 6 种自然灾害的历史数据计算得出	哥伦比亚大学 世界银行
全球联系竞争力	航空联系度指数	机场航班数量	flightsfrom 网站根据城市查取计算
	网络热度指数	谷歌趋势和百度趋势	网络爬虫数据
	科研人员联系度指数	合作论文发表数量	自然指数
	金融企业联系度指数	75 家金融类跨国公司分布	网站查取
	科技企业联系度指数	25 家科技类跨国公司分布	网站查取
	航运联系度指数	港口航运连通指数经港口吞吐量调整计算	联合国贸发会议（UNCATD）

二 城市可持续竞争力

（一）城市可持续竞争力的分析框架

与综合经济竞争力一样，可持续竞争力也分成显示性指标和解释性指标，解释性指标用来对可持续竞争力显示性指标进行解释。

（二）城市可持续竞争力的显示性评价标准和指标

城市可持续竞争力是指一个城市与其他城市相比较，长期可持续的更快、更多、更好地创造财富并为居民提供福利的能力。报告使用两类指标来表现城市可持续竞争力。第一类指标是综合人口增量指数，核心指标为人口规模和 7 年的人口增速，同时将影响人口质量和人口速度的人均 GDP、科创产出等指标作为辅助指标提升样本城市之间人口的增量和质量差距的精准度。第二类指标是综合人口密度指数，同时用人均 GDP 作为辅助指标提升城市间人口密度的精准度。指标体系见表 3。

表 3　　城市可持续竞争力显示性指标体系

	具体指标	数据来源
综合人口增量指数	核心指标：人口规模、人口增速	CEIC 数据库、国家统计局、人口普查数据
	辅助指标：人均 GDP、科创产出	CEIC 数据库、国家统计局、人口普查数据
综合人口密度指数	核心指标：人口密度	CEIC 数据库、国家统计局、人口普查数据
	辅助指标：人均 GDP	CEIC 数据库、国家统计局、人口普查数据

（三）城市可持续竞争力的解释性评价标准和指标

报告使用了包含 5 个解释变量的城市可持续竞争力模型。具体来说，一个具有可持续竞争力的城市应该是充满活力的营商城市、环境友好的生态城市、社会包容的和谐城市、创新驱动的知识城市、全球联系的国际城市。经济活力主要指创业环境和创业绩效，是可持续竞争力的基础。环境韧性包括生态环境和基础设施，是城市实现可持续发展的硬件基础。社会和谐包含安全、信任、包容和秩序等各种软环境，体现了城市的社会动员能力和整合能力，是城市实现可持续发展的软件基础。科技创新主要指创新氛围和创新条件，是城市发展的动力源泉。对外联系决定城市利用和影响全球的程度。

按照抓住关键因素以及数据可得性等原则，选择 5 个方面 28 个指标，构建城市可持续竞争力的解释性指标体系（见表 4）。

表 4　　城市可持续竞争力的解释性指标体系

一级指标	二级指标	指标内容	数据来源
经济活力竞争力	经商便利度指数	世界银行营商环境指数经航线数调整	世界银行 网站查取计算
	产权保护指数	国际产权保护报告经城市产权保护热度修正	国际产权保护报告 城市关键词爬虫

续表

一级指标	二级指标	指标内容	数据来源
经济活力竞争力	青年人才比例指数	青年（16—45 岁）人口占比经人均 GDP 修正	经济学人智库（EIU）全球城市数据库
	经济增长率指数	城市 GDP5 年经济增长率	经济学人智库（EIU）全球城市数据库
	劳动生产率指数	城市 GDP 除以劳动人口（15—59 岁）	经济学人智库（EIU）全球城市数据库
环境韧性竞争力	交通便捷度指数	Numbeo 交通数据经城市交通话题舆情爬虫数据调整	Numbeo 网站 网络爬虫数据
	电力充沛度指数	夜间灯光数据提取计算	夜间灯光地图
	生态多样性指数	森林、湖泊、绿地、湿地等 10 种地貌综合面积	全球土地覆盖产品（FROM-GLC10）
	气候舒适度指数	气温、降水、灾害天气、能见度四项指标打分合成计算	全球环境信息统计数据库
	环境优良度指数	PM2.5、人均 CO_2 排放量、人均 SO_2 排放量三项指标合成计算并经人均 GDP 修正	全球环境信息统计数据库
	自然灾害指数	根据 6 种自然灾害的历史数据计算得出	哥伦比亚大学 世界银行
社会和谐竞争力	历史文化指数	博物馆数量	地图爬虫数据
	社会安全指数	犯罪率数据	Numbeo 网站 各城市人民检察院工作报告
	社会公平指数	基尼系数	经济学人 EIU 全球城市数据库
	居住指数	房价收入比逆向处理	Numbeo 网站
	开放度指数	星巴克、麦当劳、沃尔玛数量计算	地图爬虫数据
	医疗健康机构指数	人均医疗机构数量经过全民健康覆盖（UHC）指数修正	地图爬虫数据 网站查取

续表

一级指标	二级指标	指标内容	数据来源
科技创新竞争力	专利申请指数	专利申请数量	WIPO 网站根据城市查取
	学术论文指数	发表论文数量	Web of Science 网站根据城市查取
	科技企业指数	科技企业总部分布	网站查取计算
	大学指数	各城市最好大学排名分类打分并经城市大学数量调整	Webometrics 网站查取 地图爬虫数据
	文化设施指数	图书馆数量除以城市面积	地图爬虫数据
全球联系竞争力	航空联系度指数	机场航班数量	flightsfrom 网站根据城市查取计算
	网络热度指数	谷歌趋势和百度趋势	网络爬虫数据
	科研人员联系度指数	合作论文发表数量	自然指数
	金融企业联系度指数	75 家金融类跨国公司分布	网站查取
	科技企业联系度指数	25 家科技类跨国公司分布	网站查取
	航运联系度指数	港口航运连通指数经港口吞吐量调整计算	联合国贸发会议（UNCATD）

三　样本选择与数据来源

（一）样本选择

报告中的样本城市包括中国 34 个省（市、自治区、特别行政区）的 291 个城市，具体为 284 个地级以上城市和香港、澳门、台北、新北、台中、台南、高雄。

（二）数据来源

城市竞争力研究是一个对数据质量和数量都要求很高的研究项目。课题组专门成立数据收集小组和 AI 及大数据研究团队，本次报告从 2020 年就开始工作，经过反反复复地搜索与整理，获得了较为理想的指标覆盖度。

城市竞争力指标体系所使用的指标数据主要有四个来源：政府统计机构、国际性统计机构、国际性研究机构或公司的主题报告和调查数据、通过网络爬虫抓取大数据。所有指数的数据合成采用主观赋权、客观赋权或相结合的办法。

四 计算方法

（一）指标数据标准化方法

城市竞争力各项指标数据的量纲不同，首先对所有指标数据都必须进行无量纲化处理。客观指标分为单一性客观指标和综合客观指标。对于单一性客观指标原始数据无量纲处理，本书主要采取标准化、指数化、阈值法和百分比等级法四种方法。

标准化计算公式为：$X_i = \frac{(x_i - \bar{x})}{Q^2}$，$X_i$ 为 x_i 转换后的值，x_i 为原始数据，$\bar{x}$ 为平均值，Q^2 为方差，X_i 为标准化后的数据。

指数法的计算公式为：$X_i = \frac{x_i}{x_{0i}}$，X_i 为 x_i 转换后的值，x_i 为原始值，x_{0i}为最大值，X_i 为指数。

阈值法的计算公式为：$X_i = \frac{(x_i - x_{\min})}{(x_{\max} - x_{\min})}$，$X_i$ 为 x_i 转换后的值，x_i 为原始数据，$x_{\max}$为最大样本值，$x_{\min}$为最小样本值。

百分比等级法的计算公式为：$X_i = \frac{n_i}{(n_i + N_i)}$，$X_i$ 为 x_i 转换后的值，x_i 为原始数据，n_i 为小于 x_i 的样本值数量，N_i 为除 x_i 外大于等于 x_i 的样本值数量。

综合客观指标原始数据的无量纲化处理是：先对构成中的各单个指标进行量化处理，再用等权法、加权法求得综合的指标值。

（二）城市竞争力计量的方法

1. 综合经济竞争力和可持续竞争力的计算方法

综合经济竞争力和可持续竞争力各项指标综合的方法是非线性加权综合法。所谓非线性加权综合法（或“乘法”合成法）是指应用非线性模型 $g = \prod x_j^{\omega_j}$ 来进行综合评价的。式中 ω_j 为权重系数，$x_j \geqslant 1$。对于非线性模型来说，在计算中只要有一个指标值非常小，那么最终的值将迅速接近于零。换言之，这种评价模型对取值较小的指数反应灵敏，对取值较大的指标反应迟钝。运用非线性加权综合法进行城市竞争力计量，能够更全面、科学地反映综合指标值。

2. 城市竞争力分项竞争力的计算方法

尽管报告设计的解释性城市竞争力的指标为二级，实际上包括原始指标在内，解释性城市竞争力的指标为三级，在三级指标合成二级指标和二级指标合成一级指标时，采用先标准化再加权的办法，标准化方法如前所述。其公式为：

$$z_{il} = \sum_{j} z_{ilj}$$

其中，z_{il}表示各二级指标，z_{ilj}表示各三级指标。

$$Z_i = \sum_{l} \alpha_i z_{il}$$

其中，Z_i 表示各一级指标，z_{il}表示各二级指标，α_i 为权重。

3. 城市竞争力分类指数

报告将城市分别按照区域、省份、城市规模和发展阶段进行了归类，各类别中某一类型的竞争力指数是对该类别所有城市该项指标的竞争力指数求平均。比如区域分类中，东南地区的区域综合经济竞争力指数是对该区域 57 个城市的综合经济竞争力指数求平均。

后　　记

《中国城市竞争力报告 No. 19》是由中国社会科学院财经战略研究院倪鹏飞博士牵头，数十家国内著名高校、地方院校、权威统计部分、企业研发机构的近百名专家参与，历经大半年时间而形成的成果。《中国城市竞争力报告 No. 19》的基础理论、指标体系、研究框架和重要结论主要由主编倪鹏飞博士做出。副主编天津大学应用数学中心侯庆虎博士（数学专家）负责计量、提供计算支持。特邀主编沈建法、林祖嘉、刘成昆分别负责香港、台湾、澳门的数据支持、审核和报告的讨论工作。第二主编徐海东和课题组成员龙秋吟负责报告的数据采集、具体计算、资料汇总、底图绘制和协调调度等工作。

关于城市竞争力，本次报告将其分为综合经济竞争力、可持续竞争力两个部分，并分别设计了指标体系，从而对中国 291 个城市的综合经济竞争力和可持续竞争力进行了衡量。本报告根据当前宏观经济形势，撰写了主题报告《超大、特大城市：健康基准与理想标杆》。此外，从城市竞争力的每一分项和解释性指标对城市进行了分析和比较，形成了两份总分项报告，每部分包含"1 +5"的小报告。同时，还制作了中国七大区域的区域报告。报告的文稿是在锤炼理论、采集数据，进行计量并得出基本结论后，由执笔者撰写而成的。

各章的文字贡献者：第一章：中国城市竞争力 2021 年度排名，课题组集体；第二章：中国城市竞争力 2021 年度综述，倪鹏飞、郭靖、郭金红；第三章：超大、特大城市：健康基准与理想标杆，倪鹏飞、徐海东等；第四章：中国城市综合经济竞争力报告，倪鹏飞、徐海东、黄徐亮、李博、郭靖、陈博宇、周晓波；第五章：中国城市可持续竞争力报告，倪鹏飞、郭金红、王雨飞、曹清峰、赵佳涵、沈立；第六章：最具竞争力的五大城市比较报告，王雅琦、王云辉、陈博宇、郭金红、郭靖、黄徐亮；第七章：中国（东南地区）城市竞争力报告，刘尚超、刘笑男；第八章：中国（环渤海地区）城市竞争力报告，黄徐亮、张洋子；第九章：中国（东北地区）城市竞争力报告，程栋；第十章：中国（中部地区）城市竞争力报告，蔡书凯、郭晗、刘凯；第十一章：中国（西南地区）城市竞争力报告，陈博宇、王雅琪、王云辉；第十二章：中国（西北地区）城市竞争力报告，杨杰、李冕；第十三章：中国（粤港澳地区）城市竞争力报告，刘成昆、刘笑男；附录：倪鹏飞、侯庆虎、徐海东。整个报告的计量数据，由倪鹏飞、侯庆虎领导的课题组完成。

《中国城市竞争力报告 No. 19》和中国城市竞争力的研究得到报告顾问及诸多机构和人士真诚无私的支持。我们对所有支持和关心这项研究的单位和人士表示钦佩、敬意和感谢。

倪鹏飞

2021 年 10 月 10 日